DATE DUE FOR RETURN

HISTOIRE DE LA LITTÉRATURE FRANÇAISE
dirigée par Claude Pichois
Professeur à la Sorbonne Nouvelle et à l'université Vanderbilt

DE MONTAIGNE A CORNEILLE

Histoire de la littérature française
dirigée par Claude Pichois

Jean Charles Payen, *Le Moyen Âge.*

Enéa Balmas, Yves Giraud, *De Villon à Ronsard (xv*ᵉ*-xvi*ᵉ *siècles).*

Jacques Morel, *De Montaigne à Corneille (1572-1660).*

Roger Zuber, Micheline Cuénin, *Le Classicisme (1660-1680).*

René Pomeau, Jean Ehrard, *De Fénelon à Voltaire (1680-1750).*

Michel Delon, Robert Mauzi, Sylvain Menant, *De l'Encyclopédie aux Méditations (1750-1820).*

Max Milner, Claude Pichois, *De Chateaubriand à Baudelaire (1820-1869).*

Michel Décaudin, Daniel Leuwers, *De Zola à Guillaume Apollinaire (1869-1920).*

Germaine Brée, Édouard Morot-Sir, *Du Surréalisme à l'empire de la critique (1920 à nos jours).*

HISTOIRE
DE LA LITTÉRATURE
FRANÇAISE

DE MONTAIGNE
A CORNEILLE

par Jacques MOREL

Nouvelle édition révisée 1997

GF Flammarion

PROBLÉMATIQUE
DE L'ÉPOQUE BAROQUE

L A littérature de la Renaissance a su se nommer elle-même comme telle. Le classicisme a été défini dès le début du XIXe siècle, par opposition au romantisme. Mais c'est le XXe siècle qui a reconnu la particularité des œuvres publiées entre 1570 et 1650 ou 1660 en leur appliquant l'épithète de « baroques ». Le mot est ancien, et les Portugais, dès la fin du Moyen Age, l'employaient pour désigner la forme irrégulière de certaines perles. Il est bien choisi si l'utilisation qui en est faite demeure conforme à son origine, c'est-à-dire s'il permet de désigner un ensemble de thèmes et de formes traduisant une hésitation et une inquiétude sur les lois qui régissent le monde et sur celles qui président à la création artistique, ou s'il évoque les architectes, sculpteurs, peintres et écrivains tellement assurés des normes et techniques héritées qu'ils éprouvent le besoin de les souligner dans l'emphase, de les brouiller dans la métonymie, de les transposer dans la métaphore : la colonne peut s'épaissir, se tordre ou devenir arborescence ; la fenêtre double ses meneaux, atténue ses contours ou prend l'apparence d'une ouverture sur l'inconnu.

Dans les genres littéraires cultivés en France au temps « pré-classique », on discerne presque toujours, en même temps que des mutations d'allure révolutionnaire, le souci de se découvrir des ancêtres, ne serait-ce que pour les dépasser, et une tradition, même si son respect se trouve limité par une volontaire insolence. La pensée critique prend ainsi doublement conscience d'elle-même. Elle se concilie avec l'érudition, mais elle affirme aussi son modernisme. Montaigne se voudrait citoyen romain, tout en accueillant (avec quelle générosité !) les valeurs portées par les civilisations du Nouveau Continent, par les remises en question de l'autorité, par les nouveaux modes de l'écriture poétique. Pascal peut bien haïr les nouveaux théologiens : il crée une nouvelle théologie. Corneille commence par écrire des comédies sans modèle, scandalise et charme une partie de la France en imposant dans *Le Cid* une éthique et une structure à l'espagnole, et poursuit sa carrière dans une constante hésitation entre les modèles anciens et les formules dramatiques nouvelles. En poésie, Malherbe et Théophile, Tristan et Saint-Amant sont d'esprit résolument moderne. Mais ils s'opposent sur les implications de cette modernité alors qu'ils s'entendent paradoxalement sur la volonté qui leur est commune de perpétuer ou de voir renaître les genres anciens de l'ode, de l'élégie amoureuse ou du poème héroïque. En prose, le roman tarde à définir sa « dignité », à se reconnaître une finalité, à se donner une structure et un style : mais il s'efforce, de décennie en décennie, à retrouver le mode le plus exigeant de l'écriture traditionnelle, celui de l'épopée.

Réforme, Contre-Réforme, Libertinage ont également connu les incertitudes, les attitudes de provocation et les masques dont s'affuble le scepticisme ou dont se pare la lassitude. Sont significatives alors les carrières d'artistes et d'écrivains, des peintres de Fontainebleau à ceux de l'Académie de peinture (1648), et de Sponde ou Chassignet au La Fontaine du *Songe de Vaux,* où se discernent hésitations et passages d'une attitude à l'autre. Théophile de Viau a été aussi authentiquement protestant que libertin, et libertin qu'augustinien. Pascal aussi passionnément mondain que disciple convaincu des Arnauld. L'œuvre de La Rochefoucauld, qui s'élabore aux lendemains de la Fronde, est-elle d'un janséniste, d'un nostalgique des vertus sénéquiennes ou d'un montaigniste ?

Les événements de ce siècle, dont la rapide évocation ouvre ce volume, paraissent eux-mêmes composer une vaste fresque baroque ; la sanglante évidence des massacres et des régicides, les doutes sur la légitimité royale et les formes diverses de sa justification, la trop éclatante affirmation de l'ordre sous Richelieu et sous Mazarin, les paradoxes de la Fronde et les années de laborieuse restauration qui l'ont suivie : quel étonnant ensemble pour un romancier de la génération de Madeleine de Scudéry !

PREMIÈRE PARTIE

UN SIÈCLE DE MUTATIONS

INTRODUCTION

L A période qui s'étend de 1570 à 1660 a été
marquée, en France comme dans l'ensemble
de l'Europe, par une série de crises et de
conflits d'une extrême gravité. Un drame multiforme se joue alors d'est en ouest, où de grandes
puissances, comme la Pologne et l'Espagne de
Philippe II et de ses successeurs, après quelques
décennies triomphantes, connaissent l'ère de la
décadence ; où à l'Angleterre d'Elisabeth succède
celle de Jacques Ier et de Charles Ier, trop embarrassée dans ses vains efforts de maintien du pouvoir
monarchique pour résister à la poussée des partisans
de Cromwell ; où, tandis que tente de se maintenir,
au sud, la puissance ottomane, les pays du Nord,
Suède de Gustave-Adolphe, Hollande orangiste ou
républicaine, commencent à jouer un rôle d'arbitres
dans divers conflits ; où enfin l'Allemagne de Ferdinand II essaie en vain de s'imposer une sorte d'unité,
entreprise qui a été à l'origine de la guerre de Trente
ans et à laquelle les traités de Westphalie en 1648 et
la paix des Pyrénées en 1659 apportent un coup
d'arrêt définitif.

Dans cette histoire mouvementée, où la vie économique, les réalités sociales et politiques et les
métamorphoses des habitudes de pensée ont joué un

rôle égal ou supérieur à celui des bouleversements religieux, la France a vu progressivement croître son importance. Après le traité du Cateau en 1559, elle n'était certes plus le brillant Etat que François Ier et Henri II avaient su maintenir. De décennie en décennie pourtant, et singulièrement sous les gouvernements de Richelieu et de Mazarin, d'abord par des interventions limitées et des pressions discrètes, puis par son engagement dans les conflits allemands, elle s'est assurée de plus vastes frontières, et s'est imposée comme détentrice d'une hégémonie de fait. Au moment où est signé le traité de 1659 et où se décide le mariage du jeune Louis XIV et de Marie-Thérèse d'Autriche, l'ère du Grand Roi s'annonce déjà ; tant d'espoirs s'ouvrent pour le pupille de Mazarin qu'on peut se croire revenu à l'époque des rois conquérants du siècle précédent.

Cette évolution ne s'est pas faite sans heurts. Sauf durant les quelques années du règne de Henri IV où les « politiques » ont pu préserver à l'intérieur une sorte de trêve, la royauté française a été constamment menacée, tantôt par le parti protestant, tantôt par les ultras catholiques ; et le roi contesté par les féodaux, gouverneurs des provinces ou chefs des grandes familles nobles, aussi bien que par la montée d'un Tiers Etat qui prend conscience de sa force dans les Parlements comme aux Etats Généraux de 1593 ou de 1614, ou les prétentions d'un clergé ultramontain qui s'est méfié de Henri III avant de combattre ouvertement le Navarrais. Les quatre souverains qui, de Charles IX à Louis XIII, se sont succédé au trône de France meurent sans avoir le temps d'assurer pleinement leur succession, et deux d'entre eux meurent assassinés. La régence de Marie de Médicis est marquée par de dangereuses intrigues. Celle d'Anne d'Autriche n'est préservée par Mazarin que pour friser enfin l'anarchie dans les troubles de la Fronde. L'opposition entre la crédibilité retrouvée à l'extérieur et l'incertitude de la situation intérieure est un des caractères les plus frappants de cette période. Le jeune roi Louis XIV devra tenir compte de l'une et de l'autre.

Aucun domaine des arts et de la littérature n'a été exempt des contrecoups de l'histoire de ce siècle. Le passage de la « Renaissance » au « Classicisme » s'est effectué, non par une évolution lente et sûre, mais à travers une série de reniements, d'affirmations de fidélité à la tradition et de doutes sur le bien-fondé même de l'art. L'artiste hésite entre l'engagement dans les œuvres de combat, le conformisme de la littérature encomiastique et le refuge dans les productions de divertissement. Il est Agrippa d'Aubigné, Malherbe ou Voiture. Il hésite aussi entre les genres. La réflexion sur l'histoire et la recherche des leçons qu'elle propose inspire les poètes épiques, les auteurs de discours en prose ou en vers, et les épistoliers. L'aspiration à un monde meilleur fait naître des vocations de romanciers, d'Honoré d'Urfé à Madeleine de Scudéry. D'autres, pour se « retrouver », réinventent le dialogue tragique, ou imposent les synthèses ou les paradoxes du traité philosophique. Ce sont de tous les plus ambitieux.

Pour tenter de mieux faire comprendre cette variété de la production littéraire, on rappellera dans cette première partie les principaux événements de la période, on donnera une idée des forces qui s'y sont affrontées, des caractères de la société qui les a vécus et des changements dans les goûts et dans la pensée qu'ils ont précipités.

Chapitre I

LES GRANDS ÉVÉNEMENTS

La Saint-Barthélemy

Près d'un siècle après le massacre du 24 août 1572, une romancière catholique, Mme de Lafayette, parle dans sa *Princesse de Montpensier* d' « un horrible dessein », soigneusement prémédité par le jeune roi Charles IX. Au moment de la tuerie, si la poésie catholique officielle ne tarit pas en éclats de joie et la poésie huguenote en cris de vengeance, un Ronsard se montre relativement discret, en dépit de son engagement en faveur de la cause royale, et un Monluc, quelques années plus tard, hésite encore à se prononcer. Il était difficile en effet de voir clair dans l'enchaînement des causes qui avaient pu amener ce

Jour qui avec horreur parmi les jours se conte,

ainsi que devait écrire Agrippa d'Aubigné au cinquième livre des *Tragiques*.

Durant les mois qui l'avaient précédé, la reine Catherine, sentant l'autorité royale compromise, avait hésité sur le choix des alliances qui pouvaient l'aider à la rétablir. Ferait-elle appel à Philippe II d'Espagne, dont l'autorité s'affermissait dangereusement en Flandre, en Italie et, après Lépante (octobre 1571), au Proche-Orient ? ou à la reine Elisabeth d'Angleterre, dont on envisageait le mariage avec le jeune prince François ? A l'insolent prince lorrain Henri de Guise, qui prétendait épouser la princesse Marguerite ? ou, avec l'appui des « politiques », à Coligny, qui, entré au Conseil en septembre 1571, exerçait une influence profonde sur le roi ? C'est apparemment à ce dernier parti que s'arrêtait Catherine au début de 1572, quand Coligny engageait le roi dans une entreprise anti-espagnole en Flandre et où se décidait le mariage de Henri de Navarre et de Marguerite de France. Malheureusement la reine Elisabeth esquissait au même moment un rapprochement avec Philippe II, l'expédition aux frontières du nord n'aboutissait pas et l'opposition protestante accusait la reine d'avoir fait empoisonner Jeanne d'Albret, la mère du Navarrais, morte en juin 1572. Tentant d'affirmer l'autorité royale contre les uns et les autres, Catherine imagine, au lendemain des noces de Henri et Marguerite, de faire tuer Coligny par les Guise, et d'abandonner ceux-ci aux vengeurs de celui-là. C'est l'échec de ce plan et l'attentat manqué contre l'amiral qui ont entraîné le massacre général du 24 août.

Les conséquences de cette nuit sanglante ont été incalculables. Elle a instauré en France, durablement, une politique et une morale du meurtre et de la vengeance qui ne s'apaiseront guère qu'après l'arrivée au pouvoir de Richelieu. Elle a aggravé le sentiment d'insécurité et l'angoisse du sang et de la mort que les guerres perpétuelles entretenaient dans les esprits. Elle a surtout amené un durcissement des partis, et contribué à préparer la division des catholiques entre « politiques » et « ligueurs ». Les premiers sont partisans d'une entente avec Henri de Navarre et, sous le jeune François nouveau duc d'Anjou après l'accession de son frère Henri (le futur Henri III) à la royauté polonaise puis au trône de France, se révoltent contre Catherine ; les seconds sont groupés, à partir de 1576, autour de l'ambitieux Henri de Lorraine.

La fin des Valois

Dans les premières années du règne de Henri III,
le roi et sa mère s'étaient efforcés, avec des fortunes
diverses, mais avec plus d'intelligence et parfois de
bonheur qu'on ne l'a dit, de maintenir l'autorité
royale en pratiquant une politique de bascule entre
les politiques et les amis des Guise. Mais la mort du
duc d'Anjou en 1584 entraînait une crise de succession. Le dernier héritier des Valois disparu, les
Guise ne pouvaient supporter l'idée que Henri de
Navarre montât sur le trône. Celui-ci ne pouvait
abandonner ses droits au prête-nom de ses adversaires, le vieux cardinal de Bourbon. Il entendait
libérer le roi d'une Ligue qui se flattait de l'appui
espagnol et de la bienveillance de Rome, et exploitait l'exécution de Marie Stuart, cousine de Henri de
Guise et de Charles duc de Mayenne (février 1587).
En mai 1588 cependant, après le soulèvement du
Paris ligueur et la « journée des barricades », le roi
semble définitivement prisonnier des Guise. Les
états généraux de Blois, réunis en juillet, confirment
cette sujétion. C'est alors que le roi imagine de se
libérer en faisant assassiner le duc Henri (décembre
1588). Il se condamne ainsi lui-même. Une grande
partie du pays passe à la Ligue. Seul, désemparé (la
reine-mère est morte en janvier 1589), Henri III se
rapproche enfin du Navarrais et prépare avec lui le
siège de Paris. Le 1er août 1589, un jeune jacobin de
22 ans, Jacques Clément, obtient une entrevue avec
le roi, et accomplit le premier régicide de l'histoire
de France. Six années d'extrême confusion ont suivi
cet assassinat, au cours desquelles Henri IV sut
mettre à profit les divisions de ses ennemis et sa
séduction personnelle pour reconquérir son
royaume.

La mort de Henri IV

Au lendemain des derniers états généraux de la Ligue (1593), durant la tenue desquels l'abjuration du roi Henri avait commencé à décontenancer les catholiques ultras et les amis de Philippe II, le sacre de février 1594, l'entrée du roi à Paris en mars et l'absolution pontificale de 1595 semblaient manifester un revirement décisif de la fortune et de l'opinion en faveur du Navarrais. La *Satyre Ménippée* attestait dès 1594 que sous sa houlette bien des Français reprenaient cœur et fierté. Il était né « au vray parterre des fleurs de Lis de France, rejetton droit et verdoyant du tige de Saint Louis ». Le mythe de l'irrésistible Espagne s'estompait avec la paix de Vervins et la mort de Philippe II (1598), la paix intérieure était apparemment assurée par la signature de l'édit de Nantes, et le prestige européen de Henri IV s'accroissait, après la rupture du mariage avec Marguerite, par son union avec Marie de Médicis (1600). En dépit des complots de Biron (1602) et de Turenne (1605), ou des attentats dirigés contre lui, le roi, secondé par Sully, opérait un vigoureux redressement financier et économique du pays, et s'offrait le luxe d'arbitrer les différends de l'Espagne et de la Hollande (1609). Ce réveil inquiétait les Espagnols ; les liens tissés par Henri avec les princes protestants d'Allemagne donnaient à nouveau des armes aux catholiques ultramontains. Le 14 mai 1610, Ravaillac, illuminé exalté par la doctrine du tyrannicide, tue le roi de deux coups de couteau rue de la Ferronnerie. Marie de Médicis, qui s'était fait sacrer la veille à Saint-Denis, assumait la régence du royaume. Au soir du meurtre, incapable de trouver le sommeil, le jeune Louis XIII allait partager le lit de sa mère. Les années à venir devaient cruellement démentir cette belle intimité de la régente et de son fils.

L'arrivée au pouvoir de Richelieu

Quelque opinion que garde la postérité de l'intelligence politique de Marie de Médicis, tout historien doit reconnaître l'importance de sa décision de 1622, quand, revenue au Conseil royal, elle garda Richelieu (récemment nommé cardinal) auprès d'elle. Deux ans plus tard, malgré les répugnances du jeune roi, et surtout malgré les résistances de la reine Anne d'Autriche, Richelieu, écartant les hommes en place (les Brûlart et La Vieuville), devenait chef du Conseil. C'était le début d'une ère nouvelle dans la vie politique et sociale de la France.

Dès le 19 mai 1610, Malherbe écrivait à son savant ami Peiresc : « Notre bonne reine commence pour le moins sa régence le plus heureusement qu'on le pouvait souhaiter ; Dieu fasse que la fin réponde au commencement ! » De fait, Marie de Médicis avait su résister à la pression des Princes, Henri de Condé ou César de Vendôme, à l'opposition gallicane et protestante, aux sourdes menaces dont les états généraux de 1614 avaient été l'occasion. Elle avait réussi à imposer un gouvernement occulte mais actif, présidé par le mari de sa sœur de lait Leonora Galigaï, Concini, devenu marquis, puis maréchal d'Ancre. Mais après l'assassinat du maréchal, organisé avec la complicité du jeune roi, et l'arrivée au pouvoir du favori de Louis XIII, Charles d'Albert de Luynes (1617), la reine-mère entrait elle-même dans l'opposition et les conflits intérieurs reprenaient, plus ardents que jamais, entre le pouvoir et les Princes, protestants ou catholiques, jusqu'à la mort de Luynes (1621). Cependant, l'Espagne exploitait la politique catholique du pouvoir et les accords conclus à l'occasion du mariage qui unissait en 1615 Anne d'Autriche et Louis XIII. Alliée de principe des Habsbourg de Vienne et de Madrid dans les débuts de la Guerre de Trente ans (1618), la France parvenait difficilement à freiner leur avance en concluant un accord avec la Savoie et Venise pour la restitution par les Espagnols de la Valteline aux Grisons (1623). Depuis ses interventions aux états de 1614 et sa nomination comme secrétaire d'Etat en 1616, le cardinal de Richelieu avait acquis une expérience exceptionnelle dans les domaines de la diplomatie et de la conduite intérieure du pays. C'est à sa main lourde mais assurée qu'il revenait de rétablir en France l'autorité du roi et en Europe le prestige de la France.

La paix d'Alais et la Journée des Dupes

Le siège de La Rochelle (1627-1628) et la paix d'Alais (1629) sont deux actes significatifs du gouvernement de Richelieu, inspirés également par le souci d'imposer la centralisation des pouvoirs et d'instaurer une certaine idée de l'Etat.

Ce souci conduisait généralement le ministre à ne ménager ni les grandes familles ni les grands corps « intermédiaires ». Les successives conspirations de Gaston d'Orléans, frère et présomptif héritier du roi, ont coûté la vie au comte de Chalais (1626), au brillant maître de Chantilly, Henri de Montmorency, qui avait été le protecteur de Théophile de Viau (1632), et au jeune Cinq-Mars (1642) ; elles ont imposé l'exil au mécène de Mairet et de Rotrou, le comte de Soissons (1636). Au cours de cette période, Gaston sollicitait des appuis extérieurs : celui de Charles IV de Lorraine, dont il devenait le beau-frère malgré l'opposition du roi, ou celui des Espagnols (ce qui ne l'empêchera pas d'être reconnu en 1643 comme lieutenant général du royaume). Des préoccupations analogues ont amené Richelieu à accroître le nombre et les fonctions des intendants — utile contrepoids au pouvoir des nobles gouverneurs de provinces (1635) — et à réduire la puissance des parlements, notamment du parlement de Paris, en préférant à leurs débats, dans le domaine politique des assemblées de notables, dans le domaine judiciaire les chambres itinérantes des « Grands Jours ».

C'est bien la même idée qui inspirait la lutte contre les chefs protestants et les places qu'ils contrôlaient. Le siège de La Rochelle compromet le prestige de Henri de Rohan, prince du sang de la branche des Condé. Comme les « féodaux » catholiques faisaient appel aux Lorrains ou aux Espagnols, les Rochelais comptaient sur l'appui de Charles Ier d'Angleterre et de son favori le duc de Buckingham : l'ironie de l'histoire veut que le premier soit le propre beau-frère de Louis XIII et que le second ait été son rival dans le cœur d'Anne d'Autriche. La paix d'Alais ne comporte guère que des clauses politiques. Les protestants n'y sont pas condamnés en tant que tels. Quelques années plus tard, Rohan devait s'illustrer dans les campagnes menées contre les Habsbourg.

La « journée des dupes » d'octobre 1630 est plus significative encore de l'état de la cour de France en ces années, dont le *Clitandre* de Corneille paraît constituer la transposition théâtrale. On attend alors la disgrâce de Richelieu et le triomphe de la reine-mère et de Gaston d'Orléans. Au cours d'une rencontre décisive, et à la surprise générale, le roi réaffirme sa confiance au cardinal et contraint ainsi à la fuite sa mère et son frère. Le garde des sceaux Michel de Marillac est emprisonné. Son frère Louis, le maréchal, est décapité en 1632, malgré des protestations d'innocence apparemment sincères, dont le ton et le style font irrésistiblement songer à celles du héros persécuté de Corneille.

Les romans et les tragédies de ce temps ont gardé le souvenir de ces événements sanglants, de ces péripéties proprement dramatiques, et du choc des idées morales et politiques traduit par les uns et par les autres.

Signification de la Fronde

La Fronde est née d'une alliance ambiguë : celle des parlementaires humiliés par Richelieu, et dont Mazarin continuait à se passer, avec un certain nombre de grands du royaume dont les uns, comme les duchesses de Chevreuse et de Longueville ou comme Paul de Gondi, cardinal de Retz, gardent la nostalgie des conspirations de naguère, tandis que d'autres, comme le Grand Condé et un temps le maréchal de Turenne, songent à assurer une gloire acquise dans les combats auxquels les traités de Westphalie viennent de mettre fin (1648).

Mais les combats incertains qui se sont déroulés entre 1648 et 1652, et qui ont contraint le roi à s'exiler de Paris pendant deux années et Mazarin à quitter la France de 1651 à 1653, traduisent une situation de crise d'où pouvaient sortir soit l'anarchie, soit un retour aux structures féodales des siècles antérieurs, soit l'invention d'un gouvernement parlementariste à l'anglaise. L'anarchie ne pouvait qu'effrayer des Français dont les pères avaient connu les excès des « guerres de religion ». L'hypothèse d'un système à l'anglaise devenait peu crédible au moment où le parlement d'outre-Manche était brisé par Cromwell et où le roi Charles Ier était jugé et condamné à mort (1649). Restait le rêve d'un retour à la morale aristocratique des « fidélités ». Il devait renaître à l'extrême fin du règne et nourrir les écrits de Saint-Simon. Mais les lendemains de la Fronde ont été tout autres. Mazarin retirait aux parlementaires toutes les concessions qu'il avait dû consentir sous la pression de l'événement. Il donnait l'occasion aux nobles, par la poursuite de la guerre, d'affirmer leur grandeur sur

un autre terrain que celui de la contestation politique. En 1659, la paix des Pyrénées lui donnait
apparemment raison : Condé, vaincu aux côtés de
ses alliés espagnols, rentrait en grâce avec les
honneurs de la guerre. Et Louis XIV épousait
l'infante Marie-Thérèse, occasion de brillantes
réjouissances comme la représentation de *La Toison
d'or* de Corneille au château de Neubourg, mais
aussi prétexte opportunément apporté au jeune roi
pour revendiquer, un peu plus tard, ses droits à la
succession d'Espagne.

Quand, en mars 1661, à la mort de son maître
Mazarin, Louis XIV déclare son intention de gouverner seul, son geste a de multiples significations :
il est rendu possible par un long travail de restauration du pouvoir monarchique, déjà engagé par Henri
IV et patiemment poursuivi par les cardinaux ; il l'est
encore par un désir général de paix intérieure,
inéluctable conséquence des années de troubles.
L'ardeur de gloire du nouveau souverain est telle
qu'elle sera contagieuse pendant plus de quinze ans :
les années où s'épanouira ce qu'on a nommé plus
tard le « classicisme » français ; celles qui verront
naître Versailles, et triompher les chefs-d'œuvre de
Racine, de Molière et de La Fontaine.

Chapitre II

LA VIE DE SOCIÉTÉ

O N ne peut résumer en une formule simple les conditions qui ont présidé aux transformations de la société française entre 1570 et 1660. Elles se sont faites sans doute sous le poids des événements politiques. Pendant tout ce siècle, l'état de guerre (à l'intérieur et à l'extérieur), l'instabilité du pouvoir monarchique et l'importance des rivalités partisanes ont compromis les efforts des rois et des ministres qui recherchaient la stabilité sociale et l'équilibre économique. Mais la France de Charles IX et de Henri III, et celle de Henri IV et de Louis XIII, devait faire face à des difficultés plus pressantes encore : celles que provoquait, dans la vie quotidienne de toutes les catégories sociales, la métamorphose du monde de l'économie liée à l'afflux des métaux américains, et à ses conséquences dans des domaines aussi différents que l'agriculture, l'industrie et le commerce. Pourtant, les inquiétudes et les remises en question n'ont pas empêché et ont peut-être favorisé l'éclosion de formes artistiques aussi foisonnantes dans leur variété que celles de la première moitié du XVIe siècle. La surprenante richesse de cette période dans le domaine des beaux-arts est elle-même inséparable des transformations de la société, qu'elle traduit, qu'elle accompagne et que parfois elle paraît inspirer. Chaque fois qu'un équilibre se rompt, la communauté qui souffre de cette rupture s'efforce de rétablir un équilibre nouveau ou renouvelé. Elle est ainsi condamnée à l'invention permanente. L'époque « baroque » a été ainsi marquée en France, non seulement par un adieu quasi définitif aux formes médiévales, mais aussi par une féconde remise en question des valeurs esthétiques du temps de François Ier.

Vers une nouvelle société

La fin du XVIe et les premières décennies du XVIIe siècle ont été marquées par une instabilité économique souvent décrite par les historiens de notre temps. Parmi les raisons diverses de cette instabilité, retenons seulement celles qui ont frappé les contemporains eux-mêmes : archaïsme de l'équipement et des méthodes de l'agriculture, désastres des guerres, fluctuations des récoltes et alternance de la mévente et de la famine, anarchie démographique. Mais la période a vu surtout l'arrivée massive des métaux précieux américains, qui entraîne après 1560 une forte hausse des prix, puis une diminution de cet afflux à partir notamment de 1630. Ces circonstances ont été favorables à ceux qui possédaient plutôt l'argent que les terres, et catastrophiques pour une grande partie de la paysannerie et de la petite noblesse. L'image de l'usurier se fixe alors durablement dans l'imagination collective, telle qu'on la retrouvera dans L'Avare ; celle du « partisan » que La Bruyère stigmatisera encore dans Les Caractères ; celle enfin du marchand, notamment du marchand drapier, l'ancêtre de M. Jourdain. Les remèdes existaient sans doute, et le règne de Henri IV a vu Sully encourager les auteurs de traités d'économie et les techniciens de l'agriculture, de l'industrie et du commerce. En 1600, le protestant Olivier de Serres publie son *Théâtre d'agriculture,* qui préconise la pratique de l'assolement substituée à celle de la jachère, l'élevage du ver à soie et la culture du maïs. En 1602, Barthélemy de Laffemas, premier valet de chambre de Henri IV, et protestant lui aussi, crée le Conseil du commerce. Au lendemain de l'assassinat du « bon roi », Montchrestien donne son traité de *L'Economie politique* (1615). D'autre part, les rois et leurs ministres ont tenté d'utiliser à leur profit les nouvelles données financières et économiques : s'ils ne sont guère parvenus à réglementer le crédit et à réformer utilement le système monétaire, ils ont su, et particulièrement Richelieu, imposer des sortes de monopoles, au commerce extérieur (notamment grâce aux Compagnies trafiquant au Levant et au Ponant), au commerce intérieur (en encourageant les marchands français), à l'industrie (en favorisant la création de manufactures, comparables à celle qui, officialisée plus tard par Colbert, deviendra les fameux Gobelins). Ils ont enfin encouragé la vente des offices, puis la possibilité de les rendre héréditaires (1604), source non négligeable de profits pour la couronne, au moins jusque dans les années 1640.

La nouvelle société française est au xviiᵉ siècle caractérisée par les inquiétudes et les contradictions : paysans et gentilshommes terriens peuvent encore se dresser les uns contre les autres, comme en témoigne un épisode célèbre du *Page disgracié* de Tristan L'Hermite. Ils peuvent aussi s'unir pour une commune révolte contre le fisc ou l'insolence des intendants. La grande bourgeoisie et la noblesse de robe s'allient tour à tour et s'opposent à la noblesse d'épée. On flatte ou on affecte de mépriser les Italiens enrichis par la finance et devenus français par mariage, comme les Gondi ou les Particelli d'Emery. Autant de sources de malentendus que les années de la Fronde ont parfaitement mis en évidence. Il reste vrai que grande noblesse et haute bourgeoisie ont un égal mépris pour les « croquants » des campagnes, immortalisés par Le Nain, pour les ouvriers des villes, encore attachés à un compagnonnage réputé dangereux (et que la Sorbonne elle-même condamne en 1655) et pour les bandes de marginaux dont Jacques Callot nous a laissé de savoureux croquis.

Mais la nouvelle élite sociale des officiers, des banquiers et des marchands a été également créatrice de valeurs morales solides dont le seul excès a pu être caricaturé par Molière dans *L'Ecole des maris* ou dans *Le Tartuffe*. Les fils de marchands devenus « officiers », les héritiers de petits procureurs entrés dans une cour souveraine de Paris, les nouveaux hommes d'argent, protestants comme les Tallemant et les Rambouillet, catholiques comme les ancêtres de Bossuet, vivent dans leurs hôtels du Marais autour de leurs tables à lourds pieds en spirales ou en balustres, dans leurs fauteuils d'allure massive, avec le sérieux qu'expriment les visages des personnages d'Abraham Bosse. Ils sont économes, laborieux, austères, et pourtant passionnés par la lecture et fiers d'être les dédicataires des écrivains du temps. Ils auront pour fils un Colbert ou un Molière. La renaissance de l'esprit aristocratique, sous le règne de Louis XIV, fera contester les « vertus des vieux âges » qu'ils incarnent. S'ils ont des héritiers qui leur ressemblent, on en fera, comme on a fait de Colbert, des objets de méprisantes satires ; on ne songera pas d'abord à offrir à M. Dimanche autre chose qu'un siège pliant. S'ils sont trahis par la prétention de leurs fils à singer la cour, il se trouvera un Dorante pour gruger ces « bourgeois gentilshommes » ou un La Bruyère pour regretter le temps ou l'on marchait encore dans les rues de Paris, malgré la « crotte ». Mais, jusque vers 1660, les bourgeois français ont joué dans la vie artistique et intellectuelle du pays un rôle croissant, tendant à la création d'un nouveau mécénat et de nouvelles façons de sentir et de penser.

Résidences

Les violences des guerres, les inquiétudes politiques et économiques, la crise religieuse et ses suites n'ont pas empêché les rois, les grands et les riches de mener une existence brillante et d'exploiter avec goût les ressources que les écrivains, les musiciens et les peintres, héritiers ingrats ou éblouis des artistes de la Renaissance, pouvaient leur offrir. Mais le cadre de la vie mondaine et la qualité des plaisirs ou la nature des préoccupations qui l'animaient ne pouvaient demeurer exactement les mêmes.

Le Louvre est naturellement demeuré le centre de la vie artistique française. Il est la résidence des souverains, sauf entre 1643 et 1652, où Anne d'Autriche l'abandonne pour le Palais-Cardinal devenu le Palais-Royal ou pour Saint-Germain, refuge de Mazarin et de la famille royale entre 1650 et 1652. Les rois de France ne cessent de l'embellir : les galeries qui le réunissent aux Tuileries de Catherine de Médicis sont terminées sous le règne de Henri IV, qui en consacre une partie à l'accueil des peintres et des tapissiers ; l'architecte Lemercier y bâtit à partir de 1624 le pavillon de l'Horloge. Mais la cour n'a pas cessé d'essaimer ou de prendre des quartiers d'été. Si le Louvre reste le cœur de ses fêtes, les divertissements se succèdent aussi à Fontainebleau, embelli avec prédilection par le Vert-Galant, à Saint-Germain, à Vincennes et dans les somptueuses résidences des bords de Loire. A Paris même, la place Royale, terminée en 1612, se prête aux défilés et carrousels ; Salomon de Brosse pose en 1615 la première pierre du Luxembourg de Marie de Médicis, décoré par Rubens à partir de 1621 ; Lemercier termine en 1639, pour Richelieu, le Palais-Cardinal, dont la salle de spectacle, inaugurée en 1641 avec *Mirame* de Desmarets, sera plus tard le lieu de création des comédies de Molière. Enfin, lointaine préfiguration des splendeurs du Grand Règne, un pavillon de chasse s'élève en 1624 à Versailles, et neuf années plus tard le château de briques et de pierres dû à Philibert Le Roy.

Pendant toute cette période, notamment sous l'impulsion du roi Henri IV, des châteaux s'élèvent dans toutes les provinces françaises et particulièrement dans la région parisienne : lieux de résidence des princes, gentilhommières fortifiées dont Richelieu juge prudent de faire abattre un certain nombre, brillants édifices érigés par les familles de robe en terre noble, comme Bâville, résidence des Lamoignon (1625), ou Maisons, résidence du président à mortier René de Longueil (1651). A partir de 1656, le surintendant Foucquet commence à bâtir Vaux-le-Vicomte, célébré par Madeleine de Scudéry et par le jeune La Fontaine.

Quand le « château de brique à coins de pierre » lasse son propriétaire, ou quand le froid l'en chasse, il regagne l'hôtel ou la maison de ville parisienne où, sans jouir du même espace, il retrouvera du moins une cour assez spacieuse pour accueillir les carrosses de ses visiteurs, les salles « basse » au rez-de-chaussée et « haute » à l'étage où il pourra s'entretenir avec eux, et les « galeries » où Célimène pourra plus tard « faire deux tours » avec les marquis. Dans le quartier du Louvre, autour de la place Royale dans le Marais, bientôt dans les parages du Luxembourg et dans ceux de Saint-Germain-des-Prés, commence à naître, entre 1610 et 1630, une vie mondaine, artistique et intellectuelle indépendante, où se poliront les idéaux de la galanterie, de l'honnêteté et de la préciosité.

Fêtes royales

La fête était sous les Valois et reste sous les Bourbon l'image d'une sorte de communion entre le Prince, les Grands et le peuple des villes. Les arts figurés, la musique, la poésie et la danse s'y associent pour rétablir, par d'heureux artifices, l'unité et l'harmonie compromises par les luttes de l'heure présente. Depuis la fondation, en 1570, de l'Académie de musique et de poésie d'Antoine de Baïf, plusieurs traités ont célébré l'union des arts comme symbole multiple de l'harmonie des quatre éléments, de celle des humeurs et des membres humains, et de celle du corps social et politique. Toutes considérations qui inspirent la Préface du *Ballet de l'Harmonie* de Guillaume Colletet (1632) aussi bien que l'*Harmonie universelle* du P. Mersenne (1636) en attendant les publications du Père Ménestrier, qui illustreront les premières décennies du règne de Louis XIV.

Des entrées royales célébrant le mariage de Charles IX et Elisabeth d'Autriche en 1571 ou le retour de Henri III en 1574 aux carrousels pour lesquels les « Lorrains » ont bâti la « carrière » de Nancy mais dont le plus brillant exemple est celui des *Chevaliers de la gloire,* qui inaugure en 1612 la place Royale à l'occasion du mariage de Louis XIII, la fête représente un élément de continuité au cours des divers règnes de la période. Elle fait oublier les tournois, auxquels l'accident mortel de Henri II a mis fin en 1559.

Mais l'histoire du ballet présente une continuité plus frappante encore. C'est grâce à ce divertissement complexe, dont il subsiste beaucoup de traces (témoignages, textes, dessins, musique parfois) que nous pouvons définir concrètement les rapports entretenus par les différents arts à la fin du xvie siècle et tout au long du xviie ; grâce à lui encore qu'il est possible de faire la préhistoire du théâtre à machines des années 1650-1660, de la comédie à divertissements de Molière et de l'opéra lulliste. Le ballet suppose la collaboration des hommes de cour qui en proposent le « dessin » général, des poètes (Etienne Durand, Malherbe, Théophile, Colletet) qui en écrivent les vers chantés, récités ou distribués aux dames, de musiciens tels que Boesset, Guédron et Lulli et de machinistes comme les frères Francini qui dès le début du XVIIe siècle mettent leur expérience italienne au service de la cour de France. Le premier grand ballet français a été dansé en 1581, dans la salle du Petit-Bourbon, à l'occasion du mariage du duc de Joyeuse ; ce *Ballet comique de la Reine,* œuvre de Beaujoyeux, admiré par le *Journal* de L'Estoile, avait pour thème les enchantements et la défaite de la déesse Circé ; il célébrait ainsi la victoire de l'ordre et de la raison sur la passion et le désordre, donnant le départ à une longue tradition que représentera encore le *Ballet de Tancrède* de 1619 et que prolongera l'histoire de Roland et Alcine, canevas des *Plaisirs de l'Ile enchantée* de 1664. Quelquefois, notamment sous le règne de Louis XIII, on s'est diverti à des ballets burlesques, comme celui de la *Douairière de Billebahaut* (1626). Mais ce genre, lié au goût des décennies où l'on s'apprête à lire Scarron et Dassoucy, a enfin cédé la place au ballet mythologique et galant où collaborèrent Lulli, Benserade et le machiniste Torelli : on sait la postérité du *Ballet de Psyché* de 1656.

Sons et couleurs

Jusqu'à ce que la musique italienne, introduite en France par Mazarin, s'impose décidément par les opéras-ballets de Rossi et de Cavalli, et oblige le jeune Lulli à trouver une voie originale en réaction à la tradition française et à certains aspects de celle de ses compatriotes, la production musicale de ce pays a été dominée par le genre de l'air de cour : chanson à quatre voix, puis monodie accompagnée au luth, l'air de cour est rigoureusement syllabé, assez sobre dans ses ornements, moins passionné que le chant italien, quoique parfois animé d'un sentiment dramatique analogue à celui qui inspire l'opéra. Ses représentants, Pierre Guédron, successeur de Claude Le Jeune dès 1601 comme compositeur de la musique de la chambre du roi, Antoine Boësset son gendre, Jean-Baptiste Boësset son petit-fils, ont eu le mérite d'inspirer des poètes tels que Du Perron, Motin, Maynard et Malherbe. Leur tradition se prolongera jusqu'aux dernières années du siècle grâce à Michel Lambert, le propre beau-père du Lulli. Musique décorative, visant surtout à l'agrément, ne craignant pas les lieux communs et les apparentes redites, l'air de cour et le luth qui le soutient tendent pourtant à céder progressivement la place à des instruments dont le rôle sera décisif pour l'évolution du goût musical en France et en Europe, le clavecin et le violon : dès 1652, Jean-Baptiste Lulli joue du violon devant le roi et la cour.

Beaucoup plus complexe sans doute est l'évolution des arts plastiques, et notamment de la peinture. Mais son intérêt, comparé à celui de l'évolution des formes musicales, est son parallélisme, au moins approximatif, avec celle des doctrines et des créations littéraires. Le maniérisme d'Antoine Caron, un des représentants les plus remarquables de l'Ecole de Fontainebleau, fait songer à Desportes et au dernier Ronsard. Les figures élégantes et contournées de ce peintre de Catherine de Médicis, l'ambiguïté d'une peinture où figures mythologiques ou allégoriques évoluent dans le cadre des jardins et des architectures du temps, traduisent peut-être les mêmes incertitudes et le même rêve de réconciliation que le *Printemps* d'Agrippa d'Aubigné. A l'éclatement des formes et aux violences de la poésie et du théâtre des premières décennies du XVIIe siècle paraissent répondre le caravagisme d'un Claude Vignon, ou les jeux de lumière et de couleur de Georges de La Tour. La délicatesse et les horizons des paysages de *L'Astrée* ont quelque chose de commun avec ceux de Claude Gellée. Après l'arrivée de Richelieu au pouvoir, et plus encore après celle de Mazarin, Simon Vouet et Poussin, les Mignard et Le Brun imposent enfin à la peinture un nouveau style, et s'accordent sur la nécessaire rigueur du dessin, l'univocité de l'allégorie, et généralement sur une idée du « naturel » dans l'art associant référence aux réalités et transposition idéalisante. L'Académie de peinture est fondée en 1648 : elle aura pour membre un de ses premiers inspirateurs, Charles Le Brun. Un mouvement irrésistible paraît conduire ces générations successives vers un art conscient, maîtrisé dans sa manière et assuré de son dessein. Mais ce mouvement n'a pas été sans hésitations, retours en arrière et découvertes imprévues. Comme les écrivains de ce siècle, les artistes ont été soucieux à la fois de se chercher des modèles, qui n'ont pas toujours été italiens, de se donner des règles, qui n'ont pas toujours été antiques, et de plaire à un public dont les exigences ne sont pas toujours demeurées les mêmes. Plusieurs d'entre eux, et non des moindres, ont su garder avec le quotidien la même simplicité de regard que Sorel ou Scarron dans leur évocation des écoliers de Paris ou des bourgeois du Mans. L'époque de Poussin et de Le Brun est aussi celle du graveur Jacques Callot, des frères Le Nain et du peintre et dessinateur Abraham Bosse.

Les plaisirs de la conversation

Catherine de Médicis et ses fils ont su imposer une politesse de cour que les hommes du siècle suivant évoqueront avec nostalgie. Ils ont protégé Ronsard et ses amis, et encouragé le talent d'un Germain Pilon et d'un Jean Goujon. L'atmosphère de la cour des Bourbon n'est pas la même : Henri IV a certes « ses » poètes, Bertaut, Du Perron, Motin, Malherbe. Il favorise les peintres et les maîtres tapissiers. Mais il n'a ni la culture ni le sens du mécénat qui caractérisait ses prédécesseurs. Sous le règne de Louis XIII et dans les premières années de celui de Louis XIV, les écrivains ont certes trouvé une certaine protection auprès du pouvoir officiel. Les musiciens et les peintres ont trouvé commande pour l'embellissement des palais et le déploiement des fêtes et des spectacles de cour. Mais la naissance des Académies, à partir de 1635, ou l'encouragement donné à une littérature purement officielle, comme, au théâtre, celle des *Cinq Auteurs,* ont incité nombre d'esprits indépendants à se rassembler en cercles et en académies plus libres que ceux que favorise le pouvoir. En particulier, ils ont entraîné la création et le développement des salons, où des femmes d'esprit réunissent, pour le plaisir de la conversation honnête, les représentants les plus brillants du monde intellectuel.

La reine Marguerite, répudiée par Henri IV au bénéfice de Marie de Médicis, donne dès son retour à Paris en 1605 une impulsion nouvelle à la vie mondaine. Elle reçoit tous les poètes qui comptent en son temps : Régnier, Maynard, Bertaut, Du Perron et Théophile. Elle encourage à se survivre le programme poétique de la Pléiade et de ses émules, particulièrement de Desportes. Sa culture philosophique, où stoïcisme, platonisme et épicurisme savent se concilier, et son goût pour l'esprit pastoral, inspiré par l'*Aminta* du Tasse ou la *Diane* de Montemayor, triomphent dans les œuvres qu'elle inspire ou dont elle encourage la publication : Honoré d'Urfé est de ses amis.

Catherine de Vivonne, marquise de Rambouillet,

ouvre son hôtel de la rue Saint-Thomas-du-Louvre en 1618. L'alliance de la pierre et de la brique, la présence d'un escalier sur le côté permettant la distribution de pièces en longues enfilades, le charme de la « chambre bleue » sont les moindres inventions de cette femme qui, nous dit Tallemant, a un don naturel pour l'architecture. L'essentiel de son œuvre est d'avoir reçu aussi bien la fleur de l'aristocratie de l'époque et les écrivains qui ont marqué de leur empreinte le siècle tout entier : Malherbe, Boisrobert, Balzac, et surtout le spirituel Vincent Voiture. Son salon se survivra jusqu'en 1665. Le sens de la bonne plaisanterie, la finesse des divertissements intellectuels, le souci de la politesse du langage y sont autant de valeurs qui tantôt préludent à la galanterie précieuse, et tantôt inspirent une sorte de naturel dans la distinction qui se retrouvera dans d'autres cercles féminins, celui de Ninon de Lenclos ou celui de Mme Foucquet, et s'épanouira dans l'œuvre de La Fontaine ou dans la *Galerie des portraits* rassemblée en 1659 par Mlle de Montpensier ; sans le salon d' « Arthénice », les lettres de Mme de Sévigné n'auraient pas été exactement ce qu'elles furent.

Le salon « bourgeois » de Madeleine de Scudéry s'ouvre au lendemain de la Fronde, dans une maison de la rue de Beauce, au Marais. Il est animé par les successeurs de Voiture, mort en 1648 : Pellisson, qui restera l'ami de cœur de « Sapho », le savant et galant Ménage, le délicieux Sarasin. Les *Œuvres* de Sarasin, présentées en 1656 par Ménage et Pellisson, imposent les principes d'une esthétique mondaine, faite de délicatesse, d'enjouement et du sens de la juste mesure. Les romans de Madeleine, le *Cyrus* et la *Clélie,* traduisent l'esprit du groupe scudéryen : prolongeant avec un féminisme et une méfiance du pédantisme plus affirmés l'idéal de galanterie et de politesse de l'Hôtel de Rambouillet, il a permis de forger une méthode d'analyse des replis les plus secrets du cœur humain. Les excès de cette « préciosité », dénoncés par Molière dans une comédie célèbre, ne peuvent faire oublier que les Sévigné, les La Fayette et les La Fontaine ont appris dans le salon de Sapho un certain art du bien penser, du bien sentir et du bien dire.

Autant et peut-être plus que le Nicolas Faret de *L'Honnête Homme* (1630) ou que la conversation et la correspondance du chevalier de Méré, les muses de la première moitié du siècle ont inspiré à leurs contemporains un art de vivre en société fait de curiosité à autrui, de culture sans pédantisme et de mutuel respect. Dans une société à la recherche d'elle-même, elles ont été une sorte de ciment permettant aux esprits les plus divers de cohabiter et de s'estimer. Dans une monarchie où l'absolutisme même artistique devenait de plus en plus marqué, elles ont permis à beaucoup de se ménager une juste respiration entre « l'art de plaire à la cour », le souci de la politesse mondaine et le plaisir de se satisfaire soi-même dans la création.

Chapitre III

HÉSITATIONS ET CONFLITS
DANS LA PENSÉE

D E Montaigne à Descartes et à Pascal, la philosophie est demeurée, en son principe, ce qu'elle était pour les « sages » de l'Antiquité : la recherche conjointe de l'ordre du monde, de l'organisation de la cité idéale et des principes de la conduite individuelle. Cléricale ou laïque, purement spéculative ou visant à une pratique sociale, morale et politique, la pensée française et européenne reste tributaire, qu'elle les embrasse ou qu'elle en fasse la critique, des grands « systèmes » élaborés en Occident depuis deux mille ans. Elle se réfère, à travers eux, à une conception globale de la connaissance, qui entend rattacher les diverses branches du savoir à un arbre unique, et découvrir en chaque discipline l'application d'une science universelle.

Mais sur cette base les images diverses du *sophos* ou du *sapiens* héritées de l'antiquité permettent des constructions aussi différentes que les ordres d'architecture de Vitruve. Ces constructions varient d'autre part au fil de l'histoire : la morale et la politique ne peuvent demeurer identiques à elles-mêmes au cours d'un siècle où les guerres de religion et les derniers sursauts de l'esprit féodal modifient sensiblement l'image du prince, où la guerre de Trente ans impose une idée nouvelle de l'équilibre européen, où Réforme, Contre-Réforme et Libertinage inspirent des visions de l'homme extrêmement diverses. La pensée scientifique et les spéculations sur l'ordre du monde sont marquées dans le même temps par les conflits qui opposent les tenants de la philosophie traditionnelle et ceux qui osent faire leurs des principes tels que la primauté de l'expérience, ou l'expansion et la divisibilité de l'espace à l'infini, ou la rotation de la Terre autour du Soleil, ou enfin la prééminence de la raison sur l'érudition.

Réalités et spéculations en matière politique

L'idéal monarchique, au cours de ce siècle, a été moins contesté que la personnalité de tel ou tel monarque. Non qu'il se soit toujours appuyé sur les mêmes fondements. L'accent est mis tantôt sur l'idée que le roi est image de Dieu, tantôt sur la conviction qu'il est d'abord arbitre dans une organisation féodale qui ne le reconnaît comme souverain que si les grands acceptent de vivre sous sa mouvance de suzerain, tantôt sur la doctrine néo-platonicienne de l'harmonie universelle, qui fait de lui dans l'Etat ce qu'est la tête dans l'organisme humain ou ce qu'est le Soleil dans l'Univers. Ces diverses conceptions ne sont pas dépourvues d'ambiguïté.

« Souvenez-vous de Dieu, dont vous êtes l'image », écrivait déjà Ronsard dans l'*Institution de Charles IX*. Oint au jour du sacre, le roi est une sorte de Christ, tête du corps social comme le Christ est tête du Corps mystique de l'Eglise. Son pouvoir ne peut sans péché être remis en question ; mais son dévouement à la collectivité doit être total. Qu'un doute s'installe sur la légitimité du souverain ou que ses actes révèlent en lui un mauvais prince, la révolte, voire le tyrannicide deviennent choses permises. Aussi les auteurs d'éloges royaux prennent-ils grand soin de produire les signes de l'élection de Henri IV ou de Louis XIII. L'héroïsation de l'un et de l'autre, sous la plume de Bertaut ou Du Perron, ou dans tel poème du jeune Théophile, souligne les vertus complémentaires et vraiment divines qu'ils incarnent de la justice et de la clémence, et leur impute des miracles tels que la guérison des écrouelles ou les inspirations merveilleuses (Louis XIII voyant en songe, aux dernières heures de sa vie, la victoire de Rocroi).

Le roi est aussi le chef d'une famille, à l'intérieur de laquelle il ne domine que selon la loi salique, dont le principe est la transmission du pouvoir du père au fils aîné, et à son défaut au second fils, s'il en est un, éventuellement à un petit-fils ou à un frère. La crise dynastique s'installe en l'absence de tout héritier direct : ce qui a été le cas à la mort de Henri III. Mais cette famille elle-même s'intègre à un ensemble complexe, celui des maisons nobles, liées à la famille régnante par le sang, par le mariage ou par les liens de « fidélité ». Le réseau féodal ainsi constitué n'intéresse pas seulement la France entière, mais une grande partie de l'Europe. La puissance de certaines familles constitue une menace permanente pour la maison régnante : à la mort de Henri III, on peut craindre, directement ou non, une prise du pouvoir par les ducs de Lorraine, les Guise, réputés « étrangers » malgré le mariage de Marie Stuart, leur proche parente, avec François II, celui de Louise de Vaudémont avec Henri III, et leur réelle ou prétendue ascendance capétienne. Mais des rapprochements inattendus peuvent se produire : après sa conversion Henri IV donne sa sœur Catherine au fils de Charles III de Lorraine, le futur Henri II. Plus généralement, l'union entre grandes familles européennes peut être à l'origine d'un nouvel équilibre : ainsi en a-t-il été avec les mariages espagnols de Louis XIII et Louis XIV. En France même, des maisons aussi puissantes que celle des Condé ou celle des Montmorency peuvent, quand elles ne jugent pas qu'il leur est rendu ce que de droit, comploter avec les gentilshommes qui sont sous leur mouvance et avec l'appui du frère même du roi, voire combattre sous le drapeau des puissances adverses. De tels faits ressortissent à une tradition qui ne paraît pas près de s'éteindre : la Fronde le prouve, en attendant les mouvements divers qui suivront la disparition des premiers héritiers de Louis XIV, et dont témoignent les *Mémoires* de Saint-Simon. Le genre des *Mémoires,* et la tradition tragique touchant à la mort des princes et au problème de leur succession, sont tributaires pour une large part des traditions féodales.

L'harmonie du corps social et politique, issue, soit d'une réinterprétation de Platon et d'Aristote, soit d'une réflexion sur les « ordres » de l'Etat, suppose une organisation hiérarchique sensiblement différente de l'édifice féodal, mais d'une ambiguïté comparable. L'autorité du souverain n'y est pas mise en cause : elle peut la magnifier au contraire comme on le voit dans l'*Hymne de la monarchie* de Robert Garnier ou dans les ballets de l'époque de Louis XIII. Mais elle la soumet à l'accord du prince et des trois ordres dans le gouvernement, l'administration et la défense de ce qu'on appelle le « pays », quelquefois encore la « province », et, ici et là, déjà, la « patrie ». Un tel accord ne peut se réaliser que dans la mutuelle acceptation des droits et prérogatives de chacun. Que les états généraux dressent des cahiers un peu sévères, que les parlements fassent entendre leurs remontrances d'une voix un peu forte, le souverain ou la régente du royaume ou le puissant ministre qui les assiste peuvent réagir brutalement. Leur tentation est alors une réaffirmation de l'autorité, qui à son tour conduit leurs adversaires à l'accusation de tyrannie. Ainsi les divers principes dont s'inspire l'idéal monarchique français finissent-ils par conduire à un dilemme : celui de la répression (ou de la prévention) et de la négociation. A moins qu'au-delà de l'une et de l'autre, ou par un habile dosage de toutes deux, le prince n'applique une politique uniquement inspirée par le souci de l'efficacité et le sens des réalités immédiates. C'est la leçon qu'on peut tirer de la lecture de Machiavel. Mais, sous une forme sensiblement différente, c'est celle encore que représentent les « politiques » de l'époque de Henri IV.

Ces diverses dimensions de l'idéal monarchique ont subsisté jusqu'à la « prise de pouvoir » de Louis XIV. Mais elles ont, sous la pression des événements, affecté des significations très différentes. Il a fallu que se développe une propagande loyaliste intense pour que l'image subsiste d'un roi de caractère divin : les poètes s'en sont chargés, de Ronsard à Malherbe et à ses émules, mais aussi les « concepteurs » de ballets et de carrousels et les auteurs des poèmes héroïques publiés sous la minorité du futur Roi-Soleil, pour ne pas parler ici des œuvres théâtrales des « Cinq auteurs » choisis par Richelieu. Une telle propagande était nécessaire, soit en raison de la jeunesse influençable d'un Charles IX, tour à tour disciple de Coligny et instrument des ultras, ou d'un Louis XIII, séduit successivement par Concini et Luynes ; soit parce que l'engagement de Henri III auprès des ligueurs ou auprès du Navarrais ou les incertitudes persistantes sur la conversion de celui-ci encourageaient à douter de leurs véritables desseins. Parallèlement, les conjurations et complots des ligueurs, sous Henri III, et sous son successeur ceux d'un Biron (encouragé par les puissances catholiques) ou d'un Turenne (appuyé par les princes protestants) obligeaient à réaffirmer la suzeraineté du roi, comme devaient encore y contraindre, sous les règnes suivants, les entreprises de Gaston d'Orléans et du Grand Condé. Enfin, l'idée de l'harmonie de l'Etat sous un chef unique, particulièrement développée dans les milieux de robe, n'a pas toujours et sous toutes ses formes été acceptée par le pouvoir. Le parti des *politiques,* constitué par François d'Alençon, Montmorency-Damville et le gouverneur de La Rochelle La Noue, et qu'inspirait la doctrine mesurée de Jean Bodin (porte-parole des modérés à Blois en 1676, l'année où paraît sa *République*), n'a pu empêcher, ni le meurtre de Henri de Guise, ni celui de Henri III. A la fin du siècle, en revanche, les protestations émises au nom du même idéal contre la déchéance de Henri de Navarre (1585) ont préparé les succès de Sully : Hotman, l'auteur de la *Franco-Gallia,* Pierre de l'Estoile, l'auteur du célèbre *Journal,* le président de Thou (dont l'*Histoire universelle* devait être condamnée à Rome en 1609) et leurs amis parlementaires, défendent une politique précisément gallicane, destinée à ménager les intérêts du roi et des parlements en face des prétentions ultramontaines. Des doctrines analogues ont effrayé la régente Marie de Médicis et poussé Richelieu et Mazarin à prendre les sévères mesures qu'on sait contre les parlements comme à exclure l'hypothèse de nouvelles réunions des états généraux. C'est qu'on croyait devoir craindre, derrière un succès possible de la théorie des corps intermédiaires, soit un dangereux sursaut du féodalisme, soit la multiplication des manifestations populaires des *croquants* ou des *va-nu-pieds,* soit même une résurgence des idées démocratiques que La Boétie avait développées en humaniste dans le *Contre-Un* et dont certains protestants et certains ligueurs avaient usé contre Henri III et contre Henri IV, au moment même où les auteurs de la *Satyre Ménippée* l'asssuraient de leur appui. Cette crainte n'était pas totalement injustifiée sans doute, et les diverses allures de la Fronde ont montré que la voie du loyalisme monarchique pouvait se réduire à un étroit chemin. Il est également certain que la politique de Richelieu a voulu prendre ce qu'il jugeait être le meilleur en chacune des théories du pouvoir qui pouvaient tenter son époque, et limité par là les dangers d'extension et de confusion des révoltes à venir.

Le puissant ministre de Louis XIII, tel que le révèlent, non seulement le *Testament politique,* mais encore les écrits de ses partisans, comme le *Recueil de lettres* rassemblé en 1627 par Nicolas Faret, ou ceux d'un Guez de Balzac, dont l'œuvre constitue en partie une méditation attentive et libre à la fois sur le pouvoir et ses servitudes, n'a pas pratiqué une politique univoque. S'il a su s'imposer au jeune Louis XIII (qui, une année après la « journée des dupes », érigeait en duché-pairie sa terre de Richelieu), c'est qu'en dépit de ses différends avec la famille royale il n'a cessé de contribuer au prestige de la personne du roi. Il a, certes, durement réprimé les conjurations nobles et mal accueilli les remontrances des parlementaires. Mais il est demeuré attaché à l'idée de hiérarchie sociale, et s'est efforcé de ménager, sinon tel noble parce qu'il était noble, du moins l'idée de noblesse, fer de lance des armées et ornement de la Cour ; il a su d'autre part utiliser les compétences et le dévouement d'officiers et d'intendants d'origine bourgeoise. Mais cette fidélité à la structure sociale et politique d'un pays de longue tradition monarchique est pour lui, avant tout, le moyen de préserver l'unité du pays sous l'autorité du pouvoir central. Elle n'exclut pas le recours à d'autres moyens, sans doute moins vénérables, quand l'intérêt général paraît les imposer. Si les doctrines de Machiavel, en attendant celles de Hobbes, peuvent à cet égard autoriser les pires cruautés, celles du lieutenant civil Isaac Laffemas par exemple, elles permettent également de surprenantes indulgences : dans l'entourage du cardinal, on rencontre de francs libertins comme Boisrobert, et des protestants déclarés occupent encore de hautes fonctions dans l'administration après le siège de La Rochelle. Inversement, si le cardinal est demeuré fidèle à son « éminence grise », le père Joseph, il crut devoir jeter en prison l'austère abbé de Saint-Cyran, dont le *Mars gallicus* (1635) s'élevait au nom de la foi contre une politique trop uniquement soucieuse du succès « mondain ». Ce sont là autant d'applications de la raison d'Etat, aussi différente de la « raison des philosophes » que la pratique l'est de la théorie. L'adaptation à l'événement qu'elle suppose procède, chez Richelieu comme chez Machiavel, d'une méditation sur l'histoire : celle que Balzac entendait inspirer dans *Le Prince* (1631) et dont il fera l'éloge dans ses *Entretiens* peu après la mort du cardinal.

Le réalisme politique de Mazarin procède de principes analogues. Il conduit, comme celui de Richelieu, à une alternance de souplesse et de sévérité. Ses conseillers, dont quelques-uns, comme Naudé et La Mothe le Vayer, demeurent attachés au scepticisme des libertins de la génération précédente, mais dont le libertinage « intra-mondain » implique un pragmatisme politique peu soucieux de scrupules moraux ou religieux, l'invitent à préserver l'ordre de l'Etat en faisant plier tous ceux qui le menacent : le menu peuple, certes, dont les soulèvements continuent à être impitoyablement réprimés ; mais aussi les grands, quand ils prétendent reconstruire à leur profit l'édifice féodal ; les bourgeois de robe, quand ils entendent, dans l'esprit de Jean Bodin, redonner vie aux « lois fondamentales du royaume » ; les jansénistes disciples de Saint-Cyran, quand ils dénoncent, à l'occasion de la querelle des *Provinciales* par exemple, des principes politiques contraires à la loi de Dieu. Toutes attitudes dont se souviendra Louis XIV après sa « prise de pouvoir » et surtout après 1680.

La crise de la Fronde a été à l'origine de grands textes littéraires ; mais la plupart d'entre eux ne sont pas dépourvus d'ambiguïté : les *Mémoires* de Retz, ceux de La Rochefoucauld sont partagés entre la vaine nostalgie de la grandeur aristocratique et un sens aigu de l'événement et des réalités. Elle a inspiré encore l'immense production des *Mazarinades;* mais la violence de l'expression ne peut ici tromper le lecteur attentif : si l'on y retrouve bien les grands thèmes des « lois fondamentales » ou des « fidélités » nobles, leur radicalisme affiché ne traduit pas une véritable pensée révolutionnaire. Rien en tout cas dans leur esprit ne peut faire songer à la révolution d'Angleterre. Les grands souhaitent peut-être la chute de Mazarin, mais non celle du roi. Les gens de robe n'entendent pas faire le jeu de Condé ou de Gaston d'Orléans. Les uns comme les autres enfin pensent comme Mazarin ou comme le savant Omer Talon ou comme Gabriel Naudé que le peuple est toujours dangereux, même quand il acclame le président Broussel. L'exception qui confirme la règle est, à Bordeaux, entre 1651 et 1653, le mouvement dit de l'Ormée, où un véritable programme de gouvernement populaire a pu être défini sur le modèle anglais. Le duc d'Epernon, avec l'appui de Mazarin, réprima cette tentative exceptionnelle. A partir de 1653, le rétablissement des intendants royaux a rendu inefficaces, sinon impossibles, des mouvements de ce type.

Vers 1660, la réflexion sur la politique, en France, ne peut plus être fondée que sur deux principes complémentaires : le maintien de l'ordre et l'exploitation des circonstances. En dehors d'eux, comme l'écrivait Balzac vers 1644, « la Politique n'est qu'un spectre creux et plein de vide, qu'on remue par je ne sais quelles distinctions et divisions de l'Ecole, pour jouer et amuser les enfants ».

Naissance de la philosophie moderne

Les hommes de l'extrême fin du xvıᵉ siècle et de la première moitié du xvııᵉ héritent de leurs devanciers des exigences et des inquiétudes. L'époque tout entière est dominée par le rêve d'unité dans la variété qui hantait la pensée de la Renaissance depuis Erasme et Rabelais. Elle est également obsédée par le doute : peut-on découvrir un « ordre du monde » ? L'homme a-t-il loisir de se définir à partir d'une culture, d'un examen intérieur ou de la pure soumission à l' « autorité » ? Toute connaissance procède-t-elle des apports multiples de l'érudition, de l'exercice d'une pure raison ou de la discipline expérimentale ?

La tradition aristotélicienne, telle que la véhiculait la *Somme théologique* de Thomas d'Aquin, inspire encore la doctrine officielle de l'Eglise. Mais l'harmonie que permet l'édifice thomiste entre la foi et la raison est depuis longtemps compromise, soit par la scolastique nominaliste, soit par le premier humanisme chrétien, celui d'Erasme, soit par l'évangélisme sans compromis des Réformateurs. Les conclusions du concile de Trente (1542-1563) ont certes réaffirmé l'autorité de la *perennis philosophia*. Pourtant en rappelant en même temps la valeur éminente de la raison humaine, blessée mais non irrémédiablement compromise par le péché d'Adam, elles autorisaient l'étude des philosophies païennes de l'Antiquité et une quête de la vérité plus libre qu'on ne l'a cru parfois. Elles ont autorisé aussi l'épanouissement des doctrines inspirées par l' « humanisme dévot » : celle des jésuites, et plus tard celle de François de Sales et de Jean-Pierre Camus, également soucieux de réconcilier la religion et la vie mondaine.

La pensée platonicienne, que Marsile Ficin avait vulgarisée à la fin du xvᵉ siècle, n'a pas cessé, sous ses divers aspects, de nourrir les esprits. L'idée de l'harmonie du monde en ses multiples correspondances demeure présente chez un politique tel que Bodin, dans le théisme de Campanella, qui termine son existence en 1639 après avoir été pensionné par Richelieu, et surtout dans les œuvres de poètes, de moralistes et de romanciers qui voient dans la splendeur des conquêtes humaines l'image de la grandeur de Dieu, dans l'amour humain un crayon de l'amour divin et dans le microcosme du ciron la représentation de l'Univers pénétré d'intelligence divine. Sans le néo-platonisme, Honoré d'Urfé n'aurait sans doute pas écrit ses *Epistres morales* (1598), ni quelques-unes des plus belles pages de l'*Astrée;* il manquerait quelque chose à la méditation de Pascal sur l'infiniment grand et l'infiniment petit, et Corneille n'aurait créé ni Pauline ni Pulchérie. L'optimisme platonicien a dû généralement séduire les tenants de la morale aristocratique de la « générosité », cet élan vers la grandeur qui naît en un cœur noble pour rejoindre les plus hautes exigences de la morale.

A la fin du XVIe siècle, comme en tous les temps d'affliction, Sénèque a été relu et médité avec ferveur. Il a su, et à travers lui toute la tradition stoïcienne, intéresser aussi bien les franciscains que les jésuites, les croyants fervents que les sceptiques, les déistes que les chrétiens. C'est son œuvre de poète tragique qui a d'abord servi de modèle aux dramaturges de la Renaissance française. Ce qu'on retenait alors de la pensée stoïcienne, c'était une morale exigeante, supposant chez le sage la pleine connaissance de sa vocation personnelle et la mise en œuvre de tous les moyens permettant de l'accomplir. Une sorte d'héroïsme serein, impliquant un libre exercice de la volonté et une parfaite domination sur les passions. Les chrétiens pouvaient cependant être gênés par l'autorisation donnée au sage de recourir au suicide, comme Caton d'Utique, au moment où les circonstances ne lui permettent plus de demeurer lui-même. D'autre part, la force d'âme des stoïciens paraissait à beaucoup, notamment à Montaigne, peu accessible au commun des mortels. Enfin, l'idée même de destin ne pouvait être acceptée qu'à la condition de prendre le nom de Providence. La préoccupation du respect de la vie, le sens de l'humilité chrétienne, l'adoration d'un dieu personnel imposaient donc une adaptation de la morale du Portique. Parmi ceux qui s'y sont employés, Guillaume du Vair occupe une place de choix. Deux ans après le *De Constantia* du philosophe flamand Juste Lipse (1583), ce magistrat « politique », ami de la famille de Thou et de Malherbe, donne deux opuscules importants, la *Sainte Philosophie* et la *Philosophie morale des stoïques* où la vertu des vertus se confond avec la prudence, mère et modératrice, selon la tradition chrétienne, des autres vertus cardinales, force, tempérance et justice. Du Vair exalte, certes, le courage devant la mort, et paraît même admirer le suicide de Caton. Mais il fait également l'apologie de la simple sensibilité humaine. Dans le *Traité de la constance,* publié en 1594 et qui évoque le terrible siège de Paris de 1590, il revendique le droit de pleurer sur les malheurs publics, ainsi que sur les misères privées. C'est le devoir de la charité. Le *Traité de la constance* lui joint la seconde vertu théologale : l'espérance. Ainsi les troubles actuels de la France paraissent-ils, à Guillaume du Vair comme à Montaigne, devoir laisser place à une résurrection aussi éclatante que celle qui a suivi dans le passé le triste règne de Charles VII. Le néo-stoïcisme français, à la fin de la Renaissance, sait concilier en un optimisme providentialiste les exigences fondamentales du cœur et de l'esprit.

L'atmosphère spirituelle des premières décennies du XVIIe siècle est pénétrée d'une culture philosophique et morale complexe. Les hommes s'y sentent héritiers, un peu comme l'étaient Cicéron et ses amis à la fin de la république romaine, d'images de la sagesse assez différentes entre lesquelles ils s'efforcent de trouver une conciliation. Pierre Charron, dans son traité *De la Sagesse,* hésite entre la condamnation et l'éloge de l'ambition, « passion vicieuse... mais très utile au public ». Il admire certes la fermeté stoïcienne, mais la vertu épicurienne, « riante, enjouée, et s'il est permis de le dire, folâtre », le tente comme elle avait tenté Montaigne. Il fait l'éloge de ceux qui, disciples lointains du Cicéron des *Devoirs,* renoncent au calme de la retraite pour se consacrer au service du public ; mais il s'inscrit également dans la lignée des moralistes qui, inspirés par l'idéal aristotélicien de « médiocrité » et par les leçons de Castiglione, que retrouveront Nicolas Faret et Pierre Nicole, entendent renoncer « aux bouts et extrémités excessives ». Enfin, dans un chapitre essentiel, intitulé *Universelle et Pleine Liberté de l'esprit,* il fait l'apologie du doute, rappelant qu'il a fait graver sur sa maison de Condom la devise « je ne sais », et présentant la suspension du jugement comme « le plus heureux état de l'esprit ». Quelques décennies plus tard, le père oratorien Jean-François Senault fera se succéder deux chapitres dont l'un, d'inspiration platonicienne, fait l'apologie des passions et l'autre, d'allure stoïcienne, en dénonce les dangers.

Quand la pensée prend du champ ou de la hauteur par rapport aux immédiates exigences de l'engagement moral ou social, elle est volontiers séduite par un syncrétisme où s'affirment les deux principes complémentaires de la vie universelle et des correspondances entre les êtres de la création. En particulier, l'art et la poésie de cette époque recherchent dans la tradition hermétique ou dans celle de l'Hercule chrétien un système permettant d'opérer la synthèse des cultures du passé, et d'assurer une continuité entre la vision du monde d'hier et celle d'aujourd'hui. C'est ce que tente de faire le père Mersenne dans sa *Vérité des sciences* (1627). C'est ce qui inspire à Du Bartas, aux peintres de Fontainebleau, aux ordonnateurs de ballet leur idée de l'ordre du monde.

Aux origines de la pensée moderne, l'historien doit cependant donner une place essentielle aux diverses expressions d'une pensée critique et rationaliste que le XVIIe siècle a nommée libertinage. Mais le mouvement libertin est lui-même tributaire d'un héritage complexe : scepticisme montaigniste, empirisme épicurien, remise en cause de la cosmologie traditionnelle. A son tour, il a joué un rôle d'incitateur au moment de la révolution cartésienne et de l'entreprise apologétique de Pascal.

Ceux qu'on appela parfois les « douteurs », Montaigne et les siens, ont certes refusé le « dogmatisme », c'est-à-dire toute doctrine, qu'elle soit d'origine aristotélicienne, platonicienne ou stoïcienne, se présentant dès l'abord comme détentrice de la vérité de l'homme et du monde. Mais ils ont su admirer les hommes et les œuvres, quand ils discernaient en eux quelque grandeur d'esprit ou de cœur. Montaigne salue Caton, reconnaît les vertus d'Epicure ou se laisse éblouir par Platon sans renier Pyrrhon ou Sextus Empiricus. Charron, parfois proche du déisme, parfois du scepticisme radical, est aussi l'un de ceux par qui se transmet à l'aube du XVIIe siècle l' « honnêteté » intellectuelle de Castiglione. Naudé, le confident de Mazarin, concilie son conservatisme sceptique avec l'admiration pour les systèmes du monde de Padouans tels que Cremonini.

C'est à un prêtre et croyant sincère, Pierre Gassendi, que le XVIIe siècle doit d'avoir pu professer un épicurisme chrétien. Dès 1624, il publiait des *Exercitationes adversus Aristoleos* où paraissait se consommer la rupture entre la foi et la raison humaine. Dans les ouvrages qu'il rédigea entre 1630 et 1650, et dont la plus grande partie n'a été publiée qu'après sa mort, Gassendi s'efforçait de donner une couleur chrétienne à l'atomisme épicurien. Mais il entendait surtout prouver que la sagesse épicurienne ne se confondait pas avec la pure quête de la jouissance, et comportait des exigences parfaitement conciliables avec la morale chrétienne, étant entendu que tous les hommes recherchent légitimement le bonheur. De telles idées étaient dans l'air quand Pascal rédigeait ses *Pensées*. Elles devaient plus tard inspirer l'auteur des *Fables,* et contribuer à l'évangélisme naturaliste de Molière. Elles ont certainement exercé une influence médiate ou immédiate sur les écrits apparemment paradoxaux de Cyrano de Bergerac, dont les *Etats et Empires de la Lune* ont été publiés en 1655, deux ans après la mort de l'un et de l'autre.

Les premières années du XVIIe siècle ont été marquées par d'importantes révolutions dans le domaine scientifique. Beaucoup d'entre elles ne se sont imposées que très progressivement. Le Diafoirus du *Malade imaginaire* pourra encore se moquer des « circulateurs », près d'un demi-siècle après la découverte de la circulation sanguine par Harvey (1628). De même, tout le siècle hésitera devant l'idée de l'infini comme devant celle de l'héliocentrisme. Giordano Bruno meurt brûlé vif en 1600 pour avoir défendu la première. Galilée doit se rétracter en 1632 après avoir conclu de ses observations que la terre tournait autour du soleil. Il demeure cependant de cette période de l'histoire des sciences des acquis dont l'essentiel est appelé à un développement considérable : la formulation des lois de Kepler, les découvertes permises par la lunette de Galilée (1609) dans l'ordre de l'astronomie ou par le microscope, qui apparaît en Europe entre 1590 et 1610. Il en demeure aussi une inquiétude : entre l'infiniment grand et l'infiniment petit (dont Pascal démontrera encore l'indéfinie possibilité de division), l'homme du début du XVIIe siècle

commence à se demander si l'Univers, dont le centre
est peut-être partout et dont les profondeurs sont
insondables, a bien été bâti pour lui servir de
demeure.

La persécution anti-libertine, marquée par les
condamnations de Geoffroy Vallée en 1574, de
Vanini en 1619, de Jean Fontanier et Claude Le
Petit en 1621 et 1622 et de Théophile en 1623, atteste
l'importance du mouvement. Elle n'a pas été toutefois sans hésitations, aller et retour, voire trêves
assez longues. C'est que le libertinage des mœurs est
alors répandu dans les milieux les plus brillants.
C'est qu'aux premières décennies du siècle il est
difficile de distinguer entre fidéisme chrétien et
scepticisme athée. Le jésuite François Garasse, dans
sa *Doctrine curieuse des beaux-esprits de ce temps*
(1623) affecte de confondre dans une même cabale
tous ceux qui s'écartent si peu que ce soit de la stricte
orthodoxie. *L'Impiété des déistes* du père minime
Marin Mersenne (1624) voit des athées chez les
huguenots aussi bien que chez les déistes. Il est
difficile de définir en quelques mots la pensée
libertine de la génération de Théophile de Viau et de
ses amis, François Luillier, le médecin Guy de la
Brosse, Jacques Vallée des Barreaux ou Jean-Jacques Bouchard. Ce qu'ils ont en commun est certainement le refus de tout ce qui est imposé de
l'extérieur. Ils expriment certes ce refus par des
attitudes de provocation, frères en cela du héros
aristocratique du *Francion* de Sorel (1623) : blas-
phèmes, plaisanteries obscènes, pratique prétendue
ou réelle de l'homosexualité. Mais ils peuvent y
englober toutes les formes de tradition, de la morale
religieuse et du néo-stoïcisme aux simples conventions sociales. Certains d'entre eux ont sans doute
été séduits par des reconstructions métaphysiques et
cosmologiques inspirées par les maîtres de Padoue.
Pourtant, même quand ils affirment, comme Théophile de Viau, la croyance en un fatalisme astral

maître des destinées humaines, ou un animisme semblable à celui qui transparaît parfois chez Gassendi, leurs convictions prennent l'allure de jeux poétiques ou d'hypothèses philosophiques. Dans sa *Satyre première* (1620), Théophile se refuse « à sonder vainement ce que le Ciel destine », et généralement à imposer aux autres une vision du monde qui peut n'être que rêverie. Pour lui comme pour le Vanini du *De admirandis* (1616), un être « que les éléments ont fait d'air et de boue » ne peut prétendre à une connaissance assurée de l'ordre des choses. Il ne peut qu'admirer à la manière montaigniste l'immense variété de la Création, accepter la condition humaine en ses limites mêmes et le cheminement incertain et hasardeux qu'elle impose à chacun. Cette morale conduit à l'acceptation des autres en leurs bizarreries, mais elle les invite également à assumer pleinement leur nature jusqu'en ses impulsions les moins dominées. Maxime d'allure épicurienne, mais qui rejoint parfois en ses exigences les règles les plus sévères du stoïcisme. Le rationalisme libertin ressemble en certains de ses aspects à la mystique chrétienne. Ses intuitions ont conduit au bûcher plusieurs de ses héros. Dix ans après la mort de Théophile, la « générosité » du Rodrigue de Corneille gardera encore quelque chose de l'élan passionné qui l'animait. Au nom, il est vrai, de valeurs bien différentes.

A partir de 1630, le temps est venu d'une sagesse plus décantée : Gabriel Naudé cherche pour le présent des leçons dans l'histoire du passé. La Mothe le Vayer admire à la fois Confucius, Socrate et Pyrrhon, sans renier la morale chrétienne. Comme l'un et l'autre, le médecin Gui Patin et le chanoine Pierre Gassendi refusent toute construction intellectuelle hasardée et se contentent de la méthode d'observation et d'expérimentation que pratiqueront encore les cercles savants de la jeunesse de Pascal : ceux des frères Dupuy, du médecin

Pierre Bourdelot ou du père Marin Mersenne qui, dans l'académie qu'il fonde en 1635, sait rassembler pour l'amour de la science les esprits les plus divers mais les plus exigeants. C'est dans de tels cercles qu'est née la philosophie de la connaissance des temps modernes.

Situation du cartésianisme

La carrière et l'œuvre de Descartes ne peuvent pleinement se comprendre que dans le contexte qu'on vient d'évoquer. On y retrouve la même capacité d'admiration et la même exigence critique, les mêmes enthousiasmes et les mêmes réserves. Cet élève des jésuites s'engage dans l'armée de Maurice de Nassau prince d'Orange, l'année même (1618) où Théophile consacre une ode brillante à ce fascinant chef de guerre. L'année suivante, au cours de la campagne d'Allemagne où il accompagne le duc de Bavière, il découvre les « fondements d'une science admirable » et fait le vœu d'un pèlerinage d'actions de grâces à Notre-Dame-de-Lorette. Il a été à partir de 1625 le correspondant de Mersenne et de Guez de Balzac. Il a été à La Haye en Hollande le confident de la princesse Elisabeth de Bohême, et dans les dernières années de sa vie le chevalier servant de la reine Christine de Suède. Plusieurs fois accusé d'athéisme en France comme en Hollande, il a été cependant l'allié des traditionalistes contre Pascal dans la « querelle du vide ». Il a contesté les principes de l'aristotélisme, tout en gardant estime pour sa théorie des vertus ; critiqué comme un néo-stoïcien l'abandon aux passions, mais affirmé comme ses prédécesseurs libertins qu'elles faisaient « toute la douceur et la félicité de cette vie » (lettre de 1648).

La « révolution cartésienne » est cependant une réalité. En témoigne le retentissement des deux œuvres qu'il a écrites en français et publiées à l'aube et au crépuscule de sa carrière : le *Discours de la Méthode* (1637) et le traité des *Passions de l'âme* (1649). L'une et l'autre procèdent des mêmes principes : refus de l'autorité des anciens philosophes, comme des constructions éclectiques et des sommes érudites des modernes ; mais aussi incapacité à s'accommoder du pur scepticisme, et ferme croyance en la capacité de l'homme à découvrir la vérité et à fonder en raison un art de vivre : « Tout mon dessein, écrit-il dans le *Discours,* ne tendait qu'à m'assurer, et à rejeter la terre mouvante et le sable, pour trouver le roc et l'argile ». La mise en pratique de tels principes implique attention de l'esprit et application de la volonté à leurs objets : la connaissance du vrai qui procure la joie intellectuelle et la connaissance du bien qui apporte la joie de l'âme.

Descartes est optimiste : pas plus que Voltaire au siècle suivant, il n'a conscience de vivre dans une époque de décadence, ni dans un pays maudit par les dieux. Il se veut du temps et du lieu où il a pris naissance. Dans les premières pages du *Discours,* il reprend les thèmes montaignistes du bonheur de la lecture des livres d'autrefois et du profit qu'on peut retirer des voyages. Mais c'est pour condamner aussitôt l'incertitude de la plupart des premiers et les dangers des seconds :

> Lorsqu'on emploie trop de temps à voyager, on devient enfin étranger en son pays ; et lorsqu'on est trop curieux des choses qui se pratiquaient aux siècles passés, on demeure ordinairement fort ignorant de celles qui se pratiquent en celui-ci.

Le célèbre *Cogito,* qui est conscience de soi et de sa pensée *hic et nunc,* est inséparable de cette volonté de méditer et de vivre à partir des données les plus immédiates : aux spéculations gratuites, Descartes préfère « les raisonnements que chacun

fait touchant les affaires qui lui importent » ; et à la
considération des mœurs des temps et des pays
éloignés la recherche d'une règle personnelle de
conduite. Si la méthode cartésienne s'inspire des
« longues chaînes de raisons » des « géomètres », ce
n'est pas pour procéder à une mathématisation du
monde, mais pour mieux comprendre l'homme et
pouvoir mieux transmettre cette compréhension.

Ces principes entendus, le travail du philosophe
peut être assimilé à une quête indéfinie de la vérité,
à partir de l'analyse de l'objet et des données
premières que fournit l'évidence. La progression
peut être lente (c'est cette lenteur que lui reprochera
Pascal) ; mais chacune de ses étapes est celle d'une
conquête assurée, sous le regard d'un Dieu qui ne
saurait être trompeur. La sixième partie du *Discours*
procède de Montaigne et fait songer à Pascal en ce
que son auteur s'y émerveille de l'infinie variété de
la nature en même temps que de la constance de ses
lois. Mais ce double étonnement ne conduit Descartes, ni à renoncer à la certitude, ni à renier la
méthode géométrique qui peut seule, à partir des
principes, parvenir à rendre compte de la multiplicité du réel.

Le domaine de l'action humaine, morale individuelle, morale sociale, morale politique, est de tous
le plus complexe ; il est aussi celui qui présente les
caractères les plus affirmés de l'urgence ; en quoi il
est comparable à la médecine. En attendant que des
progrès décisifs permettent d'en traiter avec pleine
certitude, le *Discours* et les *Passions* en proposent
une étude provisoire, mais conduisant à des règles
immédiatement applicables. Descartes professe en
médecine la confiance en la nature et l'humble et
joyeuse soumission aux simples appétits corporels.
En morale et en politique, sa philosophie procède de
maximes où s'associent le bon sens, la considération
du réel et les élans du cœur. Sagesse de juste milieu,
au moins en première analyse : obéir aux lois de son

pays sans pour autant les croire parfaites, refuser des engagements qu'un avenir incertain pourrait empêcher de tenir, « tâcher toujours plutôt à *se* vaincre que la fortune » ; se soumettre à la religion établie ; accepter la monarchie, même quand elle pratique le machiavélisme (en souhaitant que celui-ci, toutefois, soit dépouillé de ses aspects inhumains). Mais le prudent éventail de ces maximes n'empêche pas Descartes d'affirmer que la vertu est une, comme l'esprit est un : au-delà des vertus cardinales, dont il reconnaît la pertinence, il exalte la « fermeté de l'âme » qui permet de suivre les « indications droites de l'entendement ». C'est affirmer la puissance de la volonté, « tellement libre de sa nature qu'elle ne peut jamais être contrainte ». C'est la volonté qui permet de réagir de façon droite aux accidents de la vie, ces effets, non d'un hasard aveugle, mais de la « Providence divine » ; aussi n'arrive-t-il rien « qui ne soit nécessaire et comme fatal : en sorte que nous ne pouvons sans erreur désirer qu'il arrive d'autre façon » (*Passions*, art. 146). Ces convictions sont à la base de la doctrine cartésienne de la générosité : opposée à l'orgueil comme à l'humilité vicieuse,

> la vraie générosité, qui fait qu'un homme s'estime au plus haut point qu'il se peut légitimement estimer, consiste seulement, partie en ce qu'il connaît qu'il n'y a rien qui véritablement lui appartienne que cette libre disposition de ses volontés, et partie en ce qu'il sent en soi-même une ferme et constante résolution d'en bien user, c'est-à-dire de ne manquer jamais de volonté pour entreprendre et exécuter toutes les choses qu'il jugera être les meilleures ; ce qui est suivre parfaitement la vertu. (*Passions*, art. 139)

La générosité n'implique pas le refus, mais le juste gouvernement des passions. Car d'elles peut dépendre « tout le mal », mais aussi « tout le bien » de notre vie. La passion est ce mouvement de l'âme qui a d'abord nom « admiration » et qui naît de la considération des objets « qui lui semblent rares et extraordinaires » (art. 70). Deux passions singulières peuvent faire le bonheur et la grandeur de l'homme : l'amour, qui de soi est une passion bonne, permettant « affection » pour l'inférieur, « amitié » pour l'égal, « dévotion » pour le supérieur, est comme le principe fondateur de toute société saine ; la gloire, qui vise à la juste estime du peuple, est le fait des grands cœurs, dont la perfection suppose l'accomplissement des « grandes choses » mais aussi l'exacte connaissance de ce dont on est capable.

Descartes a enseigné un art du bonheur. Il n'était pas le premier à le faire. Mais son entreprise a l'originalité d'embrasser la totalité de l'humain. Tout en reconnaissant les limites de notre nature et de notre condition, et celles qu'imposent les destinées individuelles, il a réinventé un héroïsme conquérant et heureux, conciliant élan généreux et humour prudent, fière conscience de notre capacité à la grandeur et joyeuse acceptation de notre finitude. Les leçons de Corneille et les leçons de Molière sont dans son œuvre également préfigurées. Et même, en certains de ses aspects, la sagesse de La Fontaine, qui fut, malgré tant de points de désaccord, tenté de « faire un dieu » de ce héros de la pensée.

Indirectement, dans des œuvres qui visaient d'abord à convaincre en opérant une conversion intellectuelle, Descartes a su pratiquer un art de plaire. Architecte de la nouvelle pensée, il a été aussi un excellent bâtisseur de phrases. Son refus de la vaine érudition lui permet d'alléger la manière d'écrire, et de préférer aux citations et aux références les métaphores simples, empruntées au registre du quotidien, particulièrement à celui des matériaux de construction, du sable à la pierre. Il sait mimer la manière des « fables » et des romans, et proposer ainsi, des genres qu'il prétend renier, d'habiles pastiches ou d'amusantes parodies. Il chante parfois les passions en de véritables élégies en prose ; il parvient, en quelques lignes, à évoquer le plaisir du théâtre, à promener son lecteur dans des songes enchantés, à éveiller le plaisir au moment où il veut le définir et en dénoncer les dangers. Il n'avait guère à forcer son talent, quand la reine Christine lui commandait des vers pour un ballet de cour. Descartes était poète, dans la plus totale acception du terme : inventeur d'idées, mais aussi créateur de formes.

DEUXIÈME PARTIE

L'ÉVOLUTION
DES GENRES LITTÉRAIRES

Chapitre I

LES CONDITIONS
DE LA PRODUCTION LITTÉRAIRE

Le public

TOUTE période de la vie littéraire pose à celui qui l'aborde une double question : celle des destinataires de l'œuvre ; celle de ses lecteurs, de ses auditeurs ou de ses spectateurs. A la première il est assez facile de répondre quand l'œuvre n'est pas anonyme, quand elle comporte une préface ou une dédicace, ou quand elle appartient à un genre intéressant le grand public : il en est ainsi des œuvres de spiritualité, des œuvres dramatiques, des livrets d'initiation médicale, des almanachs ou des ouvrages particulièrement destinés à une diffusion populaire, comme les volumes de la Bibliothèque bleue de Troyes. Il est plus malaisé de répondre à la seconde : qui peut avoir accès à l'œuvre littéraire, entre 1570 et 1660 ? La littérature qu'on a qualifiée de populaire ne l'est pas toujours : il n'est pas sûr que les romanciers comiques aient touché un public en dehors de l'aristocratie et de la bourgeoisie cultivée ; les pamphlets du temps de la Ligue ou de l'époque de la Fronde n'ont sans doute pu toucher qu'indirectement les larges couches de la population auxquelles ils prétendaient parfois s'adresser ; s'il est certain que les campagnes et les petites villes ont pu

applaudir aux spectacles proposés par les troupes
itinérantes, il est improbable que les mêmes œuvres
aient été lues par un nombre important de manou-
vriers ou de paysans. A Paris même, les farceurs du
Pont-Neuf et les comédiens de la Foire retenaient
sans doute un assez large public de badauds ; mais
l'audience de la troupe de l'Hôtel de Bourgogne et
de celle du Marais était sans doute limitée à la petite
bourgeoisie, aux laquais et aux « gens d'armes », les
loges étant réservées aux bourgeois riches et aux
gens de qualité. Il est probable en revanche que
contes, nouvelles, romans et livrets satiriques faisaient l'objet d'une transmission orale dont les échos
sont malaisément discernables. Mais il s'agissait là
d'un public au second ou au troisième degré, les
ouvrages colportés constituant eux-mêmes des sortes
de « digests » d'œuvres destinées d'abord aux classes
cultivées.

Celles-ci sont assez facilement repérables. Aux
hommes d'église, au monde de la cour, aux érudits
ou curieux issus des milieux de robe se joignent, au
début du XVIIe siècle, un certain nombre de gentilshommes et de bourgeois, enrichis par le commerce
et instruits dans les collèges des jésuites. Public
restreint, sans doute, mais aux goûts variés. Le
monde aristocratique est grand consommateur de
romans et de poésies : les premiers se multiplent
après L'Astrée pour atteindre de véritables records
entre 1620 et 1660 ; les secondes font, à partir des
Délices de 1620, l'objet de recueils qui ne cesseront
de se répandre jusque dans les années 1660. Mais les
jeunes bourgeois ambitieux, tout en s'efforçant,
comme Molière et La Bruyère le leur reprocheront
plus tard, de « singer » la cour, sont volontiers
lecteurs d'ouvrages d'histoire et de traités politiques.
Les uns et les autres enfin trouvent dans la presse
naissante des informations sur les diverses branches
de l'actualité : Le Mercure françois naît en 1611, la
Gazette de Théophraste Renaudot en 1631 ; en 1655,

Loret fonde sa *Muse historique* en vers, plus particulièrement destinée au monde des grands et à ses satellites, qui demeure, avec *Le Mercure,* et surtout la *Gazette,* une précieuse source de renseignements sur les fêtes, les spectacles et les voyages royaux et princiers du XVIIe siècle. C'est l'ensemble de ces lecteurs de poésies, d'histoires et de périodiques, qui compose, au sens large de l'expression, le monde des « honnêtes gens », brillant avatar de celui des « courtisans » du siècle précédent. *L'Honnête Homme* de Nicolas Faret (1630), avant Méré, La Rochefoucauld et La Bruyère, présente une première image de cet idéal de parfaite courtoisie et de culture équilibrée. Mais ses véritables dimensions ne peuvent se découvrir que dans l'étude conjointe des écrivains qui le diffusent et des lecteurs qui souhaitent se reconnaître en lui. De fait, l'honnêteté est le lieu de rencontre entre les uns et les autres. C'est elle encore qui inspire les conversations qu'ils entretiennent à la cour, dans les salons, voire dans les cercles ou les académies.

Le monde des lettres

Quoi qu'il en soit de la réception finale des œuvres littéraires, les auteurs français de ce siècle n'abandonnent jamais leurs livres aux vagues incertaines d'un océan de lecteurs : le mythe de la « bouteille à la mer » leur est étranger. Certes, la survie du modèle antique et le désir d'être digne de lui, de l'égaler, de le dépasser ou de rechercher son équivalent dans la langue du temps, en conformité avec ses mœurs et son esprit, est une de leurs préoccupations, que celle-ci soit proclamée hautement par les derniers humanistes ou que la nient ces nourrissons ingrats qui « battent leur nourrice » que sont Malherbe ou Théophile. Aussi le poète de la grande tradition entend-il, au moins de Ronsard à Mal-

herbe, faire œuvre durable et dont puissent s'étonner encore les arrière-neveux. Mais il s'adresse
d'abord à un protecteur, qu'il soit le patron pour
lequel il écrit ou le mécène qui l'encourage, souverain, prince ou prélat. Il s'adresse aussi à ses
familiers, au groupe de poètes auquel il s'intègre, les
derniers disciples de Ronsard, le groupe des élèves
de Malherbe, les habitués des salons qu'il fréquente.
De ces derniers, l'histoire ne cesse de s'enrichir au
cours des années : de Marguerite de Valois à Catherine de Rambouillet et de Mme Du Plessis Guéné-
gaud à Madeleine de Scudéry, les salons du XVIIᵉ siècle permettent aux écrivains de faire connaître, en
« avant-première », leurs dernières productions, et
encouragent de plus en plus à la constitution d'un
milieu où les rôles peuvent s'échanger entre le
lecteur et l'auditeur du poème, de l'œuvre théâtrale,
de l'essai en prose.

   C'est dire que se constitue progressivement un
monde des lettres privilégié, raccourci de celui des
honnêtes gens, où le libre échange des propos, des
idées et des produits de la plume n'est limité que par
le respect dû à la femme, à son rang ou à son
prestige. Voiture a pu se livrer à de spirituelles
insolences à l'Hôtel de Rambouillet, l'abbé d'Aubignac régner, après Malherbe, chez la vicomtesse
d'Auchy et Saint-Evremond s'exprimer librement
chez la belle et savante Ninon de Lenclos.

   Liberté parfois illusoire. En partie parce que le
code tacite des salons, en dehors du temps des belles
frondeuses, est celui d'une politesse qui vise à
n'égratigner personne, et d'un juste milieu dans les
thèmes comme dans l'écriture dont la prudence n'est
pas toujours encourageante pour les grandes productions. Cependant, au moins jusqu'à la condamnation de Théophile de Viau, et plus sourdement
ensuite, se perpétue le thème de l'indépendance de
vie et d'esprit. Déjà Régnier osait se présenter au roi
Henri IV comme celui qui ose tout dire, et Théo-

phile affirmer qu'il n'était pas l'esclave des maîtres qu'il servait. Les libertins de la génération suivante ont su préserver, en rédigeant des œuvres à double fond, liberté de pensée et faveur des puissants. Naudé en est le plus parfait ensemble. Mais cette indépendance proclamée ou secrètement vécue est rarement ou n'est jamais vécue par un écrivain solitaire. Ecrivains en prose ou en vers tendent à se regrouper en groupes mouvants, en cercles plus ou moins fermés, ou en académies, c'est-à-dire en société de gens de lettres visant à l'échange des idées et des compétences et cooptant leurs membres selon leur « spécialité », leur notoriété et parfois leurs options philosophiques. Ces diverses associations sont donc assez différentes de ce qu'avait été la Pléiade, ou même de ce qu'était l'Académie royale de poésie et de musique, fondée par Baïf en 1570.

Parmi elles, les groupes de caractère religieux occupent une place considérable, qu'ils se développent à l'intérieur ou en marge des ordres ou de la compagnie de Jésus. On ne peut nier l'apport à la vie, non seulement religieuse, mais littéraire de la France, des amis de Mme Acarie, dont Bérulle, le fondateur de l'Oratoire français, et de l'Académie florimontane, créée en 1607 par François de Sales et Antoine Favre. La génération suivante a vu naître, non seulement la Compagnie du Saint-Sacrement, dont les intentions, au moins au départ, et sous l'inspiration de Vincent de Paul, ont été plus pures qu'on ne l'a dit, mais surtout le groupe janséniste, inspiré par Saint-Cyran et les Arnauld : ici et là, en dépit de la variété des options spirituelles, les mêmes exigences de rectitude et d'authenticité se manifestent, qui ont pu, autant que les écrits des libertins, inquiéter le pouvoir.

Un esprit sans doute fort différent règne dans les cercles intellectuels : celui des frères Du Puy qui réunit, à partir de 1620, les plus brillants « libertins érudits » de leur génération ; celui que le père

Mersenne réunit à partir de 1635 sur les grands problèmes scientifiques de l'heure ; l' « académie Le Pailleur » (1640), fréquentée par Fermat et les Pascal ; ou le cercle que le médecin Bourdelot rassemble dans les années 1650 à l'Hôtel de Condé.

L'Académie française

La vigueur et la liberté de pensée de certains salons, des groupes et des cercles qu'on vient d'évoquer et des académies diverses qui naissent en diverses villes de France ont donné à Richelieu l'idée d'une sorte de remède « homéopathique », consistant à officialiser et privilégier l'une de ces associations. L'Académie française est sortie de la reconnaissance royale d'un groupe constitué vers 1629 autour d'un riche huguenot, Valentin Conrart. Le plaisant abbé de Boisrobert, protestant (et libertin) converti, a été l'artisan de ce projet, et Chapelain l'âme présidant à sa réalisation en 1635. Essai de mainmise du pouvoir sur l'opinion et de domestication des écrivains ? L'importance croissante de la censure et des privilèges des libraires, la sévérité du code Michaux (1629), pouvaient en effet donner quelques inquiétudes aux auteurs qu'effrayaient cette sorte de mise en lisière d'un nouveau genre, et au Parlement, soucieux d'un équilibre des pouvoirs en la matière, qui fit assez longtemps attendre son approbation. Peu après la fondation de l'Académie, Saint-Evremond mettait en relief les dangers qu'elle pouvait représenter dans sa *Comédie des académistes,* rédigée dès 1637, mais longtemps demeurée à l'état de manuscrit confidentiel. Certes, l'Académie pouvait représenter un certain conformisme politique, littéraire et linguistique. Elle a été en réalité, dans les premières décennies de son histoire, le cadre de dialogues fructueux pour la production littéraire et les réflexions sur la langue. Même ses dissensions internes ont témoigné de l'irréductible personnalité de plusieurs de ses membres, les Balzac, les Tristan, les Scudéry et les Corneille, pour ne citer que quelques-uns d'entre eux. C'est beaucoup plus tard que l'Académie devait s'enfermer dans l'académisme.

Chapitre II

DOCTRINES
ET CRÉATIONS POÉTIQUES

La crise poétique, de Ronsard à Malherbe

Q UAND Ronsard publie ses *Sonnets pour Hélène* (1578), Aubigné a composé l'essentiel de sa poésie amoureuse et entrepris le grand œuvre des *Tragiques;* Du Bartas donne au public sa *Première Semaine;* Desportes est célèbre depuis ses *Premières Œuvres* (1573); et Vauquelin de la Fresnaye a rédigé la plupart des alexandrins de l'*Art poétique* de 1605. La succession du chef de la Pléiade est donc assurée, et tout permet de penser que les voies qu'il a ouvertes seront docilement foulées par ses jeunes émules. Il a défini les possibles dimensions de l'inspiration poétique. Louange des princes et des rois, plaintes et jeux de l'amour, célébration de Dieu et de la Création : toutes avenues déjà parcourues par le Vendômois, qu'il songe encore à prolonger et à diversifier comme l'atteste le *Discours* adressé en 1575 au jeune Henri III qui comporte une apologie de la poésie amoureuse de commande comparable à celle que pratiqueront Malherbe et Théophile ; les *Etrennes au roi* de 1579 définissent une poésie satirique qui annonce la manière de Mathurin Régnier ; la même année, le *Panégyrique de la Renommée* prête à

Henri III le goût de la haute poésie scientifique, épique et politique, dessinant ainsi le schéma des « longs poèmes » que les poètes des décennies à venir s'efforceront de réaliser. Quant aux *Derniers Vers*, publiés en 1586, l'année où Robert Garnier compose son *Elégie sur le trépas de Ronsard*, en évoquant un corps déjà

> Descharné, desnervé, demusclé, depulpé

et en pressentant

> Le chemin deserté que Jésus-Christ trouva,

ils annoncent les *Sonnets de la Mort* de Jean de Sponde (1597) et le *Mespris de la Vie* de Jean-Baptiste Chassignet (1594), où le poète présente

> un corps mangé de vers,
> Descharné, desnervé, où les os descouvers,
> Depoulpez, desnouez, delaissent leur jointure.

> (sonnet 125)

Certes, les poètes qui viendront après Ronsard pourront bien se ressourcer auprès du Tasse, de Tassoni, de Testi et de Marino. Leur inspiration ne rompra jamais totalement, non plus que leur savoir-faire, avec celle d'une Pléiade nourrie avant eux aux sources italiennes et véritable créatrice des élans les plus modernes de la poésie française. Mais il est surtout remarquable que Ronsard ait eu le temps — comme, trois siècles plus tard, Victor Hugo — de faire quelques pas avec ses derniers disciples, avoués ou non, et d'être lui-même, durant plus de dix ans, son propre « continuateur ».

Pourtant, le rival de Ronsard le plus cher au cœur de Henri III ne paraissait guère capable de prendre sa relève. Desportes, dont les *Psaumes,* malgré leur qualité, se sont mal relevés de la condamnation de Malherbe, a eu surtout pour mérite d'aérer la

versification de la Pléiade, de construire ingénieusement un sonnet amoureux, et de toujours demeurer
immédiatement clair aux yeux du lecteur. Mais la
vigueur souveraine lui manque, et ce n'est pas sans
quelque raison que Malherbe a choisi son œuvre
pour exprimer, négativement, ce qu'il entendait par
la poésie. La même mollesse agréable caractérise les
œuvres des deux poètes officiels de Henri IV, Jean
Bertaut et Jacques Davy Du Perron, habiles à
célébrer les victoires royales, et à soutenir une cause
qui se confond, dès 1595, avec celle du salut de la
France.

En dehors de ces poètes du Louvre, les recueils
collectifs publiés à Paris ou à Rouen sous le règne de
Henri IV révèlent des écrivains de talent, tels que
Laugier de Porchères, Rosset ou Motin, tandis
qu'autour de la reine Margot on cultive une poésie
savante et raffinée. C'est à la cour de Marguerite
que Pierre de Deimier conçoit son *Art poétique*
(1610), réquisitoire assez sévère, certes, contre les
licences de Ronsard, mais où Malherbe, cependant
ami de Deimier, n'est point épargné. Sa doctrine du
juste milieu en poésie, à la fois ferme et conciliante,
n'eut pourtant pas le succès que son auteur en
pouvait attendre. De plus vigoureux combattants, à
la même date, avaient imposé, dans la pratique et la
théorie, des idées beaucoup plus décisives.

La véritable « crise » de la poésie française peut
en effet être résumée dans une querelle qui opposa
entre 1605 et 1609 un Malherbe tout nouvellement
mais superbement installé à Paris et la troupe des
ronsardiens groupée autour de Régnier, neveu et
vengeur de son oncle Desportes. Cette lutte a
surtout donné occasion d'exprimer le décalage d'un
esprit traditionnel, fait d'érudition, de soumission
aux maîtres de l'Antiquité et de la Pléiade, de
croyance enfin en la toute-puissance de l'inspiration,
et d'une conception nouvelle de la poésie, précisément disciplinée, toujours nette sinon toujours

facile, attendant moins de la « science » et des Muses que de la simple raison (c'est-à-dire du jugement naturel) et du travail. Malherbe entend faire la toilette de l'héritage de la Pléiade et parfaire son œuvre au nom d'un idéal poétique universel. Régnier et ses amis gardent tout d'un héritage qu'ils jugent précieux et refusent la compromission avec une prétendue *raison* qui leur paraît proche du prosaïsme des mauvais poètes contre lesquels Ronsard s'était évertué. La satire IX de Mathurin Régnier (1606) rassemble la plupart des arguments des « anciens » : adressée à Rapin, savant poète latin et français et disciple d'Antoine de Baïf avec ses vers mesurés, elle apparaît d'abord comme une protestation contre les condamnations lancées par Malherbe et ses amis, et visant Desportes, Rapin, la Pléiade, voire les poètes de l'Antiquité. Les nouveaux « rêveurs » auxquels s'en prend Régnier ont en réalité trois défauts dont ils devraient se corriger avant de reprendre les autres : un naturel dans l'expression qui touche à la vulgarité, une rigueur pédante dans la doctrine qui exclut cette fantaisie que Ronsard appelait la « gaillardise », et un souci de la réussite formelle qui tarit ou étouffe la véritable inspiration. Les derniers développements de la satire précisent les implications philosophiques de la doctrine opposée par Régnier à ses adversaires. L'homme est un être faible, muable, soumis à ses passions. La raison trompe le philosophe le plus averti. Il faut accepter cela et s'en remettre à Dieu. Et surtout se garder d'imposer aux autres ce qui n'est qu'une « opinion ». Ces propos, où la leçon de Ronsard se mêle à celle de Montaigne, entraînent une conclusion radicale :

Si Virgile, Le Tasse et Ronsard sont des ânes,
Sans perdre en ces discours le temps
que nous perdons,

> Allons comme eux aux champs et
> mangeons des chardons.

(v. 250-252)

Les pièces de la querelle ne doivent plus nous apparaître aujourd'hui que comme le témoignage des incertitudes où se débattaient les esprits du temps de Henri IV. Quelques années plus tard, Malherbe et Régnier réconciliés et le poète de Marie admis chez Marguerite, Théophile de Viau, qui n'est ni un adversaire de Malherbe ni un disciple de Régnier, les exprimera encore à sa manière dans un texte qui a valeur de préface, l'*Elégie à une Dame* publiée en tête de son premier recueil poétique (1621). Du moins ne présentera-t-il alors sa doctrine que d'une manière modérée et non exclusive. Cette doctrine correspond en effet dans son esprit à la recherche d'un équilibre entre raison et sentiment, fantaisie et « doctrine » : c'est déjà l'annonce du goût qu'on dira plus tard classique.

Entre 1620 et 1630 s'est élaboré un premier corps de doctrine, conçu à l'école de l'Italie, dont la *Préface* de Chapelain à l'*Adone* de Marino (1623) présente les linéaments essentiels : reconnaissance de la variété des genres poétiques, volonté d'approprier le style, « grave », « humble » ou « mixte » aux divers niveaux de l'inspiration, association dans le récit poétique d'un ordre raisonnable et d'effets surprenants. Dans cette même *Préface,* Chapelain propose une définition de la poésie qui pourrait rendre compte d'une grande partie de l'œuvre de Malherbe comme de Théophile de Viau, mais annoncer aussi les ambitions de la génération suivante. Opposant la poésie à l'histoire, qui « considère le particulier comme particulier », il voit en elle « une des sciences sublimes, et un des membres non éloignés de la Philosophie », qui sait mettre le particulier « en considération d'universel ». Fixer le singulier en le rendant exemplaire, c'est bien ce que tente Malherbe dans la *Consolation à Du Périer,* c'est aussi ce qui inspire à Théophile la *Maison de Sylvie.* C'est enfin ce que voudront réaliser les auteurs de poèmes héroïques après 1640 et contre quoi réagiront des poètes « plus retenus », Voiture, Sarasin ou Benserade. Pour l'instant, les successeurs de Ronsard cherchent encore à vaincre par le verbe et le rythme le temps et la mort, à retenir les moments de bonheur ou à contraindre le malheur à figurer la condition humaine plutôt qu'à accabler l'individu. Poésie surgie du cœur et de l'esprit pour s'adresser à la fois à l'un et à l'autre.

Les cinquante années qui ont suivi la publication de la *Franciade* n'ont pas apporté de révolution dans les formes poétiques. Elles ont voulu du moins les porter à leur perfection. Le catalogue des genres poétiques dressé par Deimier complète sans le contredire celui de Du Bellay dans la *Deffence.* Pour l'essentiel, il se réduit à trois grandes familles : poésie strophique (ode et stances, fort mal distinguées dans la pratique ; psaume et chanson) ; poésie en alexandrins à rimes plates (discours, élégie, poème de louange) ; poésie à formes fixes, où domine le sonnet. Les recueils collectifs se partagent à peu près également entre ces trois catégories. On prend seulement soin de plus en plus de faire « tomber » avec élégance la strophe de l'ode ou des stances, de terminer le sonnet sur un trait brillant, de bâtir le discours ou l'élégie en mouvements rhétoriques aussi convaincants que possible.

Dans l'écriture et les procédés, Du Perron aussi bien que Desportes ont précédé Malherbe en recherchant les mots les plus signifiants, les ornements mythologiques et allégoriques les plus ingénieux, et en jouant de quelques figures fondamentales, l'antithèse, le parallélisme et la métaphore. Mais leur génération sait aller fort loin dans les jeux rhétoriques et les raffinements exquis. Un sonnet de

Laugier de Porchères adressé à Henri IV et publié dans le *Temple d'Apollon* (Rouen, 1611) peut se lire, conformément à la technique des vers rapportés, de haut en bas aussi bien que de gauche à droite ; ce qui donne, au dernier tercet :

Bref,   que l'air, que le feu, que la terre et que l'eau
Souffle, échauffe, mûrisse   et raconte à Nérée
Ton los, ton sein, ton corps   et ton renom plus beau.

Même jeu sur les éléments à la fin d'un sonnet de Sponde sur les tentations mondaines qui toutes s'adressent à l' « esprit » et que le Ciel seul parvient à surmonter :

Je sais bien, mon Esprit, que cet air et cette onde,
Cette Terre, et ce Feu, ce Ciel qui ceint le Monde,
Enfle, abîme, retient, brûle, éteint tes désirs.

(*Stances et Sonnets*, éd. A. Boase, 1947, p. 20)

L'évocation précise des fleurs, des fruits, et généralement des êtres de la nature se mêle à celle des matières précieuses dans la description d'un jardin :

Quel Rubis, quel Saphir égallent en valeur
Tant de diverses fleurs qui frangent cette prée ?

(Pyart de la Mirande,
dans *Temple d'Apollon*, p. 394)

Mais sous la plume de La Ceppède elle s'oppose violemment à la pâleur du Christ mourant :

Le corail de sa bouche est ores jaune pâle.
Les roses et les lys de son teint sont flétris ;
Le reste de son corps est de couleur d'opale...

(*Théorèmes*, II, 70)

Ailleurs, ces trouvailles ingénieuses, qui semblent préluder à celles de l'*Adone* de Marino, font place à l'horreur de tableaux guerriers dignes de la *Pharsale*. Les fleuves sont rouges du sang des morts chez Bertaut et chez Théophile de Viau comme chez Agrippa d'Aubigné. Le premier évoque ainsi la défaite escomptée des Espagnols :

> ... ces champs-là tous jonchés
> De ses fiers régiments en pièces détranchés,
> Fourniront aux corbeaux de mets épouvantables,
> Rendus par sa défaite à jamais mémorables.

(Temple d'Apollon, II, P. 19)

Dans ces jeux poétiques, furieux ou délicats, la « raison » ne perd pourtant pas ses droits. Elle se fait ingéniosité formelle, sens myope de l'observation, ou recherche des images signifiantes. Les variations qu'elle multiplie sur l'ordonnance ou le désordre des éléments sont ou veulent être, comme chez les tragiques grecs ou chez Sénèque, autant de symboles de la paix de l'âme ou du désordre qui la menace. De là une création complexe et savante, même quand elle se veut facile et simple, une poétique où s'organisent figures traditionnelles et ornements nouveaux, éléments de culture (mythologie, allusions et citations implicites) et éléments originaux. Le fruit, selon les genres ou selon les hommes, pouvait en être tension ou équilibre. Il est certain que la génération de Malherbe a recherché le second plutôt que la première. Mais l'hésitation entre ces deux modes de conciliation, dont l'un est, si on veut, *baroque,* et l'autre, *classique,* est encore sensible chez beaucoup de ses contemporains.

Durant le demi-siècle qui sépare la mort de Ronsard et la création de l'Académie française, la poésie entend répondre à une double exigence : ressaisir et prolonger, comme le voulait la Pléiade,

une *tradition,* servir à sa demande une *société.* Et
sans doute n'est-on pas toujours d'accord sur ce que
doit être cette tradition (celle des amis de Ronsard,
celle des Anciens, celle des Italiens aimés des
Médicis), ni sur la nature exacte de cette société
(celle de la cour, celle de tel ou tel salon, celle des
hommes de culture). Mais on accepte toujours de
soumettre l'inspiration et la sensibilité personnelles
à un code hérité et à un goût actuel. C'est par là que
s'explique le succès des recueils collectifs où chaque
poète apporte sa pierre à l'édifice commun dont
l'ensemble témoigne de l'état des techniques et de
l'évolution de la sensibilité à telle ou telle date. Par
là encore que peut se comprendre le constant
recours à l'imitation qui caractérise tant d'œuvres
poétiques entre 1570 et 1630. Chaque écrivain puise
dans un arsenal de formes et de thèmes qui appartient à tous, et ne se distingue des autres que par le
discernement dont il fait preuve dans ses choix, le
talent qu'il manifeste dans la mise en œuvre, les
accents nouveaux dont il enrichit un thème traditionnel pour le mieux faire entendre à ses contemporains
ou à la « Postérité ». Aussi le poète se trouve-t-il
également à l'aise quand il écrit en son nom ou
quand il prête son talent à d'autres. Il faut bien des
recherches à l'historien pour décider si tel sonnet de
Desportes célèbre les amours du poète ou celles de
Brantôme, telle élégie de Théophile celles du protégé du comte de Candale ou celles du roi Henri IV.
Le poète a donc une fonction sociale, même s'il n'est
pas plus utile à l'Etat qu' « un bon joueur de
quilles ». Il est d'autre part, ou du moins devrait
être, un homme de métier, nourri de la lecture des
doctes auteurs de *Poétiques* et des meilleurs écrivains du passé. La Muse ne récompense que celui
qui travaille. Dans une élégie publiée en 1600,
Vauquelin des Yveteaux oppose Desportes aux
jeunes poètes étourdis qui se satisfont de quelques

pointes et de quelques bizarreries. L'auteur des *Amours de Diane,* poursui-il,

> Seul quand et la fureur a eu le jugement [...]
> Et sans monter trop haut ny trop bas devaler
> Fait qu'estant tout egal on ne peut l'egaller.

> (*Amours de Diane,* éd. Graham, p. 19)

Régnier se fait grave quand il s'agit de fustiger un cavalier qui se croit poète (satire VIII) ou les « jeunes veaux » qui ont ravalé l'art des vers à la plus vulgaire chansonnette (satire IV). Les impatientes leçons de Malherbe à ses disciples n'ont pas d'autre but que de leur donner le goût d'une poésie difficile où se reconnaisse la patte du bon artisan. Ces exigences ne cesseront de hanter les « bons esprits ». Préludant à la caricature moliéresque des *Précieuses,* Sarasin présentera en 1656, comme type du mauvais poète, un marquis fâcheux qui prétend lire à l'auteur un de ses ouvrages :

> Je vous voudrais, dit-il, lire une poésie,
> Que je fis l'autre jour, poussé de fantaisie.

La « fantaisie » n'est plus ici que la caricature du libre enthousiasme ronsardien. Le savant Guillaume Colletet, dans son *Ecole des muses* (1652), insistera sur les leçons malherbiennes en exigeant du poète une totale perfection formelle, une culture poussée dans le domaine de la rhétorique et le respect scrupuleux de la « raison », c'est-à-dire de la vraisemblance, de la cohérence et des bienséances : à cette date, la rigueur dans l'écriture sera bien proche de ce que nous appelons l'académisme.

Le poète de bonne trempe doit être récompensé de ses peines. Comme la participation aux recueils collectifs et même la publication d'une œuvre personnelle ne rapportent guère, il revient au Roi et aux

Princes de protéger les talents. C'est malheureusement, selon Régnier, ce qui manque le plus aux premières années du siècle. Pour être reconnu, il faut que le talent du poète se mette étroitement au service de la politique ou des amours du Prince, ou participe directement aux divertissements de cour, ballets, carrousels, entrées royales ou concerts galants. Ce peut être un véritable esclavage, quand le poète se soumet totalement aux caprices de son « employeur ». Régnier et ses amis satiriques protestent contre cet état de chose. Thème promis, comme celui de l'amateurisme ridicule, à un bel avenir. En 1655 encore, Furetière se moquera, dans sa *Satire troisième,* des rimeurs qui mesurent leurs louanges au poids des écus :

> Pour être Mécénas, il suffit qu'on leur donne,
> Et de quelques vertus que brille un duc d'Enghien,
> Il n'a point de leurs vers, s'il ne leur donne rien.

Ce que veulent obtenir les contemporains de Henri IV, c'est la considération dont jouissait Ronsard auprès de Henri III ou Virgile auprès d'Auguste. Quand les Du Perron, les Bertaut et les Porchères ont célébré leur roi jusqu'à faire de lui un demi-dieu, ils se permettent, voix de sa conscience, de lui rappeler ses devoirs de vertu, de piété et de prudence. Auprès de ses maîtres divers, Théophile de Viau revendique la liberté de remontrance, aussi nécessaire à son inspiration que l'enthousiasme admiratif.

Thèmes

Ab Jove principium : sous Henri III, sous Henri IV et sous la Régence de Marie, le poète demeure en droit le *Vates* inspiré, qui se doit d'instruire les hommes des plus hautes vérités de la religion. De grandes voies continuent à être frayées, particulièrement celle de la paraphrase des Psaumes, qui, constamment reprise depuis Marot, aboutira aux austères chefs-d'œuvre de Malherbe. Si, d'autre part, après les combats poétiques illustrés dans les années 1560 par Ronsard et ses adversaires, la poésie protestante ou catholique militante reste dominée pour nous par la figure d'Agrippa d'Aubigné, nombreux sont les poètes qui, comme Jean de Sponde, Chassignet ou La Ceppède, consacrent aux mystères du péché et de la rédemption une poésie à la fois brillante et austère, parfaitement en accord avec les inquiétudes spirituelles de leur époque. Les leçons qu'ils apportent se veulent efficaces. Elles sont en tout cas riches d'informations théologiques, et inspirées à la fois par le souci de ne pas trahir la Vérité révélée et celui de nourrir et d'informer la spiritualité individuelle. En quoi elles apparaissent bien comme fruits des enseignements, soit de Calvin, soit d'Ignace de Loyola.

Ces poètes sont sensibles à l'extrême fragilité de l'homme, que déjà Ronsard évoquait dans l'*Hymne de la Mort*. Mais ils reviennent sur cette idée avec une complaisance insistante, et paraissent faire de sa méditation la propédeutique obligée de toute conversion :

Géants, où poussez-vous ces beaux
amas de poudre ?
Vous les ammoncelez ? vous les verrez dissoudre :
Ils montent de la terre ? Ils tomberont des Cieux.

Sponde, *Sonnets de la Mort*, éd. Boase, p. 27.

Jean de Sponde traduit ainsi la vanité de l'orgueil humain. Pour évoquer notre faiblesse, Chassignet se souvient d'un thème cher à Ronsard :

Nos jours ne sont sinon qu'une petite espace
Qui vole comme vent, un messager qui passe

Pour sa commission, et ne retourne plus.

Chassignet, *Mespris de la vie,* 1594, sonnet 254

La faiblesse humaine est inséparable du péché des fils d'Adam. Mais le péché ne peut lui-même être séparé de l'espérance. C'est aux souffrances rédemptrices du Christ que les spirituels, en ces années, consacrent le meilleur de leur talent, reprenant en particulier l'antithèse du « bois vert » de l'Arbre défendu et du « bois sec de la Croix » :

Le bois vert donna mort à toute âme qui vit,
Le bois sec, ô merveille ! à tous morts donne vie.

Lazare de Selve, *Œuvres spirituelles,*
1620, Cantique XLII

Il ne reste plus alors au poète chrétien qu'à méditer le détail des Mystères et les diverses pages de l'Evangile, selon une méthode figurative qui concilie la pédagogie des paraboles et le charme des images poétiques.

Seigneur, fay de ce bois une forest profonde,
Et fay que ce sainct bois soit partout espandu,
Et puis mets-y le feu, et brûle tout le monde
Au feu du grand Phoenix sur la croix estendu.

Lazare de Selve, ouvr. cit., Cantique XIII

Parallèlement à ces consolations puisées aux Evangiles, de savants poètes en ont discerné d'autres dans une philosophie de l'ordre du monde, inspirée tantôt par la tradition hermétique, tantôt par les aventureuses constructions des philosophes italiens de la Renaissance. L'objet des *Semaines* du protestant gascon Du Bartas, dont le premier volume est publié en 1578, est de faire tout à la fois le bilan de la

Création divine et l'exposé des lois qui dominent l'apparent désordre du monde.

> Le monde est un grand livre, où du souverain maistre
> L'admirable artifice on lit en grosse lettre.
> Chasque œuvre est une page, et chasque sien effect
> Est un beau charactère en tous ses traits parfaict
>
> *Semaine I,* Jour 1
>
> Je veux tout sur-le-champ trompeter qu'en la sorte
> Qu'au milieu de son corps le Microcosme porte
> Le cœur, source de vie et qui de toutes parts
> Fournit le corps d'esprits par Symmetrie espars,
> Que de mesme, ô Soleil, chevelu d'or, tu marches
> Au milieu des six feux des six plus basses arches
> Qui voutent l'univers, à fin d'esgalement,
> Riche, leur departir clarté, force, ornement.
>
> *Semaine I,* Jour 4

Les Tragiques, à peu près contemporains de *La Semaine,* reviennent souvent à ces problèmes fondamentaux (v. plus loin, p. 222). Chez quelques poètes, ils sont abordés avec les préoccupations de l'initié attelé au « grand œuvre » de la transmutation. Parmi eux, le *Poème philosophic de la vérité de la phisique mineralle* de Clovis Hesteau de Nuysement (1621) se distingue par un souci d'extrême rigueur et tout à la fois d'extrême élégance dans le dire et par la préoccupation qui anime l'auteur d'accommoder la science qu'il enseigne à la tradition religieuse et à l'enseignement de la mythologie.

Poésie de cour

La poésie de célébration du Souverain et de ses proches est d'une dignité quasi égale à la poésie religieuse. Elle emprunte d'ailleurs les formes de l'ode et du discours, qu'un Ronsard avait portées à un niveau très élevé. Les poèmes adressés aux puissants ont deux objets complémentaires : ils fixent leur image pour la postérité, un peu comme faisaient ces poétiques chroniqueurs que furent les tenants de la « grande rhétorique », et ils attirent l'attention du Roi, du grand Capitaine sur ce qu'attend de lui le peuple qu'il gouverne ou commande. A ces deux objets répond une idéalisation systématique dont on voit bien l'ambiguïté : elle est certes flatterie, parfois précisément intéressée ; elle se veut aussi leçon. Tout à la fois les poètes encouragent le souverain à la prudence ; et singulièrement Henri IV. Les divers attentats perpétrés contre lui inspirent à Du Perron, à Rosset, à Motin des poèmes sincèrement angoissés, dont le *Temple d'Apollon* (1611) nous a conservé un grand nombre. En cette matière comme ailleurs, les idées poétiques héritées prennent, en raison des troubles, un accent nouveau :

> Vivant donc pour tant de personnes
> Vivez pour vous aucunes fois.

Ces vers de Vauquelin des Yveteaux résument le propos de biens des Stances, Etrennes ou Elégies adressées au Vert-Galant.

En contrepoint à cette poésie « officielle », la poésie de cour peut développer des thèmes tout différents, du moins en apparence. A l'occasion des fêtes, des mariages et des naissances, naissent une foule de sonnets, épigrammes et chansons où l'art de vivre des courtisans inspire des développements brillants sur le bonheur, la beauté des femmes, le charme des bassins, des fleurs, des arbres et des marbres. C'est à cette inspiration-là que ressortissent beaucoup de vers de ballets.

Des belles et de l'amour

La poésie amoureuse est sans doute la manifestation la plus significative de la vie poétique de cette période. C'est à elle que Desportes, le poète favori de Henri III, a consacré l'essentiel de son effort. Il n'est, pour ainsi dire, aucun de ses successeurs qui n'ait composé des ensembles de poésies amoureuses. Ce genre, qui nous apparaît aujourd'hui comme le plus personnel de tous, est alors assez précisément codifié. Les plus diverses inspirations viennent s'y concilier dans un ensemble harmonieux (ou qui du moins se veut tel). L'héritage des élégiaques latins, Ovide, Catulle, Tibulle, et des Alexandrins (Théocrite et Callimaque) n'est guère perçu qu'à travers les leçons françaises de Ronsard et de Du Bellay, italiennes de Pétrarque et de ses disciples proches ou lointains, dont la doctrine est renouvelée au début du XVIIe siècle par un Marino, espagnoles enfin avec Gongora et ses émules. De tout cet apport naît une vulgate progressivement nuancée et enrichie. Gagne celui qui, à partir de l'idée héritée et du lieu commun ressassé, découvre une couleur nouvelle, un rapprochement inattendu, ou simplement un arrangement de mots plus exquis que ceux de ses prédécesseurs. Pour l'essentiel, il ne peut se départir d'une thématique fort rigoureuse. Brutale naissance du sentiment, évoqué comme une blessure : l'amour, caché derrière les yeux de la Dame, a envoyé son dard meurtrier dans ceux du jeune homme. Celui-ci pénètre jusqu'au cœur, où il grave le nom ou le portrait de l'aimée :

> Lors que le trait par vos yeux decoché
> Rompit le roc de ma poitrine dure ;
> Ce mesme trait, dont vous m'aviez touché,
> Dans mon esprit grava vostre figure.

Desportes, *Amours de Diane*, éd. Graham, I, p. 63.

Selon le mythe, communément partagé, du scorpion ou de l'aspic qui peut seul guérir les blessures qu'il a causées, la dame, par les faveurs, est seule capable de mettre fin aux longues et mortelles souffrances de l'amant. Et celui-ci s'abandonne aux rêves de la jouissance, où il se peint ou s'imagine, soit dans le lit de la dame, soit dans un bocage complice : ainsi songe-t-on, à la façon de Sasso et l'Arioste, les faveurs dont on n'a pas joui :

> O songe heureux et doux ! où fuis-tu si soudain,
> Laissant à ton départ mon âme désolée[1] ?

Les évocations sont parfois plus immédiatement érotiques ; mais si l'on excepte les pièces recueillies à partir de 1600 dans les *Muses Folastres* et de 1609 dans les *Muses Gaillardes,* les poèmes consacrés aux francs plaisirs amoureux ne constituent dans les recueils galants que des oasis isolées sur un chemin semé d'épreuves et marqué par le désespoir. L'une de ces épreuves est l'absence. Quand la dame n'est plus là, le soleil est couché et le printemps fait place à l'hiver :

> Durant qu'absent de vous, clairs Astres que j'adore,
> Je suis comme de nuict à tatons cheminant,
> Mon penser à son gré jusqu'à vous parvenant,
> Vous fait mille regrets du mal qui me dévore.

Pyard de la Mirande, *Temple d'Apollon,* I, p. 423.

Les images alors employées se retrouvent dans certains poèmes funèbres, comme ceux qu'écrivait Théophile après la mort de Philis ou celui que François Maynard consacrait, au nom de la reine Margot, à la mort de son amant Saint-Julien :

> Comme lorsque le jour se retire dans l'onde,
> Et que d'un voile obscur la nuit couvre le monde,
>   Rien ne paroist si beau ;

---

1. *Ibid.,* p. 90. Nombreux exemples dans l'anthologie d'A. M. Schmidt, *L'Amour Noir,* Monaco, 1959, p. 101-139.

Ainsi, mon clair soleil, il n'est rien qui me plaise
Depuis que le destin, ennemy de mon aise,
　　　　Me cache ton flambeau.

Maynard, *Poésies,* éd. Gohin, Garnier, 1929, p. 210.

Autres raisons de souffrir : l'abandon au profit
d'un rival mieux aimé ; le malentendu provoqué par
une maladresse ou une faute de l'amant :

Las ! je sçay que si fort je vous ay outragée,
Faisant trop voir mes feux et mon affection,
Que tout ce qu'a le limbe en soy d'affliction
Ne suffit pour ma faute assez rendre purgee.

Pyard de la Mirande, ouv. cit., p. 426.

Mais la faute irréparable et la souffrance inguéris-
sable tiennent en l'amour même. Si, selon la dévotion pétrarquiste, la femme est une déesse et plus
qu'une déesse, si on lui bâtit des temples, comme
fait Desportes, si, à l'église, comme Théophile, on
lui adresse les prières qu'on doit à Dieu, le moindre
désir devient crime à son égard et l'amour doit être
dès le départ conçu comme une maladie fatale. Une
des « inventions » qui expriment le plus vivement et
le plus artificieusement ce désespoir amoureux, c'est
l'indistincte jalousie où l'amant enveloppe les vêtements, les êtres de la nature et les dieux qui,
visiblement ou en secret, viennent caresser le corps
désiré.

Je n'aime point ce vent qui, folastre, se jouë
Parmy ses beaux cheveux, et luy baise sa jouë ;
Si grande privauté ne me peut contenter.

Desportes, *Amours de Diane,* éd. cit., II, p. 260.

Je suis jaloux du vent qui si privé se jouë
Parmi vos blonds cheveux qu'il esmeut doucement.

Pyard de la Mirande, ouv. cit., p. 399.

L'air glorieux de former ses soupirs
Entre en sa bouche avecques des Zephirs.

> Théophile de Viau, éd. cit., I, p. 102.

Les médecins de la fin du XVIᵉ siècle classaient l'amour parmi les maladies mélancoliques. Tout poème d'amour sérieux est en effet, à cette époque, empreint de tristesse. Il est promesse de naufrage et de mort. Et l'amant n'espère d'autre récompense que la gloire d'avoir bien aimé, et d'être un jour regretté par celle qui l'aura mis au tombeau. Ainsi Maynard dans une *Assurance de fermeté* publiée en 1607, et bien caractéristique, par l'ampleur un peu molle de son rythme, de la manière (ou d'une des manières) de l'ami de Malherbe :

Heureux si mon amour peut mériter la gloire
De loger à jamais dedans vostre memoire,
Quand je seray privé de la clarté des cieux,
Et si par la pitié vos rigueurs sont contraintes
D'honorer mon malheur de larmes et de plaintes,
Afin de tesmoigner que je meurs pour vos yeux !

> (Ed. cit., p. 218.)

Le poète s'égare volontiers dans la nature et y rêve. Parfois austère ou tourmentée, comme dans certains poèmes de Théophile, elle est plus souvent aimable et douce : plutôt bocage que forêt, prairie riante que désert, mer étale, rivière et fontaine que vagues déferlantes ou torrents. C'est la même nature qui enchante le Poussin ou Claude Le Lorrain. Du *Matin* et de la *Solitude* à la *Maison de Sylvie,* un Théophile de Viau n'a jamais cessé d'être fidèle à cette nature-là, peuplée d'êtres mythologiques selon son cœur, et capable d'inspirer des méditations sur l'écoulement de toutes choses (eaux, lumières, saisons) ou sur les forces vives de l'univers (éclat et chaleur du soleil, fécondité des jardins, amours librement vécues des oiseaux).

L'association d'un pittoresque familier ou délicat, d'une culture poétique et fabuleuse et de la thématique sentimentale autorise de riches variations à partir de quelques thèmes privilégiés. L'un d'entre eux, favorisé par la méditation de Montaigne, et suspecté de libertinage par Mersenne et par Garasse, est celui de la retraite et de la solitude, auquel restent attachés les noms de Théophile et de Saint-Amant. Campagne, jardin, allées d'une maison des champs permettent au poète et parfois à ceux qui le protègent d'échapper pour un temps aux faux-semblants et aux importuns devoirs imposés par la ville : liberté qui ne va pas sans risque.

> L'orfraye et le hibou s'y perche,
> Icy vivent les loups-garoux,
> Jamais la justice en courroux
> Icy de criminels ne cherche.

> Théophile, *La Solitude*, éd. cit., I., p. 17.

Mais ces frissons momentanés ne sont-ils pas là pour relever un tableau essentiellement aimable et donner un sel supplémentaire aux « sombres plaisirs d'un cœur mélancolique » ? Deux vers célèbres de Du Perron expriment heureusement l'*idée poétique* associée par tant d'autres poètes au thème de la solitude :

Au bord tristement doux des eaux je me retire,
Et voy couler ensemble, et les eaux, et mes jours [1].

---

1. Cité notamment par Jean Rousset, *Anthologie de la poésie baroque*, éd. de 1968, I, p. 201.

Mais, très vite, la solitude engendre une société nouvelle : des paysans et des bergers s'y découvrent au détour d'un sentier, comme dans telle page de *La Nouvelle Héloïse* ou dans tel poème d'André Chénier.

> Je voys les Agneaux bondissans
> Sur les bleds qui ne font que naistres :
> Cloris chantant les mène paistre
> Parmy ces costeaux verdissans.
>
> Théophile, éd. cit., I, p. 14.

La contemplation de la nature est alors relayée par l'invention pastorale, comme dans les *Bergeries* d'un Pyard de la Mirande (*Temple d'Apollon*, 1611, p. 392 et suiv.) ou dans la belle chanson de Malherbe « Sus debout la merveille des belles... » Et les lignes du paysage font place aux sinuosités de l'aventure amoureuse, à l'éternel dialogue de la bergère et du berger.

Contre-thèmes

Le tableau de la poésie française à l'aube du XVIIᵉ siècle serait incomplet si l'on négligeait ses aspects « anti-conformistes ». La discipline dans l'écriture et dans la soumission à une thématique idéalisante n'est supportable qu'à condition de trouver les compensations des Saturnales ou du Carnaval. Au versant religieux, politique et galant qui vient d'être évoqué s'oppose trait pour trait un versant « libre ». Il en a toujours été ainsi dans l'histoire de la poésie. En témoignent Ronsard et Du Bellay, dont on connaît les gaillardises, les éloges paradoxaux et les pages librement satiriques. Mais à l'époque de Henri IV et de Louis XIII, ce phénomène naturel revêt une signification particulière.

Certes, il est une poésie libre, voire licencieuse dont l'évidente fonction est celle d'une soupape de sécurité. C'est elle qui alimente ces recueils collectifs spécialisés que sont *La Muse folastre* (1600), *Le Cabinet satyrique* (1618) ou *Le Parnasse satyrique* de 1622, dont la publication a été le prétexte du procès de Théophile de Viau.

Mais la libération que recherchent les poètes du temps de Malherbe affecte souvent des formes plus subtiles. Dans les mêmes recueils où le plus haut amour est célébré se glissent des éloges de l'inconstance (on en trouve chez Malherbe, chez Etienne Durand, chez Théophile). A l'amour pour les beautés blondes et pures se substitue l'attachement à la laideur, à la noirceur, et généralement toutes les formes de l' « Amour noir ». Ce sont là poésies du paradoxe où les thèmes et les formules communément partagés sont simplement affectés d'un signe négatif.

Enfin, il est remarquable que les premières années du xviie siècle aient été, en même temps que l'âge d'or de l'austérité poétique, celui de la grande poésie satirique. Ses chefs-d'œuvre sont dus à deux poètes également pénétrés de dévotion pour la grande tradition poétique, Régnier et Théophile de Viau. Leur production satirique peut apparaître comme un contrepoint instructif de l'ensemble de la poésie « sérieuse » de leur époque. Il s'y exprime en tout cas une sagesse dont il convient de dégager quelques lignes essentielles.

Régnier a conscience d'appartenir à une société bigarrée, où l'inquiétude philosophique et morale des uns s'oppose à l'extrême sévérité des autres. Entre un scepticisme qui risque d'engendrer le laisser-aller et une rigueur dogmatique soucieuse de haute vertu, l'hypocrisie peut se donner libre cours. La satire de Régnier s'en prend aussi bien à la corruption étalée qu'à l'affectation stoïcienne et au double jeu des habiles. Certes, ce poète nourri de la lecture de Montaigne paraît d'abord sensible à la faiblesse et aux incertitudes humaines. L'homme, soumis à la fortune, est encore esclave de son tempérament. Son imagination et son orgueil l'aveuglent et le rendent incapable de faire le départ entre vice et vertu, entre raison et folie. La « sotte présomption » ne lui convient donc guère. Du moins peut-il tendre à une honnête médiocrité, fondée sur l'acceptation du monde tel qu'il est et la patiente réforme de soi. C'est à ce prix que se conquiert la liberté. Et c'est à cette condition que peut s'appliquer ce vers célèbre de la satire xv :

Nous ne pouvons faillir suivant nostre nature.

La sagesse de Régnier n'est qu'en apparence abandon, facilité et indulgence. Elle requiert l'exercice d'un jugement individuel affiné par la lecture et l'expérience, et surtout nourri du spectacle d'un monde qui paraît voué aux fausses valeurs. Elle est par là revendication d'une liberté intérieure totale. Du moins cette liberté doit-elle se mériter :

Le vray me fait dans moy recognoistre le faux,
Au poix de la vertu je juge les deffaux !

(Satire xv).

Théophile professe une morale de l'acceptation. Il est inutile de se révolter contre le sort ou contre les puissants. Inutile de sonder le ciel qui ne peut rien nous apprendre. Le meilleur est de vivre le plus possible à l'écart des hommes qui nous déplaisent et de cultiver la vertu qui est propre à chacun de nous dans un cercle d'amis choisis.

La morale de Théophile, née comme celle de Régnier de la méditation des *Essais,* est en réalité fondée sur un attachement quasi religieux à l'authenticité. Elle ne peut être pratiquée, comme l'affirment plusieurs fois les pièces adressées au comte de Candale, que par les bons esprits et les

âmes d'élite. On conçoit qu'elle ait paru s[...]
aux yeux d'un Garasse, l'ennemi juré des [...]

Théophile a poussé son esprit d'indépendance
jusqu'à évoquer, dans son *Elégie à Du Fargis,* une
poésie entièrement dépouillée des ornements traditionnels de la poésie galante et particulièrement des
emprunts obligés aux mythes de l'Antiquité, jugés
déraisonnables. Le poète contestait ainsi, à l'exemple de poètes italiens tels que Boccalini et Tassoni, la
manière la plus communément admise par les
rimeurs de son temps. Il est vrai que lui-même n'a
jamais complètement renoncé aux grâces de la
mythologie. Du moins, dans ce poème-testament
que constitue *La Maison de Sylvie,* en a-t-il réglé
l'usage selon l'exigence de sa sensibilité personnelle.
Ses velléités de libération constituent en tout cas une
contre-épreuve attestant la solidité et la rigueur d'un
ordre poétique auquel personne, en 1620, ne peut
totalement se soustraire. A lire l'œuvre de Théophile lui-même, on s'aperçoit qu'au-delà des différences qu'il cultive, sa poésie la plus personnelle
demeure conforme aux exigences malherbiennes
d'euphonie, de cohérence et de limpidité.

La poésie française, de la mort de Malherbe aux débuts de La Fontaine.

L'histoire de la poésie française, entre 1628 et
1660, est marquée par un certain nombre de caractères, dont les uns assurent la solidité de structure et
de langue de la production versifiée, et d'autres
correspondent à des dangers où leur dignité se
trouve remise en question. Il est certain que la
doctrine de Malherbe, que les premiers académi-
ciens-poètes, Guillaume Colletet ou Boisrobert, ont
répandue en la précisant, n'a guère été remise en
cause. L'aisance d'écriture des poètes de Louis XIV
est encore liée à cette tradition. Cependant d'autres

influences ont permis à cette poésie de n'être pas totalement enfermée dans un système : les poètes de la fin du règne de Louis XIII et de l'époque de la Régence n'ont pas oublié les leçons des maîtres du xvie siècle, ni celles des adversaires de Malherbe. La poésie inquiète de Théophile de Viau se prolonge dans l'œuvre de Tristan l'Hermite. Sa verve, son goût du pittoresque et des évocations gourmandes se retrouvent chez Saint Amant, et parfois chez Colletet. L'attachement aux poètes de la Renaissance, sensible chez Régnier, demeure vivace jusqu'à la fin du ministère de Mazarin : Ronsard n'est pas oublié et l'on s'efforce seulement, par exemple, de perfectionner ses strophes et d'affiner la forme qu'il avait imposée au sonnet. Au-delà de la Pléiade même, le marotisme est pratiqué par un Voiture, en attendant de l'être par le poète des *Fables,* qui devait admirer également « maître François » (Rabelais), « maître Clément » (Marot), et « maître Vincent » (Voiture). On se divertit encore à composer des ballades et des rondeaux, au temps même où, sous l'influence italienne, on cultive le madrigal.

Cet éventail d'allure capricieuse est celui même de la poésie « mondaine ». Progressivement en effet, chez Mme de Rambouillet où se compose *la Guirlande de Julie,* chez Madeleine de Scudéry où Sarasin et Pellison cultivent une esthétique de la grâce et de la « galanterie », dans l'entourage enfin du surintendant Foucquet où s'est formé La Fontaine, un goût nouveau se développe où, tout en s'efforçant à la discipline dans le choix des sons et des rythmes, les poètes sont invités à distraire, à charmer, à feindre au besoin ces sentiments délicats ou discrètement libertins qui inspireront encore le Verlaine des *Fêtes galantes.*

Cependant d'autres conceptions plus élaborées ou plus ambitieuses de la poésie se sont fait jour dans les mêmes décennies. Entre 1625 et 1650 un poète pouvait être tenté par la subtilité d'esprit, l'érudition mythologique et les jeux d'ambiguïté d'Italiens tels que Marino (dont l'*Adone* paraît en France dès 1623), ou d'Espagnols tels que Gongora : à leur école on pouvait se divertir, comme l'a fait Corneille dans ses premières comédies, ou Cyrano dans ses *Poésies* et ses *Lettres,* à exploiter ironiquement les diverses ressources du langage figuré. On pouvait aussi refuser, au moins apparemment, les règles et les codes reçus, pour pratiquer les insolents décalages de la poésie burlesque : ainsi de deux écrivains appartenant à la « lignée » de Saint-Amant : D'Assoucy, dont l'*Ovide burlesque* est de 1650, et Scarron, qui publie son *Virgile travesti* en 1652.

Mais la plupart des poètes de cette génération ont eu des ambitions plus hautes. Jamais sans doute la poésie d'inspiration religieuse, celle qu'a illustrée Corneille dans sa traduction de *l'Imitation* (1656), ou Brébeuf dans ses *Entretiens solitaires* (1660), ou Godeau dans ses *Poésies chrétiennes* (1660), n'a inspiré autant les poètes français, surtout il est vrai au crépuscule de leur existence. D'autre part, de même que la tragédie restait le grand genre théâtral, le poème héroïque est toujours considéré comme le grand genre narratif et philosophique. Si, dans son ensemble, la poésie épique française du XVIIe siècle est considérée comme un vaste échec collectif, l'idée même d'avoir voulu pratiquer en elle ce que la poésie possède de plus grand et de plus difficile est un des mérites les moins contestables des écrivains français d'alors : l'épopée était alors considérée comme devant être l'œuvre d'une vie, tant elle devait investir de science et de talent ; il suffit pour s'en persuader de feuilleter le *Traité du poème épique* de Marolles (1662), ou de mesurer l'ampleur des projets de Scudéry dans *Alaric* (1654), de Chapelain dans sa *Pucelle* (1656), ou de Desmarets de Saint-Sorlin dans son *Clovis* (1657). Plus « retenu », Saint-Amant a présenté son *Moïse sauvé* (1653) comme une « idylle héroïque », ce qui ne l'a pas empêché de rassembler dans ce poème, un des chefs-d'œuvre du baroque, l'immensité du dessein (toute la Bible s'y trouve reflétée), et l'ingéniosité mariniste du style.

Émules et épigones de Malherbe

Trois poètes majeurs ont survécu à Malherbe et Théophile et perpétué jusqu'aux environs de 1660 la rigueur du premier, la fantaisie inspirée du second et le souci, qui fut celui de l'un et l'autre, de parcourir l'éventail le plus large possible des genres et des tons.

François Maynard avait débuté très tôt, protégé par Marguerite de Valois. Il a composé, entre 1610 et 1630, sous l'influence de Malherbe, des poésies libres, des pièces satiriques et des épigrammes ingénieuses aussi bien que des odes et des stances. Mais la postérité a surtout retenu, de cette œuvre variée, les méditations que lui ont inspirées, dans les dernières années de sa vie, les thèmes de la fuite du temps et des regrets amoureux. L'*Ode à Alcipe*, écrite quelques mois avant la mort de Louis XIII, évoque tour à tour, dans une langue dont la fluidité paraît accordée au sujet et suivant une progression très maîtrisée, la fragilité des hommes, des cités et des civilisations ; l'univers lui-même

> [...] qui dans son large tour
> Voit courir tant de mers et fleurir tant de terres,
> Sans savoir où tomber, tombera quelque jour.

Les stances de *La Belle Vieille* (1644) constituent un hymne à la fidélité et à la constance paradoxale : lieux communs dont les Italiens et les Français du début du siècle étaient friands, mais à l'occasion desquels le poète affine le jeu des rimes, des sonorités et des rythmes et impose à la mémoire des alexandrins dont Racine se souviendra avant Gérard de Nerval : le célèbre couple *Mélancolie/Italie* reviendra dans la déclaration d'Antiochus à Bérénice avant d'animer un sonnet des *Chimères*. Ces rapprochements ne sont pas fortuits : comme Racine et Nerval Maynard a su concilier dans son œuvre, grâce à la perfection formelle qu'il y manifeste, les dimensions d'une culture à la fois antique et moderne. Culture, au reste, plus païenne que chrétienne : l'accent des poèmes les plus achevés de Maynard semble annoncer André Chénier.

Honorat de Bueil, marquis de Racan, doit sa célébrité à sa pastorale dramatique, *Les Bergeries,* publiée en 1625. Il a eu, comme Maynard, l'honneur de figurer auprès de Malherbe dans plusieurs recueils collectifs des années 1625-1640. Il a chanté ses amours et celles de ses protecteurs sous le déguisement pastoral et dans le cadre des prairies, des bocages et des forêts. Il a cultivé les mêmes genres que son maître Malherbe. L'aisance et le naturel dont on lui a fait justement un mérite sont le fruit d'une discipline acceptée dans le maniement des vers mais aussi d'une entente du vocabulaire et de la syntaxe qui lui permet d'éviter les raretés lexicologiques et les audaces excessives dans l'ordre des mots. La limpidité de sa poésie a fait d'elle une des sources d'inspiration du jeune La Fontaine. Elle subsiste jusque dans les *Dernières œuvres et Poésies chrétiennes* de 1660. On en peut prendre pour preuve la paraphrase du psaume CXLV écrite trente ans après celle de Malherbe, où Racan sacrifie l'éclat du verbe à une extrême simplicité :

Mon âme, il s'en va temps de penser à la mort :
Il te faut de Dieu seul espérer ton support
En ce dernier moment si doux et si funeste.
Ces rois que comme lui nous servons à genoux
N'ont pas plus de faveur dedans la Cour céleste
      Que les moindres de nous.

Tristan L'Hermite (1601-1655) a été un des écrivains les plus doués de sa génération, et sans doute celui dont l'œuvre rassemble la plus grande variété de thèmes et de modes d'écriture. Son théâtre, et notamment sa *Mariane* (1636), son roman inachevé du *Page disgrâcié* (1643) ont longtemps laissé dans l'ombre une œuvre poétique exceptionnellement riche. La protection de Gaston d'Orléans a sans doute favorisé les débuts de ce gentilhomme pauvre ; ses caprices et ses disgrâces, en revanche, sont responsables, aussi bien qu'une santé précaire, des misères et des périodes de mélancolie qu'il a traversées. Du poème de *La Mer* (1628) aux *Vers héroïques* (1648) Tristan a publié une dizaine de plaquettes ou de recueils, où la rigueur malherbienne est mise au service d'une vigueur dans l'imagination comparable à celle de Théophile (qui fut son ami) et d'une ingéniosité dans l'écriture qui doit beaucoup au Marino de *La Lira* et de *L'Adone*. Cyrano de Bergerac admirait à juste titre le poète de *La Mer* qui se présentait lui-même, couché « sur le gazon d'une falaise », et cherchant dans les eaux tout à la fois son image incertaine, les étranges splendeurs de l'Océan et le mystère de la mort que les vagues roulent avec elles. *Le Promenoir des deux amants* reprend en 1633, dans une forme plus dominée, les thèmes du *Matin* et de *La Solitude* de Théophile. Le recueil de la maturité, *La Lyre* (1641), atteste les dons multiples d'un poète qui pratique avec la même aisance les courts madrigaux, les poèmes en strophes, les sonnets à la manière d'Annibal Caro et de ses émules français et l'idylle héroïque à l'imitation de Marino. *L'Orphée*, de loin la plus longue pièce de *La Lyre* (638 vers) est dédié à l'excellent chanteur Blaise Berthod. Mais c'est l'ensemble de cette pièce qui traduit le goût de Tristan pour les beaux-arts en général : il était l'ami du peintre Jacques Stella et du graveur Pierre Daret, auteurs du frontispice. La musicalité et le pittoresque de *L'Orphée* émeuvent moins cependant que les simples adieux d'Eurydice où Tristan retrouve la mélodieuse mélancolie de ses poésies amoureuses et prélude à l'élan religieux qui inspirera en 1646 son *Office de la Sainte Vierge* :

Le Ciel est équitable, il nous fera justice ;
Tu te verras encore avec ton Eurydice :
Si l'Enfer ne me rend, la Parque te prendra,
L'Amour nous désunit, la Mort nous rejoindra ;
Il faudra que le Sort à la fin nous rassemble
Et nous aurons le bien d'être à jamais ensemble.

Comme beaucoup de poètes de son époque, Tristan a connu tour à tour les inquiétudes du sceptique et les abandons de l'homme de foi. Ce n'est pas le moindre paradoxe de la littérature d'un temps où les subtilités de l'antithèse et de l'oxymore masquaient peut-être des préoccupations plus essentielles qu'on ne le croit parfois.

Dimensions de la poésie mondaine

La littérature mondaine se définit (du moins en principe) par opposition à la littérature « savante », c'est-à-dire fondée sur les règles que la tradition ou la « raison » inspirent aux doctes. Elle vise au plaisir immédiat, sans renoncer pourtant à une forme de perfection accordée à l'éphémère. En poésie, elle cultive les petits genres, épigramme ou madrigal, ou pastiche discrètement le lyrisme de l'ode ou des stances. Elle peut cependant rejoindre la technique difficile d'une forme aussi élaborée que celle du sonnet. Le « monde » qu'elle entend séduire n'est pas, ou n'est plus, celui de la cour, mais celui des salons aristocratiques ou bourgeois du Marais ou des quartiers proches du Louvre. On a trop longtemps reproché à cette poésie sa frivolité. C'était oublier ce qu'elle devait à de respectables traditions, illustrées par Marot, Du Bellay et Ronsard lui-même. D'agréables chansons de Malherbe, des poèmes plaisants de Théophile ou de Tristan appartiennent déjà au registre de la mondanité. Ce n'était pas un mince mérite que de plaire à Mme de Rambouillet et à ses amis, et d'être admis à célébrer Julie d'Angennes dans la *Guirlande* de 1633. C'en fut un aussi grand que de séduire Madeleine de Scudéry et les siens en pratiquant une poésie « galante et enjouée », « ingénieusement divertissante », raillant « sans malice », louant « sans grande exagération » et blâmant « sans aigreur » (*Clélie*, t. VIII, 1660). Le P. Bouhours a su, dans les *Entretiens d'Ariste et d'Eugène* (1671), en célébrer la « délicatesse ». Le poète d'*Adonis* et l'auteur de *Psyché* a reconnu sa dette envers elle.

Vincent Voiture en a été l'initiateur. Dans l'édition de ses *Œuvres* (1650), son neveu et préfacier Martin de Pinchesne a loué la « grâce » d'une écriture méditée au « commerce du monde », l'alliance qui s'y manifeste de la culture, de l'« art » et du « naturel ». Le même texte lui fait un singulier mérite d'avoir plu aux dames de la cour et d'avoir mérité par là le titre envié de « galant homme », équivalent français du titre italien de « parfait courtisan ». Voiture a célébré les charmes de la femme avec assez d'esprit et de distinction pour ne pas les effaroucher, avec assez de gaîté, voire de discret libertinage, pour les amuser à coup sûr. Il a pratiqué tous les genres à la mode, des stances au sonnet et à la chanson, mais s'est également diverti à ressusciter le rondeau et la ballade ou à écrire des vers « en vieux langage ». La gloire de Voiture était grande : au lendemain de sa mort, Sarasin lui consacrait une *Pompe funèbre* mêlée de prose et de vers (1649), une querelle opposait son sonnet d'*Uranie* au sonnet de *Job* récemment composé par Benserade et le savant Ménage rédigeait une dissertation sur les imitations de la *Belle Matineuse* d'Annibal Caro, dont, avant

Malleville et Tristan, Voiture avait donné le modèle
le plus parfait (1652).

C'est Ménage qui, en 1656, a rassemblé et édité
les œuvres de Jean-François Sarasin. Ce poète, mort
en 1654 à moins de quarante ans, avait été le poète
favori de Madeleine de Scudéry. Son œuvre, limitée
en volume, associe les délicatesses de la galanterie,
les plaisanteries de bon goût et parfois les vigueurs
de la satire à des accents mélancoliques pré-lafontai-
niens. Pellisson, l'ami de cœur de Madeleine et
comme elle protégé de Foucquet, a préfacé le recueil
de 1656. Véritable charte de la mondanité poétique,
le texte de Pellisson loue la « juste médiocrité » du
style de Sarasin, le parfait agrément de son écriture
et sa capacité à soumettre la manière à la variété des
sujets nobles ou familiers. La poésie, écrit encore
Pellisson, « doit souvent, je le confesse, se précipiter
comme un torrent, mais elle doit plus souvent
encore couler comme une paisible rivière, et plus de
personnes, peut-être, sont capables de faire une
description pompeuse ou une comparaison élevée
que d'avoir ce style égal et naturel, qui sait dire les
petites choses ou les médiocres sans bassesse, sans
contrainte et sans dureté ». Se présentant dans un
Discours méditant au bord des eaux comme Théophile ou comme Tristan, Sarasin a évoqué ainsi sa
« fantaisie » poétique :

> Je flatte ma tristesse à composer des vers,
> Et laisse en liberté couler ma poésie
> Selon les mouvements où va ma fantaisie [...]
> [...] si les vers me donnaient de la peine,
> Je laisserais Phébus et les eaux d'Hippocrène.
> Car le poète naît, la nature le fait ;
> Le travail rend toujours un plaisir imparfait.

En 1658, La Fontaine, introduit chez Foucquet
par Pellisson, dédie son poème d'*Adonis* au surin-

tendant [1]. L'année suivante, il entreprend *Le Songe de Vaux,* consacré à la louange de son protecteur et des splendeurs du château qu'il ne cesse d'embellir, et que Madeleine de Scudéry célébrera au dernier tome de sa *Clélie.* Ce qui subsiste de ce projet, interrompu en 1661 au moment de la disgrâce de Foucquet, montre assez ce que le futur auteur des *Contes* et des *Fables* doit à l'esthétique de Voiture et de Sarasin : l'art de varier les formes poétiques, la délicatesse à effleurer les sujets en laissant deviner ce qu'une surface polie peut cacher de profondeur, l'usage d'une vaste culture au profit d'une littérature qui se prétend de pur agrément. *Le Songe de Vaux* fait alterner les galanteries mythologiques, les dialogues sur le mérite des arts et les esquisses de fables et de contes. Le poète y surpasse plus d'une fois le peintre dont il décrit les œuvres ; ainsi cette dormeuse de Le Brun :

Qu'elle est belle à mes yeux cette Nuit endormie !
Sans doute de l'Amour son âme est ennemie,
Et ce frais embonpoint sur son teint sans pareil
Marque un fard appliqué par les mains du Sommeil.

C'est par le détour du porche de Vaux que l'exquise mondanité des poètes des années 50 a pu exercer son influence sur les comédies-ballets de Molière, les premières œuvres de Mme de Lafayette et peut-être les tragédies du jeune Racine.

La fantaisie burlesque

La vogue du burlesque en France est exactement contemporaine de celle de la poésie galante et précieuse, de la grande poésie religieuse et des essais de poésie héroïque. Elle ne s'inscrit peut-être qu'en apparence dans un mouvement de réaction contre les grands genres et le haut style. Mais elle procède à

---

1. Voir le volume suivant, par Roger Zuber, p. 214 sq.

coup sûr d'une détermination, probablement « libertine » à l'origine, à revendiquer le droit à la fantaisie dans l'invention, à la critique de l'excès dans le sublime, et à une saine familiarité avec les grandes œuvres du passé. Déjà Saint-Amant, émule et disciple de Théophile et bientôt auteur du sérieux *Moïse,* se divertissait à composer dans les années 30 une *Rome ridicule,* ou à s'inspirer, après Régnier, de la manière insolente des bernesques italiens. Chez le même poète, comme chez ceux de la génération suivante, le mélange des tons, le décalage entre la noblesse du sujet et la trivialité de l'expression, ou, inversement, l'application d'une manière élaborée à la description d'un melon ou à l'évocation d'un fromage ne sont pas tant le fruit de l'ignorance ou de la désinvolture que l'expression consciemment déviée d'une parfaite connaissance de la tradition littéraire et des principes de la rhétorique.

Les premiers essais de Scarron dans la poésie burlesque (1643-1644) ont été à l'origine de la libre manière des auteurs de mazarinades et de Cyrano de Bergerac lui-même. Il paraît s'en être excusé dans l'Epître liminaire du livre V du *Virgile travesti* (1649), en se déclarant « tout prêt d'abjurer un style qui a gâté tant de monde ». En réalité la manière de son *Virgile,* comme celle de l'*Ovide en belle humeur* (1650) de d'Assoucy, ou du *Lucain travesti* de Brébeuf impliquent une culture assez vaste pour faire leur juste part, dans les auteurs évoqués, aux traits familiers et aux sourires dont ils relevaient leurs ouvrages les plus graves. Homère et Virgile ont su se divertir, peut-être aux moments où ils paraissaient sommeiller. Et Euripide, celui que Racine après Aristote a désigné comme le poète le plus tragique de l'antiquité grecque, a su donner de plaisantes images des occupations quotidiennes de la famille de Priam. Dans la réponse qu'il destinait à Boileau, d'Assoucy écrit : « ... cette sorte de composition est sujette à des lois bien plus sévères qu'on ne pense » (1677). Mlle de Scudéry, dans la *Clélie,* a condamné la mode du burlesque. En réalité, une conciliation pouvait s'opérer entre les jeux de la poésie mondaine et les fantaisies de la manière scarronienne. Ici et là on s'efforçait, avec plus ou moins de bonheur, de ramener les grandes actions et les grands sentiments à des proportions humaines. Il est même possible que le burlesque ait été plus que le galant attentif à ce qu'avait de plus authentique l'écriture « sublime ». Enfin, sous d'autres dénominations, le burlesque allait bientôt nourrir, aussi bien que la belle galanterie, les comédies-ballets de Molière. Plus tard encore, avant de créer une « préciosité nouvelle », le jeune Marivaux devait faire ses gammes d'écrivain avec son *Télémaque travesti.*

A la conquête des cimes

Tout au long du siècle, les poètes français n'ont cessé de pratiquer deux genres « sublimes » par leurs thèmes et leurs formes : la poésie de célébration du souverain, inspirée par les mariages, les naissances, les exploits guerriers et les morts ; et la poésie religieuse, paraphrases de psaumes, hymnes liturgiques, méditations procédant du Nouveau Testament ou de l'*Imitation de Jésus-Christ.* Deux branches abondamment représentées entre 1628 et 1660, utilisant tantôt la forme de l'ode, plus rarement celle de l'épître, fréquemment celle du sonnet, dont la rigueur formelle se concilie avec la souplesse thématique.

De l'ode héroïque Malherbe avait donné un modèle considéré comme parfait. Ni sa structure, ni ses ornements, ni ses thèmes n'ont été remis en question après lui. Le siège de Corbie (1636) inspire à Tristan l'Hermite une ode à Gaston d'Orléans en dizains d'octosyllabes où Jason, Alcide et « les filles de Mémoire » sont convoqués comme ils pouvaient l'être dans des pièces de Théophile ou de Malherbe.

Scudéry a célébré avec plus de pompe encore les mérites de Richelieu. Le grand Corneille s'est montré plus retenu dans ses *Triomphes de Louis le Juste* (1645). C'est au jeune Racine qu'il revenait de se montrer le disciple le plus brillant du poète de Marie de Médicis en célébrant en 1660, dans *La Nymphe de la Seine*, le mariage de Louis XIV et de Marie-Thérèse ; les derniers vers de l'ode prophétisent, conformément à une tradition qui remonte au moins à Ronsard, et font rêver d'une reconquête des Lieux saints :

> [...] un nouveau Mars, sorti de votre sein,
>   Ira couronner sa vaillance
> De la palme qui croît aux rives du Jourdain.

Les paraphrases de psaumes et les sonnets de méditation chrétienne avaient, depuis Marot et Jean de Sponde ou La Ceppède, inspiré nombre de poètes glorieux ou obscurs. Les premières sont encore représentées dans les *Dernières Œuvres* de Racan (1660). Les seconds dans les recueils publiés par Antoine Godeau à partir de 1654. De belles méditations inspirent le père Cyprien dans ses *Œuvres spirituelles* (1641) qu'admirait Paul Valéry. Quelques mois avant sa mort, Georges de Brébeuf, l'auteur d'une pompeuse *Pharsale* (1654) mais aussi d'un *Lucain travesti* (1656) où il paraissait se railler lui-même, donnait peut-être le meilleur de lui-même dans des *Entretiens solitaires* dont la sincérité et l'humilité de manière ne le cèdent en rien à l'*Imitation* de Corneille (1660).

Au cours des décennies qui séparent la mort de Malherbe des débuts de Racine, la poésie d'inspiration héroïque ou religieuse évoluait, dans son ensemble, vers une rigueur et une sûreté de technique dont l'écueil pouvait être l'académisme, mais qui préparait aussi l'éclosion des meilleures épîtres de Boileau et des pages les plus parfaites de la tragédie de Racine. Un paradoxe au moins apparent veut que ces mêmes années correspondent aussi à un effort de résurrection du « long poème » à la manière d'Homère, de Virgile ou du Tasse de la *Jérusalem délivrée*. Le genre épique était, dès le XVIe siècle, considéré comme le plus élevé de tous. Les théoriciens et les poètes ont pris, au siècle suivant, autant de soin à le définir qu'à donner ses règles à la tragédie. En 1660, les *Réflexions* de Rapin et le *Traité du poème épique* de Le Bossu sont encore à naître (1674 et 1675). Mais La Mesnardière en 1639 et Vossius en 1647 ont évoqué précisément l'épopée dans leurs *Poétiques*. Avec la *Dissertatio peripatetica* de Mambrun (1652), ces traités consti- tuent un premier corpus doctrinal dont l'inspiration se prolongera bientôt dans le *Traité du poème épique* de Marolles (1662). Surtout, les années 1650-1660 ont vu naître plusieurs poèmes héroïques, tous préfacés par leurs auteurs, et correspondant à une poétique d'origine diverse mais cohérente dans l'es- prit : *Saint Louis* du père Le Moyne et l' « idylle héroïque » de *Moïse sauvé* due à Saint-Amant (1653), *Alaric* de Scudéry (1654), la *Pucelle* de Chapelain (1656) et *Clovis* de Desmarets (1657)[1]. Ces dates sont significatives : Le Moyne, Chapelain et Desmarets se considèrent comme pédagogues du jeune Louis XIV ; ils entendent lui inspirer la maî- trise de soi, le goût d'une saine autorité, et sans doute le constant souci de faire triompher la royauté sur la féodalité ou sur l'anarchie. Ces auteurs ne souhaitent guère en effet le retour d'une crise semblable à la Fronde qui vient de s'achever. Mais ils se sont aussi embarrassés dans un ensemble de règles et d'exigences qui, en dépit d'une affectation de modernisme, ne répondaient guère au goût de la mesure, de la discrétion stylistique, voire de la fantaisie, qui règne alors sur les meilleurs esprits.

---

1. Voir le volume suivant, par Roger Zuber, p. 142 sq.

Tout demeurent attachés, comme le sont au même temps les auteurs de « romans parfaits », à l'unité de lieu et à la limitation de l'action à une année, quand l'épopée doit évoquer une longue période de l'histoire et l'ensemble d'une civilisation. Ils entendent qu'on orne le poème de comparaisons développées et de pompeuses descriptions. Saint-Amant s'est diverti, avec le *Moïse,* à frôler le burlesque dans les unes et les autres, par exemple en comparant la sœur de Moïse voyant s'éloigner le berceau de l'enfant à une poule qui aurait couvé un canard, ou en imaginant l'émerveillement des Juifs, au passage de la Mer Rouge, au spectacle d'un monde renversé où les poissons paraissent voler dans les airs. Mais Scudéry se perd, comme le lui a reproché Boileau, dans d'infinies descriptions de palais ; et Chapelain, dans la *Pucelle,* n'échappe pas toujours à l'excessif dans le sublime. Certes, il arrive que l'un et l'autre s'inspirent de la manière du Corneille de la maturité ; et tel développement de *Saint Louis* fait songer à Racine. Dans l'ensemble, l'épopée classique française a été un échec. Elle a du moins permis une survie de l'esprit héroïque dont bénéficiera la tragédie des années 60 ainsi que les ballets de cour de Louis XIV. Les principes qui l'animaient, dans ce qu'ils avaient de meilleur, étaient aussi ceux des romans de Madeleine de Scudéry en attendant les œuvres moins amples de Mme de Villedieu et de Mme de La Fayette. Le luth du La Fontaine d'*Adonis,* et parfois des *Fables,* retrouve ici et là, assourdis, les accents où la trompette de poètes plus ambitieux n'avait fait que se guinder inutilement.

Chapitre III

ÉVOLUTION
DE LA PROSE FRANÇAISE

Incertitudes et contradictions (1570-1630)

UNE grande partie de la production écrite en France à la fin du XVIe et au début du XVIIe siècle français, appartient encore à la latinité. C'est le cas de beaucoup de traités scolaires, notamment chez les jésuites, d'ouvrages d'histoire comme celui de Jacques de Thou, d'ouvrages philosophiques, moraux et religieux, sans oublier les tragédies de collège et les romans d'un Barclay, tels qu'*Argenis* (1621). Il s'agit d'œuvres souvent importantes en raison de leurs ambitions, de la diffusion européenne qui leur est assurée, et de l'influence qu'elles ont exercée sur la littérature « en vulgaire », dont l'ampleur, dans la plupart des cas, commence seulement à être aperçue. Cependant, dans la perspective imposée par les auteurs de la Pléiade, les ouvrages en langue française qui n'ont pour eux, ni le prestige de l'élaboration poétique, ni celui de la représentation scénique, entendent participer à la *défense et illustration* recommandée naguère par Joachim du Bellay. L'*Oraison funèbre* prononcée par Du Perron à la mort de Ronsard (1586) développe complaisamment l'idée de l'universalité d'une langue portée à une sorte de perfection par le Vendômois et par ses amis :

> C'est ce grand Ronsard, qui a le premier chassé la surdité spirituelle des hommes de sa nation, qui a le premier faict parler les Muses en François, qui a le premier estendu la gloire de nos paroles, et les limites de nostre langue. C'est luy qui a faict que les autres Provinces ont cessé de l'estimer barbare, et se sont renduës curieuses de l'apprendre et de l'enseigner, et qu'aujourd'huy on en tient escole jusques aux parties de l'Europe les plus esloignees, jusques en la Moravie, jusques en la Pologne, et jusques à Dansich, où les œuvres de Ronsard se lisent publiquement. (Ed. de 1609)

Le projet d'un auteur en français et en prose est alors de conférer au genre qu'il pratique et aux formes qu'il lui applique une *dignité* qui ne pouvait guère appartenir jusqu'alors qu'à l'écrit poétique ou à l'ouvrage latin. Poétiser ou latiniser la prose devaient être les deux tentations majeures des écrivains français jusqu'à la publication, en 1624, des *Lettres* de Guez de Balzac. La recherche systématique de la pureté et de la simplicité dans l'expression, qui semble acquise en vers dès les premières publications de Bertaut, de Du Perron, pour ne pas parler ici de Malherbe, ne paraît effective en prose que vingt ou trente années plus tard. Dans l'intervalle, bien des chemins divers ont été suivis, bien des formules proposées, bien des influences acceptées puis refusées.

Le style grave

La Bruyère unissait dans une même admiration Amyot et Coëffeteau, c'est-à-dire le traducteur des *Œuvres morales* de Plutarque (1572) et l'auteur aujourd'hui oublié d'un *Tableau des Passions humaines* publié sous la minorité de Louis XIII. Il parlait à leur sujet d'un « style grave, sérieux, scrupuleux » (*Caractères,* I, 45). C'est que l'un et l'autre, en dépit de tout ce qui les oppose, représentent la tradition de la grande prose austère et précisément rythmée, des juristes, des historiens et des hommes d'Eglise qui ont précédé Balzac, Descartes et Pascal. Il s'agit d'une famille intellectuelle qui a bénéficié du renouveau de l'enseignement rhétorique dont l'essor correspond en gros à la seconde moitié du XVIe siècle. Dans les collèges de jésuites, en particulier, Cicéron et Quintilien s'associent pour enseigner l'art de bâtir des phrases convaincantes parce qu'harmonieuses à lire à voix basse ou à prononcer à haute voix, mais aussi parce que les arguments s'y trouvent justement exprimés et clairement développés. Les noms qui s'imposent d'abord, quand il s'agit d'évoquer cette manière « à la latine », sont ceux de Guillaume du Vair et de Pierre Charron. Empruntons au premier quelques lignes de sa *Philosophie morale :*

> Celui qui se conseille sagement arrive au point qu'il s'est proposé. Celui qui vit sans conseil ressemble à ce qui flotte sur les rivières : il ne va pas, mais il est porté et, se laissant toujours aller, enfin arrive à la mer, qui est à dire en une vaste et turbulente incertitude. (Ed. G. Michaud, p. 107)

On voit que la rectitude latine n'exclut pas la sobriété. Il en va de même dans ces formules de Charron à propos de la clémence du vainqueur :

> C'est gloire ayant victoire en main de se rendre facile à la paix : c'est monstrer que l'on entreprend justement, et sagement l'on finit la guerre [...] C'est grandeur de monstrer autant de douceur envers les vaincus supplians, comme de vaillance contre l'ennemy. (*De la Sagesse,* III, 3)

La langue de Bérulle garde quelque chose de cette ampleur sereine que cultiveront tant d'auteurs de traités philosophiques et moraux du règne de Louis XIII. Gustave Lanson sentait bien les qualités — et les limites — de cette manière d'écrire en tentant de caractériser le « style Louis XIII », « plus occupé de définir les rapports des choses que de suggérer la représentation des choses » (*Art de la prose*, p. 61). Quand les historiens n'écrivent pas, comme Agrippa d'Aubigné, à la soldate, ils recherchent cette même austérité, et s'efforcent de retrouver la majesté de Tite-Live. Ainsi Claude Fauchet, dans ses *Antiquités gauloises et françaises* (1599) ou Lancelot de la Popelinière qui publie à la même année une *Idée de l'Histoire accomplie*. Ce style peut leur devenir un instrument propre à la méditation sur le passé et capable d'exprimer, comme celui des néo-stoïciens, une sérénité difficilement acquise en des temps bouleversés. Un même dessein engage Etienne Pasquier à poursuivre contre vents et marées ses courageuses *Recherches de la France*.

La manière fleurie

La prose latinisée veut susciter la réflexion. La prose ornée selon les principes appliqués par Ronsard à l'hymne et à la poésie héroïque entend toucher l'imagination et frapper la sensibilité. Les romanciers de l'extrême fin du siècle, reprenant et amplifiant les procédés d'un Montemayor, ont ainsi imposé à leurs lecteurs une prose encombrée d'images, de pointes, d'élégances maniérées, et se sont trouvés à l'origine d'une sorte de maladie de l'écriture que *L'Astrée* seule devait faire oublier. Nervèze et Des Escuteaux en sont les représentants les plus étonnants. Cette folie ornementale s'explique dans la mesure où l'inspiration des romans héroïques, à cette époque, est infiniment plus courte qu'elle ne sera pour la génération des compagnons et successeurs d'Honoré d'Urfé. Il ne s'agit pour eux que de développer le thème de deux amants infiniment vertueux et fidèles que le sort, les rivaux et les parents persécutent tour à tour jusqu'à ce qu'une heureuse issue se fasse jour enfin et que leur longue patience soit récompensée. De meilleure trempe est l'œuvre de Nicolas de Montreux, dit Ollenix du Mont-Sacré, qui commence à paraître en 1585. Les *Bergeries de Juliette* relevées d' « Echos, Enigmes, Chansons, Sonnets, Elegies et Stances », et sans lesquelles l'œuvre d'Honoré d'Urfé n'eût sans doute pas été ce qu'elle fut, recherchent la noblesse du style en même temps que la hauteur de l'inspiration. C'est un des premiers romans français, après l'exténuation des romans de chevalerie, qui entendent rivaliser en dignité avec l'ode, le grand poème et la tragédie. On en jugera par les premiers mots du premier livre :

> Es déserts d'Arcadie, tant recommandez par les anciens poètes [...] il y eut autrefois un berger qui outre l'address qu'il avoit à conduire les blancs troupeaux et à les eslever par-dessus les autres, étoit doué d'une beauté qui ne pouvoit souffrir d'estre egalée.

La largeur de la phrase, la solennité du ton, le registre du vocabulaire, apparentent ces lignes à telle élégie de Desportes. Il ne s'agit ici, ni de montrer les *choses,* ni de faire apparaître leurs *rapports*, mais d'offrir à la sensibilité la vision de l'imaginaire. Ce n'est pas que cette façon d'écrire doive apparaître comme le privilège d'un genre particulier. On retrouve des poétismes analogues dans l'*Oraison funèbre* de Ronsard évoquée plus haut, particulièrement aux pages où Du Perron reprend les thèmes développés autrefois par le poète qu'il célèbre :

> L'homme est une feuille d'Automne preste à choir au premier vent, une fleur d'une matinée,

une ampoule qui s'enfle et s'esleve sur l'eau, une petite estincelle de flamme dans le cœur, et un peu de fumée dans les narines.

Les phrases surabondantes, les images volontiers excessives, les rapprochements de mots inattendus doubleront encore les procédés de la rhétorique dans les œuvres des orateurs religieux qui ont précédé saint Vincent de Paul. On a pu le montrer à propos des oraisons funèbres prononcées à la mort de Henri IV et des *Homélies* de Jean-Pierre Camus composées à l'occasion des états généraux de 1614. Du moins la manière ornée a-t-elle été à l'origine d'un des chefs-d'œuvre de la littérature spirituelle au début du XVIIᵉ siècle, l'*Introduction à la vie dévote* de saint François de Sales (1609). Si la structure de la phrase de François de Sales, qui se veut convaincante, garde une armature logique, des jeux de balancement et d'opposition, et un rythme d'allure oratoire, elle s'orne, parce qu'elle veut toucher, d'images familières, de références à la nature, aux métiers, et s'interrompt parfois pour laisser place à une exclamation vive ou à une formule ayant l'allure d'une boutade. Il en résulte un équilibre dans l'expression dont témoigne ce passage du *Traité de l'Amour de Dieu* (1615) :

> Et comme l'enfant qui, pour voir où il a ses pieds, a ôté sa tête du sein de sa mère, y retourne tout incontinent, parce qu'il est fort mignard ; ainsi faut-il que si nous nous apercevons d'être distraits par la curiosité de savoir ce que nous faisons en l'oraison, soudain nous remettions notre cœur en la douce et paisible attention de la présence de Dieu, de laquelle nous étions divertis. (VI, 10.)

Ces apparentes contradictions dans l'écriture sont à la fois justifiées et surmontées dans la pensée même des grands maîtres de vie intérieure de l'époque.

De même que les maîtres à penser du temps hésitent entre la discipline stoïcienne et l'élan néo-platonicien, on a pu montrer que les théologiens hésitent entre le « rationalisme » thomiste et la « mystique » augustinienne. Cependant, à regarder les choses d'un peu plus haut, on constate que la plupart des grands spirituels du début du XVIIe siècle sont préoccupés surtout par le souci de la conversion individuelle et de la découverte par chacun et en chacun de l'homme intérieur et de ce Dieu plus intime à l'homme que son intimité même. Cet effort suppose une libération patiente par rapport aux passions et aux engagements du monde. Que ceux-là soient, écrit François de Sales, comme la toison de Jacob, qui ne lui appartient pas et donc il use sans être attaché à elle, et non comme celle d'Esaü, dont il est impossible de se défaire sans que la peau même soit arrachée avec elle. L'exercice spirituel de libération, ignacien ou non, rappelle donc l'ascèse stoïcienne. Mais cet exercice n'est qu'un premier temps : l'objet ultime est la communion intime avec Dieu, et la reconnaissance de sa présence dans les mouvements profonds du cœur. Attitude mystique dont on voit les éléments platoniciens et augustiniens. Le mérite de François de Sales, de Bérulle, d'une Mme Acarie, qui fut liée avec l'un et l'autre, est d'avoir préservé un équilibre entre la raison et le cœur, le sens des « devoirs » et l'exigence de la plénitude intérieure. Ces spirituels parviennent ainsi à une conciliation fructueuse que la querelle de l'*Augustinus* et les malentendus qu'elle entraînera viendront plus tard remettre en question. Du moins, dans la conversion du cœur qu'ils réclament, leurs lecteurs peuvent-ils hésiter entre une dévotion encore empreinte d'humanisme et encline à la discipline néo-stoïcienne et une adoration de style carmélitain, facilitée par la lecture de Thérèse d'Avila, traduite en français dès 1601, et ardemment méditée dans le salon de Mme Acarie. Curieusement, cette mystique elle-même a été très vite analysée selon la méthode thomiste. Rien de plus caractéristique de l'esprit de cette époque, où la pensée a toujours oscillé entre la recherche de l'objectif et du rationnel et le contact direct avec l'objet procuré par l'intuition. C'est déjà le dialogue de l'esprit de géométrie et de l'esprit de finesse que Pascal poursuivra jusqu'en ses conséquences dernières.

Divertissements sérieux et comiques

La plupart des ouvrages qui viennent d'être évoqués sont des productions de « professionnels », auteurs sacrés, historiens ou magistrats. D'autres œuvres échappent, de fait ou d'apparence, à la poétique et à la rhétorique dont ils font l'application. Elles sont écrites par ceux qui entendent se présenter comme des « amateurs », qu'ils apportent sur leur temps le témoignage d'un individu ou d'un groupe, ou imposent leur marque au style narratif, en jouant des registres contrastés du comique et du tragique. Les uns et les autres ont exercé cependant, sur les productions les plus graves, une influence qu'on ne saurait négliger. Ils ont en particulier joué un rôle appréciable dans l'évolution du roman au premier tiers du XVIIe siècle.

Combattants et témoins

Les *Essais* de Montaigne peuvent être replacés dans la tradition d'une littérature qui ne se veut pas exactement littérature, mais tient du Journal, des Mémoires, des Histoires, et dont on peut rapprocher des pamphlets semblables à ceux dont se constitue la *Satyre Ménippée*. Ces diverses inspirations favorisent la recherche d'une expression tantôt large et libre, tantôt tendue et violente, également éloignée de l'égalité du style naturel et de la profusion de la

manière ornée. Dans leur retraite, Brantôme et
Monluc écrivent les *Vies* des autres ou leurs propres
souvenirs pour le plaisir de manier un langage qui,
sous leur plume, semble comme neuf. Ainsi fait
encore un La Noue, dans ses *Discours politiques et
militaires* (1587). Ecrivant « à la diable », ils parviennent souvent à « faire voir les choses » en des
phrases qui peuvent sembler chaotiques, mais qui
suivent le mouvement d'une pensée, d'un éclat de
colère, d'un abandon jubilatoire. Le roi Henri IV a
cultivé la même rudesse de style dans ses lettres et
ses harangues. L'ennemi des libertins, le père
Garasse, garde encore quelque chose, dans sa *Doctrine curieuse* (1623), de ce « style mal poli », en
mêlant au fatras de son érudition les traits familiers
ou vulgaires dont la littérature polémique s'est
souvent délectée.

Conteurs tragiques et conteurs comiques

Une des tentations de ce demi-siècle a été celle
des *Histoires tragiques*. Imitées de Bandello et de ses
adaptateurs Boistuau et Belleforêt, et sur les pas de
Jacques Yver, dont le *Printemps* a paru en 1572,
elles entendent bouleverser les sensibilités par le
même moyen que certaines tragédies du temps,
c'est-à-dire par l'horreur. En 1614, les *Histoires
tragiques* de Rosset appliquent aux faits divers
contemporains un vocabulaire violemment expressif
et un style où les lamentations pathétiques ne le
cèdent qu'aux exclamations indignées. La postérité
de ce type de récit a été plus importante qu'il n'y
paraît. J.-P. Camus s'en est souvenu dans ses
Spectacles d'horreur (1630), comme avait déjà fait
Honoré d'Urfé dans certains épisodes de *L'Astrée*.
Beaucoup plus tard, une courte et violente nouvelle
de Mme de La Fayette, *La Comtesse de Tende*,
gardera beaucoup d'éléments de la tradition « tragique ».

Publiant en 1584 ses *Serrees*, Guillaume Bouchet

refusait explicitement de donner dans cette manière, en écartant, à l'aide de Bacchus, les « propos tragiques, mélancoliques et envieux ». L'œuvre, en effet, dédiée aux « marchands de Poitiers », traite du vin, de l'eau, des femmes, en recherchant une plaisante alliance de l'érudition et des réalités familières. L'année suivante, Noël du Fail, dans ses *Contes d'Eutrapel,* prolongeait lui aussi la veine humaniste joyeuse héritée de Rabelais, où se trouvait à la fois mobilisée et remise en question une culture longuement méditée. En 1610 encore, *Le Moyen de parvenir* de Béroalde de Verville, s'attarde à l'évocation des plus gaillardes situations dans une langue exceptionnelle de verve et de richesse, qui parvient à coudre habilement manière savante et locutions triviales.

Les romans comiques du XVIIe siècle ont des origines plus complexes encore, et au moins aussi lointaines. *Le Satiricon* de Pétrone et *L'Ane d'or* d'Apulée ont inspiré les romans de John Barclay, l'*Euphormio* (1603) et l'*Argenis* (1621), œuvres écrites en latin par un jurisconsulte écossais né en France où se trouvent satirisés magistrats, médecins et gentilshommes du temps de Henri IV. Les romanciers « comiques » français ont lu Barclay. Mais ils connaissent aussi le roman picaresque et les œuvres de Cervantès. *Lazarillo de Tormes* est traduit à partir de 1560 et *Guzman de Alfarache* à partir de 1600. *Don Quichotte* paraît en français en 1614 et les *Nouvelles exemplaires* en 1618. Ces diverses influences ont permis au roman joyeux et libre dans la tradition rabelaisienne de se muer en une œuvre de témoignage sur une époque, contre une littérature excessivement ornée et inutilement éloignée de la réalité. Dans deux ouvrages aussi différents que *Les Caquets de l'accouchée* et les *Fragments d'une histoire comique* de Théophile de Viau (1622), on peut toutefois reconnaître un même désir de raconter autrement que par jeu, et le même refus de

s'attarder aux ornements oratoires, poétiques ou
érudits, fût-ce pour s'en réjouir.

L'*Histoire comique de Francion* de Charles Sorel
(1623) a fait date dans l'évolution du genre romanesque en France. Son auteur n'avait guère plus de
vingt ans. Il était déjà l'auteur de deux romans
d'aventure : *Cléagénor et Doristée* (1621) et *Le
palais d'Angélie* (1622). Il donnait la même année
des *Nouvelles françaises* où il se montrait l'émule de
Cervantès. Un peu plus tard, son *Berger extravagant*
(1627), présenté dans les éditions postérieures
comme un « anti-roman » devait contribuer à la
genèse de la manière burlesque appliquée à la prose.
Le *Francion,* que son auteur a repris, corrigé et
augmenté jusqu'en 1633, conte les aventures d'un
jeune aristocrate pauvre mais amoureux de la vie,
dont la philosophie est proche de celle de Théophile
de Viau. Héritier tout à la fois du pantagruélisme et
du stoïcisme narquois des picaros, Francion s'efforce
de jouir de tous les spectacles de l'existence et d'en
accepter tous les incidents. L'œuvre comporte, surtout dans les éditions postérieures à celle de 1623,
bien des éléments purement romanesques, dont on
hésite parfois à qualifier le ton de sérieux ou de
parodique. Elle joue volontiers de la fantaisie farces-
que et de l'hermétisme allégorique. Elle veut, surtout, au-delà du plaisant, atteindre le sérieux. Dans
l'*Avertissement* et aux premières pages du cinquième
livre, Sorel fait l'éloge de la rigueur et de la
discipline dans l'écriture, en prose comme en vers. Il
recherche lui-même un « naturel » dans l'expression
qui permette de dire chaque chose de la manière la
plus appropriée. Les meilleures pages du roman sont
sans doute celles que Sorel consacre à l'éducation de
son héros, évoquée à la première personne avec un
humour et une précision exemplaires. C'est pour le
romancier l'occasion d'une réflexion sur la pédagogie et son véritable objet : « former l'esprit et ouvrir
le jugement » de manière à permettre aux enfants de

s'épanouir aussi bien que de se discipliner, de comprendre le monde aussi bien que d'y faire acte de création et d'invention.

La manière noble

L'Astrée a fait longtemps négliger les nombreux romans sérieux qui lui sont contemporains. Pourtant, les œuvres galantes et héroïques du premier tiers du siècle manifestent la précoce apparition de la doctrine plus tard développée et systématisée par Balzac, Desmarets, Scudéry et l'abbé d'Aubignac : le roman est œuvre poétique, aussi bien que le poème héroïque. Comme lui, il peut donner des leçons de grandeur, de courage et de loyauté à ses nobles lecteurs. Comme lui encore, il construit un *univers* où les diverses aventures humaines, les lieux où elles se déroulent, les questions morales et métaphysiques impliquées dans leur succession se reflètent dans un ensemble complexe mais harmonieux. C'est à la découverte de cette harmonie que travaille un Gomberville dans les éditions successives de *Polexandre* (1619 et suiv.), ou dans le roman à cadre antique de *Carithée* (1621), en attendant la pieuse allégorie de *La Cythérée* (1640). A travers les divers épisodes d'une existence mouvementée, Vital d'Audiguier recherche lui aussi une pureté de plus en plus grande, de sa *Flavie* (1606) au roman de *Lysandre et Caliste* (1616). En 1624, Ogier de Gombauld publie son *Endimion,* précédé d'un *Avis au Lecteur* où le poète définit les règles qui l'ont inspiré, et qui sont celles du poème héroïque : il y a en fait, dans la manière de ce roman, une délicatesse de touche et une grâce qui font songer à l'*Adonis* de Marino (publié à Paris en 1623) et annoncent celui de La Fontaine : le critère de la beauté est déjà celui de l'agréable médiocrité, celle que définit Chapelain en préfaçant le poème de Marino, et que rechercheront après lui Voiture, Sarasin et le « romancier » de *Psyché.* C'est une harmonie et une noblesse d'un autre ordre que recherche Jean-Pierre Camus dans son œuvre, par exemple dans l'« histoire dévote » d'*Agathonphile* (1621). S'inspirant à la fois d'Honoré d'Urfé et de François de Sales, dont il est proche par la sensibilité et la piété, Camus entend faire servir ses récits colorés et animés à l'édification des âmes. Il est vrai que J.-P. Camus, évêque de Belley, est avant tout prédicateur et auteur d'ouvrages de spiritualité.

La production romanesque du premier tiers du XVIIᵉ siècle est abondante et, en dépit d'exigences apparemment analogues, d'une extrême diversité. Elle met en scène des bergers, des êtres mythologiques, des guerriers inspirés par une antiquité de rêve. Elle veut donner des leçons de politesse, de grandeur héroïque et de délicatesse amoureuse. Mais, à travers tout cela, elle présente à son public, surtout aristocratique et féminin, une image de ce qu'il est ou de ce qu'il voudrait être, ou de ce qu'il devrait être. L'entreprise romanesque est éducative et civilisatrice. Certes, l'exceptionnelle réussite de *L'Astrée* a rejeté dans l'ombre une grande partie des émules et des successeurs immédiats d'Honoré d'Urfé. Mais l'ensemble de leurs œuvres a considérablement enrichi un vivier où les générations suivantes ont su puiser avec bonheur. Les thèmes et les sujets de la pastorale dramatique, de la tragicomédie, de la tragédie ou de la comédie de l'époque du jeune Corneille, pour n'évoquer ici que le théâtre, sont largement débiteurs de ceux des romans des toutes premières décennies du siècle. Il appartenait cependant à la génération de Madeleine de Scudéry et de La Calprenède de fixer les règles du genre et de lui imposer sa dignité ; et à celle de Mme de La Fayette de lui donner une âme.

Genèse de la prose « classique » (1630-1660)

Il est hasardeux de chercher à mesurer l'influence, sur l'évolution de la prose française, de la fondation de l'Académie par Richelieu (1635). Ce qui est certain, c'est que l'institution officielle prenait le relais des cercles et des groupes où l'on s'interrogeait à la fois sur l'état et l'avenir de la langue et du monde, de la morale, de la politique et de l'histoire. Ce qui l'est également, c'est que les entreprises académiques, en suscitant des recherches et en éveillant des querelles, ont largement contribué au renouvellement de l'art d'écrire comme de l'art de penser. L'un et l'autre, au second tiers du siècle, sont soumis à l'art de plaire : plaire au souverain, aux grands, aux femmes ; plaire aussi aux milieux divers mais tourmentés du même désir de réussite dont se constitue le monde des lettres. Les exceptions confirment la règle, en prose comme en poésie : la rigueur des hommes qui, comme Antoine Arnauld, entendent soumettre l'écriture à la seule exigence de l'idée et des arguments qui la fondent, demeure trop attachée aux traditions du vieil humanisme pour ne pas devoir céder à la parole insinuante de leurs adversaires ou s'incliner devant le talent mondain d'un Pascal. Le savant Ménage joue les galants abbés chez Mme de Rambouillet avant d'adresser à Mme de Sévigné des lettres joliment tournées. Le solide chevalier de Méré aiguise son esprit aussi bien auprès de Ninon de Lenclos qu'auprès des amis de Pascal.

Entre 1630 et 1660, dans l'esprit qu'on vient d'évoquer, les genres en prose recherchent une sorte de modernité sans pour autant se couper de leurs anciennes racines. *L'Honnête Homme* de Faret (1630) entend bien séduire son lecteur avant de lui enseigner l'« art de plaire à la cour ». La prose d'un philosophe comme Descartes ou d'un moraliste chrétien comme le P. Senault (*De l'Usage des passions,* 1643) se dégage décidément de la latinité. *L'Histoire de France* de Mézeray (1643-1650) a dû son succès au charme d'une écriture qui sait adapter une érudition solide au goût des gens de cour de son temps. C'est un souci du même genre qui anime le traité *De la Traduction* de Perrot d'Ablancourt (1646), ou la *Préface* de Pellisson aux *Poésies* de Sarasin (1656), en attendant celle du recueil de portraits publié en 1659 par Mlle de Montpensier et ses amis. La manière précieuse, aussi bien que la manière burlesque, mais par des voies différentes, ne constitue qu'une déviation ou une orientation particulière de la mondanisation de l'art d'écrire.

« Il n'y a plus personne qui sache lire, à qui vous soyez indifférent. » Voiture rendait ainsi hommage à Guez de Balzac, l'« ermite de la Charente ». Hommage hautement significatif : c'est ici le mondain de talent qui reconnaît les mérites éminents du savant, du critique et du théoricien de la Cité. Mais l'un et l'autre ont également triomphé dans le même genre : des œuvres de l'habitué de l'Hôtel de Rambouillet, la postérité a dès 1650 apprécié surtout la correspondance ; et c'est la publication de ses premières Lettres, en 1624, qui a fait la gloire de Balzac, avant *Le Prince* de 1631 et les *Entretiens* posthumes (1657). La Bruyère associe les deux hommes dans une même remarque du chapitre *Des ouvrages de l'Esprit,* étant également des maîtres de l'« agrément » propre à la littérature épistolaire. Il reconnaît cependant que Voiture paraît moins « moderne » que Balzac, peut-être parce que le premier est plus difficilement imitable que le second. C'est La Bruyère enfin qui a salué en Balzac le même sens du « nombre » en prose que son contemporain et ami Malherbe avait su faire prévaloir en poésie. C'est sans doute, en dépit de son attachement aux anciens Romains, la modernité et le sens de l'indépendance intellectuelle qui définissent le mieux l'œuvre du Charentais : il a su apprécier l'esprit de Théophile, même s'il a cru devoir rompre avec lui ; il a été ami de Descartes ; il a défendu Corneille contre ses détracteurs ; à l'érudition, qu'il avait grande, il a préféré toute sa vie le libre exercice du jugement. Ce perpétuel malade savait goûter toute sorte de plaisirs ; et c'est le critère du plaisir à goûter ou à donner qui inspire ses jugements critiques et donne forme à ses lettres. On pourrait lui appliquer le jugement qu'il portait en 1628 sur sa spirituelle correspondante, Mme Desloges : « Quoique votre esprit soit d'un ordre extrêmement élevé, vous l'accommodez de telle sorte à la portée de qui que ce soit, que les bourgeoises vous entendent lorsque les beaux esprits vous admirent. » Les deux critères de la bonne écriture, telle que l'a entendue Balzac, sont la netteté et l'agrément.

Claude Favre de Vaugelas était le fils d'un savant juriste d'Annecy, Antoine, ami d'Honoré d'Urfé et de François de Sales. Comme Balzac, il fut de la première Académie française, et bientôt chargé par Richelieu d'études préparatoires à la grammaire et au dictionnaire qui figuraient au programme des travaux de l'illustre assemblée. Ses *Remarques sur la langue française* ont été publiées en 1647. L'œuvre a été longtemps mal comprise. Ce n'était pas cependant celle d'un législateur imbu de sa science. La satire de ses « condamnations », telle qu'on la trouve exprimée dans *Les Femmes savantes*, a masqué les véritables intentions de ce très honnête homme. Il n'a pas édifié de système. Il a voulu seulement apporter son témoignage sur l'état de la langue à un moment particulier de son histoire. Certes, l'usage dont il rend compte est celui d'un milieu relativement restreint : celui de la Cour et de Paris. Mais il sait qu'« en certaines rencontres » il faut savoir écouter le parler populaire. Il sait aussi que chaque langue a sa propre nature, et qu'« il n'y a point de conséquence à tirer » de l'une à l'autre. Ce n'est pas l'étude du grec et du latin qui doivent imposer des principes au français, mais la sponta-néité dans la parole et dans l'écriture des « femmes » et de « ceux qui n'ont point étudié ». Il n'est pas certain que l'influence de Vaugelas ait été détermi-nante pour l'évolution de notre langue littéraire. Il est sûr, en revanche, que son œuvre est, dans son ensemble, le reflet fidèle d'un langage mondain bientôt destiné à devenir, pour des décennies, le « beau langage ». L'année de sa mort (1650), Ménage faisait paraître ses *Origines de la langue française*. Si opposées que ses vues d'érudit antiqui-sant paraissent de celles de Vaugelas, Ménage n'en est pas moins, comme l'auteur des *Remarques,* curieux de profiter de l'observatoire du monde. Balzac, Vaugelas et Ménage appartiennent bien à l'époque où les genres mondains et l'esprit qu'ils véhiculent sont près de s'imposer comme les plus nobles. L'époque du roman, le mot étant pris dans son sens premier, sans nulle connotation péjorative.

Le roman héroïque

En 1638, Gomberville mettait un point final (ou à peu près) à son immense roman d'aventure de *Polexandre*. L'œuvre, sous ses formes successives, connut un succès prodigieux. C'est un des ouvrages les plus étranges de son époque. Doué d'une vaste imagination, le poète y parcourt avec aisance les temps et les lieux les plus divers, ses personnages eux-mêmes empruntant d'édition en édition des identités et des titres différents. Le seul principe d'unité du livre tient en ce qu'il appartient à la série de ces « livres d'amour » qui ont enchanté La Fontaine. Mais il représente surtout le point extrême de l'indiscipline narrative du roman baroque. Après 1640, le genre s'est astreint à une discipline renouve-lée. Ses auteurs entendaient lui conférer une dignité qui lui permît de rivaliser avec les grands genres en vers. S'il ne devait guère abandonner, jusqu'en 1660 au moins, les principes de l'extrême complexité et de la longueur indéfinie, il s'est imposé un certain nombre de règles, à peu près semblables à celles du poème héroïque. Cette littérature « de consommation » destinée aux dames et aux jeunes rêveurs de la Cour et de la Ville, complaisante à leurs galantes aspirations, se présentait ainsi, dans son ordre, comme l'image du long poème qui devait, après 1650, tenter de proposer au jeune Louis XIV de plus austères leçons. Le paradoxe n'est qu'apparent. La période 1630-1660 voit s'affirmer une mondanisation de la littérature française. Mais son public et ses créateurs entendent qu'elle soit reconnue malgré cette mondanisation ou à cause d'elle. En particulier, le roman en prose s'est donné, au moins avec l'*Ibrahim* de Madeleine et Georges de Scudéry (1641), des règles précises qu'on accusera Mme de Lafayette, des années plus tard, de n'avoir pas respectées dans *La Princesse de Clèves* : reprise de thèmes obligés, redevables à Héliodore et aux *Amadis* (pirates, portraits, enlèvements, travestis, reconnaissances), l'aventure amoureuse étant elle-même codifiée ; durée limitée à un an, ce qui conduit à la technique du récit débutant *in medias res ;* longueur suffisante (plusieurs milliers de pages), impliquant des retours en arrière et la multiplication des obstacles et incidents reculant le dénouement ; présence d'éléments géographiques et historiques vraisemblables ; écriture soignée. Segrais, dans *Les Divertissements de la princesse Aurélie* (1656), s'est moqué de ces prétentions du roman « sérieux », avant Molière et Sorel, avant le fameux Dialogue de Boileau. Le goût pour les longs romans n'en a pas moins persisté jusqu'à la fin du siècle : la meilleure amie de Mme de La Fayette, Mme de Sévigné, se délectera encore, après 1670, du *Faramond* de La Calprenède (1661-1670).

Les auteurs eux-mêmes, et particulièrement Madeleine de Scudéry, ont fait effort pour ne pas prêter le flanc à leurs adversaires : soit en intéressant leurs contemporains par des allusions à la société contemporaine et à ses exigences de politesse et de « galanterie » ; soit en utilisant dans le récit des techniques ressortissant au théâtre plus qu'au « long poème » (méditations solitaires, dialogues à la manière de Corneille) ; surtout en recherchant, dans l'invention et dans l'expression, une sorte de juste milieu dont Mlle de Scudéry a donné la formule :

« Il faut presque également s'éloigner des choses impossibles et des choses basses et communes, et chercher les voies d'en inventer qui soient merveilleuses et naturelles tout à la fois. » (*Clélie,* IV, 1658.)

Avant *Faramond,* qu'il n'eut d'ailleurs pas le temps de terminer et qui trouva un continuateur pour les six derniers volumes, La Calprenède, après avoir, comme Scudéry, débuté au théâtre, a publié entre 1642 et 1658, les dix volumes de *Cassandre* et les douze de *Cléopâtre :* œuvres « régulières », précisément agencées, évoquant deux grands siècles, celui d'Alexandre et celui d'Auguste, et qui se veulent nourries, en dépit des libertés prises par l'auteur, par une exacte connaissance de l'histoire ; œuvres aussi où se déploie un héroïsme digne de Corneille, et où se multiplient les exploits guerriers.

C'est incontestablement Madeleine de Scudéry qui a dominé son époque dans le genre romanesque. Certes, ses deux œuvres les plus connues, *Artamène ou le grand Cyrus* (1649-1653) et *Clélie* (1654-1660), ne diffèrent pas, dans leur poétique générale et dans leur invention première, de celles de La Calprenède. Il s'agit en effet de « livres d'amour » à cadre historique, la Perse du temps de Cyrus et la république romaine à sa naissance ; ici et là, les amours des héros sont traversées par de multiples obstacles conformes à la règle du genre. Mais, dans les

épisodes de l'histoire centrale comme dans les
conversations et les récits intégrés au fil principal ou
ajoutés à l'occasion des dialogues intérieurs, la
romancière évoque avec précision les milieux de la
Cour et de la Ville, les exigences morales de la
bonne société qui est la sienne, et les goûts littéraires
et artistiques de cette même société (*Clélie*, IV,
« Histoire d'Hésiode »). Ses personnages, dont plusieurs sont inspirés par d'illustres contemporains (de
Condé au poète Sarasin), développent parfois des
doctrines sociales et politiques proches de celles des
belles frondeuses du temps. Ils ne s'égarent pas
toujours dans les sentiers agréables et dangereux de
la *Carte de Tendre*. Ils s'éloignent plus rarement
qu'on ne croit de la manière de dire qui régnait dans
le salon de leur auteur. Leur « préciosité » est
d'abord pudeur, et leur « galanterie » respect de la
femme et de l' « honnête amitié » qu'elle entend
inspirer. Par des chemins différents, les romans de
Mlle de Scudéry rejoignent l'idéal du bien parler et
du bien écrire qui anime Balzac et Vaugelas.

Nouvelles et anti-romans

En 1623, Charles Sorel avait publié des *Nouvelles
françaises* inspirées par les *Nouvelles exemplaires* de
Cervantès (1613), dont Rosset et Vital d'Audiguier
avaient procuré une traduction dès 1614. En 1655,
Scarron, qui déjà dans le *Roman comique* (1651)
avait introduit deux nouvelles inspirées par l'Espagnol Solorzano et s'apprêtait à donner deux autres
nouvelles « à l'espagnole » dans la seconde partie du
même roman (1657), publiait ses *Nouvelles tragi-
comiques* (dont la première allait bientôt inspirer à
Molière le sujet de *L'Ecole des Femmes*). En 1657
enfin paraissait le recueil des *Nouvelles françaises,
ou les Divertissements de la Princesse Aurélie* de
Segrais (Racine s'est souvenu de la sixième nouvelle,
Floridon, dans *Bajazet*). Sorel, Scarron, Segrais ont
tous trois dans leurs œuvres critiqué les invraisem-

blances et le conformisme du roman héroïque. Et
particulièrement le dernier. Pas plus que ses devanciers il n'entend qu'on substitue une fantaisie à une
autre. Il souhaite seulement que les lieux, les
personnages et les aventures contées soient plus
proches du lecteur. L'écriture de ces recueils est
généralement soutenue, et proscrit seulement l'emphase et l'excès des ornements. Enfin, les récits, ici
et là, ont l'ampleur de romans courts plutôt que la
sobriété des contes français traditionnels : de cent à
deux cents pages. Ils préludent aux œuvres de
Mme de Villedieu et de Mme de Lafayette, sans
totalement renoncer à l'élégance et à l'éthique
galante des romans parfaits. Au reste, Segrais avait
débuté dans le genre narratif avec une volumineuse
Bérénice (1648) que Racine a lue, et devait prêter
son nom (et sans doute son talent) à *Zayde* (1670).

Le *Roman comique* de Scarron (1651-1657) est
une des œuvres majeures du XVIIe siècle, et en tout
cas l'une des plus chargées de signification. Certes, il
s'insère dans une tradition déjà frayée en France par
Sorel, qui après *Francion* et *Le Berger extravagant*
avait, avec *Polyandre* (1648), présenté une « peinture naïve de toutes les diverses humeurs des
hommes ». Il s'inscrit également dans l'histoire du
roman de satire sociale issu du *Satiricon,* de *Renart*
et du récit picaresque à l'espagnole. Il procède enfin
de l'écriture burlesque, bien représentée d'autre
part dans les œuvres poétiques et théâtrales de son
auteur : décalage conscient entre la matière et la
manière, recherche du pittoresque et de l'insolite,
refus de la rhétorique ou accentuation plaisante de
ses effets. Mais il constitue surtout un miracle
d'équilibre entre la discipline et la fantaisie. Cette
conciliation est déjà présente dans le titre, où
l'adjectif « comique » évoque à la fois le genre
pratiqué et le thème central de l'œuvre.

Scarron raconte dans son ouvrage quelques
semaines de la vie d'une troupe de comédiens de

province. Ceux-ci évoluent dans un cadre géographique restreint : Le Mans, résidence officielle du chanoine Paul Scarron, et ses environs immédiats. Les allées et venues des comédiens y sont précisément indiquées et une quinzaine de localités sont nommées, sinon décrites par le romancier. Mais celui-ci a inséré dans son roman, conformément au modèle héroïque, diverses histoires qui élargissent ce cadre premier : quatre nouvelles espagnoles évoquant Naples, Tolède, Madrid, Valence, Séville, la Tunisie et le Maroc ; trois récits touchant à quelques protagonistes de l'œuvre, l'histoire de l'actrice La Caverne, qui fait passer le lecteur de Marseille au Périgord, celle de l' « apprenti » Léandre, qui se déroule en Bretagne, celle du jeune premier Le Destin, occasion de voyages mouvementés de Paris à Rome, Nevers, Orléans et La Haye. Ainsi, autour de cette sorte de nombril du monde qu'est la ville du Mans, point de rencontre des récits au premier et au second degré, lieu où convergent toutes les aventures, les quatre points cardinaux offrent autant d'occasions de dépaysement et d'éclatement du récit. Même virtuosité, masquée toutefois, dans les jeux sur le temps : en quelques semaines (il n'en faut qu'une pour la première partie et les seize premiers chapitres de la seconde), une intrigue se développe, se noue, et touche à sa résolution : les amours du Destin et de l'Estoille doublées par l'aventure de la fille de La Caverne, Angélique, enlevée puis retrouvée. Scarron affecte quelquefois d'oublier un de ses personnages et s'amuse volontiers à rompre sans raison apparente la trame de son récit. Mais il sait distribuer adroitement dans l'espace et dans le temps les éléments de son intrigue. C'est qu'il entend mimer grotesquement La Calprenède ou Mlle de Scudéry, et montrer qu'il sait aussi bien qu'eux bâtir une intrigue compliquée, suspendre les nécessaires révélations, faire tenir une vie en quelques heures et le monde dans une étroite région. Mais par l'ironie, la désinvolture, les inconséquences calculées, il donne à son ouvrage l'allure de l'improvisation. *Le Roman comique* se présente comme une parodie du roman héroïque.

Il est aussi un modèle de roman moderne. Certes, comme on l'a souvent noté, il apporte un précieux témoignage sur la circulation comique en France. Scarron connaissait bien le monde des comédiens : il en avait rencontré sans doute à l'époque du *Cid,* quand lui-même résidait au Mans. Il a vécu plus tard en relation étroite avec les troupes du Marais et de l'Hôtel de Bourgogne, au temps où il faisait représenter à Paris ses propres œuvres. Il s'amuse d'autre part à caricaturer des types sociaux, aubergistes, palefreniers, bourgeois provinciaux, à parodier les traîtres du roman sérieux, comme Saldagne, à forger de toutes pièces, en se souvenant toutefois de Rabelais et du *Francion,* les éternels personnages du plaisant bourreau (La Rancune) et de la victime niaise (Ragotin). Il corrige, dans les nouvelles intercalées, les portraits hérités des émules d'Amadis. Mais il place au centre de son roman un personnage plus chargé de sens que tous les autres, et sur lequel leur ridicule, leurs imperfections ou leur scélératesse ne peuvent avoir prise : Le Destin ; guidé par son unique « étoile », mais tiraillé entre les entreprises d'êtres bassement intéressés et les assauts de personnages nobles mais violents, le Destin représente un type de héros « généreux », aussi soucieux de la réalisation de soi que Francion mais plus attentif que le personnage de Sorel à garder dans les vicissitudes de l'existence le souci de sa dignité et celui du service d'autrui. C'est enfin un personnage doué du sens de l'humour. En quoi il paraît proche du cœur de Scarron. A travers le regard qu'il porte sur le monde, on retrouve les éléments dont l'œuvre se constitue : parodie libératrice, plaisante évocation de la « comédie humaine », sage pantagruélisme en face des bizarreries et des épreuves de l'existence.

L'histoire du Destin n'est pas sans rappeler celle du héros du *Page disgracié* de Tristan L'Hermite (1643), autobiographie romancée d'un gentilhomme pauvre, poète, dramaturge et comme le personnage de Scarron mêlé de près aux milieux des gens du spectacle, mais également conduit, dans ses errances, à voir de près le monde des maîtres et celui des serviteurs, le monde des grands et celui des manants. Le langage de Tristan parcourt des registres divers : il rappelle Marino ou le Corneille de *Clitandre* dans les pointes et les oxymores qui peignent ses sentiments amoureux ; il se fait vif et humoristique dans l'évocation des mésaventures un peu ridicules dont le Page est parfois la victime ; il va jusqu'à la caricature pour conter une histoire de selle qui tourne sous le ventre d'un cheval, et qui peut avoir inspiré une des « disgrâces » de Ragotin ; mais il s'élève parfois à l'expression du pathétique, voire du tragique. Le narrateur s'y présente comme un « mélancolique », victime de ses passions et de ses maladresses. Il sait pourtant que ses aventures ont quelque chose d'exemplaire : il sait que l'homme est « tel qu'un fétu qu'a balayé la fortune » ; conscient de l' « inconstance des choses », et bon disciple de Montaigne, il hésite entre superstition et libertinage, entre innocence et rouerie, entre générosité et hautaine conscience de classe ; mais il pense aussi, comme Rabelais pensait et comme pensera Molière, que la farce et le rire sont de souverains remèdes contre la mélancolie et les afflictions.

Un des esprits les plus originaux (et les plus déconcertants) de ce siècle était assurément Cyrano de Bergerac. A sa mort, en 1655, il avait publié ses deux œuvres théâtrales, *Le Pédant joué* et *La Mort d'Agrippine,* ainsi que des *Lettres* où se retrouvaient, sous les déguisements de l'humour, du pastiche et de l'ironie satirique, les motifs et les tics d'expression de la littérature galante de son temps. Il a écrit tour à tour pour et contre Mazarin, sans qu'il faille peut-

être donner à ces attitudes apparemment contradictoires d'autre signification que celle d'une satire
générale d'une société trop prompte parfois à s'affirmer pour n'être pas suspecte de douter d'elle-même.
De fait, Cyrano était ami de Tristan et admirateur de
Théophile. Dans son *Autre Monde,* publié après
sa mort (1657), il paraît endosser tour à tour les
vêtements du spiritualisme néo-platonicien et ceux
du libertinage le plus insolent. Mais cette œuvre est
surtout, sous l'apparence d'une fiction merveilleuse,
une revue (fort érudite) des diverses opinions et
préjugés qui ont eu, ont encore ou peuvent avoir
plus tard cours dans le monde. Le *Je* du récit
traverse ces régions morales et intellectuelles avec la
gourmandise du Montaigne de l'*Apologie de Raymond Sebond* et la naïveté feinte que Voltaire
prêtera à L'Ingénu ou à Candide, ou celle des héros
du roman picaresque. Inventaire philosophique,
analogue à l'inventaire social des romans comiques
du siècle. L'entreprise implique une extrême variété
de registres. La souplesse de l'écriture de Cyrano ne
quitte guère cependant de vue les exigences de libre
honnêteté qui sont celles de la bonne société de son
temps. Ce foisonnant récit à la première personne
est à la fois un bilan de son temps et pressent ce que
seront plus tard telle page de La Bruyère, telle *lettre
persane* de Montesquieu et telle page de Voltaire :
dans les thèmes aussi bien que dans le langage. A cet
égard, il représente, dans l'histoire de la prose
française, une étape aussi importante que les *Provinciales,* dont la publication est exactement contemporaine de la sienne.

L'évolution des genres en prose, de Montaigne à
Pascal et à Cyrano de Bergerac, comporte de
curieuses contradictions. Elle n'est certes pas continue. Elle a été marquée par une suite d'événements
politiques, religieux et sociaux qui lui ont imposé de
brusques mutations. Elle a connu des moments

d'inquiétude et d'hésitation. Du moins, après 1630, on y discerne une tendance majeure, la considération d'un public mondain désireux d'une certaine politesse dans le langage et dans les manières. Mais, tout au long de ces années, chaque fois que l'affinement de l'expression ou la netteté de l'invention risque de s'achever en fadeur ou en conformisme, des vagues de contestation sourde ou éclatante obligent la galanterie, l'honnêteté et la perfection du juste milieu à se remettre en question : elles ont eu divers noms : libertinage, comique, burlesque. Elles se sont parées de l'éclat du marinisme et généralement de ce que nous appelons aujourd'hui le « baroque ». Elles ont empêché le langage poli de se scléroser et de jouer de l'imaginaire pur en l'enrichissant par les trouvailles précieuses. Ainsi s'est ouvert le large chemin du parler et de l'écrit « classiques ».

Chapitre IV

LA RÉVOLUTION THÉÂTRALE

L
E théâtre a toujours été un divertissement et une cérémonie chers aux citoyens français, à quelque classe sociale qu'ils appartiennent. Mais son histoire n'a pas été sans crises, heurts et métamorphoses, voire sans révolutions. Ces phénomènes sont normaux sans doute, et liés à la nature même de la « poésie représentative », qui suppose un public et peut émouvoir de grandes assemblées. Ils ont été cependant particulièrement marqués après l'interdiction de la représentation des mystères signifiée en 1548 aux Confrères de la Passion. Les grands genres ressuscités par les humanistes français, à partir de la *Cléopâtre* et de l'*Eugène* de Jodelle, ont parfois inquiété l'autorité. Catherine de Médicis avait, selon Brantôme, une crainte superstitieuse à l'égard de la tragédie. Entre 1579 et 1588, divers édits royaux et actes du Parlement ont restreint les possibilités de jouer des comédies, celles-ci n'étant pas exemptes de traits satiriques susceptibles d'atteindre les Grands du royaume. Au siècle suivant, les libertés de la farce et même les audaces de la tragédie ont effrayé les âmes pieuses. La réhabilitation du monde du théâtre par Louis XIII et Richelieu, en 1641, et la « politesse » qu'y ont fait régner Corneille et ses contemporains n'ont pas empêché

d'éclater une première « querelle du théâtre » dans les années 1645-1646. L'essor de formules dramatiques nouvelles, comme la tragi-comédie et la pastorale, le développement des spectacles princiers comme les ballets et les carrousels, les efforts de Richelieu et de Mazarin pour encourager les meilleurs auteurs à composer sur des sujets imposés (ce fut le cas de Desmarets et des « cinq auteurs » entre 1635 et 1641) ou pour favoriser les divertissements des pièces à machines (telles qu'*Andromède* de Corneille, 1650), correspondent peut-être en partie aux réticences de l'autorité devant les aspects potentiellement subversifs de la tragédie et de ses leçons, de la comédie libre et de ses audaces. Mais le théâtre a toujours brillamment survécu aux interdits, aux tracasseries et aux tentations du conformisme.

Les conditions de la représentation dramatique

Les prologues et les pages de doctrine des auteurs dramatiques français de la Renaissance, de Jodelle à Rivaudeau et de Peletier du Mans à Grévin, impliquaient une mise en scène et supposaient que les œuvres de théâtre étaient faites pour le théâtre. Les écrivains de la génération suivante ont les mêmes ambitions. Mais les représentations théâtrales, dans les dernières décennies du XVIe siècle et les premières du XVIIe, se sont trouvées soumises à de sérieuses difficultés, liées non seulement aux tracasseries de l'autorité, mais aussi à l'inexistence de salles convenables. Le seul théâtre fixe qui existe en France, la salle de l'Hôtel de Bourgogne, appartient aux confrères de la Passion qui demeurent attachés aux genres traditionnels, moralités, histoires et farces. Le jeu théâtral est alors affaire d'écoliers poursuivant la tradition du théâtre en latin, ou de gens de cour, dont les goûts vont surtout aux brillantes allégories pastorales ou aux comédies simplement divertissantes. On ne sait si *Les Contents* d'Odet de Turnèbe, publiés en 1584, ont été représentés ; c'est pourtant un des chefs-d'œuvre de la comédie de la Renaissance. Des troupes d'amateurs ont sans doute été chargées d'interpréter *Les Juives* de Robert Garnier ou *Les Néapolitaines* de François d'Amboise (publ. en 1584). Une addition de Montaigne au chapitre *de L'Education des Enfants* exprime le vœu que les « villes populeuses » réservent des salles aux représentations dramatiques, ce qui suppose que les lieux convenables à ce genre de divertissement étaient fort rares. Pendant des dizaines d'années, en effet, et jusqu'en plein XVIIe siècle, les villes et bourgades devaient se satisfaire, pour les jeux dramatiques, de salles réservées à d'autres activités. Parmi elles, les jeux de paume, dont l'architecture et la disposition se prêtaient, moyennant quelques aménagements, aux représentations publiques. L'évocation en est brillamment présentée dans *Le Roman comique* de Scarron (1651). La plupart des lieux de spectacle du XVIIe siècle seront d'ailleurs installés dans des jeux de paume.

Au dernier tiers du XVIe siècle le professionnalisme tend à devenir la règle. Des troupes itinérantes parcourent alors la France, encouragées sans doute par le succès des troupes italiennes appelées alors par le roi et par les princes et jouant, soit à la cour, soit chez les ducs de Lorraine ou les souverains de Navarre, soit encore dans les villes de province friandes des gags de la *commedia dell'arte*. A partir de 1580, plusieurs troupes italiennes sont parvenues à louer la salle de l'Hôtel de Bourgogne. A la fin du siècle, il est arrivé que des comédiens français se joignent à leurs camarades italiens. Les Italiens ont aidé à se renouveler la farce française. Ils ont aussi, probablement, inspiré le décor de farce à double guérite latérale que le peintre Abraham Bosse devait plus tard immortaliser. En 1590 les premières troupes françaises itinérantes sont attestées par des documents sûrs : c'est à partir de cette date qu'Adrien Talmy parcourt la Flandre avec des tragédies de Robert Garnier. Valleran-Lecomte apparaît en 1592 dans le sud-ouest avec un répertoire de tragédies, tragi-comédies et farces. Enfin, l'Hôtel de Bourgogne s'ouvre aux comédiens nouveaux en 1598 en accueillant Robert Guérin dit Gros-Guillaume, puis Valleran-Lecomte et Adrien Talmy. C'est le début, encore extrêmement timide, de la troupe des « comédiens du roi », dont le statut ne sera officialisé qu'en 1629. La troupe de Valleran-Lecomte s'était associé Alexandre Hardy, le fécond pourvoyeur du théâtre français dont les œuvres seront encore représentées, telles quelles ou réadaptées, après les débuts de la génération des Corneille, des Rotrou et des Mairet. Mais jusqu'à la reconnaissance de la troupe de Valleran, devenue celle de Bellerose, en 1629, comme troupe royale, une émulation, sans doute féconde, voire une rivalité, parfois lourde, lui ont opposé à Paris même, chez les Confrères ou dans des salles provisoires, des comédiens italiens, anglais ou espagnols, et surtout des troupes françaises, parmi lesquelles la troupe de Montdory : celle-ci, d'abord itinérante comme l'avait été celle de Valleran, est à l'origine du théâtre du Marais, fixé à Paris en 1634 ; c'est elle qui représentera la plus grande partie des œuvres de Corneille ; elle avait dès 1629 créé *Mélite,* dont on sait le succès et la postérité. L'agencement des salles de l'Hôtel de Bourgogne et du théâtre du Marais étaient assez frustes. Le premier, dont les occupants rêvaient d'une totale reconstruction dès 1631, n'a bénéficié, en 1647, que d'une restauration limitée. Le second, victime d'un incendie en 1644, a pu, lors de sa reconstruction, améliorer l'architecture générale de la salle et surtout celle de la scène, assez vaste désormais pour recevoir des machines.

A son retour à Paris en 1659, Molière s'est installé

dans une salle destinée aux fêtes de Cour, le Petit-Bourbon, proche du palais du Louvre : c'est dans cette salle qu'avait été représenté, pour célébrer les noces du duc de Joyeuse et de Marguerite de Vaudémont, le *Ballet comique de la Reyne* de Beaujoyeulx. L'année suivante, l'hôtel de Bourbon se trouvant voué à la démolition, Molière obtenait la salle du Palais-Royal : ce très beau théâtre avait été construit en 1641 par l'architecte Lemercier sur l'ordre de Richelieu, et inauguré avec *Mirame,* tragi-comédie commandée par le Cardinal à Desmarets de Saint-Sorlin. Torelli avait en 1647 amélioré sa machinerie. Il devait, après la mort de Molière, être utilisé par l'Académie royale de musique, jusqu'à l'incendie de 1763, qui le détruisit entièrement.

Après les Italiens, les Français ont rêvé d'agencer à l'antique leurs scènes de théâtre. Ils ont disposé pour ce faire, dès 1545, du traité de Sebastiano Serlio, opportunément appelé en France par François Ier. Inspiré par le *Traité d'Architecture* de Vitruve, le *Second Livre de perspective* de Serlio décrivait avec précision trois types de décoration scénique : le carrefour comique, le décor de palais propre à la tragédie, et la « scène satyrique », d'allure bocagère, où les auteurs et les décorateurs de pastorales trouveront un modèle pendant un siècle entier. Dans la réalité, l'imagination des poètes et la technique des artisans du spectacle opèreront, jusqu'en 1637 au moins, une conciliation entre le décor en perspective approximative des Italiens et l'héritage du décor à « mansions » des mystères. Une assez juste idée nous est donnée de cette aire de jeu ambiguë par le *Mémoire* illustré du décorateur Mahelot, qui travaillait à l'Hôtel de Bourgogne vers 1630. Les œuvres des poètes dramatiques des premières décennies du XVIIe siècle permettent de rendre compte avec une relative assurance du fonctionnement de cette aire de jeu, où subsistent des conventions analogues à celles que supposent certaines *Passions* médiévales : présence d'un lieu neutre à l'avant de la scène, passage d'un acteur d'un lieu à un autre par un détour hors de la vue des spectateurs. Divers compartiments sont construits sur une scène en perspective, dont certains peuvent se fermer ou s'ouvrir selon les besoins et d'autres demeurer cachés par un rideau qui ne les révèle qu'au moment opportun. Ces divers lieux peuvent être au nombre de cinq à sept. En l'absence de « grand rideau », l'ensemble en est montré au spectateur, qui peut donc, dès son entrée dans la salle, deviner si l'œuvre qui lui sera représentée se déroule dans une ville, ou suppose qu'on parcourt tout un continent, qu'on traverse les océans, qu'on gagne le Ciel ou qu'on s'abîme aux Enfers. C'est dans un décor de ce type qu'ont été représentées des œuvres telles que *L'Illusion comique* ou *Le Cid*. Un cas extrême est celui où, comme dans *Mélite* de Corneille et dans plusieurs comédies de Rotrou, la décoration n'est en apparence que celle d'une place de ville, le seul jeu des acteurs imposant enfin d'y voir divers quartiers éloignés les uns des autres. La scène « baroque » présente ainsi un compromis entre l'image et le signe. Elle parle immédiatement à la sensibilité mais oblige l'intelligence à y déchiffrer un code.

A partir de 1635 cependant, le décor simultané tend à céder progressivement la place à des systèmes différents : celui du « changement de face » appliqué par Georges de Scudéry à sa *Mort de César* (publ. en 1637), où la partie arrière de la scène représente tour à tour la chambre impériale et le lieu de réunion du Sénat ; celui des changements à vue permis par l'utilisation des chassis coulissants inspirés par la *Pratique* de l'Italien Sabbattini (1637) ou des machines créées par Giacomo Torelli et importées en France à partir de 1645 ; celui enfin du décor décidément unique et unifié des tragédies du Corneille de la maturité. Le premier système est encore

appliqué par Corneille dans *Cinna* (1642) ; le second
a inspiré les pièces à machines représentées dans les
salles princières ou au théâtre du Marais au cours de
la décennie 1649-1660 ; le dernier s'imposera aux
œuvres comiques ou tragiques n'exigeant comme
décoration que le carrefour de ville, la chambre dite
« de Molière » ou le « Palais à volonté ». Mais la
nostalgie du décor complexe demeurera encore
sensible chez le Racine d'*Iphigénie ;* et les changements à vue inspireront encore Molière dans *Dom
Juan* avant de triompher dans l'opéra lulliste.

De Garnier à Théophile de Viau

La Tragédie

Il n'est pas aisé de proposer une définition du
genre tragique à la fin du XVIᵉ siècle et au début du
XVIIᵉ. Plusieurs doctrines l'inspirent. Il se partage en
plusieurs branches fort différentes les unes des
autres, selon les sources auxquelles il s'adresse, les
domaines auxquels il se rattache et les finalités qu'il
s'impose. Comme d'autre part, pour les esprits
cultivés du temps, la tragédie reste le genre
« noble » par excellence, les difficultés qu'il éprouve
à se définir reflètent de manière exemplaire les
apories où se débattent les hommes de cette période,
philosophiques, morales, politiques et esthétiques.

Les domaines et les sources d'inspiration

C'est toujours Sénèque et l'*Octavie* du pseudo-
Sénèque dont s'inspirent les auteurs de tragédies
françaises. Ils continuent à trouver en lui un langage
tendu et coloré, des situations atroces, dont l'origine
est parfois une faute antérieurement commise, soit
involontairement, soit de gaieté de cœur, et une
austère morale politique, invitant les grands de ce
monde à une prudente réserve et à la modération

dans les ambitions. Sénèque invitait les poètes à exploiter quelques-uns des grands mythes grecs et *Octavie* fournissait le modèle de la tragédie à sujet contemporain. Deux autres influences s'exercent encore sur les dramaturges. Celle du théâtre néo-latin des Jésuites, décisive jusqu'en 1610 environ, qui favorise le développement du théâtre biblique et qui aurait pu encourager les poètes français à cultiver les sujets nationaux, comme l'a tenté Cl. Billard dans *Mérovée* (1610) et *Henry le Grand* (1610), et plus tard le Belge Denis Coppée ; et celle du théâtre italien, qui a transmis au Français bien des adaptations de la tragédie grecque et inspiré bien des auteurs de tragédies de saints. Ces deux sources annexes ont sensiblement gauchi la tradition sénéquienne, en imposant un providentialisme seul capable de faire accepter les coups du destin, et en nourrissant les œuvres de réflexions politiques où le machiavélisme subissait son procès et où l'on s'efforçait de concilier la vigueur héroïque des princes et la nécessaire modération dont ils devaient savoir faire preuve. Enfin, à partir de 1575, des auteurs tragiques ont emprunté leurs sujets à des œuvres romanesques, sans se soucier des interdits lancés par les doctes. Plusieurs de ces œuvres s'inspirent d'Héliodore (*Arsacé* de Le Digne, vers 1584) et d'Apulée (trois *Charite* publiées entre 1579 et 1595) ; d'autres empruntent à l'Arioste, au Tasse, aux nouvelles de Bandello surtout, comme l'auteur anonyme d'un *More Cruel* dont le héros précipite du haut d'une tour toute la famille du seigneur dont il s'estime offensé (1612). Jacques Yver, dont *Le Printemps* est la source de *La Tragédie espagnole* de Kyd, a fourni encore le sujet de *La Rhodienne* de Mainfray (1621).

Les doctrines

Les professions de foi d'aristotélisme ont, durant cette période confuse, préservé la « dignité » du genre tragique, concurremment à la persistante influence de Sénèque. Si le commentaire italien de la *Poétique* dû à Castelvetro (1570) n'est pas exempt d'insolence à l'égard du grand ancêtre, si en France le jeune dramaturge Pierre Delaudun d'Aigaliers conteste la « règle d'un jour » et n'admet que pour des motifs de vraisemblance ou d'impossibilité technique le *Ne pueros coram populo Medaea trucidet* d'Horace [1], les théoriciens italiens maintiennent pour la plupart le canon aristotélicien, et le jésuite espagnol Del Rio s'en tient, dans son commentaire de Sénèque (1594), à la tradition aristotélicienne et à ses prolongements en Italie. Il en va de même en France. Jean de la Taille, dans son *Art de la tragédie* (1572), développe la théorie des trois unités, refuse l'introduction sur la scène des personnages allégoriques et demande que le commencement de la tragédie soit le plus proche possible de sa fin. Dans son *Art poétique* conçu vers 1574 et publié en 1605, Vauquelin de la Fresnaye proclame la nécessité du sujet noble et éloigné dans le temps, des cinq actes et du noble langage, et propose une esquisse de l'évolution du théâtre tragique français, de la *Cléopâtre* de Jodelle aux productions de Garnier, « sçavant et copieux ». En 1611 le Hollandais Heinsius publie à son tour un court traité sur la tragédie, où les dramaturges français de l'époque de Louis XIII ont pu trouver, bien avant les ouvrages de La Ménardière et de l'abbé d'Aubignac, un compendium à peu près complet des règles aristotéliciennes.

L'esprit de la tragédie

La tragédie de ce demi-siècle qui sépare les œuvres de Grévin de celles de Du Ryer, Scudéry et Corneille, présente des éléments de discontinuité et des éléments de continuité. A la fin de sa carrière, Hardy se proclamait obstinément fidèle aux for-

---

1. « Que Médée ne tue pas ses enfants aux yeux du public ! »

mules mises au point par Garnier sur le modèle des anciens poètes. Et on a pu constater que les références, théoriques à Aristote et littéraires à Sénèque, demeurent nombreuses jusque dans les années 1620-1625. Mais les théoriciens comme les poètes ne pouvaient demeurer insensibles au prestige populaire de la tragi-comédie et de la tragédie romanesque, ou aristocratique de la pastorale. Le goût « moyen » des hommes de cette époque va vers une tragédie plus chargée d'actions que les œuvres de Jodelle et de ses successeurs immédiats. Ils sont sensibles aux couleurs du style, voire à un pittoresque gratuit et à des ornements surabondants. Jusqu'aux premières années du XVIIe siècle, ils restent attachés à la présence du chœur et au brillant de ses chants ou de ses récitations à la fin des actes. Ils veulent être fortement émus, et préfèrent aux discours moraux ou philosophiques les plaintes, les cris, l'évocation d'actions violentes et cruelles. « Plus les tragédies sont cruelles, plus elles sont excellentes », écrit Delaudun d'Aigaliers. Heinsius reconnaît que les histoires complexes sont préférées aux sujets simples, qui exigent pourtant plus de talent pour être développés. Et les actions nombreuses et pressées qui bouleversent l'âme du spectateur trouvent leur terrain d'élection dans la tragédie de vengeance, dont *Le More cruel,* cité plus haut, ou les diverses tragédies de *Méléagre* constituent des illustrations particulièrement impressionnantes. La « morale » tragique est toujours liée à la recherche d'une sagesse. Celle qu'inspirent les malheurs des grands de ce monde. Eloquentes à cet égard sont les énumérations de sujets possibles qu'on trouve sous la plume de La Taille, « piteuses ruines des grands Seigneurs, [...] inconstances de Fortune, [...] bannissements, guerres, pestes, famines, captivitez, execrables cruautez des Tyrans : et bref [...] larmes et miseres extremes », et sous celle de Delaudun d'Aigaliers : « commandement des Roys, batailles, meurtres, viollement de filles et de femmes, trahisons, exils, plaintes, pleurs, cris, faussetez, et autres matières semblables. »

Mais cette misère des grands qui ont usurpé, selon Vauquelin, la « louange aux dieux appartenante » n'est pas seulement leçon de résignation ou invitation à préférer le métier de berger à celui de roi. Elle s'accompagne d'une sorte de fascination pour les personnalités des grands pécheurs, un Marc-Antoine, un Sédécie ou un Nabuchodonosor même, tels que les présente Garnier. Elle suggère, et non pas seulement dans les drames bibliques et dans les tragédies de saints, que la Providence est à l'œuvre derrière les caprices de la fortune ou les revers du sort. Elle joint enfin à cette justification religieuse des malheurs humains une étude, *de l'intérieur,* des drames authentiquement vécus par les princes et les grands capitaines, et de leurs devoirs contradictoires d'humanité et d'efficacité politique. D'une morale de la modération, la tragédie glisse alors insensiblement vers une mystique de la vocation ou du rôle historique, et vers une politique de la grandeur héroïque. Entre 1550 et 1570, la tragédie humaniste avait tendance à condamner purement et simplement la passion ambitieuse, au même titre que l'abandon à l'amour ou la soumission à l'avarice. A partir des débuts de Robert Garnier, ces sentiments (moins l'avarice, réservée aux vieillards de la comédie ou de la tragi-comédie) sont considérés, dans une perspective consciemment ou inconsciemment néo-platonicienne, avec sympathie ou avec admiration. Les profonds désirs de l'homme trouvent leur justification, soit dans le devenir de l'histoire, soit dans les perspectives providentialistes. A travers les vicissitudes qu'il a connues et malgré les inquiétudes qu'il a reflétées, le genre tragique de cette époque prépare ainsi la tragédie optimiste qui s'épanouira durant la jeunesse de Corneille.

Montchrestien

Les chefs-d'œuvre de la tragédie de la fin du XVIe siècle et du premier quart du XVIIe, en dépit de l'évolution des esprits, appartiennent à la voie royale de la tragédie humaniste. Après Robert Garnier, le poète le plus remarquable à cet égard est certainement Antoine de Montchrestien. C'est lui au reste qui fournit l'exemple le plus intéressant de ces écrivains de transition qui, si fidèles qu'ils aient été aux formules héritées de la tragédie, ont su les adapter aux exigences de leur temps et pressentir celles des années à venir. Les meilleures pièces de ce poète ne sont pas, malgré les scènes émouvantes d'*Hector,* celles qui s'inspirent de la tradition mythologique, mais la tragédie romaine de *Sophonisbe* et *L'Ecossaire.* La première de ces deux tragédies, publiée en 1596, a été récrite en 1601 dans un esprit moderne et probablement sous l'influence de Malherbe. La seconde, publiée en 1601, témoigne d'une volonté d'accorder les patrons hérités de Robert Garnier aux préoccupations actuelles. Dans *Sophonisbe,* Montchrestien oppose violemment aux devoirs des rois, et à la tension de volonté qu'ils requièrent, les tendresses et les grandeurs de l'amour. L'héroïne est consciente de ces contradictions, en même temps que de la fatalité qui fait d'elle, comme de la Cornélie de Lucain, une malédiction pour ceux qui l'aiment. Elle porte malheur à Massinissa comme elle a porté malheur à Siphax. Le providentialisme qu'elle affirme au premier acte est teinté de scepticisme ou de nostalgie :

Conforme ton vouloir avec celuy des Dieux,
Ils gouvernent sans doute et la terre et les Cieux,
Suy les loix du Destin et point ne contrarie
A son juste decret qui jamais ne varie.

Mais comment concilier cette austère leçon avec la tendresse amoureuse qui, à l'acte suivant, inspire à Massinissa ce vers émouvant dans sa simplicité :

Prenez-moy pour mary, je vous prendray pour femme.

Les plaintes de Massinissa, au dernier acte, traduisent une révolte étouffée contre les exigences de la politique, si contraires aux élans spontanés du cœur de l'homme, et leur assimile, comme un vivant et actuel symbole, les ordres de Scipion et de Lélie. *L'Ecossaise* exprime un déchirement analogue. Mieux, elle contient deux tragédies en une seule. Les deux premiers actes sont consacrés à l'évocation des tourments de la reine Elisabeth. Auprès du Conseiller qui l'engage à punir et de l'assemblée des « Estats » qui l'y pousse avec plus de vigueur encore, elle se défend d'un meurtre à quoi l'obligent la politique et le salut commun au nom de la clémence, de la douceur paternelle que doivent pratiquer les rois et de la naturelle solidarité des reines. Les trois derniers actes sont consacrés à Marie Stuart, qui apprend sa condamnation, se prépare à la mort par la prière et adresse à la France de touchants adieux. Le récit de sa mort, au cinquième acte, est l'occasion d'évocations funèbres :

Une grand sale estoit de veloux noir parée
Et de flambeaux ardans sombrement esclairée,
De drap funebre estoit recouvert le pavé,
Et l'eschaffaut encor, hautement eslevé...

mais aussi de l'éloge des vertus de femme, de reine et de catholique fervente qui furent celles de Marie. Cette tragédie, qui ne conclut point, qui ne donne point de leçon directe, expose ainsi, dans sa structure même, un dilemme politique. L'opposition des deux femmes n'incarne pas seulement celle de deux conceptions de la politique, celle de deux fois religieuses différentes (Montchrestien lui-même a hésité entre le protestantisme et le catholicisme), mais celle aussi de deux situations objectives dont l'incompatibilité entraîne une guerre à mort entre deux êtres qui auraient pu se comprendre et s'aimer. Dans ses dédicaces au Prince de Condé, Montchrestien a exprimé les mélancoliques leçons qu'on pouvait tirer de son œuvre. La sagesse humaine, si haute soit-elle, ne peut éviter les malheurs, les fautes et les sanglants échecs. Mais les plus sombres événements de l'existence peuvent être acceptés, et même vécus en toute sérénité, si l'homme sait les rapporter aux mystérieux desseins de Dieu, qui ne peuvent être que bons. Montchrestien, qui est l'auteur d'une *Bergerie*, a su rassembler, dans une tragédie d'allure « maniériste », les délicatesses du cœur et les austères exigences de la conscience.

Hardy

Auteur-acteur puis auteur à gages auprès de Talmy, de Valleran, de Bellerose et enfin du comédien Villiers, Alexandre Hardy a probablement écrit une bonne centaine de pièces, dont il subsiste une quarantaine, et parmi elles douze tragédies. Dans une langue vigoureuse et rude, brillamment ornée d'images, de comparaisons et de sentences, Hardy a développé des sujets mythologiques, comme *Didon* et *La Mort d'Achille*, historiques, comme *Coriolan*, ou « modernes » comme *Lucrèce*. Alexandre Hardy ne répugne pas aux sujets les plus violents, voire les plus scabreux. Il est particulièrement attiré par le thème de la vengeance. Dans *Timoclée*, une femme de Thèbes dont vient d'abuser un officier d'Alexandre attire cet officier dans un puits pour, dit-elle, lui livrer un trésor, et l'y étouffe. Dans *Lucrèce*, un mari trompé tue son rival mais tombe lui-même sous les coups d'un ami du jeune homme. Dans *Alcméon*, une épouse outragée fait porter à son mari une bague empoisonnée qui le rend fou et l'amène à tuer

ses propres enfants (tragédies publiées en 1628).
Mais dans l'ensemble de son œuvre, Hardy est
surtout sensible aux ravages exercés par la passion
amoureuse ou ambitieuse et à l'impuissance de
l'homme devant ses assauts. Dans *Mariamne*
(publiée en 1625), le poète compatit, autant qu'aux
souffrances de l'héroïne, à celles que ressent son
bourreau Hérode, lui-même déchiré par des passions, amour et vengeance, qu'il est incapable de
dominer. Dans *La Mort d'Alexandre* (publiée en
1626), Hardy présente un héros parfaitement
conscient du mortel danger qu'il court et décidé à
l'affronter quoi qu'il advienne, au nom du personnage que ses actions passées ont imposé à l'admiration du monde. Il y a certainement une volonté de
fidélité à la tradition sénéquienne dans les défis
lancés par les criminels de Hardy au destin qui les
accable ou à la divinité qui risque de les punir. Mais
il y a aussi, et peut-être surtout, une interrogation
sur les fins de l'homme, sur la portée de son action et
sur la confuse alliance de la grandeur héroïque et de
la grandeur criminelle qui peuvent se partager son
cœur. Hardy porte sur les passions le même jugement que les stoïciens. Mais il assortit ce jugement
d'un doute fondamental sur la force morale de
l'homme. De *Médée* à *Attila,* Corneille reprendra
ces problèmes sans toujours aller, semble-t-il, beaucoup plus loin dans leur solution que le vieux
compagnon de Valleran.

Théophile de Viau

Représenté vraisemblablement en 1621, *Pyrame
et Thisbé* a joué pour l'évolution de la tragédie un
rôle analogue à celui que les *Bergeries* de Racan ont
joué pour la pastorale. L'œuvre est écrite en alexandrins disciplinés, elle est composée simplement, son
action est rapide, et les idées qui s'y expriment
échappent en partie à la rhétorique morale de la
tradition humaniste. Elle a représenté, pour les

hommes de la première moitié du siècle, l'exemple le plus typique et le plus achevé de la tragédie pré-cornélienne. Mairet et Scudéry ont admiré cette tragédie, qu'on jouait encore à l'Hôtel de Bourgogne dans les années 30.

Cette histoire d'un amour impossible, que Théophile a certainement lue au quatrième livre des *Métamorphoses,* mais pour laquelle il a pu aussi s'inspirer d'un poème de Baïf publié en 1573 et du *Piramo e Tisbe* de Marino, est traitée par Théophile selon une structure apparemment très primitive. Sa tragédie est constituée de tableaux successifs, non liés, chacun d'eux étant développé comme un poème indépendant. Mais, au-delà de ces apparences, *Pyrame* comporte un rythme général, qui fait alterner scènes de violences, mouvements lyriques et débats animés. D'acte en acte, les intérêts se précisent et la tension dramatique augmente : après l'exposition qui occupe les deux premiers (amours contrariées des jeunes gens et passion du roi-tyran pour Thisbé), l'acte III fait assister le spectateur aux efforts inutiles du roi pour conquérir la jeune fille, ce qui contraint les deux amants à la fuite, l'acte IV prépare le dénouement, avec le songe de la mère de Thisbé et la première apparition du lion fatal auprès du tombeau de Ninus où les amants se sont donné rendez-vous, et le dernier acte présente en deux monologues les suicides successifs de Pyrame et de sa bien-aimée, le jeune homme ayant cru Thisbé dévorée par le lion.

C'est une tragédie brillamment écrite. Les équivoques dont s'est moqué Boileau sont, à l'époque où écrit Théophile, les ornements quasi obligatoires du style élégiaque sérieux. Ainsi, le poignard qui rougit de honte n'est aucunement déplacé dans une œuvre tirée des *Métamorphoses* et où le mûrier rougit comme il le fait dans le poème latin pour témoigner du sacrifice accompli auprès de lui. Les bizarreries du songe de la mère de Thisbé, où toutes les lois du monde paraissent renversées, s'inscrivent dans une tradition poétique dont la source, au-delà de Sénèque, doit être recherchée chez Eschyle, et selon laquelle les crimes et les malheurs de l'homme compromettent l'ordre entier du monde. Le dialogue de Théophile est souvent aussi vigoureux qu'un dialogue de comédie. Thisbé tente, à l'ouverture du premier acte, de persuader la vieille Bersiane de la laisser en paix. Celle-ci finit par comprendre qu'elle est importune. La jeune fille vient d'évoquer un fantôme importun et un « vieux spectre d'ossements » :

Bersiane
Je cognois bien que c'est de moy qu'elle murmure,

Je suis donc cet objet d'Infernalle figure.

Thisbé
Je ne dis pas cela, mais tu peux bien penser...

Bersiane
Que de mon entretien on se pouvoit passer.

Thisbé
Justement.

Bersiane
Je cognois ou je suis peu sensée...

Thisbé
Qu'autre chose que toy me tient dans la pensée.

Pyrame est un poème à la gloire de l'amour. Celui-ci apparaît comme une fatalité, contre laquelle aucune « raison » et aucune forme d'autorité ne peut rien. Mais cette fatalité est en soi heureuse, parce qu'elle est conforme aux lois de la nature. Théophile transpose à la tragédie le thème pastoral et lucrétien de l'universelle puissance de l'amour.

Pyrame le développe devant son ami Disarque au début de l'acte II ; et dans la scène suivante, Thisbé envie le bonheur des êtres de la nature, qui peuvent librement jouir de leur mutuelle tendresse :

Les oyseaux dans les bois ont toute la journée,
A chanter la fureur qu'Amour leur a donnée ;
Les eaux et les zephirs quand ils se font l'Amour,
Leur rire et leurs souspirs font durer nuict et jour.

Cet amour conforme à la loi naturelle ne peut se confondre avec le désir tyrannique du roi : il est respect et dévotion mutuelle ; les vœux des amants et leurs soupirs se confondent ; ils en viennent à se ressembler :

On nous pourroit tous deux cognoistre
en une Image,

dit Pyrame à Disarque (II, 1). L'ensemble de la tragédie constitue une revendication de l'homme à la quête du bonheur, et une plainte contre les obstacles qui l'arrêtent : obstacles sociaux (la famille), obstacles politiques (la puissance d'un roi qui est aussi un tyran), obstacles enfin imposés par un destin obscur. Le malentendu qui fait mourir les amants au moment où ils vont se rejoindre, où leur fuite a déjoué les desseins des pères et des rois, est conforme à la définition la plus pure du tragique. L'homme porte en lui une énergie et des élans trop grands et trop purs pour ce monde. Il est condamné à rêver d'un Eden perdu qui s'éloigne quand il croit l'atteindre, ou qu'il ne peut atteindre sans mourir. La tragédie commence quand il tend les bras vers l'objet de son désir. La nostalgie de Théophile rejoint ici les mortels défis des personnages de Hardy et les interrogations mélancoliques des héros de Montchrestien.

La comédie
Catherine de Médicis, Henri III et Henri IV

avaient un goût décidé pour la comédie italienne, et particulièrement pour la commedia dell'arte. A partir de 1570, et jusqu'en plein XVIIe siècle, diverses troupes italiennes se sont succédé à Paris et même en province avec un tel succès que les acteurs français ont souvent préféré s'associer avec elles plutôt que de subir leur dangereuse concurrence. De même, les poètes de cette époque ont souvent essayé de se faire un nom en se contentant de traduire les comédies littéraires de l'Arioste, de Parabosco, et des nombreux autres poètes de la Renaissance italienne. Cependant il s'est écrit en France un certain nombre de comédies où l'imitation des Italiens n'exclut pas toute originalité. Malheureusement la plupart d'entre elles (notamment toute la production comique d'Alexandre Hardy) ont disparu et parmi celles qui nous sont parvenues il est difficile de décider lesquelles ont été représentées.

Pierre de Larivey, chanoine de Saint-Etienne à Troyes, mais d'origine florentine, a publié en 1579 et en 1611 deux recueils de comédies toutes adaptées de l'italien. Du moins ces adaptations, écrites en très belle prose, font-elles suffisamment référence aux réalités géographiques, sociales et politiques de la France pour que le lecteur ne leur refuse pas une juste naturalisation. Molière a pu puiser dans le théâtre de Larivey, même sans considérer ce que *L'Avare* doit aux *Esprits,* beaucoup de situations plaisantes et de types de scène. *L'Etourdi* et *Les Fourberies* doivent peut-être quelque chose à ce dialogue en écho des *Tromperies* où la femme du médecin s'entretient avec un personnage nommé Adrian qui vient de lui révéler les fredaines de son époux :

Que ce vieil chancy [1] de mon mary se enyvre ?
Il s'ennyvre.

1. Moisi.

Qu'il m'a desrobbé une robbe pour la donner à
                                    une putain !
Il l'a desrobbée.
Qu'il luy a donné plus de vingt escus depuis trois
                                 jours en ça ?
Il les lui a donnez.
Je ne le puis croire. Et toutesfois tu t'offres de me
                                  le faire veoir.
Je le vous feray veoir.

                                   (V, 10)

    Larivey se flatte d'écrire ses comédies « à l'imita-
tion des anciens Grecs, Latins et modernes Italiens ». C'est dire qu'il entend faire œuvre à la fois
moderne et régulière, et refuse aussi bien l'aveugle
soumission aux préceptes antiques et le mépris des
poètes qui les ont pratiqués autrefois. Mais il est
surtout redevable aux maîtres d'outre-mont. Il leur
emprunte les vieillards repoussants et libidineux, les
jeunes gens étourdis et immoraux, les vieilles entre-
metteuses, les pédants et les faux braves, tous
entraînés dans une intrigue au terme de laquelle le
jeune amoureux épousera une belle fille point trop
scrupuleuse (sauf exceptions) à laquelle il a déjà
pris, comme on disait, « un pain sur la fournée ».

    Les autres auteurs comiques de l'époque racon-
tent des histoires analogues : ainsi Remy Belleau
dans *La Reconnue,* qui évoque les tribulations d'une
jeune fille convoitée par le vieillard qui l'a sous sa
garde (1577), Odet de Turnèbe, dans *Les Contens,*
où la jeune fille se fait volontairement surprendre
par ses parents couchée auprès de son amant afin de
l'épouser plus sûrement (1577-1578, publ. 1584), ou
François d'Amboise dans ses *Néapolitaines,* qui
narre les amours de Madame Angélique, Napoli-
taine récemment arrivée à Paris, et le viol de
Virginie, sa fille prétendue, par l'ami d'un de ses
amants (1584). Et encore, après 1610, Troterel dans

ses *Corrivaux* (1612) et l'auteur anonyme des *Ramonneurs* (1622-1623), une des dernières comédies françaises connues demeurant conforme au patron de la Renaissance.

Ce qui fait à nos yeux le prix de ces comédies, c'est la vigueur du rythme de certains de leurs dialogues et l'ampleur de leur registre stylistique et lexicologique. C'est aussi le talent de leurs auteurs à rendre présentes par le verbe les réalités du temps. Toutes traduites qu'elles sont de l'italien, les pièces de Larivey procurent l'illusion d'une réalité française contemporaine. *La Constance* évoque Troyes, Besançon et « la banque de Lyon ». *Les Tromperies* font voyager le lecteur d'Orléans en Bourgogne et de Paris à Troyes. On trouve dans *La Constance* des allusions à la hausse de la monnaie et à la revalorisation des héritages (II, 2). Dans la comédie anonyme des *Ramonneurs,* il est fait mention du palais du Luxembourg et de la reconstruction du Palais de justice. (Ed. Austin Gill, 1957, p. xxx.) Enfin, ces diverses comédies procèdent à une satire de la société et des mœurs, souvent savoureuse et rarement embarrassée par des interdits touchant le langage. On s'y dispense si rarement de nommer les choses et de présenter des personnages mus par l'unique désir de s'abandonner aux plaisirs amoureux et d'en faire bravade, que Larivey doit s'excuser quand il met en scène des jeunes gens réservés ou fidèles :

> Doncques si quelqu'un est icy venu cointention [sic] de rire, esperant veoir representer la simplicité d'un vieillard et ancien marchant, les sottises d'un nyais varlet, les gourmandises et deshonnestetez d'un escornifleur, et l'immondicité d'un yvrogne, choses à mon jugement vergongneuses à representer à tous nobles et sublimes esprits, je le prie s'en aller ailleurs, pour ce que ceste comedie, differente

quasi de toutes les autres, et assez longue, ne représente rien de tout cela. (*Le Fidelle,* Prologue.)

Les types de la comédie traditionnelle, tels que le capitan ou le docteur ridicule, et les situations initiales, où les souffrances d'amour fournissent l'essentiel, donnent d'autre part aux poètes l'occasion de railler la manière *sublime* et d'en proposer une parodie pré-burlesque. Dans *Les Contens,* Odet de Turnèbe fait faire par l'entremetteuse Françoise un curieux éloge de Geneviève, où pourtant se retrouvent, familièrement transposés, les traits habituels à la poésie renaissante consacrée à la louange des jeunes filles :

> Monsieur, vous faites fort bien d'aymer Geneviefve. Car outre qu'elle vous ayme uniquement et qu'elle vous porte continuellement dans son cœur et dans ses yeux, elle a beaucoup de bonnes qualitez qui la rendent aymable autant que fille qui soit en France. Elle est bonne catholique, riche et bonne mesnagere. Elle dit bien, elle escrit comme un ange. Elle joue du luth, de l'espinette, chante sa partie seurement, et sçait danser et baller aussi bien que fille de Paris. En matiere d'ouvrage de lingerie, de point coupé et de lassis, elle ne craint personne. Et quant est de besogner en tapisserie, soit sur l'estamine, le canevas ou la gaze, je voudrois que vous eussiez veu ce que j'ay veu. (II, 2)

Dans *Les Corrivaux,* Florette tente de consoler sa belle-sœur, dont la fille est perdue d'honneur, en invoquant les principes de la morale stoïcienne :

> Ne sçavez-vous pas bien que la dure fortune
> De ses tours et retours un chacun importune,

Et que les grands seigneurs, les princes et les rois
Ne sont non plus que nous affranchis de ses lois.

A quoi la malheureuse mère répond :

> Las ! ouy, je le sçay bien, mais on ne peut
> s'abstraindre
> De soupirer ses maus, s'en fascher et s'en
> plaindre,
> Ou bien il ne faudroit estre d'humaine chair,
> Ains quelque froide souche ou bien un dur rocher,
> Qui n'est aux accidents aucunement sensible.

(III, 2)

De la farce de cette époque, il ne subsiste que le souvenir des farceurs français, émules et parfois concurrents sérieux des farceurs italiens. Tabarin, farceur de la place Dauphine, époux d'une Italienne, Victoria Bianca, et frère du bonisseur Mondor[1], a laissé des arguments de farces consacrées généralement à des assignations amoureuses qui tournent mal et se terminent par des batailles à coups de poings et de bâtons. Gros-Guillaume, fariné à la française, personnage au ventre énorme cerclé comme un tonneau, Gaultier-Garguille, immense, très maigre, brillant imitateur, sous le masque, du vieillard ridicule de la comédie italienne, Turlupin, proche dans son costume et ses rôles du valet rusé des Italiens, Brighella, font la joie du public de l'Hôtel de Bourgogne dans le premier tiers du XVIIe siècle. Il faut leur joindre Bruscambille, auteur de *prologues* savoureux et impitoyables, où le public peu discipliné de l'époque se trouvait sévèrement « tympanisé ».

Ce qui subsiste de la comédie et de la farce française de la période pré-cornélienne manifeste la

---

1. Celui qui fait des boniments.

richesse et la variété d'un genre pourtant limité dans
ses thèmes et ses schémas. Retenu ou sans vergogne
dans le verbe, libre ou discipliné dans la structure, il
hésite entre plusieurs voies possibles. Les premières
comédies de Corneille et de Rotrou lui imposeront
celle de l'*honnêteté* dans les sujets et dans l'écriture.
Il faudra dès lors attendre Molière pour que la
comédie retrouve sa joyeuse liberté.

La tragi-comédie

Les théoriciens du XVIe siècle opposaient tragédie
et comédie selon quatre critères : le sujet, historique
ou non ; les personnages, de rang élevé ou de rang
modeste ; le dénouement, malheureux ou heureux ;
le style, élevé ou familier. Il suffisait de faire varier
l'un ou l'autre de ces éléments pour que l'œuvre
ressortît à un genre « mixte ». La tragi-comédie se
définissait ainsi comme une tragédie à sujet romanesque, ou faisant intervenir des personnages de
rang moyen, ou comportant un dénouement heureux, ou faisant appel à des éléments de style
familier. Par exemple, le *Tobie* de Mlle des Roches
(1579), dont le sujet est historique, les personnages
de rang élevé et la manière « noble », est une tragi-
comédie en raison de son heureuse issue et des
moments où la langue de la conversation se substitue
au dialogue tragique. Inversement, la *Lucelle* de
Louis Le Jars (1576) échappe à la catégorie comique
pour la seule raison que son style s'élève parfois et
que de nobles personnages y interviennent. La
Bradamante de Robert Garnier (1582) est, sauf
exception, de style élevé. Presque tous les personnages en sont nobles, et certains d'entre eux sont
historiques. L'œuvre est vraiment, en toutes ses
« parties », à mi-chemin de la tragédie et de la
comédie. Elle n'appartient plus à ce genre mixte que
les doctes avaient défini en s'appuyant sur le passage
du prologue d'*Amphitryon* où Plaute utilisait le mot
tragico-comoedia. Elle fonde en France un genre

autonome, comparable au drame shakespearien et à la *comedia* espagnole.

Les trente premières années du XVIIᵉ siècle confirment ces promesses. La tragi-comédie y est devenue, comparée à la tragédie, ce que le roman est à l'épopée. Elle est d'ailleurs précisément romanesque dans son esthétique et dans ses sujets, tirés assez fréquemment de romans anciens ou modernes, français ou étrangers. Au lieu de poser un problème, la tragi-comédie raconte une histoire. Au lieu de présenter au spectateur une situation, elle l'intéresse à un personnage, ou à un couple aux amours traversées. Le public s'assimile au héros vers lequel le pousse sa sympathie et, comme dans le mélodrame, confond pour quelques moments son existence avec celle des Roger, des Roland et des Théagène. De plus, l'aventure romanesque, dans sa pureté, n'a pas de fin obligée. Elle ne semble pas avoir d'autre objet que l'enrichissement spirituel et héroïque de ses personnages. On peut l'étoffer, la prolonger, remonter dans le temps, comme dans l'épopée des *Enfances,* pour en rechercher les origines, lui imposer, enfin, de capricieux allers-et-retours. De la même façon, les tragi-comédies peuvent se développer, au-delà des cinq actes, en plusieurs « journées », comme *Théagène et Cariclée* de Hardy ou comme *Tyr et Sidon* de Jean de Schelandre (1628), reprise très étoffée d'une tragédie de 1608, que le poète avait tirée d'un roman anonyme de 1601, *Les Fantaisies amoureuses.* Contrairement au héros tragique, le personnage de tragi-comédie a un passé et un avenir. Le dénouement même auquel on nous fait assister n'est que la conclusion provisoire de l'ultime aventure contée par le dramaturge. Le roman des *Fantaisies amoureuses* se terminait dans l'incertitude : la princesse Méliane, injustement accusée de meurtre, était sauvée *in extremis,* mais on ignorait ce qu'il adviendrait d'elle. Dans la tragédie de 1608 elle mourait suppliciée et sa mort en entraînait deux autres. Dans la tragi-comédie, sauvée par son amant, elle s'apprête à l'épouser : un avenir de bonheur succède aux épreuves du couple persécuté.

Le genre tragi-comique, dont le développement se poursuivra sous le règne de Louis XIII avec Rotrou, Scudéry et Corneille, a eu son théoricien, Ogier, ami de Schelandre et préfacier de son *Tyr et Sidon* de 1628. Ogier refuse les règles, fait bon marché de la « bienséance », et prétend que le plaisir du spectateur ne procède que de la « variété des événements » représentés. Plusieurs années après l'arrivée au pouvoir de Richelieu, ce texte témoigne des incertitudes de l'esthétique théâtrale au premier tiers du xviie siècle.

La Pastorale

Selon les théoriciens italiens et français, la pastorale n'est qu'une branche de la tragi-comédie. Son évolution atteste, du moins en France, qu'elle s'est rapidement constituée en genre autonome, plus aristocratique en son esprit et plus vigoureux en son esthétique.

L'origine lointaine de la pastorale est religieuse : mystères païens dont témoignent la quatrième églogue de Virgile, les *Métamorphoses* et sans doute le drame satyrique de la Grèce ; mystères chrétiens procédant de l'Ancien Testament (le jardin d'Eden, l'histoire de Caïn et d'Abel, le monde patriarcal et le psaume XXIII) et de l'Evangile (double symbolisme du berger et du pêcheur). A l'époque moderne, cette tradition s'est enrichie avec la *Pastourelle* médiévale et l'*Eglogue* de la Renaissance. Elle a bénéficié aussi de la redécouverte du roman de Longus, *Daphnis et Chloé,* traduit en 1559 par Amyot, de l'introduction en France de l'*Arcadia* de Sannazar et de la *Diane* de Montemayor, deux romans mêlés de vers et venus, l'un de l'Italie, l'autre de l'Espagne, et surtout de la décisive influence de trois « grandes » pastorales dramatiques italiennes, l'*Aminta* du Tasse (1573 ; trad. 1584), le *Pastor Fido* de Guarini (1580 ; trad. 1595) et la *Phillis de Scire* de Bonarelli (1607 ; trad. 1609). Bien que ces deux dernières œuvres, d'une exubérance et d'une complexité incroyables, soient fort différentes dans leur manière du sobre poème du Tasse, quelques éléments se retrouvent dans les trois pièces. Il s'agit toujours d'un « mystère amoureux », où deux amants longtemps séparés se retrouvent enfin et peuvent s'épouser. A ce thème premier se joint le motif de la mort et de la résurrection, lui-même accompagné, chez Guarini et Bonarelli, du thème de la cessation d'un sacrifice. Ce sont là symboles printaniers et rédempteurs, en même temps que rêves de conquête ou de reconquête d'un âge d'or. La publication du *Pastor Fido*, d'autre part, a été à l'origine d'une querelle de doctrine, dont les échos se sont fait sentir en France à partir de 1620, et qui a permis à Guarini et à ses amis de faire l'éloge d'une littérature moderne, moyenne et mondaine : en préfaçant l'*Adone* de Marino (1623), Chapelain s'est souvenu de cette féconde polémique.

Les premières pastorales françaises ont été œuvres de cour, brillantes et d'inspiration voluptueuse, et représentées avec le concours d'acteurs royaux ou princiers.

La traduction d'*Aminta,* en 1584, favorise le développement d'une pastorale véritablement dramatique, indépendante du ballet de cour. A partir de 1585, sous le pseudonyme d'Ollenix du Mont-Sacré, Nicolas de Montreux publie ses *Bergeries de Juliette,* roman pastoral dont chaque livre est accompagné d'une comédie de bergers. L'une de celles-ci, *Arimène,* a été représentée en 1596 à Nantes, dans un décor muni de « périactes » permettant de brillants changements à vue. En 1601, Montchrestien donnait une *Bergerie* en prose mêlée d'alexandrins,

avec des chansons et des chœurs utilisant les vers de
sept et huit syllabes, dont la signification est probablement allégorique. L'âge d'or, dont le retour est
annoncé au dénouement, semble bien se confondre
avec le règne de Henri IV.

En 1613, Chrestien des Croix publiait *Les
Amantes ou la Grande Pastorelle,* œuvre immense où
se fixent les règles de la chaîne amoureuse « à la
française ». Le dénouement voit se réaliser quatre
mariages. Dans les cinq tomes du théâtre de Hardy
(1626-1628) figurent cinq pastorales. Elles ont
contribué à donner au genre sa physionomie défini-
tive. Amours en chaîne, magie et métamorphose,
thème de la victoire du berger pauvre sur le paysan
riche, et surtout de l'amour vertueux, représenté par
Cupidon, sur l'amour bestial, représenté par Pan, et
sur le refus de l'amour et de l'épanouissement
humain symbolisé par Diane. Enfin, à l'aube de
l'âge d'or de la pastorale, où tant d'œuvres délicates
verront le jour à l'inspiration d'Honoré d'Urfé, le
genre a connu son chef-d'œuvre, les *Bergeries* de
Racan, écrites vraisemblablement dès 1620. La pièce
annonce en fait la comédie telle que la pratiquera le
jeune Corneille. En dépit de l'emploi qu'y fait
encore le poète des enchantements, des songes, des
oracles, du satyre, cette pastorale vaut surtout par
un réalisme familier et poétique. C'est la première
œuvre dramatique où les exigences de la doctrine
poétique de Malherbe se trouvent respectées, sans
que Racan leur sacrifie l'efficacité théâtrale.

Dans la dernière scène des *Bergeries,* le berger
éconduit médite sur la condition humaine :

Ce n'est qu'un peu de vent que l'heur du genre
    humain,
Ce qu'on est aujourd'hui l'on ne l'est pas demain,
Rien n'est stable qu'au ciel, le temps et la fortune
Règnent absolument au-dessous de la Lune.

                                    (V, 5)

Cette page atteste les ambitions qui pouvaient être celles de la pastorale à l'époque de Louis XIII. Elle se jugeait capable de rassembler en elle le charme des évocations colorées de la nature, l'élégance d'une expression à la fois souple et rigoureuse, et l'expression d'une philosophie de la fortune et du destin dans laquelle se résumaient les inquiétudes et les désirs d'une époque difficile.

L'évolution des genres et des doctrines entre 1625 et 1660

Dans les quinze années qui ont suivi la disparition de Théophile le théâtre français s'est développé selon des doctrines et suivant des modèles très différents. En 1625 Honoré d'Urfé publiait une *Sylvanire* rédigée, à l'italienne, en « vers libres et non rimés ». L'œuvre était précédée d'une préface où le poète affirmait la supériorité des Modernes sur les Anciens et assignait comme but à l'œuvre d'art le seul plaisir du public. Trois ans plus tard, Jean de Schelandre transformait sa tragédie de *Tyr et Sidon* (1608) en une libre tragi-comédie en deux journées. Son préfacier, Ogier, proclamait la supériorité du genre de la tragi-comédie où, pour la délectation du spectateur, on pouvait introduire tout ce qui compose « la vie des hommes, de qui les jours et les heures sont bien souvent entrecoupés de ris et de larmes ». En présentant son *Clitandre* en 1632, Corneille a défini des principes analogues, rejetant une soumission trop respectueuse à « la règle des Anciens » pour lui substituer une règle nouvelle, procédant d'exigences esthétiques personnelles plutôt que de l'obéissance au formalisme des doctes. En revanche, au nom de la même modernité, mais associée à la « raison » et non à la « fantaisie », le jeune Chapelain rédige en 1630 une *Lettre sur la règle des vingt-quatre heures* où les unités de jour, de lieu et d'action, que d'autres tiraient de la *Poétique* d'Aristote, sont dictées par le souci de la « vraisemblance ». Chapelain était nourri des doctrines de la rhétorique traditionnelle : dans sa préface à l'*Adone* de Marino (1623), il avait assimilé la distinction des genres dramatiques à celle des niveaux de style ; la tragédie correspondant au sublime, la comédie au style familier, la pastorale et la tragi-comédie au style moyen. Plus tard, dans son *Discours de la poésie représentative* (v. 1635), Chapelain a encore affiné sa conception de l'œuvre théâtrale ; les deux idées les plus importantes de ce *Discours* sont le « judicieux mélange de la vraisemblance et de la merveille » et une forme de « bienséance » esthétique permettant à chaque genre de revendiquer sa dignité propre, assimilée à la parfaite correspondance entre le langage, l'invention des personnages et le choix du sujet. Jean Chapelain est proche des milieux intellectuels et sociaux les plus distingués. Son goût du raisonnable dans l'œuvre d'art reflète celui du public aristocratique dont les meilleurs représentants ont inspiré en 1631 la *Préface* de *Silvanire* du poète Mairet, mais ce texte de praticien n'a pas la raideur des pages de Chapelain. Il propose une conciliation et une juste mesure entre les règles antiques et le plaisir des contemporains attachés à la richesse de l'action et à la variété des spectacles. Cette mesure est également présente dans la préface de la *Philis de Scire* de Pichou, due au médecin Isnard (1631).

Cette variété, ces contradictions et ces incertitudes, ont entretenu, pendant la décennie 1625-1635, une certaine confusion, dans la conception générale du théâtre comme dans la définition des genre. On se plaît alors, par exemple, à présenter le thème de la mort dans des pièces à heureuse issue, comme la *Célinde* de Baro (1629), ou *L'Hypocondriaque* de Rotrou (1628), ou *L'Astrée* de Rayssiguier (1630); les fausses morts et les prétendues descentes aux Enfers subsistent encore dans *L'Illusion comique* (1636) et, des années plus tard, dans une comédie telle que *Les Songes des hommes éveillés* de Brosse (1646).

Les poètes qui débutent sur la scène à partir de 1625 sont tentés, non tant par la tragédie ou la comédie à la manière de la Renaissance, mais plutôt par la tragi-comédie d'aventures, ou par la comédie pastorale. Les premières œuvres de Corneille hésitent entre la comédie de couleur pastorale et la tragi-comédie. Après son émouvante pastorale de *Silvanire,* Mairet donne, en 1632, *Les Galanteries du duc d'Ossone,* où la conquête amoureuse, les enlèvements, les déguisements procèdent selon les libres structures des romans et des nouvelles à la mode. Pierre du Ryer et Georges de Scudéry débutent entre 1629 et 1632 avec des tragi-comédies romanesques. Qu'elles soient ou non présentées comme appartenant à ce genre, les premières œuvres de Rotrou, *L'Hypocondriaque* et *La Bague de l'oubli* (1628-1629) sont de véritables tragi-comédies, aussi peu soucieuses de vraisemblance que d'unité formelle.

A partir de 1634 cependant, les genres modernes tendent progressivement à céder le pas à la tragédie et à la comédie « classiques ». C'est au cours de ces années que Mairet fait représenter *Sophonisbe,* Rotrou, *Hercule mourant,* et Corneille, *Médée.* Tristan débute en 1636 avec *Mariane,* et Pierre du Ryer donne la même année sa *Lucrèce :* toutes tragédies « régulières », mais assez peu soucieuses des exigences de bienséance et de vraisemblance ; inspiré particulièrement par l'œuvre de Sénèque, ce théâtre se plaît à évoquer de longues agonies, celles d'Hercule ou de Créuse, des assassinats, ou l'exécution de personnages innocents. Leurs auteurs animent la scène plus que ne faisaient leurs prédéces-

seurs, ce que leur permet leur expérience de la tragi-
comédie.

L'évolution n'a pas été pourtant sans à-coups. En
ces mêmes années où renaissaient les genres hérités
de l'antiquité, où s'affirmait aussi une exigence de
dignité et de profondeur dans la composition dramatique, le goût de Richelieu, conseillé d'ailleurs par
d'authentiques amoureux et connaisseurs du théâtre, Boisrobert et Chapelain, le portait à susciter la
création d'œuvres toutes différentes dans leur esprit.
L'année même de la création officielle de l'Académie française, le Cardinal faisait représenter *La
Comédie des Tuileries,* rédigée par « cinq auteurs »,
parmi lesquels figuraient Corneille et Rotrou (1635).
Deux années plus tard, la tentative se renouvelait
avec *La Grande Pastorale* et la tragi-comédie de
L'Aveugle de Smyre. Corneille ne semble pas avoir
participé à ces deux créations, dont la dernière est
d'ailleurs perdue. Mais l'important est sans doute
qu'en inspirant les sujets de ces trois ouvrages le
Cardinal prenait acte du succès des deux genres
modernes ; la première pièce des cinq auteurs,
quoique présentée comme « comédie », reste
proche de l'inspiration pastorale par son cadre et par
les incidents qui s'y rencontrent : une jeune fille qui
se jette à l'eau, un jeune homme qui se jette dans
une fosse aux lions, ce sont là des épisodes familiers
aux lecteurs de l'*Aminta.* Ce qu'excluent les choix de
Richelieu, c'est la tragédie. La *Mirame* de Desmarets (1641) et son *Europe* (1642) seront encore des
tragi-comédies, où Richelieu prendra soin de ne pas
choquer la morale, mais aussi de faire éclater aux
yeux la grandeur royale. Les œuvres citées ont en
commun, en tout cas, d'être d'abord conçues pour le
divertissement des Grands, et secondairement pour
celui du « public ». Après son arrivée au pouvoir,
Mazarin restera lui aussi attaché aux œuvres faites
d'abord pour le plaisir des yeux et des oreilles.
L'arrivée en France de Torelli en 1645 sera à

l'origine de brillantes représentations : l'*Orfeo* de
Luigi Rossi (1647), opéra composé sur un livret de
l'abbé Buti où Orphée épouse enfin celle qu'il aime
comme feront plus tard le Tite de Magnon dans une
tragédie de 1660 et l'Hippolyte de Pellegrin et
Rameau dans l'opéra de 1733 ; les spectacles du
Marais rénové et de son décorateur Buffequin,
comme *Les Sosies* de Rotrou repris en 1649 avec des
machines somptueuses ou *Andromède* de Corneille,
qui l'année suivante inaugure une brillante décennie
de pièces à machines. Les comédies-ballets de
Molière, puis l'opéra lulliste, devront beaucoup à
cette série de spectacles encouragés, parallèlement
au ballet de cour, par les deux cardinaux.

D'autres éléments et d'autres événements ont
encouragé au contraire un théâtre qui devait préluder à la tragédie racinienne aussi bien qu'aux
« grandes comédies » de Molière. Les textes relatifs
à la Querelle du *Cid* (1637-1638), engagée par
Georges de Scudéry et arbitrée par la jeune Académie, présentent l'intérêt de mettre en pleine lumière
les points d'accord aussi bien que les points de
désaccord entre les poètes et les théoriciens de la
génération de Corneille. Derrière les accusations de
plagiat, d'immoralité, d'invraisemblance portées
contre le poète, l'essentiel est, dans le camp des
adversaires comme dans celui des partisans du *Cid,*
le souci de conférer au théâtre sérieux (la pièce,
d'abord intitulée tragi-comédie, sera vite présentée
par son auteur comme une authentique tragédie)
une dignité tenant au sujet, à la manière et à la
rigueur de la disposition. L'année suivante (1639),
La Ménardière, médecin de Gaston d'Orléans,
publie une *Poétique* réduite en réalité à un traité de
la tragédie, où il développe un aristotélisme pondéré
par les exigences modernes de bienséance et de
grandeur héroïque. La même année, Jean-François
Sarasin présente, en tête de *L'Amour tyrannique* de
Scudéry, un *Discours sur la tragédie* très proche de

l'esprit de La Ménardière : rigueur dans l'interprétation des règles, noblesse de l'inspiration, mais aussi
et surtout recherche des sujets impliquant une
multitude d'incidents et autorisant une fin heureuse.
Selon Sarasin, Scudéry aurait pu se dispenser d'ap-
peler tragi-comédie son *Amour tyrannique,* qui lui
semble, à tort d'ailleurs, conforme au modèle aristotélicien de la tragédie. Il est vrai qu'Aristote admirait le sujet d'*Iphigénie en Tauride,* où la sœur
reconnaît son frère à temps pour éviter le sacrifice
imposé. Tragi-comédie, tragédie à fin heureuse (ce
qui traduit l'expression italienne « tragedia di lieto
fin »), comédie héroïque répondent en fait à l'exigence générale de juste milieu et d'idéale « médiocrité » qui hante les esprits entre 1635 et 1660. Deux
œuvres théoriques majeures ont exprimé cet idéal :
la *Poétique* de Gérard-Jean Vossius (1647) et la
Pratique du théâtre de l'abbé d'Aubignac (1657). Le
premier de ces ouvrages, qui se veut aussi aristotélicien que ceux qui le précédaient, présente une
double particularité. Il donne à la tragédie, en plus
de la terreur et de la pitié, un troisième objet, qui est
l'admiration : en quoi il semble se référer à la
tragédie de Corneille. Mais il fait aussi, avec insis-
tance, l'éloge de la manière mixte de la tragi-
comédie, en proposant comme modèle le *Pastor fido*
de Guarini. Le second, longuement médité mais
publié peu de temps avant les *Discours* et *Examens*
de Corneille, entend d'une tout autre manière le
même principe de juste mesure. Réservant aux
pièces à machines les éclatantes surprises et les effets
miraculeux, l'abbé d'Aubignac donne au théâtre
sérieux l'unique idéal de la vraisemblance, celle-ci
permettant toutes les libertés possibles dans les
drames historiques ou mythologiques, et autorisant
les tragédies à sujets inventés, sous-genre que n'a
pratiqué aucun des dramaturges importants du XVIIe
siècle. D'autre part, l'œuvre dramatique lui semble
devoir se définir comme le lieu d'un parfait équilibre

esthétique entre *action* et *discours,* comme entre les
différents fils qui composent la première. De telles
exigences annoncent sans doute la formule tragique
racinienne. Mais l'abbé d'Aubignac rejoint Sarasin
et surtout Corneille en faisant l'apologie de l'issue
heureuse (*Pratique,* II, 9) et en assimilant les notions
de tragique et d'héroïsme. Si la poétique aubigna-
cienne est pré-racinienne, son éthique est encore
imprégnée de l'esprit cornélien.

Les réflexions des théoriciens et des praticiens du
théâtre, au second tiers du XVIIe siècle, en dépit des
divergences qu'elles comportent, se rejoignent dans
l'affirmation, explicite ou implicite, de quelques
principes fondamentaux. L'idée, tout d'abord, qu'il
existe un art général de la poésie représentative,
tous les genres devant se soumettre à des règles
communes ; les préceptes admis, qu'ils touchent à la
structure, à l'invention, à l'écriture, ont pour objets
le plaisir du spectateur et son instruction et visent
pour cela à assurer l'adhésion intellectuelle et sensible ; les œuvres conformes à la règle doivent être
conçues, non seulement en vue de la représentation,
mais aussi en vue de la lecture : l'édition d'une pièce
de théâtre est un événement aussi important que sa
création sur les planches. Second principe, qui
apparaît comme corollaire du premier : il existe en
droit un très large éventail de genres et de sous-
genres, de la simple farce à la tragédie la plus
ambitieuse. S'ils font l'objet, en théorie, de précises
distinctions, la pratique est celle de l'insensible
passage de l'un à l'autre, voire des formules où,
suivant le précepte horatien, la poésie sérieuse
s'enrichit de traits plaisants, tandis que Chrémès en
colère (« *iratus Chremes* ») atteint le style grave de
la tragédie à l'intérieur d'une œuvre comique. Dernier principe, qui est peut-être à la base des deux
autres : l'œuvre dramatique doit être à l'image du
monde des hommes auxquels elle s'adresse : ceux-ci,
selon l'expression de Georges de Scudéry dans son

Apologie du Théâtre (1639), « balancent toujours » entre deux « extrémités » ; « l'espoir du bien ou la peur du mal partagent incessamment leur âme » ; et Scudéry ajoute : « C'est par cette raison si puissante que les poèmes de théâtre sont d'une merveilleuse utilité. Car la terreur et l'espérance, qui sont les deux ressorts qui font mouvoir tous les esprits, sont aussi les deux pivots sur quoi tourne toujours la scène. » Dès lors, la comédie, la tragédie et les genres mixtes participent d'un même ensemble, où la perfection est obtenue quand la succession des situations et des tons extrêmes ou la recherche des plages moyennes de l'action et du discours traduisent la juste « médiocrité » de l'humain.

Cette vision à la fois sévère et généreuse de l'œuvre théâtrale a permis aux poètes de chercher leur inspiration dans des sources très diverses. La tragédie se conforme encore volontiers au moule et aux thèmes sénéquiens, mais s'assouplit en puisant chez les adaptateurs italiens des drames antiques ou chez les Espagnols du début du siècle ou même chez les romanciers : le *Timocrate* de Thomas Corneille (1656) s'inspire de La Calprenède ; le *Tite* de Magnon (1660) accorde à ses héros une heureuse union digne du *Cyrus* ou de la *Clélie*. La comédie cherche encore des modèles dans les œuvres de Plaute, mais adapte aussi des œuvres italiennes ou espagnoles : Rotrou adapte Della Porta dans *La Sœur* (1647) et d'Ouville transpose une comédie de Calderon dans *L'Esprit follet* (1642). Plus librement encore, la comédie se contente volontiers, chez le jeune Corneille et chez le jeune Rotrou, de situer dans un cadre parisien des intrigues de pastorales ; en 1638, Desmarets publie ses *Visionnaires* et Saint-Evremond commence à rimer sa *Comédie des Académistes*, simples satires dialoguées des intellectuels du temps ; enfin, le succès des farceurs français et italiens ne cesse de s'affirmer dans les œuvres courtes qu'ils proposent sur les tréteaux ou sur les

scènes : Scaramouche a été un des maîtres de
Molière ; et le dernier des grands farceurs français,
Jodelet, après avoir été l'acteur vedette du *Menteur*
et de plusieurs comédies de Scarron, terminera sa
carrière dans *Les Précieuses ridicules*.

Riche des traditions diverses dont il s'inspire,
conscient de sa puissance à créer l'illusion mais aussi
des conventions qui le régissent, le théâtre du
XVIIe siècle a pu se permettre de jouer (avec gravité
ou dans la gaieté, mais toujours avec gourmandise)
de son propre reflet. Les deux *Comédies des comé-*
diens de Gougenot et de Scudéry précèdent de deux
ans *L'Illusion comique* de Corneille. En 1644 et
1645, Desfontaines et Rotrou mettent en scène la
conversion du comédien Genest. En 1655, *La Comé-*
die sans comédie de Quinault enchâsse dans une
intrigue comique une pastorale, une farce, une
tragédie et une tragi-comédie. Autant d'occasions
données au poète, et proposées à ses comédiens et à
son public, de méditer sur la signification de la
fiction dramatique, sur la nature des genres et peut-
être sur la condition humaine. Car, si le théâtre se
présente comme image du monde, c'est que le
monde lui-même est un théâtre où chacun doit
découvrir son rôle et l'interpréter du mieux qu'il
peut ; un théâtre aussi où l'on joue souvent le
personnage d'autrui. Le sujet de bien des œuvres
dramatiques françaises des années 1630-1660 est
celui de la recherche de l'identité, ou de sa perte,
consciente ou non : les exemples de *Timocrate*
(1656) ou d'*Héraclius* (1647) l'attestent assurément.
Bientôt, dans un tout autre registre, les valets des
Précieuses endosseront les défroques de leurs maîtres et le spectateur doutera, en assistant à *L'Im-*
promptu, s'il a sous les yeux Molière lui-même, ou
un acteur de l'Hôtel de Bourgogne, ou une troupe
de comédiens de campagne reçue par un hobereau
frère du *Baron de la Crasse* de Poisson (1661).

Tragédie, ou tragi-comédie ?

Jusqu'en 1650 au moins, l'année de *Nicomède*, Corneille est resté le modèle peu contesté de la bonne tragédie. Les éléments essentiels de son théâtre se retrouvent en effet dans un grand nombre de tragédies contemporaines : recherche d'un héros, sinon romain, du moins digne de l'être ; développement d'un conflit supposant de la part de ses protagonistes le sens aigu d'une mission que consacre un dénouement triomphal, même si ce dénouement doit être mortel.

Jean Mairet, qui fut dès 1631 l' « inventeur » des règles avec sa tragi-comédie pastorale de *Silvanire,* et dont la *Sophonisbe* de 1634 contribua à imposer la formule de la tragédie historique à dénouement funeste, s'est surtout adonné à la tragi-comédie. Son œuvre préférée, *Sidonie* (1640), dont l'insuccès conduisit le poète à renoncer au théâtre, est une tragi-comédie d'intrigues, d'allure romanesque, où des erreurs d'identité conduisent un couple d'amants au bord du suicide : une reconnaissance leur permet enfin de s'épouser. En dehors de *Sophonisbe* les deux œuvres les plus marquantes de Mairet sont des tragédies dont l'une, *Marc Antoine* (1635), est conforme au même patron, la seconde, *Le grand et dernier Soliman* (1636), inaugurant une série de sombres drames à sujets turcs que Racine conclura en 1672 avec *Bajazet*. Le mérite de ce poète, qui devait survivre à son œuvre une quarantaine d'années, est d'avoir délibérément parcouru tout l'éventail des genres, des sujets et des manières que lui offrait la dramaturgie de son époque. Dans cette perspective peut s'expliquer l'apparent paradoxe de l'abandon des règles chez celui qui en avait été le thuriféraire.

Pierre Du Ryer a suivi une carrière analogue à celle de Corneille : après plusieurs tragi-comédies à sujets romanesques comme *Argénis et Poliarque* (1630) et une comédie de mœurs à cadre « réaliste » comme *Les Vendanges de Suresnes* (1633), il s'est surtout consacré à la tragédie. Qu'il s'agisse d'œuvres à la romaine comme *Lucrèce* (1636) ou *Scevole* (1644), d'œuvres romanesques comme *Alcionée* (1637), ou d'œuvres bibliques comme *Saül* (1640), et *Esther* (1644), les héros masculins ou féminins de Du Ryer sont des personnages dont l'unique souci est de s'affirmer tels qu'ils sont, au péril même de leur vie, ou même de leur honneur apparent : plus que celui de La Taille (1568) son Saül garde jusqu'à la mort la même constance et la même dignité. Esther n'est pas seulement chez lui la courageuse dénonciatrice d'Aman, elle intercède auprès d'Assuérus en faveur d'une rivale. Si admirables qu'ils soient cependant, ces personnages paraissent assez froids dans leur abstraite acceptation de l'épreuve. Ce sont les acteurs d'un rôle plutôt que des héros emportés par un élan généreux. Le désir d'ostentation est chez eux tellement marqué qu'il en devient peu crédible.

Georges de Scudéry a quitté le théâtre dès 1642, au moment où il obtenait le « gouvernement » de Notre-Dame de la Garde à Marseille. Sa carrière avait débuté dans les années 30 avec *La Comédie des comédiens*, déjà évoquée, et *Ligdamon et Lidias*, œuvre inspirée par *L'Astrée*, et parfaitement irrégulière (1631). Après sa très belle tragédie de *La Mort de César* (1635), suivie de *Didon* (1636), Scudéry a été auteur de plusieurs tragi-comédies, brillamment intriguées, où le poète s'efforce de soutenir l'attention du spectateur par la multiplication d'incidents imprévus, et de toucher sa sensibilité en ménageant de violentes oppositions entre des bourreaux impitoyables et de touchantes victimes, heureusement sauvées *in extremis*. Scudéry s'est attaché de plus en plus à respecter les règles, voulant peut-être manifester par là une sorte de supériorité sur son rival Corneille. Mais ce qu'il y a de plus remarquable chez ce poète, qui devait plus tard se consacrer à l'épopée et au roman, c'est son imagination. Non seulement il a le sens du vocabulaire coloré et puissamment expressif, mais c'est un remarquable metteur en scène. Il imagine pour ses drames d'ingénieux décors où l'unité de lieu se concilie avec la variété du spectacle : *La Mort de César* implique des « changements de face » permettant de transformer une chambre à coucher en salle de réunion ; *L'Amour tyrannique* (publ. 1639) fait se dérouler l'action extérieure sur deux plans : le haut des remparts d'une ville et la plaine qui les entoure. De nombreuses indications marginales traduisent encore sa volonté de faire que les personnages ne se contentent pas de parler, mais agissent sous les yeux du spectateur.

Jean Rotrou a pratiqué tous les genres dramatiques, de la tragédie la plus noire comme *Crisante* (1635) à la comédie la plus « classique » comme *Les Sosies* (1637). Il a également, sous le titre de tragicomédies ou de comédies, cultivé le drame « moyen », apparenté à la pastorale (*Céliane* publ. 1637), ou au théâtre romanesque (*Cléagénor et Doristée*, 1634). Mais après 1636, date à laquelle il cesse d'être poète à gages de l'Hôtel de Bourgogne, et surtout après 1639, année où il obtient à Dreux une charge de lieutenant-criminel, il se consacre surtout à la tragédie : œuvres à sujets mythologiques, avec *Antigone* (1637) et *Iphigénie* (1639), d'inspiration plus chrétienne que païenne, et dont se souviendra Racine ; pièces inspirées librement par l'histoire mais procédant surtout de la manière des Espagnols : *Bélisaire* (1643), *Saint Genest* (1645), *Venceslas* (1647) et *Cosroès* (1648). En dépit de leur variété de thèmes et de sources, ces tragédies sont marquées par d'importants caractères communs : elles évoquent toutes l'exercice du pouvoir, les difficultés qu'il implique et les tentations qui l'accompagnent ; rois ou empereurs sont toujours en proie à des dilemmes apparemment insurmontables ; ainsi Agamemnon déchiré entre la volonté divine et l'amour paternel, Venceslas entre son rôle de juge et son amour de père, Syroès entre la piété filiale et l'obligation de sévir contre son père Cosroès que la folie empêche de gouverner. En face des princes, les héros de Rotrou sont emportés par des passions vertueuses ou criminelles, images elles-mêmes d'un impitoyable destin ou d'un secret dessein de la providence ; Antigone, Ladislas et Genest sont présentés comme les instruments d'une vocation, et très peu comme les acteurs conscients de leurs destinées. Personnages de paradoxes, ils sont habités par une violente volonté d'être, sans connaître, sinon au dénouement, ce que cette volonté produit en eux et dans le monde où ils vivent. Cette incertitude est particulièrement marquée dans *Venceslas,* où le crime d'un prince héritier lui ouvre paradoxalement la voie à un règne de justice, et dans *Saint Genest,* où le héros, d'abord chargé de caricaturer les martyrs chrétiens, devient enfin, en l'acceptant pleinement, l'un de ces martyrs. Ce théâtre, qui est plutôt celui de l'immanence que celui de la transcendance, où une mystérieuse divinité semble conduire l'action, comme elle le fera plus tard dans *Tête d'or* ou dans *Le Soulier de satin,* est moins que tout autre attentif à la simple vraisemblance. Cette singularité est comme figurée par l'usage obstiné du décor multiple ou changeant, et par les ambiguïtés et les contrastes du langage.

La carrière de Tristan l'Hermite, dans le genre tragique, a été très brève (1636-1647). Ses deux premières tragédies, *Mariane* (1636) et *Panthée* (1637), sont des adaptations d'œuvres d'Alexandre Hardy. Si la seconde eut peu de succès, la première, interprétée par Montdory, a connu un véritable triomphe. *La Mort de Sénèque* et *La Mort de Chrispe* (1643 et 1644), représentées par Molière et Madeleine Béjart (dont la famille était alliée à celle des L'Hermite) sont deux drames politiques dont le second est de plus inspiré par le mythe de Phèdre.

Quant à la tragédie d'*Osman* (1647), elle constitue un des premiers exemples de tragédie moderne à sujet turc, et Racine s'en souviendra dans *Bajazet*. Tristan a pratiqué une forme de tragédie en apparence très traditionnelle : les dialogues débattent volontiers de problèmes généraux, politiques ou psychologiques, les monologues et les tirades développent une argumentation ou analysent une situation ; les songes et les scènes en stances sont présents dans les cinq tragédies ; enfin l'expression est ici, avec ses violences baroques ou ses délicatesses précieuses, proche de celle des œuvres lyriques du poète. Cependant, le caractère pressé de l'action et la violence des passions mises en œuvre assurent la théâtralité de la tragédie de Tristan. L'œuvre est sombre, et son sens du tragique sans nuances. Ce gentilhomme pauvre, et déçu par les grands de ce monde, présente une vision pessimiste de la société humaine. Les princes sont ici des bourreaux, et les héros, des victimes : Hérode n'a rien à envier à Néron et le sort de Mariane est aussi sombre que celui de Sénèque. Tristan se désignait lui-même comme un « mélancolique ». Comme il l'écrit dans *Mariane,* un tel tempérament ne pouvait « figurer que des images sombres » et « voir que des tombeaux, des spectres et des ombres ». Certes, dans le rôle de Mariane ou dans celui de Sénèque, la divinité est invoquée avec une foi obstinée. Mais cette invocation même ressemble à celle que certains jansénistes adressent au « Dieu caché ». Elle reste empreinte d'une sorte de désespérance.

Dans les années qui ont suivi la Fronde, la tragédie a subi une de ses crises les plus graves : tandis que se développe le genre comique, et que la pastorale tend à renaître, la poésie dramatique sérieuse est tentée par le romanesque : fantaisies tragi-comiques comme dans *Amalasonte* de Quinault (1657), jeux sur la double identité comme dans *Timocrate* de Thomas Corneille (1656), intrigues à la romaine, mais artificiellement optimistes, comme celles d'*Ostorius* de l'abbé de Pure (1658) ou *Tite* de Magnon (1660). A l'aube du règne de Louis XIV, le retour à la grande tradition tragique sera assuré par le vieux Corneille (*Œdipe*, 1659), en attendant les débuts de Racine (1664).

Comédies, ou pastorales ?

La comédie française du XVIIe siècle, au moins jusqu'aux débuts de Molière, est redevable à plusieurs traditions. Sa forme poétique, qu'il s'agisse de la disposition générale ou de la versification, est directement issue de la tragédie et de la pastorale. Il s'agit en effet, pour les poètes qui débutent dans ce genre en même temps que Corneille et Rotrou, de conquérir un public exigeant, cultivé, et qui, s'il consent à s'égayer au spectacle de la farce, entend que la grande comédie atteigne la dignité littéraire propre, non au genre *bas,* mais au genre *moyen.* Le seul fait que la comédie « classique » soit écrite en alexandrins incite ses créateurs à y laisser paraître le reflet de genres en principe plus relevés, qui appartiennent d'ailleurs, non seulement à la poésie dramatique, mais aussi à l'élégie, à l'épître ou à la satire littéraire. De cette « dignité » témoignent, dès les années 30, et jusqu'à la *Critique de l'Ecole des femmes* de Molière, les efforts des auteurs de comédies à enchâssements, évoquées plus haut, pour imposer le genre comme une forme littéraire capable de rivaliser avec le genre tragique. Pour atteindre cet objectif, sans pour autant méconnaître l'efficacité des jeux de scène et des *lazzi* des farceurs italiens ou français, les poètes ont cherché leur inspiration dans le *corpus* de la comédie latine revue par les Italiens, ou dans la tradition moderne des bergeries, ou enfin dans le théâtre espagnol de Calderon et de ses contemporains.

Après Larivey et avant Molière, c'est Rotrou qui, entre 1636 et 1640, a, presque seul, contribué à maintenir en France la veine plautinienne ; le choix qu'il a opéré chez le comique latin est significatif : *Les Ménechmes, Les Sosies* et *Les Captifs,* ont en commun de présenter, non pas de simples histoires d'amour contrarié, mais les conséquences inattendues d'une ressemblance, d'un dédoublement ou d'une substitution. Cette exploitation très orientée du théâtre de Plaute correspond au goût des prédécesseurs de Molière pour les intrigues fondées sur les jeux de l'apparence et de la réalité. Des ambiguïtés analogues se retrouvent encore dans *La Sœur* (1647), du même Rotrou, comédie inspirée par l'italien Della Porta, où les situations les moins confortables ont pour source un lointain échange de nourrissons. Le jeune Molière s'est souvenu de ce genre d'intrigue dans *L'Etourdi* (1655) et dans *Le Dépit amoureux* (1656). Déjà, en 1654, dans *Le Parasite,* de Tristan, dont le titre indique assez que le poète se plaçait sous l'égide du comique latin, c'est un changement d'identité, et le retour d'un jeune homme qu'on croyait mort, qui alimentent l'intrigue.

De quelque source qu'elles s'inspirent, la plupart des premières comédies de Corneille et de Rotrou demeurent tributaires de l'inspiration pastorale : moyennant de multiples retournements de situation, ces œuvres content l'histoire d'un couple privilégié, séparé par un malentendu, mais destiné enfin à s'épouser. Cependant, ces comédies sont relevées, soit par des aventures à la limite du croyable (Mairet, *Les Galanteries du duc d'Ossonne,* 1632), soit par l'introduction anachronique de personnages de farce (Rotrou, *Clarice,* 1643), soit par la référence à des réalités et à des lieux familiers (Du Ryer, *Les Vendanges de Suresnes,* 1636). Dans *La Comédie des Tuileries,* les cinq auteurs ont concilié avec virtuosité les motifs pastoraux, comme l'écho ou le faux suicide, les erreurs d'identité dans la tradition italienne, et l'évocation d'un jardin bien connu du public parisien. Le charme de la pastorale demeure assez vivant pour qu'en 1652 encore, Tristan fasse jouer, sous le titre d'*Amarillis*, une adaptation de *Célimène* de Rotrou, où l'on assiste au retour du satyre traditionnel, traité d'ailleurs avec une remarquable verdeur. Toutes ces œuvres, qui ont contribué à la survie d'un genre qu'on pouvait croire mourant, ont préparé les dialogues galants du théâtre à machines des années 1650-1660, les plaisantes bergeries des comédies-ballets de Molière, et les élégants prologues de l'opéra lulliste.

La première pièce de Rotrou, *La Bague de l'oubli* (1629), était imitée de Lope de Vega. Dans les années qui ont suivi, le théâtre comique français s'est résolument inspiré du théâtre espagnol. Les poètes trouvaient là, ingénieusement combinés, les éléments qui correspondaient le mieux aux goûts de leur public : intrigue rigoureuse, jeux de scène animés, déguisements et malentendus, évocations « réalistes ». Il en est ainsi dans *L'Esprit follet* de Le Métel d'Ouville, imité de Calderon, où une complexe histoire d'amour est l'occasion de conversations sur la beauté de Paris, le charme des nouvelles pièces de l'Hôtel de Bourgogne, et de spectacles changeants et brillants (1642). Les comédies à l'espagnole introduisent volontiers dans leur intrigue l'équivalent du *gracioso*, serviteur à la fois balourd et spirituel, cousin de l'Arlequin italien, et comme lui inspirateur de gags pour le dernier grand farceur français, Jodelet. Héritier de trois traditions, Jodelet est le compagnon de Dorante dans *Le Menteur* de Corneille (1644), et le personnage central de *Jodelet astrologue* de d'Ouville (1647) et du *Geôlier de soi-même* de Thomas Corneille (1655). Il reparaîtra dans *Les Précieuses* quelques mois avant sa mort (1659). Mais le Moron de *La Princesse d'Elide* (1664) lui devra encore quelque chose ; cette comédie-ballet, inspirée elle aussi par un modèle espagnol, constitue d'ailleurs l'aboutissement d'une tradition complexe, en alliant les délicatesses de la pastorale française aux divertissements chers aux dramaturges d'outre-Pyrénées. Les décalages de ton de la comédie à l'espagnole conduisent naturellement à la manière burlesque. Poète et romancier peu égalé dans ce type d'écriture, Scarron en a donné quelques modèles remarquables, dans des comédies où le valet plaisant prend la place du maître, à moins que le maître lui-même n'égale le valet en rusticité : c'est *Jodelet ou le Maître Valet* (1645) et *Dom Japhet d'Arménie* (repr. en 1646-47 et publ. en 1653). Dans son *Berger extravagant* (1653), imité de l' « anti-roman » de Sorel, Thomas Corneille créait de la même façon la pastorale burlesque, dont Molière devait longtemps se souvenir, jusque dans *Le Bourgeois* et *Le Malade imaginaire*.

Admirable genre que celui de la comédie entre 1630 et 1660 ! On peut s'y divertir entre gens de bonne compagnie, inventer des ridicules artificiels ou de surface pour rire sans risquer de blesser le prochain, pasticher ou caricaturer tous les styles, s'amuser même du genre qu'on pratique, comme faisait déjà le jeune Corneille, et comme l'affirme encore la servante du *Jodelet astrologue* de d'Ouville :

Madame, vous semblez, souffrez que je le die,
En cette occasion Dame de Comédie.
Vous rebutez le riche, et prenez l'indigent ?

La dame en question ressemble en effet à ces héroïnes non tant de comédies que de pastorales, qui préféraient, à l'aube du siècle, le berger pauvre au bouvier riche. On s'offrait déjà en 1634, dans *L'Hôpital des fous* de Beys, le spectacle d'une déraison proche de celle de la comédie traditionnelle. Douze ans plus tard, *Les Songes des hommes éveillés* de Brosse présente encore un petit monde aristocratique où l'on se donne la comédie les uns aux dépens des autres. Dans ces jeux de miroirs, il était normal que se mêlât l'intention satirique : les travers de la société du temps fournissent ses motifs principaux au *Railleur* de Mareschal (1638) ; ses folies, littéraires ou non, aux *Visionnaires* de Desmarets (1638) ; ses prétentions à la *Comédie des académistes* attribuée à Saint-Evremond (publ. 1650). Plus subtilement, dans *Le Pédant joué* (1654), Cyrano de Bergerac mêle à celui des types traditionnels, savantasse ou soldat fanfaron, le langage haut en couleurs des paysans de l'Ile-de-France : vive mais trompeuse comédie, comme *La Mort d'Agrippine* (1653) était une tragédie fascinante, mais également trompeuse.

En un siècle, le théâtre français a parcouru bien des itinéraires, vécu dans des cadres très différents, touché à tous les genres, anciens et modernes, d'inspiration française ou de source étrangère. Le paradoxe réside peut-être en ce qu'il est la plupart du temps, surtout à partir de 1630, demeuré comme effrayé par l'extrême du tragique et par l'extrême du comique. Le premier porterait-il malheur en effet ? et le second risquerait-il d'être trop décapant pour satisfaire les esprits distingués ? Il faudra que Molière s'impose à Paris après son retour de 1659 pour que le rire cesse d'être autre chose que la raillerie de bonne compagnie apparue avec *Mélite :* on ne le lui pardonnera pas aisément. Il faudra que Racine retrouve avec *La Thébaïde* le sujet « le plus tragique de l'antiquité » pour que le grand genre ressuscite avec toutes les dimensions que lui avait données Euripide, et sans compromis : Racine, lui aussi, devra lutter pour conquérir l'incontestable royauté que la postérité lui a heureusement reconnue.

CONCLUSION

L'ENSEMBLE des œuvres composées au cours de
la période « baroque » répond à un effort
constant, bien que multiforme, de conciliation entre les valeurs humanistes héritées et les
exigences d'un esprit moderne à la recherche de soi.
Cette tension est sensible dans la pensée : le
cartésianisme et ses chaînes de raisons est certes
violemment opposé aux figures pascaliennes : mais
Descartes comme Pascal, également soucieux de
dépasser les apories montaignistes, gardent de
secrètes attaches, l'un avec l'aristotélisme qu'il prétend combattre, l'autre avec le néoplatonisme dont il
sait dire les insuffisances. Elle éclate aux yeux dans
la production littéraire. Au théâtre, tragédie et
comédie à l'antique doivent faire place à des formules modernes (même quand celles-ci se recom-
mandent d'exemples anciens) : tragédie sanglante,
tragédie à fin heureuse ou tragi-comédie ; pastorale
et comédie héroïque. Dans la littérature narrative, le
roman d'Honoré d'Urfé ou de Madeleine de Scudéry affecte de n'oublier jamais les modèles grecs et
latins : mais sous le peplum, la toge ou la braie
gauloise il est tellement de son temps qu'on lui
découvre des clefs parfaitement actuelles. En poésie, l'exacte discipline de l'ode, volontiers relayée

par celle du sonnet, ou assouplie dans celle des stances, s'oppose à la libre démarche de l'élégie et de la satire.

Dans ces genres divers, et quelle que soit la sincérité des auteurs, une ambiguïté subsiste entre l'immédiate représentation du contingent et la recherche délicate des correspondances. Tension tragique et lyrisme de la réconciliation se succèdent chez Agrippa d'Aubigné et chez Tristan l'Hermite. Honoré d'Urfé fait alterner des scènes de violence, parfois insoutenable, et des dialogues où domine le scrupule moral et l'analyse en finesse des sentiments. L'enchâssement pratiqué dans les comédies des comédiens est d'abord souple jeu chez Scudéry et Corneille, mais pose avec Rotrou le redoutable problème de l'identité.

Même incertitude dans la recherche des modèles. Le respect affiché des règles aristotéliciennes ou horatiennes masque difficilement, au théâtre, le prestige toujours vivace des Italiens et celui, sans cesse croissant, des Espagnols. Inversement le modernisme professé par Malherbe ou par Théophile n'empêche ni l'un ni l'autre de mettre en scène, dans leurs meilleurs poèmes, les divinités et les héros qui peuplaient les *Métamorphoses* d'Ovide.

Dans cet ensemble cohérent à travers sa diversité, les générations successives ont cependant apporté d'importantes nuances. Jusqu'aux années qui voient l'arrivée au pouvoir de Richelieu et la condamnation de Théophile de Viau, un baroque de crise, marqué par le mouvement, le jeu des oppositions, les recherches verbales, domine dans les créations théâtrales, poétiques et romanesques : c'est le temps de *Bradamante*, de *Pyrame* et encore de *Clitandre ;* c'est aussi celui des *Sonnets* de Sponde et de *La Maison de Silvie*. La publication en France de l'*Adone* de Marino (1623) traduit précisément les contradictions d'une esthétique où le délire verbal s'associe à l'extrême rigueur des structures et des

effets sonores. Les décennies où s'est imposée
l'autorité des cardinaux sont également celles où l'on
a légiféré en matière d'art et de littérature. C'est
alors que s'est défini l'idéal social de l'honnêteté,
que se sont dégagées les règles du bien dire, que
l'œuvre s'est voulue conforme à une tradition, à une
doctrine, à un goût : la grande tragédie, le poème
héroïque, le roman lui-même se plient à de nouvelles
exigences. Dans les années enfin qui précèdent la
« prise de pouvoir » du jeune Louis XIV, l'échec de
la Fronde et avec elle des « généreux » précipite une
mondanisation de la création littéraire. Une décisive
mutation s'opère où s'assagissent également les
tendances de l'esprit baroque à la subtilité ou à la
violence. La manière burlesque, ultime avatar des
outrances d'un âge révolu, se réfugie dans le *Roman
comique* ou dans les poésies de salon de Sarasin. Les
recherches formelles des disciples de Marino et des
émules de Voiture trouvent un emploi dans la
discipline d'écriture, de pensée et de sensibilité de la
préciosité.

Quelque variée pourtant qu'ait pu être la période
baroque, elle présente un principe d'unité que les
années rendent toujours plus sensible. La littérature
française y a pris conscience d'elle-même. Traditionnelle ou moderniste, elle a compris qu'il lui fallait à
la fois tenir compte des traditions où elle puisait ses
thèmes et ses formes et du public toujours renouvelé
qu'elle devait séduire. Elle a mesuré ses forces et
découvert ses limites. Des libertés qu'elle s'était
accordées, elle a reconnu les excès et parfois les
dangers. Mais elle a également refusé de s'enfermer
dans le formalisme où la discipline qu'elle se donnait
aurait pu la réduire. Elle a été porteuse de sa propre
critique. Autant ou plus que dans les écrits des
« doctes », dans les académies et dans les salons,
c'est dans les œuvres littéraires elles-mêmes que s'est
élaborée une doctrine de la bonne écriture que les
décennies suivantes ne devaient faire que prolonger

et adapter : *Francion* et *Clélie* définissent le roman au moment où ils s'écrivent. *L'Illusion comique* et *Saint Genest* sont pièces sur le théâtre autant que pièces de théâtre. Déjà les *Essais* de Montaigne incluaient le journal de leur rédaction. Pascal, en composant son *Apologie,* fait alterner, page après page, les fragments où il s'interroge sur son entreprise et ceux où il aborde sa réalisation. Double regard où l'union du créateur et du critique, au sein d'une même œuvre, traduit les élans et les doutes de son auteur, et justifie les incertitudes et les richesses de l'art baroque.

TROISIÈME PARTIE

LES GRANDS AUTEURS

Chapitre I

ROBERT GARNIER

ROBERT Garnier est né dans le Maine, à La Ferté-Bernard, en 1545. Il a fait ses études en droit à Toulouse, où il s'est lié avec Gui du Faur de Pibrac, futur auteur des *Quatrains,* alors conseiller au parlement de la ville. En 1564, un *Chant royal allégorique des troubles passés de la France* lui a valu la Violette des Jeux floraux. L'année suivante, il a rédigé des inscriptions, quatrains et sonnets, pour l'entrée de Charles IX à Toulouse et soupiré pour une mystérieuse Agnette des *Plaintes amoureuses.* En 1566 enfin, il a obtenu l'Eglantine des Jeux floraux pour un *Chant royal en allégorie,* consacré aux récents événements des guerres de religion ; peu après Garnier a rejoint Pibrac, avocat général, dans la capitale où il devient lui-même avocat au parlement en 1567. Cette même année, il écrit un *Hymne de la monarchie,* unique exemple de ce genre poétique que le poète des *Juives* nous ait laissé, mais essentiel en raison de son inspiration : il s'y souvient de l'*Hymne de la justice* de Ronsard (1555) et aussi des *Discours* de 1562-1563. La pensée qui s'y exprime est franche, sans nuance, éloignée de la modération d'un Michel de l'Hospital, d'un Bodin, d'un Pibrac. Pour Garnier, l'ordre est le bien suprême. Le souverain n'est pas tant celui qui assure la justice que celui qui assure à l'Etat ordre et unité. La monarchie est la loi de l'Univers ; elle met l'harmonie entre les éléments et les mondes ; elle impose à l'œuvre d'art l'unité dans la diversité où réside la perfection ; elle inspire les sociétés animales, comme celle des abeilles. Garnier croit que l'effort de l'esprit et de la volonté humaine a retrouvé, au milieu des convulsions des premiers âges, une organisation inscrite dans la nature, mais que l'art seul a pu réinventer. Il hait également l'aristocratie et la démocratie : la première évoque à ses yeux ces grandes familles qui en son temps déchirent le royaume, ou ces réunions du Parlement qui font surtout apparaître ses divisions. La seconde est inséparable en son esprit des tendances anti-monarchiques du protestantisme français qui se manifesteront avec la publication du *Contr'Un* de La Boétie (1576) ou des pamphlets de Hotman. Or selon lui la monarchie, même si elle n'est que l'ordre imposé, est foncièrement bonne. La tyrannie n'en est qu'une image excessive, qui ne ruine en rien le principe édicté par le poète. L'évocation exemplaire du règne d'Auguste permet à Garnier de concilier son anti-humanisme et son goût des antiques disciplines. Tous deux sont précisément mis en œuvre dans sa première tragédie romaine, *Porcie,* publiée à la veille de son départ pour Le Mans où il s'installe en 1569 comme conseiller au Présidial.

Dès lors la vie du poète se confond avec celle du magistrat, pour lequel l'activité littéraire n'a été qu'une façon sérieuse d'occuper ses loisirs, bien que son amour des lettres soit pour quelque chose sans doute dans son mariage avec la poétesse Françoise Hubert (1573). Sa carrière a culminé avec la nomination au Grand Conseil du roi (1586). Mais les dernières années de sa vie ont été assombries par la mort de ses amis Pibrac (1584) et Ronsard (1585) et par son veuvage (1588). Les circonstances l'avaient amené à pactiser un temps avec la Ligue. Mais il semble avoir très vite rompu avec elle, effrayé sans doute par les excès dont il a pu être témoin. Il mourut le 20 septembre 1590. La carrière du poète s'achevait au moment de la pire confusion politique. L'histoire de sa vie s'est confondue avec celle d'une des époques les plus troublées — voire les plus désespérées — que la France ait connues.

Son œuvre est pénétrée de méditations sur l'actualité. Il a choisi, comme thèmes d'inspiration, les plus graves que pouvaient lui fournir l'histoire de Rome et la mythologie de la Grèce : *Porcie* (1567), *Cornélie* (1574), *Marc-Antoine* (1578) évoquent les dernières heures de la république et le douloureux enfantement de l'empire. *Hippolyte* (1573) se consacre à la plus sombre histoire d'amour de l'antiquité légendaire, tandis que *La Troade* (1579) ou *Antigone* (1580) retracent les épisodes les plus sanglants de la Fable. Pourtant, les dernières productions théâtrales de Garnier ouvrent un horizon et veulent exprimer un espoir chrétien : la tragi-comédie de *Bradamante* (1582) où l'union de la jeune guerrière chrétienne et du brillant Sarrazin converti peut faire croire en un avenir de réconciliation généreuse ; *Les Juives* surtout (1583), où le personnage du Prophète semble annoncer à une France meurtrie des lendemains de Justice et une Parousie lumineuse. Le poète avait collaboré en 1574 au *Tombeau* de Charles IX. Mais son chef-d'œuvre en matière élégiaque est sans doute la somptueuse *Elégie sur le trépas de Ronsard* (1586), où, remontant le cours du temps et glorifiant le printemps du poète, il fixe pour l'avenir sa glorieuse image.

Le poète tragique

Largement redevable à Sénèque mais, contrairement à ce qu'on a cru longtemps, faite pour être représentée et non seulement pour être lue, la

tragédie française de la Renaissance est caractérisée
par un sujet épouvantable, une sombre issue annon-
cée par les ombres, songes et pressentiments, une
leçon, toujours à peu près la même, de modération
dans les désirs et d'acceptation des coups du sort,
une structure enfin où alternent une rhétorique
destinée à convaincre l'esprit et un lyrisme destiné à
toucher la sensibilité. Le poète des Juives n'a guère
innové sur ces différents points. Toutes ses œuvres
sont inspirées par Sénèque, même quand elles ne lui
empruntent pas leur sujet : *Hippolyte* et *La Troade*
sont pures transpositions des tragédies du poète-
philosophe. *Antigone* se souvient de Sophocle et de
son adaptateur italien Alamanni, mais contamine
surtout *Les Phéniciennes* et *Œdipe*. Quant aux
tragédies « romaines », elles s'inscrivent dans la
tradition inaugurée par l'*Octavie* du Pseudo-Sénè-
que et sont comme elle fidèles à l'esprit et à la
structure poétique des œuvres authentiques du Cor-
douan.

Mais le théâtre de Garnier est animé tout entier
par le désir d'apporter à ses contemporains les
leçons qui leur conviennent. Dédiant au Roi l'édition collective de 1582, le poète émet le vœu que le
souverain triomphe de ses ennemis, et, pour ainsi
parler, que l'inspiration tragique change de sens :

... que je puisse d'eux faire une tragédie,
Semblable à celles-cy, qu'humble je vous dédie,
Où j'empoule des vers pleins de sang et d'horreur,
De larmes, de sanglots, de rage et de fureur.

Les diverses dédicaces insistent sur les aspects
d'actualité des sujets élus par le poète. Il présente
ainsi *Marc-Antoine* à Pibrac : « A qui mieux qu'à
vous se doivent adresser les représentations tragiques des guerres civiles de Rome, qui avez en telle
horreur nos dissensions domestiques et les malheureux troubles de ce royaume... ? »

Il n'y a qu'un pas à franchir pour la justification du poème des *Juives*. Garnier y présente en effet « les souspirables calamitez d'un peuple qui a comme nous abandonné son Dieu. C'est un sujet délectable, et de bonne et sainte édification ». En effet, d'autres hommes, d'autres peuples, ont déjà traversé les épreuves que traverse aujourd'hui le peuple de France. Mais ils les ont surmontées, et de leurs sacrifices un autre monde a surgi, plus beau que le précédent.

Une tragédie de Garnier est faite de tableaux discontinus, séparés par des chants choraux destinés à reprendre sur le mode lyrique les trois types de développements tragiques : la plainte après un malheur irrémédiable, l'expression d'une philosophie du monde, l'exposé d'une philosophie de l'homme. Les monologues et les tirades y sont fréquents, qui tantôt développent un sentiment ou une pensée, et tantôt évoquent présages et prophéties ou font le récit d'une catastrophe. Quand la scène s'anime, et que deux points de vue s'affrontent, Garnier retrouve la stichomythie à l'antique, comme à l'acte III de *Porcie,* dans le dialogue d'Octave et Arée sur la clémence. Le vers coupé apparaît avant un récit funeste, pour créer une tension émotionnelle, ou après le récit, pour faire rebondir l'émotion. Ainsi dans *Porcie,* après le récit de la mort de Brutus et une longue plainte de l'héroïne :

Porcie

Ha, las!

Nourrice

Madame.

Porcie

Ha, las!

Nourrice

Madame.

Porcie

O que je souffre !

Nourrice

Madame, escoutez-moy.

Porcie

Je suis dedans un gouffre
De rage et de fureurs.

Nourrice

Escoutez-moy.

Porcie

O cieux !

Nourrice

Laissez ce deuil.

Porcie

O dieux !

Nourrice

Laissez ces cris.

Porcie

O dieux !
Je n'en puis plus, je meurs. Nourrice, tenez-moy,
Hélas ! le cœur me faut.

Historiques ou fabuleux, les personnages de Garnier, conformément à la tradition rhétorique des *Exempla,* intéressent moins par ce qu'ils sont individuellement que pour ce qu'ils représentent et en raison d'une situation que leur rencontre doit exprimer. Les uns sont des victimes, qui peuvent s'affirmer héroïquement dans le malheur et les épreuves : Porcie, Cornélie, Hécube et ses filles, Antigone, Hippolyte. Les autres sont des bourreaux, que condamne un orgueil souvent démesuré : Octave dans *Porcie*, César dans *Cornélie*, Ulysse, Créon, et bien entendu Nabuchodonosor. Une troisième famille est celle des sages, détenteurs des éternelles maximes de la saine politique et de la juste morale : Arée dans *Porcie*, Cicéron dans *Cornélie*, Philostrate dans *Marc-Antoine*, voire l'Agamemnon de *La Troade* ou le Prophète des *Juives*. La formule ainsi définie est simple et sans ambiguïté : la victime inspire la pitié, le bourreau la terreur, le sage qui résiste à la cruauté du second et qui commente ou console les malheurs de la première se fait, ainsi que le chœur, l'intermédiaire entre les personnages principaux et le public, auquel il transmet le message philosophique du poème tandis que les chants choraux lui en font concevoir les aspects sensibles.

La progression de la tragédie selon Garnier n'est pas celle d'une action mais celle d'une leçon politique, morale ou religieuse, illustrée par des effets extérieurs destinés à bouleverser la sensibilité et à assurer à la leçon toute sa portée. Ainsi se succèdent les catastrophes toujours plus horribles de *La Troade*, les supplications toujours plus instantes, mais également vaines, des *Juives*, ou même les aveux et déclarations d'*Hippolyte*, qui n'ont guère pour objet que de mettre en évidence la fatalité cruelle de la passion adultère.

La manifestation des caprices de la fortune ou des volontés cruelles du destin, c'est en effet la passion, et particulièrement la passion amoureuse. Faisant un retour sur soi, Marc-Antoine accuse l'amour d'avoir causé tous ses malheurs :

> La seule volupté, peste de nostre vie,
> Nostre vie, et encor' de cent pestes suivie,
> M'a filé ce désastre, estant d'homme guerrier
> Dès le commencement devenu casanier,
> N'ayant soing de vertu, n'y d'aucune louange :

Ains comme un porc ventru touillé
dedans la fange…

(*Marc-Antoine,* acte III)

Mais c'est le malheur tout pur et sans apparente justification qui s'épanouit et se multiplie dans *La Troade*. Pleurant la mort d'Hector, Andromaque s'écrie :

Las ! je tremble de crainte, et n'espere aucun bien.
« O grand malheur de craindre et de
n'espérer rien ! »

(Acte III)

La réaction première à de si funeste encombres est souvent la révolte. Que font donc ces dieux, qui ne protègent point les humains, et qui se laissent eux-mêmes gouverner par le destin ?

Puis il y a des dieux ! Puis le ciel et la terre
Vont craindre un Jupiter terrible de tonnerre !
Non, non, il n'en est point,

ose s'exclamer Cassius au quatrième acte de *Cornélie*.

Pourtant, ni les personnages de Garnier, ni surtout le poète, ne sauraient en demeurer là. La déréliction dont souffrent les humains leur peut inspirer une morale de vertueuse modération. Celle par exemple que définit Cicéron au premier acte de *Cornélie* :

Nostre félicité n'est aux possessions ;
Elle est de commander à nos affections,
D'embrasser la vertu, de ne cacher un vice
Au fond de l'estomach, dont le front nous palisse.

L'idéal souvent professé par les personnages de Garnier est celui de la vie aux champs.

Sans empire, sans charge, entre les gens privez.

(*Marc-Antoine,* acte III)

Mais à qui ne peut échapper à l'activité politique, à la richesse et à la puissance il est nécessaire de « tenir » contre l'ennemi extérieur, qui est la chute de qui est monté trop haut, et contre l'ennemi intérieur, qui est l'ambition excessive de qui, étant roi, se prend pour un dieu. La vie des grands n'est qu'une suite de défis que le sort adresse à leur courage. Loin de se laisser abattre par ces défis, les grands cœurs doivent les relever et affirmer, en acceptant une vie affreuse ou une mort cruelle, leur propre dignité.

Cette dignité ne s'accomplit pleinement que dans une perspective religieuse. La prudence ou le courage, ou la conversion après la faute, sont fréquemment évoqués et loués dans le théâtre de Robert Garnier. Le premier chant du chœur de *Cornélie* fait l'éloge des « bons dieux » dont la colère est « paresseuse à nous punir », et poursuit :

Souvent la peine méritée
Se garde aux races à venir ;
Mais d'autant qu'ils l'ont retenue,
Prompts à pardonner nos péchez,
D'autant plus se monstrent faschez
Quand notre offense continue.

(*Cornélie,* acte I).

Antigone, qui dans un premier dialogue avec son père Œdipe refusait de croire en une responsabilité purement objective et repoussait la notion de souillure, affirme en face de Créon les limpides exigences

de la loi divine, qui n'échappent aux hommes que
dans la mesure où ils refusent de les voir :

> Non, non je ne fay pas de vos loix tant d'estime
> Que pour les observer j'aille commettre un crime,
> Et viole des Dieux les preceptes sacrez,
> Qui naturellement sont en nos cœurs encrez :
> Ils durent éternels en l'essence des hommes,
> Et nez à les garder dès le berceau nous sommes.

(Acte III).

Mais l'opposition de ce monde d'injustice à un
autre monde où toute valeur se trouve reconnue ne
suffit pas à Garnier. La notion d' « épreuve » est,
non seulement spirituelle, mais aussi historique.

Si l'éternelle mouvance des choses nous interdit
de nous attacher à un bonheur qui ne peut être que
fugitif, elle nous empêche aussi de nous laisser
abattre par le malheur présent. L'aujourd'hui trom-
peusement heureux peut être seulement celui où
Dieu alentit sa colère, l'aujourd'hui évidemment
malheureux celui où il punit pour délivrer. Les
moments tragiques choisis par les poètes de la
Renaissance sont ceux où le monde passe d'un âge à
un autre : c'est Saül condamné parce que David doit
régner après lui, ou Troie la Grande détruite pour
qu'un jour puisse Rome être fondée et la France
connaître la gloire, ou la république romaine dispa-
raissant pour faire place au glorieux empire d'Auguste.

On voit aisément quelle peut être la leçon actuelle
de ces tragédies : les moments d'épreuve du passé
ont été suivis d'autres moments. Il en sera de même
des malheurs d'aujourd'hui. La seule question à
poser à Dieu est le « jusques à quand » du prophète,
cette question qu'Agrippa d'Aubigné posait lui-
même dans le même moment en ses *Tragiques*. Car
il s'agit ici et là d'une même attente : celle du retour

du Christ, qui fera régner à nouveau l'ordre et l'harmonie des premiers jours, le règne d'Astrée selon les païens, le paradis originel selon la Bible. L'homme de la fin du XVIᵉ siècle, vivant dans les vicissitudes des guerres et l'incertitude du lendemain, a dû voir l'expression parfaite de ses tourments et de ses espérances dans le stoïcisme chrétien : acceptation du malheur dans la nuit, espoir d'une autre réalité, foi dans le caractère passager du déchirement entre ce monde et l'autre, le seul où règnent la beauté et la justice, mais que la Parousie doit enfin réunir au nôtre.

Dans les années d'attente entre les malheurs actuels et le retour de Jésus-Christ, les hommes n'ont qu'une chance de pressentir ce que peut être l'harmonie divine, c'est la politique monarchique : c'est dans *Marc-Antoine* que l'éloge de la monarchie est développé avec le plus de précision, dans le même esprit que dans l'*Hymne* évoqué tout à l'heure :

> Or ainsi que le ciel est régi d'un seul maistre,
> D'un seul maistre régi ce bas monde doit estre.

>   (Acte IV).

Garnier, tout au long de sa carrière, a repris et nuancé cette même idée. *Bradamante* évoque encore ce que doit être un juste roi et *Les Juives* opposent à ce souverain idéal le tyran Nabuchodonosor — pourtant chargé d'une mission providentielle — et le pécheur Sédécias — pourtant élu de Dieu et porteur indigne mais repentant du message qui doit être répandu dans le monde entier.

Le dépassement de la tragédie : Bradamante

Si l'inspiration de *Bradamante,* imitée du *Roland furieux,* est précisément romanesque, son propos n'est pas de simple jeu, comme avait pu l'être celui des poèmes et des jeux dramatiques antérieurement tirés de l'œuvre de l'Arioste. Comment, au reste, le grave moraliste qu'était Garnier eût-il pu renoncer à l'aspect didactique que comportent, sans exception, toutes ses tragédies ? La simple fantaisie romanesque n'était pas susceptible de semblables leçons. Ce qui apparaît avec cette *Bradamante,* dont le succès se prolongera jusqu'aux premières années du XVII siècle, c'est un réalisme humain qui n'avait pas été poussé à ce point dans le modèle italien. C'est Garnier qui apporte l'arrière-fond historique et religieux qui étoffe et humanise les caractères, et leur confère soit l'approfondissement moral qui fait l'éclat de la pièce, soit le coup de pouce parodique grâce auquel se renouvelle l'épisode familial de l'acte II.

La tragi-comédie est construite autour d'un événement : le duel de conquête amoureuse entre Bradamante et son prétendant. En choisissant cet épisode, Garnier s'enfermait dans l'irréalité pure, et paraissait s'abandonner au rêve éternel qu'ont illustré les légendes de Pélops ou de la Table Ronde. Les personnages sont aussi irréels que la situation où ils se trouvent impliqués. Bradamante est la guerrière valeureuse et invincible que le seul Roger, sous les armes de son rival et bienfaiteur Léon de Grèce, pourra désarmer. Sa « vertu » atteint une telle abstraction, sa féminité est si peu sensible, que les tentatives faites pour la comparer aux véritables guerrières du XVI siècle ne peuvent longtemps faire illusion. Pour sa part, Roger est un héros exceptionnel jusqu'à l'invraisemblance. Le problème inextricable auquel il est affronté, et qui consiste à vaincre

Bradamante pour la livrer ensuite à celui qu'elle n'aime pas et qui est son propre rival, peut difficilement apparaître comme l'occasion d'une leçon utile. Léon enfin, personnage inconsistant s'il en est, n'est relevé que par deux traits romanesques, qui le rattachent aux thèmes médiévaux de la « princesse lointaine » et de la merveille orientale. On ne saurait donc « croire » au sens précis du mot les aventures de Roger et de Bradamante. On ne peut apparemment que se laisser bercer au rythme des chants de l'héroïne où Roger est assimilé à son « soleil », ou au charme du récit du combat, où Bradamante se métamorphose en un « généreux cheval » et Roger successivement en une tour battue par la mer, en une place forte attaquée en vain, en l'enclume sur laquelle une Bradamante muée en cyclope frappe sans pouvoir l'entamer. Le sentiment amoureux est souvent évoqué dans *Bradamante,* mais avec les traits les plus conventionnels qu'on puisse imaginer. L'amour est absolu et hors de toute remise en question. Roger et Bradamante sont l'un à l'autre littéralement indispensables. Dans l'épreuve, ils se réfugient dans le rêve pastoral. Le frère aimant de Bradamante songe à ce que pourrait être son bonheur si, échappant à la tyrannie politique, elle vivait heureuse en ses libres amours dans un cadre champêtre :

Que fussiez-vous plustot une fille champestre,
Conduisant les taureaux, menant les brebis paistre
Par les froideurs d'hyver, par les chaleurs d'esté,
Roulant vos libres jours en libre pauvreté.

                                    (II, 2)

A quoi fait écho Bradamante elle-même :

                    Et vaudroit mieux cent fois
Mener paistre, bergère, un troupeau par les bois,

Contente en son amour, qu'emperière du monde
Régir sans son amy toute la terre ronde.

(III, 4)

Cet amour mutuel, héritier à la fois de l'idéalisme
courtois et de la doctrine néo-platonicienne, ne
s'appuie guère sur l'analyse attentive que Garnier en
avait su faire dans *Marc-Antoine* ou dans *Hippolyte*.

Cependant l'idéalisme romanesque est limité,
dans *Bradamante,* par la peinture satirique du cadre
familial qui s'étale au long de l'acte II, sorte de
comédie comparable à plusieurs schémas de Larivey, semblable par bien des traits aux actes
comiques de *Lucelle* de Louis Le Jars, et qui
annonce précisément les premiers actes de *L'Avare*.
Il y a plus : *Bradamante* se dessine sur un fond
patriotique dont l'importance ne doit pas être sous-
estimée. Le drame s'ouvre par un très beau monologue de Charlemagne, qui offre à l'aventure amoureuse un cadre de ton tragique : on y voit évoquée la
« courageuse France », « pleine de guerriers » ; on y
trouve un tableau, digne de Ronsard et d'Agrippa
d'Aubigné, de l'invasion et de la guerre, suivi dans la
scène suivante par l'évocation des plaies à panser.
L'héroïsme guerrier des amants dont le mariage
doit, selon Charlemagne, être heureux pour la
France et pour le monde (V, 7), est ainsi replacé
dans un ensemble historique précis, qui lui permet
d'échapper en partie au romanesque : il ne s'agit
plus de héros de roman, mais de héros d'épopée :
Garnier fait revivre la passion patriotique de la
Chanson tout autant que les rêveries romanesques
du *Furieux*. Mais le patriotisme de Bradamante est
inséparable de l'esprit religieux qui anime le poète.
Charlemagne ne veut être que le champion et
l'instrument de Dieu sur la terre. Mélisse, de magi-
cienne qu'elle était chez l'Arioste, devenue prophé-

tesse chrétienne, souligne (V, 6) la signification miraculeuse du mariage de Roger, le païen converti, et de Bradamante, la guerrière chrétienne.

Garnier, dans *Bradamante,* a exprimé des espoirs paradoxaux : l'union de la chrétienté tout entière dans une harmonie retrouvée. Le romanesque de cette tragi-comédie rejoignait ainsi, explicitement, les leçons implicites des tragédies qui l'avaient précédée. Une semblable leçon d'espérance devait être offerte encore aux Français, avant la flambée sinistre de la dernière guerre de religion, dans *Les Juives.*

Une tragédie optimiste : « Les Juives »

La tragédie des *Juives* a été écrite au cours d'une période de paix relative, entre les septième et huitième guerres de religion. L'équilibre recherché avec la paix de Fleix (1580) est instable. Ses partisans reprochent à Henri de Navarre d'avoir traité trop vite. Du côté catholique, les Guisards ont tendance à l'emporter sur les Politiques. On est de fait à la veille des pires violences et des affrontements décisifs. Tandis que les côtés heureux de la situation paraissent être mis en évidence dans *Bradamante,* ses aspects inquiétants, mais non désespérés sont présentés indirectement dans *Les Juives.*

Garnier ne s'est pas contenté de préciser sa pensée dans la *Dédicace,* où les abandons du peuple juif sont comparés au manque de piété du peuple français. Il s'exprime par l'intermédiaire d'un personnage privilégié, le Prophète, qui n'apparaît pourtant qu'au premier acte de la tragédie et au moment de son dénouement. Son rôle consiste à donner leur plein sens à des événements auxquels il ne prend aucune part directe. C'est sans doute pour cela que Garnier ne le nomme pas. Ce pourrait être un de ces nombreux prophètes réels ou supposés qui ont douloureusement célébré les épreuves de l'exil. Mais c'est avant tout la parole de Dieu que Garnier a voulu incarner ici, en plaçant d'ailleurs dans la bouche de son personnage des propos qui expriment en général l'esprit de l'Ancien Testament, et particulièrement des livres poétiques et des livres prophétiques.

Les Juives font le récit, ou plutôt évoquent le dernier épisode du duel de deux princes : Sédécie, « roy de Jérusalem », et Nabuchodonosor, « roy d'Assyrie ». Mais l'affrontement concret des deux hommes est moins important que l'affrontement de deux philosophies du gouvernement ou celui de deux destinées exemplaires ayant également une signification religieuse. L'un et l'autre apparaissent en effet comme les deux instruments privilégiés que Dieu s'est choisis pour réaliser un dessein providentiel.

Nabuchodonosor se présente au début de l'acte II comme le roi des rois et comme le rival des dieux. Cette attitude de défi orgueilleux et de pompeuse affirmation de soi répond sans doute au goût des spectateurs du XVIe siècle pour les tirades tendues et explosives, et aussi pour les personnages simples, tout entiers résumés dans une passion unique. Et Garnier, fidèle imitateur de Sénèque, se souvenait en écrivant le premier vers du rôle : « Pareil aux dieux je marche... » de l'exaltation d'Atrée dans Thyeste : « Aequalis astris gradior... » (V, 885).

L'*ubris* de tels personnages était condamnée par Agamemnon dans *La Troade,* et par Agrippa dans *Marc-Antoine,* et assimilée à l'« outrecuidance » de celui qui croit à tort « la Fortune avoir en sa puissance ». Si enfin Charlemagne se glorifiait lui-même au premier acte de *Bradamante,* c'était pour faire sur Dieu rejaillir toute sa grandeur :

> Les sceptres des grands rois viennent
> du Dieu suprême.

C'est luy qui ceint nos chefs d'un royal diadème,
Qui nous fait quand il veut régner sur l'univers,
Et quand il veut fait choir nostre empire à l'envers.

(Acte I)

Les *Institutions royales* et les *Eloges royaux*
développaient à l'envi ce thème chrétien de
l'extrême grandeur des rois et de leur extrême
dépendance sous un Dieu tout puissant dont ils
n'étaient que l'image.

Mais il s'agit ici d'un roi biblique. La présentation
qu'en donne Garnier, si proche qu'elle paraisse des
textes sénéquiens et si remplie d'allusions à la
thématique royale de l'époque, est autorisée aussi
par la Bible. « Ainsi parle le grand roi, maître de
toute la terre », lit-on dans le livre de *Judith* (II, 4).
Daniel s'adresse au même Nabuchodonosor en ces
termes : « C'est toi, ô roi, qui es devenu grand et
puissant, et ta grandeur a augmenté et a atteint
jusqu'aux confins de la terre » (IV, 19). Surtout
Nabuchodonosor, dans l'Ancien Testament, est le
type du roi puissant et impie qui se dresse contre
Dieu et contre son Peuple en même temps, mais
qui, malgré qu'il en ait, est « serviteur de Dieu »,
dans la mesure où il est envoyé par lui pour châtier
l'infidèle Israël. Jérémie le présente ainsi : « Ainsi
parle Yahvé [...]. Je livrerai Sédécias, le roi de
Juda, ses serviteurs et la population de cette ville
qui aura échappé à la peste, à l'épée et à la famine,
entre les mains de Nabuchodonosor » (XXI, 7).
Nabuchodonosor n'est donc pas, en ses outrances,
un personnage caricatural : il est à la fois image de
Dieu qui frappe ses fils infidèles par son intermédiaire, et image de Satan, à jamais damné pour son
orgueil.

Sédécias, tel qu'il est présenté dans *Les Rois, Les
Chroniques*, chez Jérémie et chez Flavius Josèphe,
est le vivant symbole des infidélités du peuple juif.

Garnier s'est attaché à rendre son personnage, cependant, de la façon la plus touchante. Sédécie est d'abord chez lui un homme pitoyable. Sensiblement attaché à sa mère, à ses femmes, à ses enfants, il est, au moment de l'épreuve, le contraire d'un héros stoïcien : « palle, maigre, hideux », « le parler arresté de sanglots » quand il vient assister au supplice de ses enfants, il se présente dans la dernière scène comme la Vierge à l'office du vendredi saint : « Estne Dolor sicut dolor meus ? »

Qui vit si misérable ? Autour de cette masse
Voyez-vous un malheur qui mon malheur surpasse ?

(Acte V)

Pourtant Sédécias est aussi un roi. Il le rappelle fièrement à son bourreau à l'acte IV : « Je suis prince issu de sang royal. » Il sait combattre courageusement, et sa mère le rappelle à l'acte II. Il regrette de n'être pas

mort en roy, fièrement combattant,
Maint barbare adversaire à *ses* pieds abattant.

(Acte IV)

Il sait d'autre part que ce courage physique et ce sens de l'honneur ne valent que s'ils sont mis au service du peuple. Aux deux derniers actes, il adjure Nabuchodonosor et il supplie Dieu de le sacrifier à la libération de son peuple. C'est le thème du berger ou du roi martyr, si fréquemment évoqué dans la Bible. Aussi bien Sédécie, Garnier le rappelle, est du sang de David, d'où sera issu Jésus-Christ, et cet oint du Seigneur annonce, malgré ses péchés, le sacrifice du Christ.

Pourtant la tragédie de Sédécie n'est pas seulement faite, comme dirait Jean Anouilh, « pour les rois ». Elle veut être une vivante leçon pour tous les hommes. Sédécie est, exemplairement, le pécheur repenti et déjà sauvé par le regret poignant de ses fautes. Le Prophète, dès l'acte premier, assimile le péché du roi et le péché de son peuple. Sédécie lui-même, au début de l'acte IV, présente le sort qui est le sien comme un exemple de portée universelle ;

Peuples qui mesprisez le courroux du grand Dieu,
Comme assis inutile en un céleste lieu, [...]
Hélas ! corrigez-vous, délaissez vostre erreur.
Que l'exemple de nous vous apporte terreur.

La morale des *Juives* n'est pas cette sagesse qui développent si fréquemment les poètes tragiques du XVIᵉ siècle, selon laquelle les petits sont plus heureux que les grands. Garnier va plus loin que le Prévost qui, effrayé d'avoir à obéir aux ordres inhumains de Nabuchodonosor, soupire :

O qu'heureux est celuy qui vit tranquillement
En son petit mesnage avec contentement.
Il ne voit tant d'horreurs commettre en sa
présence...

(Acte IV)

Le poète évoque en Sédécie et les siens les malheurs et les fautes mais aussi les espérances de l'humanité tout entière.

Trois conceptions du pouvoir sont définies dans *Les Juives* : la première est la tyrannie. *L'Hymne* et *Marc-Antoine* assimilaient roi du ciel et dieu de la terre. Il en va de même ici ; cette assimilation n'est contestée ni par la reine ni par Amital ; il n'est jamais affirmé que Nabuchodonosor outrepasse ses droits de souverain ; inversement toute révolte des sujets ou des peuples soumis est condamnée sans

appel, tout comme dans l'*Hymne,* où Garnier chan-
tait le bonheur des peuples soumis aux rois assy-
riens, considérait la tyrannie comme un moindre mal
et affirmait que les sujets vertueux n'ont rien à
craindre, même sous un prince méchant. Mais ces
thèmes pauliniens sont limités par la constante
présence, notamment dans la bouche de la reine,
d'une seconde conception de la royauté, fondée sur
l'idée de clémence : l'art de se faire aimer est
attitude de bon politique, la clémence est le signe
d'un effort louable vers la vertu, elle manifeste enfin
la reconnaissance de la fragilité humaine. Garnier,
ici comme ailleurs, prend ses distances par rapport
au machiavélisme : son héros est Sénèque, et non
pas Néron. Une troisième conception est rapidement évoquée par la reine et largement développée
par Amital : la royauté selon la loi religieuse, à peu
près telle que la définissait Ronsard dans l'*Institution
du roy Charles IX.* La clémence s'oppose, certes, à
la stricte justice. Mais le roi, comme Dieu, a droit de
dépasser cette justice pour faire régner la « miséri-
corde ». Comme le péché de l'homme est pour Dieu
l'occasion de manifester sa patience et sa bonté,
autrement dit sa grâce, les crimes des sujets sont
pour le roi occasion de montrer sa clémence, dimension évidente de sa souveraine et généreuse liberté.

Mais en vous surmontant, qui estes indomptable,
Vous acquerrez victoire à jamais mémorable.
Vous aurez double honneur de nous avoir desfaits,
Et d'avoir, comme Dieu, pardonné nos mesfaits [...]
Dieu préfère tousjours la clémence à justice.

(Acte III)

Imitant Dieu en pardonnant, le roi peut espérer
en retour des grâces particulières ; ou plutôt le
pardon même est signe d'un « céleste don », tandis

que l'abandon aux cruelles vengeances est signe de l'abandon de Dieu et l'annonce des remords à venir. Dans cet acte emporté par un immense mouvement de pitié douloureuse, Garnier a esquissé la plupart des thèmes politiques dont s'inspireront les dramaturges à venir, de Montchrestien à Corneille et de Tristan à Racine.

L'art de Robert Garnier

Le baume de la commisération n'est pas seulement religieux, ni politique. Il est aussi, en quelque sorte, stylistique. L'imagination et la beauté des évocations poétiques rendent supportables les horreurs et rafraîchissent d'austères leçons qui dans le dépouillement eussent été arides. Garnier est poète du concret — et notamment de la nature — autant que poète de la vie morale, politique et spirituelle. Il rassemble en son art de l'évocation sensible les délicatesses néo-alexandrines, que ses modèles de la Pléiade avaient héritées et fait fructifier, les violences colorées de la poésie de Sénèque et les traits familiers ou sublimes de la poésie biblique de la nature et de la vie quotidienne.

Le chœur des chasseurs, dans *Hippolyte*, écrit à la manière des *Jeux rustiques*, est justement célèbre. Mais le héros n'est pas moins heureusement inspiré en évoquant la vie des champs, et les joies du solitaire qui ne se plaît qu' « à l'ombre des forêts » : après une partie de chasse,

il se couche ou sur le bord d'une eau,
Ou dans un creux rocher d'où pend maint arbrisseau.
Le doux sommeil le prend entre mille fleurettes,

Au bruit d'une fontaine et de ses ondelettes
Qui gargouillent autour...

(Acte III)

L'homme rude qui sait courir le « sanglier à la dent escumeuse », ainsi présenté dans un cadre délicat, appartient à cet univers contrasté que proposent les peintres de Fontainebleau et que La Fontaine, après Marino, retrouvera dans son *Adonis*.

Mais c'est au dernier acte des *Juives* que la palette de Garnier fait apparaître toute sa variété. Le cadre est précis. Les personnages sont décrits à la manière des peintres de martyres, sans concession à la sensibilité :

Leur dos courbé plioit sous le servile poix
Des chaisnes qui serroyent leurs bras couchez en croix,
Les jambes leur enfloyent sous les fers escorchées,
Et leur sein dégouttoit de larmes espanchées.

L'évocation mignarde et cruelle des enfants suppliciés annonce Malherbe et Agrippa d'Aubigné :

Les pauvres enfantets avec leurs dois menus
Se pendent à son col et à ses bras charnus,
Criant en lamentant d'une façon si tendre,
Qu'ils eussent de pitié fait une roche fendre.

Dans les œuvres dramatiques de Robert Garnier, un continuel passage se discerne des vers qui parlent aux sens à ceux qui parlent au cœur, et de ceux-ci à ceux qui s'adressent à l'intelligence.

Garnier a fondé le vers dramatique, tel, ou à peu près tel, qu'on le redécouvrira au siècle suivant. Ronsard avait donné à ce vers moderne qu'est l'alexandrin sa structure musicale. Il avait surtout trouvé un équilibre entre les exigences de la phrase et les exigences du mètre, évitant aussi bien la raideur que l'excessive dislocation. Ces leçons n'ont pas été perdues pour Garnier. Son vers a déjà une allure « classique » ; il respecte la césure et s'organise fréquemment, pour l'accent, en tétramètre. A l'intérieur de ce cadre solide, Garnier sait prendre les libertés exigées par le rythme proprement théâtral. Coupes multiples, enjambements internes, recherches d'un éclat sonore, avec effets de rimes intérieures, jeux expressifs sur certaines sonorités. L'organisation stylistique du vers est variée : Garnier pratique tous les jeux possibles sur l'énumération : mots de longueur semblable qui rythment fortement le vers, énumération de noms de peuples à effet pittoresque, énumération par couples (*Mes cordes et mes fers, mes fouets et mes flambeaux, Bradamante,* III, 5).

Il recherche une conciliation entre l'ordre clair de la phrase et l'ordre expressif du vers, comme à l'acte V des *Juives* en évoquant la mort du pontifie Sarée :

> Le sang tiède jaillit, qui la place tacha,
> Et le tronc immobile à terre trébucha.

Au premier vers, l'ordre gardé est celui du temps : le sang jaillit et se répand ; au second, l'ordre est inverse, mais psychologiquement exact : on voit d'abord le tronc à terre (« immobile »), parce qu'il a trébuché. Enfin, Garnier use avec toute la virtuosité possible de la répétition et de l'antithèse, les deux figures essentielles de la rhétorique théâtrale.

L'étude du vers dramatique de Garnier permet de lui reconnaître une souplesse et une efficacité qui lui a parfois été déniée : Garnier est vraiment un poète de théâtre. Simplement, il entend le théâtre d'une manière qui non seulement n'est plus la nôtre, mais qui déjà n'était plus celle de Racine. Il sait ciseler le vers-médaille et frapper le vers-sentence. Il sait assouplir le rythme de l'alexandrin dans le récit ou le souligner en l'enrichissant d'harmoniques dans la méditation élégiaque. Les successeurs de ce poète renonceront en grande partie à ces scènes composées comme des poèmes indépendants, à ces trop belles narrations et descriptions que nous avons évoquées. Garnier connaissait ou devinait ce que serait le vers tragique d'un Corneille. Mais à ses yeux la tragédie était plutôt un poème animé qu'une action relevée par les prestiges de la poésie.

Garnier n'en a pas moins été un « maillon » indispensable entre le système de la Renaissance et *ceux* qui le suivront. Hardy lui devra les situations fortes et la vigueur expressive qui animeront son théâtre. Montchrestien saura comme lui construire une tragédie à partir d'un problème politique et sensible et tâchera, sur ses traces, de concilier en sa manière la délicatesse et la vigueur. Les tragédies romaines du poète de *Porcie* ne cesseront de hanter Corneille, d'*Horace* à *La Mort de Pompée*. Ses drames mythologiques inspireront Rotrou et Racine. Ses *Juives* trouveront des échos, du *Saül* de Du Ryer à *Athalie*. Et sa *Bradamante* a préparé le futur « âge d'or » de la tragi-comédie française.

Chapitre II

AGRIPPA D'AUBIGNÉ

L A vie d'Agrippa d'Aubigné commence sous de sombres auspices. Sa mère meurt en lui donnant le jour (1552). Son père, juge à Pons en Saintonge, puis lieutenant du roi au siège de Cognac, est engagé dans le combat protestant, et fait jurer au jeune Théodore de venger les martyrs d'Amboise (1560). Ses études ont été chaotiques : après avoir été l'élève de l'illuminé Jean Cottin et de l'humaniste Jean Morel, il suit l'enseignement de Mathieu Béroalde, mais doit fuir Paris avec son maître et son condisciple le futur chroniqueur Pierre de l'Estoile. En 1564, il étudie au collège de Genève, d'où il s'enfuit deux ans plus tard, malgré l'amitié que lui témoigne Théodore de Bèze. Il est en 1567 à Archiac, chez son « curateur » Aubin d'Abeville. Il s'enfuit à nouveau, participe à la bataille de Jarnac, et se retire enfin sur le bien de sa mère, les Landes-Guinemer, où s'instaure un procès entre Théodore et sa famille maternelle, qui l'a fait passer pour mort. C'est là qu'il s'éprend de Diane Salviati, nièce de la Cassandre de Ronsard, qui vit au château de Talcy à quelques lieues des Landes. Le « roman » dure deux ans (1571-1573) et s'achève par le mariage, apparemment malheureux, de la jeune fille avec le Sieur de Limeuil. Diane mourra en 1575. La suite de l'existence du poète est un long dialogue avec Henri de Navarre, dont il devient écuyer dès 1573, et qui lui confie de nombreuses missions au cours de la sixième et de la septième guerres. Ce fidèle service n'a pas été sans orages. En 1577-1579 notamment, Théodore, brouillé avec son maître, s'enferme aux Landes-Guinemer et compose une grande partie des *Tragiques*. Mais après chaque brouille, Théodore revient auprès de Henri dont il voudrait être la vivante conscience : il participe en 1590 au siège de Paris, mais quitte son roi après l'abjuration ; il revient à lui en 1595, après la mort de sa femme Suzanne de Lezay, mais se retire à Maillezais après l'Edit de Nantes et s'y consacre à l'éducation de ses cinq enfants ; ces aller et retour dureront jusqu'à la mort du roi, dont il a encouragé le « Grand Dessein » européen en 1609. Dans les premières années du règne suivant, il participe aux révoltes des Princes, à l'occasion desquelles il publie ses *Tragiques* (1616) et son *Histoire universelle*. En 1620 il s'exile à Genève, où malgré ses rêves d'action il doit se contenter d'écrire : de ces années datent un *Traité sur les guerres civiles* et un *Traité sur le devoir mutuel des rois et des sujets*. Il s'éteint dans la mélancolie en 1630, toutes illusions perdues, jusqu'aux illusions familiales, son fils Constant (le père de la future Mme de Maintenon) ayant renouvelé la trahison de ces fils indignes de leurs pères que le poème d'Agrippa avait fustigés.

« *Le Printemps* »

Les sonnets, stances et odes du *Printemps* n'ont été publiés, quelques poèmes mis à part, qu'au XIXe siècle. Agrippa d'Aubigné considérait lui-même ce recueil comme une sorte de péché de jeunesse, et l'a renié avec la même ardeur que Bèze avait employée à condamner ses *Juvenilia*. Pourtant,

peu d'œuvres de la fin du siècle sont aussi représen-
tatives de ce que pouvaient être les derniers éclats de
la poésie conçue à la manière de Ronsard. La
Préface s'inscrit dans la tradition si constamment et
si différemment représentée en France au XVIe et au
XVIIe siècles de la *facilité difficile*. Le poète s'y
montre disciple fidèle de Ronsard à une époque où
triomphe une poésie plus facile, celle qu'avait criti-
quée Du Bellay dans son *Poète courtisan* et Ronsard
au sixième livre des *Poèmes* (1569). L'idée essentielle est exprimée dans les premières strophes : le
livre fera « revivre » son « père » comme celui-ci le
veut, c'est-à-dire lui apportera la seule forme de
célébrité et d'immortalité qu'il souhaite. En effet,
l'ensemble de cette préface est consacré au public du
poète, qui rejette avec mépris certaines catégories
de lecteurs. Aubigné n'entend pas plus se prostituer
auprès de la populace qu'auprès des puissants : il se
veut clair, afin d'être entendu. Mais son livre sera
« rude » parce que l'existence du poète est elle-
même rude. Il fera leurs parts à la « vertu »,
notamment à la vertu guerrière, et à la « science »,
également opposées à la facilité et au savoir-faire des
poétastres de toutes les catégories. On voit ce
qu'ajoute Agrippa d'Aubigné à la leçon reçue de la
Pléiade : le mordant et l'authenticité d'une poésie
personnelle, qui ne se situe plus comme au temps
des *Regrets* au niveau des « papiers journaux », mais
revendique hautement sa place auprès des plus
brillantes productions du poète des *Odes,* des
Hymnes et des *Discours.*

Dans l'ensemble du recueil l'image devient fréquemment obsessive ou hallucinatoire. La thématique simplement galante s'efface, le rythme se brise
sous la violence des mots et la rudesse du ton. Le
poète devient en vérité un assaillant, la dame est le
fort où il « vole à la breche », la cité qu'il veut
prendre, la guerrière dont la coutume est de « tout
deschirer », le faucon qui s'abat sur « son gibier

bloty ». Les combats de l'amour et de la raison, de l'amour et de la fortune, de l'espoir et du désespoir, sont occasion d'évoquer le champ de bataille « ensanglanté d'horreur », ou le soldat qui va « crever poudreux, sanglant, au champ d'une journée ». Le cœur blessé d'amour est ici « sanglant, transpercé mille fois/Tout bruslé, crevassé [...] ». Il est vrai que la maladie d'amour a porté réellement le poète au bord du tombeau :

> Le corps vaincu se rend, et lassé de souffrir
> Ouvre au dart de la mort sa tremblante poitrine,
> Estallant sus un lit ses miserables os...

> (stances VII)

En contrepoint à ces images de flamme, de fer et de tombeau, Agrippa d'Aubigné développe une poétique inspirée par des évocations délicates de la nature qui éclairaient les *Epîtres de l'amant vert* de Lemaire de Belges, les élégies de Ronsard et les *Amours* de Desportes. C'est un « bosquet de verbrun qui cest' onde obscurcit » (sonnet XIX), ou un « jardin fructueux » aux « fruits succrez » (sonnet XX). Ici l'on voit

> Le ciel en cent mille bouchons
> Cracheter sur la terre une blanche dragée...

> (sonnet LXXXIV)

Là le poète invite la nature au renouveau :

> Recroissez amoureux bouttons
> Sy tost qu'un doux vent vous souspire...

> (stances XX)

Le Printemps est un lieu où convergent toutes les dimensions de la renaissance poétique : inspiration érudite, dévotion amoureuse touchant à une métaphysique pétrarquiste ou néo-platonicienne, science des formes (de la variété de structure du sonnet au riche éventail des groupes strophiques des stances et des odes), recherche enfin d'une poésie ample et susceptible, comme la poésie philosophique de Ronsard, de rassembler en un tout ordonné l'acquis d'une civilisation et d'une culture. Mais tout cela, « forme et fond », tend constamment à éclater au feu d'une passion exacerbée, ou à se soumettre à la poussée de hantises fondamentales. Les poèmes de jeunesse d'Agrippa d'Aubigné concilient la discipline et la spontanéité, la convention et la vigueur. Mais cette conciliation n'est pas celle de l'équilibre « classique ». Elle est faite de tensions, de ruptures, d'antithèses et de paradoxes.

« Les Tragiques »

Agrippa d'Aubigné aurait pu être notre Dante. Il a du poète florentin l'immense culture, l'universelle curiosité et l'art de marier les évocations du passé, les allusions au présent et les élans prophétiques. Sans doute sa manière rugueuse, son goût des contrastes violents, les brusques retombées apparentes de son inspiration ne rappellent-ils que d'assez loin le poète au souffle large de la *Divine Comédie*, mais les deux poèmes constituent également une *somme* des connaissances, des regrets et des aspirations d'une époque. Malheureusement le livre a été publié vingt ans trop tard et tout ce qu'il affirmait avec force venait d'être cruellement démenti. Au lieu d'apparaître comme un solennel avertissement aux combattants du bon parti, il prenait l'allure d'un constat d'échec. Son auteur n'était plus le jeune compagnon plein d'ardeur de Henri de Navarre, mais le vieux « bouc du désert », obstiné en ses opinions, délibérément étranger à la

France de Henri IV et de Marie de Médicis, attaché aux « vertus des vieux âges » à une époque où l'on cherchait d'autres raisons de vivre.

L'inspiration des « Tragiques »

La vocation prophétique du compagnon de Henri de Navarre lui a peut-être été inspirée par le double ébranlement du massacre d'août 1572 et d'un attentat personnel. C'était là le renouvellement de son expérience d'enfant à Amboise. Il prenait vivement conscience d'appartenir à la famille spirituelle des massacrés. C'était aussi le moment où l'amour de Diane venait de faire de lui un poète. Des facilités de l'inspiration profane il allait passer à l'austérité de la poésie religieuse.

Le livre a été écrit dans le « désert », tel que l'évoqueront les vers de *l'auteur à son livre* :

> Logis esleu pour ma demeure,
> Où la vérité sert de jour,
> Où mon âme veut que je meure,
> Furieuse de sainct amour...

Ce désert-là est celui de l'exil final. Mais il a été précédé par d'autres retraites : de Casteljaloux (1577), où son *Histoire universelle* nous apprend qu'il « fait escrire sous soy par le juge du lieu les premières clauses de ses Tragiques », à Maillezais, où il se retire après la conversion de Henri IV. Le désert, c'est pour Agrippa d'Aubigné, non tant le lieu du refuge que celui de la vérité dans le face-à-face avec Dieu, le désert de l'*Exode,* le désert évangélique où Christ se nourrit de la Parole, le désert de l'*Apocalypse* où se réfugie la femme enceinte, symbole de l'Eglise ; mais aussi celui du « valon d'Angrogne », où, selon Aubigné, « séparant des fanges du monde » leur « chrestienne liberté », les Albigeois du XIIIe siècle ont préfiguré les calvinistes du XVIe.

Ce poème inspiré qui veut « esmouvoir » plutôt qu' « enseigner », se déploie selon une composition subtilement rigoureuse. L'avis *Aux Lecteurs* en prose donne quelques indications précieuses sur la progression de l'ensemble : le livre des *Misères*, qui présente un « tableau piteux du royaume », est d'un « style bas et tragique » ; les deux suivants, *Princes* et *Chambre dorée*, évoquent les « vices » du temps et son « injustice », qui requièrent un « style moyen mais satyrique en quelque façon » ; en passant des *Feux* aux *Fers*, chants où s'exprime le « sentiment de la religion de l'auteur », on quitte un « style tragique moyen » pour un « style tragique eslevé, plus poétic et plus hardi » ; les chants théologiques des *Vengeances* et du *Jugement* sont d'un « style eslevé, tragicque ».

Certes, Agrippa d'Aubigné n'ignore pas les règles de l'épopée. L'ensemble de son œuvre s'inscrit entre le présent du départ au combat et le présent de l'extase finale. Ainsi se rejoignent et s'opposent les premiers vers des *Misères* et les derniers de *Jugement*. A l'intérieur du poème de nombreux retours en arrière apparaissent, ainsi que des « épisodes », des morceaux brillants, des apostrophes passionnées au lecteur. Des êtres mythologiques comme Melpomène, des allégories comme celle de la Justice se mêlent et se fondent avec les Anges, les Démons et Dieu. Enfin, une affabulation merveilleuse constitue le fil directeur du poème. Dès les premiers vers, après un énoncé de son projet, le poète appelle à son aide le Dieu des chrétiens, afin qu'il l'embrase de son zèle et le rende propre à dire la vérité (I, v. 35 à 54). Au début du livre III, *La Chambre dorée*, la Justice, la Piété, la Paix et les esprits célestes éveillent par leurs rapports et leurs plaintes la colère de Dieu et le poète nous invite à contempler avec lui les injustices de cette terre, avant de reprendre pour finir l'appel de l'*esprit* et de l'*épouse* dans l'*Apocalypse* : « Viens ». Le livre des *Feux* s'ouvre avec l'entrée triomphale des martyrs dans la Jérusalem céleste et se clôt par l'évolution du char de Dieu qui, dans sa colère, décide de quitter la terre qu'il a formée. Revenu au ciel au début du livre des *Fers,* il accepte à la demande de Satan que soit renouvelée pour les protestants l'épreuve de Job, et c'est l'évocation des combats et des massacres des derniers temps et l'annonce de la « rude catastrophe » :

> Venez sçavoir comment
> L'Eternel fait à poinct vengeance et jugement.

(v. 1559-1560)

Le livre des *Vengeances* montre effectivement à l'œuvre le dieu vengeur et le dernier fait assister le lecteur au Jugement Dernier, préfiguré par les châtiments des princes et des cités infidèles.

Mais l'économie générale de l'œuvre est en fait assez éloignée de l'esprit épique. Elle s'inspire d'un didactisme qui tantôt touche à la polémique et fait appel à la démonstration et tantôt tient de la prédication et entend se soumettre humblement à l'enseignement biblique. Les trois premiers livres, à peu près purement descriptifs, dressent un tableau de la France : misères de son peuple, vices de ses princes, iniquité de sa « justice ». Les deux livres suivants sont narratifs : évoquant, l'un les *feux,* c'est-à-dire les bûchers où ont péri Hussites, Vaudois, Albigeois et protestants d'aujourd'hui, l'autre les *fers,* autrement dit les combats et les massacres récents et le sang répandu qui crie jusqu'à Dieu. Les deux derniers livres sont « prophétiques » : le premier parce qu'il interprète l'histoire de l'humanité comme une suite d'interventions directes de Dieu ; le second parce qu'il annonce les temps à venir. On le voit, il s'agit d'une succession à la fois logique et théologique. Tous les livres du poème tendent vers ce dernier. Les misères de la France martyre (I) constituent un appel à la justice divine à l'encontre des coupables (II-III), un signe paradoxal de cette justice (IV-V), voire le commencement de sa réalisation (VI). L'ensemble correspond donc à un passage progressif de la « comédie humaine » à la « divine comédie ». L'histoire est vue par Agrippa d'Aubigné comme la succession d'époques nettement tranchées, mais qui s'opposent, s'annoncent et se préfigurent dans une évolution générale où les « gestes » de Dieu, en dépit des retours et des reprises, se revêtent d'une puissance et d'un éclat toujours plus aveuglants.

« Dieu même a donné l'argument », affirme le poète dans la préface en vers des *Tragiques*. Mais la science qui anime le poème n'est pas seulement théologique. Pour convaincre son lecteur, Agrippa d'Aubigné fait appel aux connaissances et aux formes de pensée de son époque, héritières elles-mêmes, tout à la fois des doctrines antiques et des doctrines médiévales. Cet apôtre du « désert » sait faire passer dans son œuvre l'essentiel de la culture « mondaine » : il en réfute et répudie certaines tendances, mais il utilise bien des aspects de cette culture pour en faire les fondements intellectuels de son apologétique. C'est que selon le poète la vertu ne consiste pas en l'ignorance, mais en la connaissance réfléchie,

Et l'acier des vertus, même intellectuelles,
Tranche et détruit l'erreur...

(III, v. 1091-1092)

Les *Hymnes,* les *Discours* et surtout les *Poèmes* de Ronsard avaient rassemblé les enseignements que la philosophie renaissante tirait des « systèmes du monde » antiques et médiévaux. La doctrine des

sphères, l'actif symbolisme des éléments, des pierres, des animaux ou des plantes dont témoigne
encore la *Semaine* du Du Bartas, la correspondance
entre microcosme et macrocosme, tout cela fondait
une pensée, mi-philosophique, mi-occultiste, qu'encore au début du siècle suivant prolongeront les
traités des libertins spirituels. Agrippa d'Aubigné
n'ignore rien de tout cela. Mais il l'utilise à sa façon.
Quand il compare les princes vicieux à un cerveau
qui transmet sa corruption à tous les membres (II, v.
391 et suiv., 459 et suiv.), il se fait l'écho des théories
physiologiques de son époque, mais il ne s'agit que
d'une image. Quand au livre IV il évoque les
« grands feux de la chienne », c'est-à-dire la cani-
cule, en les opposant au « froid du scorpion », c'est
encore façon de parler : le poète veut seulement
désigner la saison de l'été et celle de l'automne.
Images encore que l'allusion à Dieu/Soleil et âme de
tout aux premiers vers du livre des *Vengeances* ou,
au dernier livre, la hiérarchie des figures de la
divinité :

> Soit l'image de Dieu l'éternel profonde,
> De cette éternité soit l'image le monde,
> Du monde le soleil sera l'image et l'œil,
> Et l'homme est en ce monde image du soleil.

(VIII, v. 539-542)

Aubigné s'est violemment élevé, en revanche,
contre les opérations magiques, contre la cabale et
contre l'occultisme. Il suivait en cela la leçon de son
maître Calvin et de son *Avertissement contre l'astro-
logie* (1549). Dès le livre premier, il s'en prend à ce
sujet aux superstitieuses pratiques de Catherine de
Médicis (I, v. 747 et suiv.). Il rappelle, dans les
Vengeances, que conformément aux paroles de
Jésus-Christ le temps des signes est passé et que les
hommes n'auront désormais d'autre signe que celui

de Jonas (VI, v. 80 et suiv.). Il se méfie de toute relation de l'homme avec la surnature qui pourrait être suspecte de satanisme ou qui viserait à la possession de secrets interdits et à la domination d'êtres de chair sur des puissances spirituelles. Cependant, il demeure attaché à la physique des quatre éléments, et son animisme les imagine révoltés contre l'homme (VI, v. 315 et suiv.). Il voit en l'Univers un grand animal dont l'homme est le membre le plus précieux (VII, v. 527 et suiv.). Il évoque avec complaisance l'opération alchimique image elle-même de la renaissance de tout être vivant à partir du *germen* (VI, v. 497 et suiv.). Mais toutes ces notions, comme celle de la Grande Année, lui servent surtout à montrer que les « philosophes vains » de l'antiquité ont approché la vérité mieux que les « enfans de vanité » d'aujourd'hui (VII, v. 361 et suiv.). Il a su évoquer avec précision, d'autre part, la vie de certains métiers et des techniques aussi complexes que celle de l'extraction et de la purification des métaux (VII, v. 415 et suiv.). Dans le domaine du supranaturel, il a évoqué ses propres songes et visions, parlé au livre V de la comète qui annonça la mort de Charles IX, et emprunté à Baumgarten ou à Camerarius le récit renouvelé d'Ezéchiel de la résurrection en image qui se peut contempler périodiquement dans la région du Caire (VII, v. 543 et suiv.). Il semble cependant s'intéresser surtout aux sciences concrètes. Tendraient à le prouver les passages du dernier livre où le phénomène de la digestion, puis celui de la conception sont évoqués avec la minutie d'un savant (VII, v. 341 et suiv.). Il s'agit là de « l'ordinaire cours » de la « sage Nature » (VI, v. 1072). Et l'on voit bien que le poète rejette volontiers toute interprétation des événements qui ne s'impose point à la raison ou qui ne s'inspire point des enseignements divins. De même rejette-t-il avec horreur — ou avec ironie — la traditionnelle assimilation de l'homme à une ombre, à un songe, ou au songe d'une ombre, qu'on trouve déjà chez Pindare, que Ronsard reprend en ses *Discours,* et dont Mlle de Gournay s'émerveillera :

> Nostre temps n'est rien plus qu'un ombrage
> qui passe.
>
> (VII, v. 971)

Il n'entend pas non plus versifier agréablement à partir de l'atomisme épicurien, et écrire :

> La matière demeure et la forme se perd.

Rien pour lui n'est perdu, moins encore la forme, c'est-à-dire l'âme ou l'être individuel, que la matière, qui saura retourner au dernier jour en la place qui lui est de toute éternité destinée. On conçoit qu'il ait préféré la doctrine de la Grande Année à toute philosophie de la fortune.

L'histoire pour lui c'est d'abord une suite d'*exemples* où se discerne le projet de Dieu sur sa création en général et sur l'homme en particulier. Il était nourri de la Bible. Il avait lu les *Grands et redoutables jugements et punitions de Dieu* anonymement publiés en 1581 et le *Martyrologe* de Crespin (1554). Comme son contemporain Pierre de l'Estoile, il s'était nourri des *Mémoires* de Simon Goulart (1576) si riches en faits curieux ou surprenants. Surtout, il avait, depuis son enfance, été le témoin et l'acteur d'événements *tragiques* où il avait cru discerner cette « abomination de la désolation » que l'Ecriture assimile aux derniers temps. De la faute d'Adam et du crime de Caïn jusqu'aux martyres actuels, c'était l'histoire paradoxale du Salut qui lui apparaissait. Son témoignage ne pouvait dès lors qu'être prophétique et théologique.

Agrippa d'Aubigné pouvait être encouragé dans son entreprise par une tradition de poésie de combat vieille d'au moins vingt années. Dès les années 1550-1552, des poètes comme Du Bellay ou comme Olivier de Magny avaient dénoncé le paganisme littéraire et les scandales romains. Durant la décennie suivante, notamment après les morts successives de Henri II et de François II, la poésie catholique s'était enrichie avec les *Discours* de Ronsard de thèmes patriotiques et moraux ou de mouvements polémiques assimilant l'adversaire à un animal féroce et les nouvelles croyances à des inspirations diaboliques. Pendant le même temps, les pamphlets protestants faisaient de la papauté « la Grande Paillarde de Babylone », imposaient une vision effrayante de la noire armée des jésuites, faisaient du cardinal de Lorraine, comme Hotman et ses émules, un *tigre* altéré du sang de la France. Le poète des *Tragiques* a eu le mérite, en reprenant dans son œuvre ces divers éléments, de les confondre dans le souffle d'une inspiration unique, et de les ordonner à un dessein spirituel précis.

Comme la plupart de ses prédécesseurs, Agrippa d'Aubigné fait profession de loyalisme monarchique. Il précise seulement dans son avis *Aux lecteurs* qu'il entend distinguer les rois et les tyrans. Le livre des *Misères* évoque avec nostalgie « nos rois anciens, vrais pères » de leur peuple (v. 563) et les joyeuses entrées qu'ils faisaient dans les villes de leur royaume. Les « tyrans » d'aujourd'hui n'y font que des entrées sanglantes. C'est ce changement des rois qui a provoqué la perversion des grands, divisé le peuple et fait des champs de blé des champs de carnage. Catherine de Médicis et ses fils, et les Guise, notamment le cardinal Charles de Lorraine, portent toutes les responsabilité de l'état malheureux du pays. Agrippa d'Aubigné se souvient de Ronsard quand il évoque la France déchirée dont les enfants s'entre-tuent sur son sein, le vaisseau de l'état qui manque d'un bon pilote, les malheurs des petits, notamment des paysans, dont les terres en friche sont la vivante image du péché de ce temps contre la loi naturelle aussi bien que divine. Mais les portraits des grands que proposent les derniers livres n'ont plus grand-chose de commun avec les caricatures spirituelles du poète des *Discours*. Surtout, au-delà de la France, c'est la perversion même de la chrétienté que *Les Tragiques* veulent dénoncer. L'objet du livre, c'est de délivrer l'Eglise prisonnière à Rome (*Misères,* v. 1-16). Les papes incarnent l'Antéchrist. Ils ont eu pour serviteurs les Jésuites, stigmatisés comme ceux qui ont cherché à tout soumettre au « loup » de Rome, ou encore l'horrible Philippe II d'Espagne, le roi de l'Inquisition, le bourreau de l'Europe, le prince « incestueux et meurtrier » (VI, v. 515), l' « Hérode glorieux » (VI, v. 864), destiné, comme tant d'autres bourreaux, à périr d'une horrible maladie vermiculaire. En face de ces nouveaux maîtres du monde, la seule Elisabeth d'Angleterre représente « de tous bons rois l'idée ». Après les malheurs de sa jeunesse, elle a connu un juste triomphe, et sa « vertu virginale » comme sa pitié pour les persécutés lui méritent un long et puissant règne (III, v. 955 et suiv.).

Cependant bien des protestants ont dégénéré et son prêts à l'abjuration et au reniement de leurs pères. Dénoncés dès le livre IV (v. 739 et suiv.), ils sont évoqués au livre des *Vengeances* à l'occasion de l' « apophétie [1] » de la mort de Henri IV,

Roi qui eut en mespris le sang versé des siens

(v. 820)

et définitivement condamnés aux premiers vers de *Jugement*, comme ceux qui par lâcheté et mollesse,

---

1. Le mot est employé par le poète pour désigner une prophétie feinte et écrite après l'événement.

sont devenus « serfs des princes philistins » (v. 48).
Ils ont voulu être réalistes, ils ont cru devoir
s'incliner devant les forces insurmontables de l'ennemi. C'est précisément ce que leur reproche
Agrippa d'Aubigné. L'histoire de ce temps, comme
l'histoire universelle, atteste selon lui que c'est
toujours le petit troupeau qui l'emporte. David
vainqueur de Goliath en ce monde même ; ou encore
Judith victorieuse d'Holopherne : ce sont deux
exemples qui interdisent aux protestants de désespé-
rer ; les victoires qu'ils ont remportées avec peu de
moyens constituent un témoignage providentiel (V,
v. 401 et suiv.). L'agneau vainqueur du loup en sa
défaite même, comme Abel de Caïn et les Innocents
d'Hérode : autres images ou exemples que reprennent incessamment *Les Tragiques* pour évoquer les
conquêtes spirituelles des Hussites, des Albigeois et
des martyrs d'aujourd'hui, qui ont accepté avec
amour les épreuves envoyées par Dieu, avec la
ferme conviction que le châtiment dernier des puissants assurera le triomphe des faibles qu'ils ont
persécutés et massacrés. Enfin, l'horrible carnage de
la Saint-Barthélemy est interprété par le poète
comme un vrai châtiment, certes, mais comme le
châtiment que Dieu envoie à ceux qu'il aime pour
leur rappeler que la prudence n'est que fausse
sagesse à ses yeux (V, v. 705 et suiv.).

Dans les deux derniers livres du poème, Agrippa
d'Aubigné double la polémique personnelle d'une
polémique idéologique. Il attaque d'abord les « Sor-
bonicques » et leurs vaines discussions théologiques.
Reprenant un des thèmes de l'*Institution chrétienne*,
il substitue à la notion de miracle la notion plus large
de signe : les catholiques, et Ronsard parmi eux,
avaient mis leurs adversaires au défi de produire le
plus petit miracle. Le livre des *Vengeances* tend à
prouver que l'histoire porte témoignage de la faveur
de Dieu envers les protestants : les bourreaux eux-
mêmes ont su reconnaître l'innocence de leurs

victimes (v. 943 et suiv.). Le poète refuse l'indiscrète
description que les « cagots » offrent de ce qui est
ineffable :

> La terre ne produict nul crayon qui nous trace
> Ni du haut paradis ni de l'enfer la face.

(VII v. 959-960)

D'Aubigné n'est pas plus tendre pour les représentants du néopaganisme : tels d'entre eux nient la
possibilité du miracle au nom de la fortune qui
domine toutes choses ici-bas : le poète met au
contraire en évidence l'action providentielle de Dieu
dans la proportion qu'il établit entre les crimes et
leurs punitions. D'autres, ou les mêmes, qui sont
appelés « Sadducéens pervers », invoquent des
arguments naturalistes pour rejeter l'idée de la
résurrection de la chair : le livre du *Jugement* les
renvoie aux effets de la nature elle-même et aux
philosophies antiques sur lesquelles ils se fondent, et
qui en réalité ont pressenti l'idée de la résurrection
des corps. Plus généralement enfin, à l'indifférence
et au scepticisme profond de tant de ses contemporains Agrippa d'Aubigné oppose ce qu'a de grave et
de sérieux l'enseignement théologique. Il se montre
aussi indigné que le sera Pascal de toute négligence
en un domaine qui est le seul important et où il va de
notre tout. Dans toute cette polémique spirituelle,
Agrippa d'Aubigné associe l'humilité du cœur à la
fierté de l'esprit : c'est Calvin mis en vers et, au-
delà, la gravité de l'augustinisme militant que les
Arnauld et les Nicole retrouveront au siècle suivant.
Il n'y a pas si loin qu'on ne pourrait l'imaginer de la
Cité de Dieu aux *Tragiques* et des *Tragiques* aux
Provinciales.

Signification des « Tragiques »

Le Dieu d'Agrippa d'Aubigné éclate en sa création. « Le Seigneur, écrivait Calvin, propose à tous sans exception la clarté de sa majesté, figurée en ses créatures, pour desnuer l'impiété des hommes de toutes deffences » (*Institution chrétienne*, ch. I). Dans *Les Tragiques* comme dans l'*Institution*, c'est moins l'ordre du monde qui est invoqué que les effets naturels qui sont images d'un dessein providentiel, comme la digestion ou la procréation dont nous parlions plus haut, ou l'irruption admirable de l'action divine « outre le cours de la nature » (*Institution chrétienne*, ch. I). Mais le poète développe aussi toute une théologie des créatures. Il se souvient de la sentence adressée par Dieu à Adam : « Le sol produira pour toi épines et chardons », et à Caïn : « Si tu cultives le sol, il ne te donnera plus son produit » (*Genèse*, III, 18 et IV, 12). Comme les Prophètes, le poète amplifie et systématise : la Nature, qui est bonne, interdit à la cupidité humaine de jouir d'elle abusivement ou de manière perverse. La guerre civile, insulte au Dieu bienfaiteur et à la Terre nourricière, a eu pour effet que les champs se sont couverts d'épines, mais aussi que les chiens sont devenus loups et que le sentiment le plus naturel abandonne les humains, comme cette mère du livre des *Misères* qui a dévoré son enfant (v. 438 et suiv.). Aux livres VI et VII, on voit les créatures servantes de l'homme se muer en instruments de la vengeance (VI, v. 192-209), les éléments se conjurer pour châtier les pécheurs (VI, v. 271-330) et la Nature entière s'élever enfin contre une humanité criminelle (VII, v. 767 et suiv.). Ainsi la nature ne fournit pas seulement au poète un langage poétique : elle est pénétrée de l'esprit de Dieu.

Dieu est aussi présent dans l'histoire. Le providentialisme du poète, dont nous avons fait état plus haut, est fondé sur un important développement de Calvin (*Institution,* ch. I).

Pour l'auteur de l'*Histoire universelle* et des *Tragiques,* l'histoire des hommes se résout en une épopée divine : elle affronte les bons et les méchants en une vaste lutte ininterrompue, elle fait apparaître les interventions de Dieu dans la vie des hommes, interventions dont le mode peut changer selon les ères de l'histoire, mais qui font d'elles toutes la succession de dialogues implicites ou explicites de la créature et du créateur.

Toutefois, l'histoire n'est pas un éternel recommencement : elle comporte une progression avec retour, sans doute, de situations analogues mais à l'intérieur de grandes ères historiques : de la Création à la Rédemption, Abel, l'Arche et le Berceau de Moïse sont l'occasion d'interventions miraculeuses et directes de Dieu, obstiné à sauver ce troupeau dérisoire d'où pourtant sortira le Christ. Les premiers temps du christianisme montrent les martyrs attestant par leur mort la divinité de Jésus. Par leur fin glorieuse et par le châtiment imposé à leurs bourreaux, Dieu manifeste de façon éclatante sa propre puissance. Et le poète voit dans ces temps privilégiés l'annonce et la préfiguration des derniers, puisque déjà il s'agit de lutter contre « le grand siège romain » (VI, v. 448). Depuis lors, l'humanité a dégénéré : la France, en particulier, a été livrée aux puissances infernales (I, v. 683 et suiv.) : il semble que Dieu ait détourné sa face de ceux qui auraient dû être ses fidèles. Or les hommes d'aujourd'hui ont une responsabilité entière : ils n'ont plus besoin de signes, puisque la vérité leur a été révélée. Pourtant Dieu fait encore des miracles, en couronnant les martyrs et en punissant les bourreaux, selon une justice analogue à celle des premiers temps et accessible à l'esprit humain. Mais il est urgent de se convertir : car les temps sont proches où règnera l'abomination de la désolation, prélude au Jugement dernier : aujourd'hui, Dieu « marche à la vengeance et non plus au secours » (VI, dernier vers). Ainsi se découvrent aux yeux du lecteur l'unité et le dynamisme de l'histoire.

Le premier chapitre de l'*Institution chrétienne* rendait hommage à ces païens qui avaient pressenti les exigences du Dieu des Chrétiens. De la même manière, au livre II, Agrippa d'Aubigné évoque les exigences morales des politiques anciens :

Voici quels dons du ciel, quels trésors, quels moyens
Requeraient en leurs Rois les plus sages payens...

(v. 499-500).

Au livre IV, le prêche de Richard de Gastine faisait apparaître dans les vertus antiques des « figures » des vertus chrétiennes. Cette idée de la préfiguration grecque ou romaine de la perfection chrétienne n'a rien d'étonnant si l'on songe à la fortune du néo-stoïcisme à la fin du xvi⁰ siècle. Ce qui frappe davantage, c'est que le poète ait recherché dans les œuvres des païens une intuition concernant la résurrection des corps : Calvin avait nié que telle notion pût se rencontrer chez des peuples n'ayant pas bénéficié de la Révélation : « Il n'y en a pas un seul lequel ayt eu le moindre pensement du monde de la résurrection de la chair » (*Institution*, ch. IV).

Effectivement, Agrippa d'Aubigné pousse ici le paradoxe très loin : il interprète le thème philosophique et poétique de l'Eternel retour comme une figure de la résurrection. Il voit dans la forme des tombeaux antiques et dans le culte des « imagines » des ancêtres le signe d'une croyance implicite en la résurrection. Il consacre à la doctrine du *Pymandre*, connue par Marsile Ficin (1491) et par l'édition de Turnèbe (1554), un long développement (VII, v. 483

et suiv.). Ronsard, dans les *Hymnes,* reprenait bien les thèmes néo-platoniciens ; dans les *Discours* il disait son Credo de chrétien : jamais il n'avait tenté de concilier précisément les doctrines philosophiques qui lui étaient chères et les éléments les plus particuliers de sa foi de chrétien. Aubigné se montrait donc plus audacieux que ses prédécesseurs, le protestant comme le catholique. En cette fin de siècle vouée à la dispersion de l'esprit et de la volonté de l'homme, il tentait une synthèse audacieuse de l'acquis humain, et tentait de réconcilier, sur de nouvelles bases, les ennemis apparemment irréductibles qu'avaient été, très vite, l'Humanisme et la Réforme.

Seul le livre du *Jugement* impose la vision d'un monde d'absolue vérité, non sujet à variations et à vicissitudes. S'il y a changement, il ne peut plus s'exprimer par l'image du nuage que le vent effiloche ou que l'éclat du soleil colore diversement avant de s'éteindre : il est cette transfiguration par quoi rien ne se perd, par quoi même tout se retrouve, dans une Vérité aveuglante. Le jugement de Dieu n'est pas destruction, mais recréation et mise en évidence de ce qui n'était que latent jusqu'à lui.

La poétique des « Tragiques »

En son principe art de voir et de rendre, l'imagination est tour à tour capacité d'animer l'idée et sens de la présence, sous la réalité concrète, de l'être spirituel. Ces deux dimensions s'accordaient aux diverses sollicitations de la culture et de la sensibilité d'Agrippa d'Aubigné. Nourri de la symbolique médiévale et de l'art humaniste de l'allégorie, soumis encore au langage pulpeux des livres sacrés, son tempérament personnel et son expérience de la guerre l'inclinaient à concilier ou à confronter la délicate imagerie du mystique et la grossièreté expressive du soldat. Dans le développement de l'œuvre, il semble qu'on assiste à une évolution de l'imagination concrète à son élaboration intellectuelle et à son dépassement spirituel : des tableaux et des portraits des deux premiers livres, on passe aux vastes fresques allégoriques des trois livres centraux pour aboutir à la symbolique humiliée des deux derniers.

Peu d'objets sont ici décrits pour eux-mêmes. Les descriptions naturelles elles-mêmes sont en action, qu'il plaigne la misère des champs abandonnés en son premier livre, ou évoque le désert horrible qui recouvre les ruines de Sodome et de Gomorrhe (VI, v. 257 et suiv.). Les récits font se succéder les traits expressifs où la violence le dispute à l'horreur et au dégoût, comme dans l'évocation, au livre VI, de la mort d'Arius, ou de celle de ce persécuteur, « Aux fosses d'un couvent noyé dedans la fange » (VI, v. 922).

En fait, tout a un sens sous la plume du poète : aux livres III, IV et V les événements ne sont pas racontés, mais toujours interprétés comme des signes. Dans *Vengeances* et *Jugement,* toute la création s'anime et parle de l'œuvre de Dieu. L'opposition de la « blancheur » de l'innocence à la pâleur du péché rejoint celle des « abois » de Caïn aux « douces unissons » du « Haut Ciel ». Le poète joue sur le double sens de la flamme qui détruit ou qui purifie en éclairant, du ver qui trouble la conscience ou fait pourrir la chair des méchants (VI, v. 840-842), voire des vers qui s'attaquent aux Hérodes ou fleurissent dans les chants des *Tragiques* (VI, v. 886). Il a le sens de la touche délicate et de la finesse alexandrine du trait : mais le tableau de Moïse enfant jouant avec les joyaux du Pharaon est aussi le symbole des petits triomphant des puissants (VI, v. 295-299) ; mais le fameux vers : « Une rose d'automne est plus qu'une autre exquise » (IV, v. 1233), évoque les récents martyrs dont l'éloge est développé dans les *Feux*. Agrippa d'Aubigné aime les comparaisons empruntées à la vie familière : le cruel, victime de sa cruauté, est assimilé à un bâton qui sert à attiser le feu avant d'y être jeté (VI, v. 363) ; l'agneau métamorphosé en justicier devient le « roseau » de l' « innocence » changé en « acier tranchant » (VII, v. 750) et les tyrans au jour du jugement des « lions de torches aculés », des ours muselés, des loups pris au piège (VII, v. 765 et suiv.). Tout au long de l'ouvrage passent les allégories de l'Eglise-Epouse, de la Terre-Mère, de la Nature « blanche, vive et belle de soi-même » (VII, v. 783). Dans de telles évocations, l'esprit et l'imagination se confondent, et l'idée est inséparable de son expression : la révolte des créatures contre Caïn ou contre l'humanité déchue des derniers temps représente à la fois une série d'appels au concret et l'exacte traduction d'un *credo*.

C'est que le prophète que veut être Agrippa d'Aubigné met alors son sens inné de l'image au service d'une Parole. Rivalisant dans son propos avec les auteurs bibliques dont il est nourri, le poète leur demande l'inspiration. Ils lui offrent les ressources de la typologie, selon laquelle l'Ancien Testament est figure du Nouveau et les réalités terrestres figures des réalités célestes ; celles aussi de la parabole, affabulation d'allure familière traduisant un enseignement spirituel : ainsi, d'une part, voit-on les villes bibliques préfigurer Paris ou Rome d'aujourd'hui, Nabuchodonosor annoncer en sa métamorphose monstrueuse les élégants de cour aux ongles et aux cheveux longs ; d'autre part la parabole du talent s'appliquer au poète lui-même, qui a « fait un trou en terre et caché le talent » (VI, v. 107), et celle du bon grain et de l'ivraie, associée à l'épisode des armées de Gédéon (*Juges*, VII), annoncer la trahison possible des protestants lâches d'aujourd'hui. On le voit, l'audace du poète, qui extrapole de l'histoire biblique à l'histoire de l'humanité en

général, égale son humilité à restreindre le champ de
son invention aux fables et aux images inspirées par
la Bible.

Il en va de même quand le poète donne dans
l'anthropomorphisme : Dieu dialogue avec Satan
comme dans le livre de Job, son « doigt » menace les
pécheurs comme dans les textes sacrés (VI, v. 101 et
137), le ciel s'ouvre comme dans les *Actes* au
moment du martyre d'Etienne, et si

La gueule de l'Enfer s'ouvre en impatience

(VII, v. 863)

comme dans les *Mystères,* la marche de l'Agneau
assimilée à l'entrée triomphale d'un général victo-
rieux (VI, v. 449 et suiv.) sort directement de
l'Apocalypse.

Vient un moment pourtant où l'illustration traditionnelle des gestes de Dieu ne suffit plus. d'Aubigné se tourne alors vers des images moins précisément anthropomorphiques où, par exemple, l'inspiration ovidienne et ronsardienne rejoint le thème
johannique de la lumière :

Ouvre tes grands thresors, ouvre ton sanctuaire,
Ame de tout, Soleil qui aux astres esclaire...

(VI, v. 1-2)

Chetif, je ne puis plus approcher de mon œil
L'œil du ciel ; je ne puis supporter le soleil.

(VII, v. 1209-1210)

Mais il préfère utiliser d'autres moyens : l'accu-
mulation de détails violents ou somptueux ne constituant pas un tableau, comme dans l'horrible évocation des damnés (VII, v. 1011-1012), et l'énumération des traits destinés à donner une idée du

Paradis : « voûtes enflammées », « splendeur éternelle », « l'eau de grâce et des Anges le pain », toutes expressions qui parlent aux sens, mais non pas à l'imagination, et qui suggèrent sans décrire. Le chef-d'œuvre est bien entendu l'extase finale, où « le cœur ravi se tait », et où l'on est proche des élévations mystiques d'un Jean de la Croix ou d'une Thérèse d'Avila.

Sainte-Beuve admirait dans les *Tragiques* l'alexandrin « franc et loyal » défini par Hugo dans la *Préface* de *Cromwell :* ce vers qui ose « tout dire sans pruderie », « tout exprimer sans recherche ». D'Aubigné lui-même, dans son *Avis aux lecteurs,* revendique, ainsi que l'avait fait Ronsard, l'absolue liberté du poète à l'égard des entraves imposées par les versificateurs.

Il s'est placé lui-même sous le patronage de Melpomène. De fait, son vers a déjà tous les caractères du vers tragique du siècle suivant. Il est moins un chant bien poli que l'expression la plus frappante d'idées et de sentiments destinés à « esmouvoir » le lecteur. Il ne se repose parfois dans un lyrisme mesuré que pour rebondir dans un discours où règnent la dissymétrie, un rythme chaotique et souvent surprenant, et donne ainsi, successivement, l'impression du jeu subtil de la grande rhétorique et celle de l'improvisation orale : la poésie d'Agrippa d'Aubigné est faite pour être dite.

L'œuvre d'Agrippa d'Aubigné est trop tard apparue pour être comprise, écrivions-nous. Mais sa publication eût-elle été contemporaine des recueils de Desportes, voire de la *Semaine* de Salluste du Bartas, l'aurait-on mieux accueillie ? L'éclat de son verbe, l'alliance en son inspiration de l'examen intérieur et de la méditation historique dépassaient les élans les plus purs et les violences les moins étudiées d'un Sponde, d'un La Ceppède ou d'un Chassignet, eux-mêmes si étrangement méconnus. Desportes, puis Malherbe, relayaient un Ronsard à

peine disparu, dont l'inspiration s'était aussitôt pro-
longée dans les poésies de Robert Garnier. L'irrésistible évolution de notre poésie la conduisait aux
délicatesses un peu contournées, aux joyeusetés
satiriques ou à un conformisme relevé par l'élégance
impeccable du langage et du rythme. Or d'Aubigné
avait écrit : « Ces ruisselets d'argent que les Grecs
nous feignaient... / Sont rouges de nos morts... » (I,
v. 59 et 63).

Alors que tout ce qui écrit autour de lui recherche
du moins une sérénité artificielle dans l'élégance du
maniérisme ou le dépaysement oisif du romanesque,
le poète des *Tragiques* refuse de faire comme si
l'heure n'était pas grave, comme si les malheurs
communs pouvaient être oubliés dans le confort
individuel. Beaucoup plus tard, André Chénier
ressaisira ce flambeau satirique. Plus tard encore, en
tête des dix-huit *Fleurs du Mal* publiées par la *Revue
des Deux Mondes* en 1855, puis, en 1857, dans la
première édition originale du recueil, Baudelaire
citera en épigraphe un extrait des *Tragiques*. Mais il
faudra que s'échafaude le grand œuvre hugolien
pour que ce poète soit compris, son livre lu et
médité, et que l'auteur de la *Bouche d'ombre* puisse
évoquer ces « monstres » que les cruels et les
puissants engendrent à l'instant de leur mort, ou
s'arrêter dans l'horreur au bord du gouffre et dans
l'extase au seuil de la clarté.

Chapitre III

MONTAIGNE

ONTAIGNE est né en 1533 en un château du Périgord — le même où il mourra à près de soixante ans en écoutant la messe. Maternelle ou paternelle, sa famille, mi-espagnole, mi-française, mi-juive, mi-catholique, est constituée de négociants enrichis et de noblesse récente. Son enfance fut heureuse : il a parlé avec moins d'amertume qu'on ne dit parfois de ses études au Collège de Guyenne, où il sut apprécier Buchanan et Muret et participa à la représentation de leurs œuvres théâtrales. Après des études de droit, il fut nommé à 21 ans conseiller à la Cour des Aides de Périgueux, à 24 ans au Parlement de Bordeaux : c'est là qu'il connut Etienne de la Boétie, et qu'il eut le malheur de perdre cet incomparable ami (1563). Marié en 1565, héritier du château familial à la mort de son père en 1568, il résilia sa charge en 1570 et se retira en son château. Ce n'était encore qu'une demi-retraite : aux plaisirs de la « librairie », d'où sont sortis, par piété envers son père, la traduction de la *Theologia naturalis* de Sebon (1569) et, en hommage à l'ami disparu, la publication des *Opuscules* de La Boétie (1571), se joignaient les exigences de la vie active : missions militaires et diplomatiques, voyage en Allemagne, en Suisse et en Italie, inspiré par la curiosité aussi bien qu'imposé par la maladie, et dont nous est resté le *Journal,* charge de la mairie de Bordeaux en 1582 et en 1585. Au moment de la publication des *Essais* en trois livres (1588), il était à Paris, où il fut emprisonné quelques heures par les gens de la Ligue. C'est seulement après cette date, et contraint par la maladie, que Montaigne a connu sa véritable retraite. Il avait 55 ans. Il lui restait quatre ans à vivre, occupé à la lecture des philosophes et à l'enrichissement des Essais.

Au dernier chapitre de son ouvrage, *De l'expérience,* il avait fait profession de fidéisme et véritablement conquis les dimensions positives de son scepticisme : la loi universelle existe, mais nous ne pouvons que la sentir, et non la connaître, affirme-t-il ; et encore, en addition à l'exemplaire de Bordeaux : « Tout bon, il a fait tout bon. » Il chante encore dans ce chapitre sa confiance en les forces humaines, qui permettent d'accepter la maladie, voire d'en jouir, et son sens du moment présent : « Quand je dance, je dance. » Il le clôt sur les vers d'Horace :

> ... nec turpe senectam
> Degere, nec Cythara carentem [1]

Les *Essais* ont été le livre d'un homme heureux, ou qui grâce à eux a su le devenir. Le doute devait être pour Descartes le chemin d'une certitude, pour Pascal celui d'un engagement. Il a été pour Montaigne l'heureuse ascèse qui lui enseigna la joie de vivre.

---

1. « ... passer ma vieillesse sans abjection et capable de la cithare » (Odes, I, 31).

« Les Essais »

Le mot est apparu en même temps que la chose :
« le jugement est un util à tous subjects, et se mesle
partout. A cette cause, aux essais que j'en fay ici, j'y
employe toute sorte d'occasion » (I, 50). Dès le
chapitre *De l'oysiveté* (I, 8) le seigneur de Montaigne
a précisé les conditions de la rédaction de son
ouvrage : « Dernièrement que je me retiray chez
moy, deliberé autant que je pourroy, ne me mesler
d'autres chose que de passer en repos et à part ce
peu qui me reste de vie, il me sembloit ne pouvoir
faire plus grande faveur à mon esprit, que de le
laisser en pleine oysiveté, s'entretenir soy-mesmes,
et s'arrester et rasseoir en soy : ce que j'esperois
qu'il peut meshuy faire plus aisément, devenu avec
le temps plus pesant, et plus meur. » Coquetterie ou
sincérité, Montaigne apporte aussitôt un correctif à
cet enthousiasme de la retraite et affecte l'étonnement : l'oisiveté est comme le sommeil ; elle
« enfante tant de chimeres et monstres fantasti-
ques » en l'esprit qu'elle effraie et stimule à la fois
Michel Eyquem et le mue en écrivain. Car l'ordre
qui n'est point en ses rêvasseries, il délibère de le
retrouver dans leur attentive contemplation et dans
la discipline de l'écriture. Ouvrage de constat,
entreprise exactement phénoménologique, les
Essais à leur prime naissance rappellent déjà la
curiosité exempte d'esprit de système qui inspirait
les sceptiques. Mais quel est l'objet de l'exercice
montaigniste ? Un portrait sans retouche, comme le
prétend l'avis *au lecteur ?* Mais le chapitre XVII du
livre second unit le thème de la peinture de soi à
celui des « essais » du « jugement ». Ambiguïté
donc, au départ de l'entreprise comme à la fin de sa
première étape : l'essentiel est-il le regard émer-
veillé, sur soi et sur le reste ? est-il le jugement et la
remise en question de Montaigne et du monde ?

voyage (intérieur et extérieur) d'un curieux ou examen critique d'une conscience exigeante ?

Dans les additions de l'exemplaire de Bordeaux, en II, 18, Montaigne dresse en des formules célèbres le bilan de son travail : « Je n'ay pas plus faict mon livre que mon livre m'a faict... » ; et présente en III, 2 l'objet de son ouvrage comme son « estre universel » (c'est-à-dire comme la totalité de son être). Mais en même temps, ici et là, l'écrivain avoue ce qu'il semblait nier dans l'avis *au lecteur :* moi qui suis, dit-il un « médiocre », je peux intéresser tous mes lecteurs ; ils peuvent s'appliquer les jugements que je porte d'abord sur moi. Se jugeant soi-même, n'est-ce pas autrui que Montaigne, malignement, fait comparaître devant son tribunal ? Et voici une seconde ambiguïté.

Il a clamé la « nouvelleté » de son entreprise. Il faut du moins préciser la portée de cette originalité. Les *Essais* tiennent du journal, du livre de raison, de la correspondance. Leur « nourriture » les apparente aux *exempla* de la rhétorique, aux *analecta,* aux adages à la manière érasmienne. Ils sont au départ conçus sans doute pour un usage personnel ou familier ; mais supposent dès lors cette foi humaniste qui autorise la rédaction et la publication des recueils qui les ont précédés. En cela ils ressortissent à la curiosité de soi, en ceci à la curiosité d'autrui. Et la rencontre de cette double inspiration fait jaillir la comparaison, se dessiner l'opposition, s'instaurer le jugement.

Montaigne se présente volontiers comme un homme uniquement attentif à soi, invoquant, pour justifier son entreprise, le précepte delphien et socratique « connais-toi toi-même ». « Je n'ai que moy pour visée à mes pensées » (II, 6) ; « ce dessein de se servir de soy pour subjects à escrite... » (II, 18) ; « de l'expérience que j'ay de moy, je trouve assez dequoy me faire sage, si j'estois bon escholier » (III, 13). Or ce sage, ce fervent défenseur de la retraite, a passionnément besoin de sortir de soi. La solitude qu'il préconise, c'est une sorte d'indépendance dans la participation. C'est un dialogue où l'on puisse demeurer soi-même. Ce « médiocre » est d'ailleurs épris d'absolu. Il avoue : « Mon aller n'est pas naturel s'il n'est à pleine voile » (III, 3) et reconnaît que son esprit « s'élance » et « guinde » naturellement (ibid). Où il trouve son gibier, il se tient et s'efforce. Découvre-t-il un interlocuteur conforme à ses goûts, il se jette avec lui dans le dialogue et la « conférence ». En amitié, il professe le tout ou rien et affirme ne s'être abandonné à ce sentiment qu'une fois, avec La Boétie (I, 28 ; III, 3) : « J'ay naturellement peine à me communiquer à demi » (III, 3). Quand il se livre, il se livre, et il attend réponse. Son attachement à Etienne de La Boétie lui a inspiré des formules absolues, et définitives. Ce fut moins pour lui comme ce fut pour son ami le renouvellement de la mutuelle reconnaissance des vertus qui faisait les amitiés à la romaine que la soudaine révélation d'un nœud secret, d'un « je ne sais quoi », d'une communion voulue par le Ciel. Voilà un langage néo-platonicien chez un homme qui pourtant platonise peu. Mais Montaigne n'est pas chiche de ces apparentes contradictions, et ce scrupuleux dénicheur des trompeuses certitudes est aussi de ceux qui savent reconnaître le miracle, quand miracle il y a. Davantage, la révélation de l'amitié n'est-elle pas pour lui symbolique de ce que peut et devrait être la solidarité humaine, et son expression le raccourci de l'humanisme de l'écrivain ?

Quoi qu'il en soit, Montaigne est homme de dialogue, et moralise souvent en la matière. Il faut, dit-il, cultiver les autres pour ce qu'ils sont, non pour ce qu'ils voudraient être, ce serait flatterie, ou pour ce qu'on voudrait qu'ils fussent, ce serait illusion : « J'observe en mes voyages cette pratique pour apprendre toujours quelque chose par la communication d'autruy..., de ramener toujours ceux avec qui je confère, aux propos des choses qu'il sçavent le mieux » (I, 17). La complaisance et la politesse apprise lui répugnent. Son parler, dit-il, est « sec, rond et dru », et d'autant plus brutal qu'il veut manifester sa confiance : « J'honnore le plus ceux que j'honnore le moins » (I, 40). Ce qu'il recherche — comme plus tard fera Théophile — c'est l'authenticité, la vérité particulière, comme seule voie à l'universel. C'est aussi l'ordre, celui qui est dans les choses et non dans les mots, dans le « vécu » du glissement ou du choc des pensées et non dans les artifices de la rhétorique : « Tout un jour je contesteray paisiblement, si la conduicte du débat se suit avec ordre » (III, 8). L'objet poursuivi est moins la découverte d'une vérité générale que l'admiration d'une attitude particulière. Evoquant la continence des Feuillants et des Capucins dans une addition de l'exemplaire de Bordeaux, « je les ayme et honnore d'autant plus, écrit-il, qu'ils sont autres que moy » (I, 37). Mais toutes qualités l'attirent : « la hauteur inimitable d'aucunes âmes héroïques » (I, 37) le ravit et l'emporte ; et aussi la beauté physique, qui balance en ses « conférences » « le pois et la profondeur » (III, 3) ; « qualité puissante et avantageuse », qu'il « considere à deux doits près de la bonté » (III, 12). De semblables élans vers autrui peuvent être de telle vigueur — et de telle patience — que Montaigne affirme parfois qu'il lit mieux en ses amis qu'ils ne font en eux : « A mes amys je descouvre, par leurs productions, leurs inclinaisons internes » (III, 13). L'affirmation nous ramène au cœur même du projet des *Essais*.

Le chapitre *Sur des vers de Virgile* (III, 5), consacré à l'amour des femmes, complète les pages du chapitre *De trois commerces* (III, 3) qui abordent le même sujet. Montaigne platonisait en amitié. Ici il se présente comme celui qui répudie toute hypocrisie et fausse pudeur en matière amoureuse. Il sait ce que vaut le corps et combien la beauté physique importe en amour : « On faict quelque chose sans les graces de l'esprit, rien sans les graces corporelles » (III, 3). Il sait que le mariage, en son temps du moins, exclut les emportements et les vicissitudes du sentiment amoureux (III, 5). Il propose surtout une intéressante morale de l'amour physique. Il en dit ce qu'il dit ailleurs — et notamment au chapitre *De l'art de conferer* — du parler et de l'écriture. Les ornements et les affiquets lui semblent sans grâce. Il entend qu'on mette sa coquetterie à refuser les jeux de la coquetterie. Ce sont mensonges et faux-semblants que le dialogue amoureux doit s'interdire. Et comme dans la « conférence », il faut d'abord veiller dans l'amour à respecter l'autre, à lui apporter de l'agrément au lieu de lui en réclamer : « c'est un commerce qui a besoin de relation et de correspondance... cil n'a rien de genereux qui peut recevoir plaisir où il n'en donne point » (III, 5).

D'entrée, au chapitre *Des livres* (II, 10), Montaigne déclare : « La reconnaissance de l'ignorance est l'un des plus beaux et plus seurs tesmoignages de jugement que je trouve. » Il affecte de ne rechercher dans les livres qu'un « honnête amusement » ou quelque enseignement sur soi-même, et de ne les feuilleter qu'à défaut d'autre occupation (III, 3). Liseur plutôt que lecteur, il saute les passages hors de sa portée et passe selon sa fantaisie d'un ouvrage à un autre. Il n'aime pas la littérature romanesque — d'Ovide aux *Amadis* et à l'Arioste — malgré une admiration avouée pour Angélique et Bradamante (I, 26). Il s'est diverti à lire les conteurs, Boccace et Rabelais, et a goûté les *Baisers* de Jean Second. Mais il a surtout, dit-il, tiré profit des poètes, des moralistes et des historiens. Parmi les premiers, Virgile, Lucrèce, Catulle, Horace, Lucain — pour son jugement — et Térence — pour son naturel. Parmi les seconds, il a fait choix de Plutarque (lu dans le texte d'Amyot) le « platonique » et de

Sénèque le « stoïque » et « epicurien » et sait les défendre au besoin (II, 32). Il aime leur « simple façon et pertinente », et qu'ils aient traité la science « à piece décousues ». Cicéron est utile, mais « ennuyeux » par sa façon d'écrire, sinon en sa correspondance avec Atticus, et Montaigne ne trouve « pas beaucoup d'excellence en son âme ». Platon est « traînant », et, dit Montaigne, « Je demande en général les livres qui usent des sciences, non ceux qui les dressent. » A Cicéron il paraît préférer Pline l'ancien et à celui de Platon le Socrate de Xénophon. Il aime les historiens de « droite balle », à condition qu'ils soient « plaisans et aisez », comme Plutarque, Diogène Laerce et César (« miracle » de « grandeur » et de « polissure de langage »), et « fort simples » comme Froissard ou « excellents » comme Tacite, sur lequel il s'étend longuement au chapitre *De l'art de conferer*.

A travers les livres, ou d'expérience, Montaigne a rencontré les hommes qu'il juge les plus excellents : l'origine de toute grandeur humaine lui est révélée chez Homère, « le premier et le dernier des poètes », en Alexandre le Grand (qui eut pour lui gloire, beauté, savoir, vertu) et Epaminondas, dont il admire la « résolution », la « vaillance », les « mœurs » et la « conscience » (II, 36). Au passage, il sait défendre la grandeur de Julien l'Apostat, victime des malentendus religieux (II, 19). Il a énuméré au chapitre *De la presumption* (II, 17) les hommes de son siècle les plus remarquables : La Boétie, François de Guise (celui que tua Poltrot de Méré), le maréchal de France Piero de Strozzi, le chancelier Olivier (celui qui réprima la conjuration d'Amboise) et le chancelier de l'Hospital (le « politique ») ; parmi les poètes, Daurat, Bèze, Buchanan, Montdoré le bibliothécaire du roi, Ronsard, Du Bellay et Turnèbe. Revenant sur les grands personnages de son temps, il exprime son admiration pour le Connétable Anne de Montmorency (mort à Saint-

Denis en 1567, en combattant contre les protestants), pour le duc d'Albe (le terrible persécuteur
d'Egmont, mort en 1582), mais aussi pour le
« Bayard huguenot », François de La Noue, à qui
est consacrée une note postérieure à sa mort (1591),
qui se prolonge enfin en l'éloge ému de sa fille de
cœur, Marie de Gournay. Liste à laquelle il faudrait
ajouter tous les paysans et simples gens dont maintes
fois Montaigne a découvert la sagesse, l'endurance,
et la générosité. Ces énumérations ne sont pas
vaines — même si elles sont incomplètes. Elles
attestent l'admiration de Montaigne pour des
hommes de stature exceptionnelle, qui ont enrichi le
commun héritage humain d'un nouveau trait de
grandeur, d'une marque de générosité encore incon-
nue, et dont l'existence comporte ces *exempla* dont
pourront se délecter les humanistes de l'avenir. Il
importe peu à Montaigne de quel parti est un
politique, de quelle époque un poète, si l'un ou
l'autre a su allier l'audace à la prudence, l'éclat à la
simplicité, et surtout s'il a accepté d'être totalement
lui-même, d'assumer totalement son être propre.
Tels sont les « phares » qui éclairent la route de
l'humanité, et que Montaigne choisit pour compagnons, en esprit ou en acte ; ceux dont les exploits ou
les productions éveillent son imagination, soulèvent
son enthousiasme et, devenus quelque chose de lui-
même, composent la culture de cet ignorant prétendu.

De la culture

Qu'est-ce donc, aux yeux de Montaigne, qu'un
homme cultivé ? La question en amène une autre :
qu'est-ce que l'éducation, ou comment se forme —
ou doit se former — un homme cultivé ? Si l'auteur
des *Essais* a lu Sextus Empiricus, il ne pense pas

comme lui que l'éducation soit impossible, et que les relations de maître à élève soient une illusion.

Le chapitre *De l'institution des enfans* est un travail de commande, dont le thème a été suggéré à Montaigne par un lecteur de l' « article précédent », c'est-à-dire du chapitre *Du pédantisme*. Dans ce premier essai Montaigne ne posait qu'une seule question : Pourquoi méprise-t-on les pédants, autrement les régents de collège ? Montaigne, qui fera plus tard l'éloge de l'ignorance et du « mol oreiller » de « l'incuriosité », refuse d'attribuer le ridicule des maîtres à un savoir trop abondant. Selon lui, la richesse des connaissances, loin de l'étouffer, élargit l'esprit et le fortifie. Il rappelle, comme fera La Bruyère, que de grands capitaines et de grands hommes d'état ont été de grands savants, et que de grands savants, même s'ils affectaient de « mépriser les actions publiques », ont été d'excellents conseillers auprès de tel prince ou de tel gouverneur de province. La vérité, c'est que les pédants font trafic de la science. Ils ne la tiennent en dépôt, comme certains collectionneurs de tableaux, que pour la revendre. Or, la science n'est pas une monnaie : elle ne vaut que ce que vaut celui qui la pratique. Ces connaissances mortes ne peuvent former un jeune homme pour la vie et l'action, mais seulement pour les discours, les discussions, la « parlerie ». Les pédants ressemblent plutôt aux maîtres d'éloquence et de dialectique de l'ancienne Athènes qu'aux maîtres de « vertu » qui se rencontraient à Sparte. Le *Francion* de Sorel se souviendra de ces analyses, en accentuant, il est vrai, leurs implications sociales. *L'institution* prolonge et nourrit ces sobres réflexions. Il n'y faut pas voir un traité complet et systématique. Montaigne précise son dessein à l'intention de sa correspondante Diane de Foix : « Je vous veux dire là-dessus une seule fantaisie que j'ay contraire au commun usage. » Cette « fantaisie » est résumée en un principe : Montaigne entend que le jeune gentilhomme soit formé, non pas comme un futur savant, mais comme un « habile homme », c'est-à-dire un homme adapté à ce que son rang et son rôle dans l'Etat exigent de lui. Les méthodes à employer découlent naturellement du principe : adaptation des leçons du maître aux forces du disciple, contrôle par l'épreuve de l'assimilation des leçons, exercice du jugement (contre le dogmatisme) et de l'entendement (contre la culture livresque), recherche du « commerce » avec les hommes, dans la *civilité* et le *respect de la vérité* en autrui et en soi-même. Dans ce cadre, la lecture est elle-même dialogue avec les hommes d'autrefois. Grâce à ces méthodes, l'enfant échappera au giron de sa mère, sortira de soi et de son canton, et gagnera le sens de la relativité et des limites individuelles. Montaigne insiste beaucoup sur l'apprentissage précoce de la philosophie : à condition que celle-ci se confonde avec l'art de vivre, ce qui suppose que l'accent soit mis sur les aspects moraux et techniques de cette discipline : « Il n'est rien plus gay, plus gaillard, plus enjoué, et à peu que je ne dise follastre. » La vertu enseignée par la philosophie est en effet « belle, triumphante, delicieuse pareillement et courageuse ». Montaigne le redira dans le chapitre *Sur des vers de Virgile :* « La vertu est qualité plaisante et gaye » (III, 5). Enfin, Montaigne exige que l'emploi du temps associe à la constante et agréable présence de la philosophie une régulière application aux exercices physiques : car « ce n'est pas une âme, ce n'est pas un corps... C'est un homme ».

Une telle éducation refuse l'entassement des connaissances. Elle est plus ambitieuse et entend favoriser la métamorphose de l'enfant en homme : conquête et essai de sa personnalité, mais aussi adaptation de l'individu à la société où il est appelé à vivre et agir. La pensée ultime de Montaigne est peut-être ici une pensée sociale et pragmatique. C'est la vision d'un monde limité, concret, bien réel qui lui permet de proposer quelques règles au précepteur du jeune homme.

Pour Montaigne, l'homme que nous dirions cultivé, c'est celui qui *est,* non celui qui a. Etre et avoir, ce sera le thème du chapitre *De ménager sa volonté* (III, 10) : « La pauvreté des biens est aisée à guérir ; la pauvreté de l'âme impossible. » C'est encore le principe qui anime les développements de Montaigne contre les médecins (II, 37).

Montaigne et son temps

Le jeu social et politique éveille la méfiance de Montaigne, parce qu'il est exactement contraire aux principes qu'il développe dans *l'art de conferer.* A l'exemple de Baltassare Castiglione, dont il a médité le *Cortegiano,* Montaigne pense qu'il convient que l'homme demeure là où Dieu l'a placé, et confesse à son propos : « Je suis duit à un estage moyen, comme par mon sort, aussi par mon goust » (III, 7). Mais, comme les auteurs tragiques de son siècle, il craint en outre que les positions élevées ne soient les plus périlleuses. La tradition issue du théâtre de Sophocle et de celui de Sénèque reprochait aux rois tombés l'*ubris* dont ils s'étaient rendus coupables. « Il est difficile, écrit Montaigne à leur décharge, de garder mesure à une puissance si desmesurée » *(ibid.).* Surtout, le sort des rois lui semble malheureux en ceci, que le respect qui leur est dû les prive de tout vrai dialogue. Etre roi, c'est n'être plus un homme, c'est porter un masque — de la tyrannie ou de la débonnaireté, c'est tout un. Et le masque finit par détruire et ronger le visage. Montaigne certes a rêvé, comme fera Théophile, d'avoir tel maître à qui il eût pu dire « ses vérités » : « J'eusse eu assez de fidélité, de jugement et de liberté pour cela » (III, 13). Affirmation conforme à ce qu'il écrit ailleurs : « J'honnore le plus ceux que j'honnore le moins » (I, 40). Mais s'il est vrai que les rois ont besoin plus que d'autres de « vrays et libres advertissements », ils ne peuvent trouver personne qui les en gratifie (III, 13). Mais n'est-on pas toujours le roi de quelqu'un ? Si le dialogue est permis entre Montaigne et ses égaux, lui est-il plus aisé avec ses inférieurs qu'à un roi avec ses conseillers ? « J'envie ceux qui sçavent s'apriyoiser au moindre de leur suite et dresser de l'entretien en leur propre train », écrit encore Michel Eyquem (III, 3). Rêve aussi peu réalisable que le précédent. Le magistère des savants est ici analogue au magistère social : ici comme là l'homme ne peut guère se dispenser de se couvrir d'oripeaux empruntés. Et c'est pourtant « grande simplesse d'estouffer sa clarté pour luire d'une lumière empruntée ». Voilà un Montaigne qui pressent La Rochefoucauld.

Si la plupart des liens sociaux sont source d'aliénation, voire occasion de mensonge ou même de suicide intérieur, on comprend que le chapitre *De la vanité* (III, 9) enseigne entre autres choses à ne point vivre « par relation à autruy ». Cela va jusqu'à ne rien devoir à personne, pas même la reconnaissance : « J'essaye à n'avoir exprès besoing de nul. » Frileuse prudence. Mais aussi expression exacerbée d'un total besoin de « franchise ». Le voyage en est le symbole. Le chapitre *De la vanité* est aussi le chapitre des voyages, et comme une « apostille » morale au *Journal.* Il constitue en tout cas, comme le chapitre *Du pédantisme* avant *L'institution,* un préambule naturel au suivant, *De ménager sa volonté.* Ce dernier est d'ailleurs fondé, comme *L'institution,* sur l'opposition de l'*être* et de l'*avoir.* C'est une pièce maîtresse du testament et de la justification de soi en quoi peut se résumer le troisième livre. Le chapitre commence par un aveu d'épicurien : « Je m'engage difficilement », et si je m'attache à moi-même, je garde que cette « affection » aille jusqu'à méconnaître la puissance de la

fortune sur moi. A plus forte raison, résisté-je aux
« affections qui me distrayent de moy et attachent
ailleurs ». Le préambule donne le ton à l'ensemble,
et prépare la justification de l'attitude de Montaigne
en ses magistratures. Cependant la pensée progresse
de l'aveu personnel à la recherche de principes
moraux généraux. L'âme, écrit Montaigne, « peut
voir et sentir toutes choses, mais elle ne se doibt
paistre que de soy, et doibt être instruite de ce qui la
touche proprement et qui proprement est de son
avoir et de sa substance ». Règle où se retrouvent
Socrate et Sénèque. Mais règle contraire à la voie
commune. Car l'homme (et Montaigne lui-même)
est naturellement porté à se passionner pour tout ce
qui le fait sortir de soi, jusqu'au vain jeu des échecs,
que Montaigne, après Castiglione, avait déjà
condamné en son premier livre (I, 50). Fuyons donc
les tentations : nous succomberions à l'attrait de la
séduction ou à l'horreur d'un mortel danger. S'engager joyeusement en une passion, redit Montaigne
après Sénèque, est illusoire ; le moment viendra où
en croissant elle risque de vous étouffer. Cela vaut
pour l'ambition comme pour l'amour : nouveau
thème tragique constamment développé au siècle de
Montaigne. Voir « résolument et sans se troubler »
les calamités publiques, c'est le fait d'un sage
exceptionnel : encore Caton n'y a-t-il pu résister. Il
suffira d'une couleur plus nettement chrétienne pour
que de tels principes deviennent ceux de Pascal et de
Nicole. Mais déjà Montaigne cite le *Pater* : « Et ne
nos inducas in tentationem. » Nous y reviendrons.

    Se tenir en soi. Mais aussi se prêter à autrui,
autant que le réclame la collectivité, sans outrepas-
ser de justes limites. Le principe est connu. Il a pour
corollaire naturel une méfiance générale de l'engagement dans un parti politique et un conservatisme
sans illusion. La structure du chapitre *De la coutume*
(I, 23) est significative. C'est un diptyque dont le
premier volet (le plus long) est consacré à la critique

de la coutume — ou de l'habitude — aussi traîtreuse-
ment insinuante que la passion : « Elle establit en
nous, peu à peu, à la desrobbée, le pied de son
autorité. » Les exemples, tirés des usages et des lois
de diverses nations (et la française n'est pas épar-
gnée), annoncent les énumérations de l'*Apologie de
Raimond Sebond.* Mais au milieu d'un paragraphe
tout change, et du plan des demi-habiles de Pascal
on passe à celui des habiles, ou des dévots aux
chrétiens : « Ces considérations ne destournent
pourtant pas un homme d'entendement de suivre le
stille commun. » L'obéissance aux lois et usages sera
certes sans illusion — Montaigne a lu Jean Bodin —,
elle n'en sera pas moins effective : il n'est qu'une loi
assurée, c'est le devoir, religieusement suivi par
Socrate, de se soumettre aux lois de son pays. Non
toutefois, et ainsi se terminait le chapitre dans la
première édition, qu'il faille pousser cette soumission jusqu'à une dommageable superstition. La
restriction, il est vrai, est comme gommée par les
additions de 1588 et les ajouts de l'exemplaire de
Bordeaux, qui fondent leur conservatisme renforcé
sur les horreurs engendrées par les guerres de
religion. Ce conservatisme nourrit seul le chapitre
De la vanité (III, 9). Les mêmes événements l'inspirent ; ils conduisent aux mêmes conclusions : seulement c'est par une autre voie. Au premier livre, on
condamnait les auteurs des troubles, ici on s'étonne
que l'Etat se soit maintenu à travers eux. Il semble à
Montaigne avoir fait une expérience analogue à celle
des premières sociétés, dont il pouvait imaginer
l'évolution en lisant Lucrèce : « La nécessité
compose les hommes et les assemble. Cette cousture
fortuite se forme après en loix. » De ces idées
Montaigne glisse à la sagesse de Pibrac. On ne peut
imposer à une société précise, et dont la « police »
s'est maintenue et justifiée par « l'usage », des lois
idéales, conçues dans l'abstrait, sans risquer de
détruire un équilibre si laborieusement acquis. « Le

monde est inepte à se guérir. » Mais la Nature sait y pourvoir : elle a maintenu l'Etat français comme elle avait maintenu l'Etat romain. « Qui sçait, écrit encore Montaigne, si Dieu voudra qu'il en advienne comme des corps qui se purgent et remettent en meilleur estat par longues et griefves maladies, lesquelles leur rendent une santé plus entière et plus nette que celle qu'elles leur avoient osté ? »

En contre-épreuve, rappelons le court chapitre consacré à *Un défaut de nos polices* (I, 35) : Montaigne y parle de l'idée qu'avait eue son père de bureaux d'information mutuelle dans les grandes villes du royaume : les seules révolutions approuvées par l'auteur des *Essais* sont des révolutions administratives. Encore une addition de l'exemplaire de Bordeaux réduit-elle la conclusion du chapitre à l'évocation du livre de raison dont ce même père faisait usage en sa « police œconomique », c'est-à-dire en son « mesnage ».

« L'Apologie »

L'*Apologie de Raimond Sebond* est au cœur des *Essais*. Elle constitue comme un raccourci de l'œuvre, dont elle déploie largement les dimensions essentielles. Il s'agit moins pour Montaigne de défendre la pensée d'un théologien que de le justifier de raisonner à propos de la foi. Aux premières lignes du chapitre, Montaigne affirme de la science qu'elle est quelque chose, mais qu'elle n'est pas tout ; et des savants : « Moy, je les ayme bien, mais je ne les adore pas. » Les formules sont à retenir. Le chapitre comporte deux moments, de longueurs très inégales, chacun d'eux constituant la réponse à une objection. La première critique rapportée par Montaigne est fondée sur un scrupule de piété : ce n'est pas la raison, mais l'alliance de la foi et de la grâce qui assure la croyance chrétienne. Une telle attitude

est fort répandue en France depuis le XIVe siècle.
Habilement, Montaigne répond selon la tradition
gersonienne : la raison ne peut prétendre se substituer à la grâce et à la foi ; du moins peut-elle être
leur auxiliaire : « Nos raisons et nos discours
humains, c'est comme la matière lourde et stérile : la
grâce de Dieu en est la forme. » Il s'agit bien
entendu de la forme au sens aristotélicien du terme,
c'est-à-dire de l'âme. La seconde critique est celle de
l'athéisme : les arguments rationnels en faveur de la
religion sont faibles : il est aisé de leur en opposer
d'autres, plus vigoureux, et capables de remettre en
question les principes de la foi. A cet argument-là,
Montaigne répond largement et construit son apologie du christianisme en contestant l'humaine raison,
en montrant qu'à Dieu seul appartient « la science et
la sapience ». La critique montaigniste de la raison
préfigure l'argumentation pascalienne : il fait le
portrait de l'homme « seul, sans secours étranger,
armé seulement de ses armes, et despourveu de la
grace et cognoissance divine, qui est tout son honneur, sa force et le fondement de son estre ». Réduit
à sa stature naturelle, il n'est plus le maître du
monde ni le centre de la création. Il est soumis aux
influences astrales, qui régissent entièrement sa vie,
ni plus ni moins que celle de tous les autres animaux.
« Tout ce qui est soubs le Cieu... court une loy et
fortune pareille », comme l'écrit l'Ecclésiaste.
Encore les animaux nous sont-ils supérieurs à bien
des égards, comme la beauté ou l'adaptation aux
exigences de la vie. La science dont nous nous
targuons est illusoire ou inutile, et « imperceptible le
voisinage d'entre la folie et les effets d'une vertu
suprême et extraordinaire ». La santé n'est sûre
qu'en la « pesanteur » et l' « oisiveté » : aussi nous
faut-il « abestir pour nous assagir » (add. de l'exemplaire de Bordeaux). En tout cela l'Ecriture apporte
une confirmation au penseur : c'est l'orgueilleux
désir de savoir qui a fait le malheur de l'homme. Il

eût dû se reconnaître incommensurable aux raisons divines. « C'est aux Chrestiens une occasion de croire, que de rencontrer une chose incroiable. Elle est d'autant plus selon raison, qu'elle est contre l'humaine raison. » Le seul fruit d'un sain exercice de l'esprit, c'est la reconnaissance de la faiblesse humaine. Montaigne coule alors sa pensée dans le moule que lui propose le 1er chapitre des *Hypotyposes* de Sextus Empiricus, qu'il traduit ainsi :

Quiconque cherche quelque chose, il en vient à ce point : ou qu'il dict qu'il l'a trouvée, ou qu'elle ne se peut trouver, ou qu'il en est encore en queste. Toute la philosophie est départie en ces trois genres. Son dessein est de chercher la verité, la science et la certitude. Les Peripateticiens, Epicuriens, Stoïciens et autres ont pensé l'avoir trouvée. Ceux-cy ont establi les sciences que nous avons, et les ont traittées comme notices certaines. Clitomachus, Carneades et les Academiciens ont desesperé de leur queste, et jugé que la verité ne se pouvoit concevoir par nos moyens. La fin de ceux-cy, c'est la foiblesse et humaine ignorance ; ce party a eu la plus grande suyte et les sectateurs les plus nobles.

Pyrrho et autres Skeptiques ou Epechistes... disent qu'ils sont encore en cherche de la verité.

Entre la certitude de savoir des aristotéliciens « dogmatistes », et la certitude d'ignorer que ses lointains disciples tiraient de la formule socratique « je sais que je ne sais rien », le scepticisme refuse d'affirmer ou de nier catégoriquement. Montaigne s'y trouve à l'aise. Mais il ne l'interprète pas comme fera Pascal. Il en saisit les leçons positives. En un siècle où les systèmes du monde foisonnent, notamment chez les Italiens, Montaigne admet à titre d'exercice et d'hypothèse les « inventions » d'Epicure, de Platon ou de Pythagore. Mais à ce titre seulement : car comment l'homme aurait-il droit de prétendre à la connaissance de l'ordre du monde, lui qui ne voit que « l'ordre et la police de ce petit caveau » où il est « logé » ? Montaigne admet d'autre part qu'on puisse cultiver les sciences. Mais à condition de reconnaître qu'elles partent de « principes presupposez par où le jugement humain est bridé de toutes parts », principes que la divinité a « revelez » à l'homme. Pascal ajoutera seulement que celui-ci en est « légitimement persuadé » : mais la doctrine du sentiment est présente au livre de Montaigne. Le plus difficile à l'homme est peut-être la connaissance de soi : les philosophes se sont séparés sur la nature de l'âme, sur la nature des corps, et sur les principes de la génération. Mais alors, si l'homme ne se peut connaître, comment pourrait-il connaître « toute autre chose » ? Avant de terminer son chapitre, Montaigne fait une pause : il s'adresse au dédicataire du chapitre ; il le met en garde contre le danger qu'il y aurait à utiliser avec indiscrétion le « tour d'escrime » qu'il a employé dans son *Apologie*. La sagesse interdit de « secouer » les « limites et dernières clotures des sciences », et veut qu'on se tienne « dans la route commune ». Occasion de rebondissement pour la pensée : les dernières pages donnent une belle leçon de sobriété intellectuelle et morale : nouvelle critique de la raison, nouvel éloge des sceptiques, développement de thèmes chers à Montaigne, comme le refus de la nouveauté en religion et en politique, ou l'assimilation de la vie humaine à un songe ; surtout esquisse d'une métaphysique, selon laquelle l'homme n'a « aucune communication à l'estre » parce qu'il vit dans le temps et ne peut connaître l'éternité. « Dieu seul est. » L'homme ne peut que par lui s'élever au-dessus de l'homme : « Car c'est à notre foy Chrestienne, non à sa vertu Stoïque de pretendre à cette divine et miraculeuse metamorphose » (add. de l'exemplaire de Bordeaux).

L'*Apologie* constitue ainsi une profession de foi de fidéisme, appuyée sur une tradition théologique aussi bien que sur l'examen des philosophies anciennes. La théologie de Montaigne se passe curieusement de l'incarnation. Du moins faut-il souligner la cohérence de la pensée montaigniste dans le domaine religieux. Le chapitre que nous venons de lire n'est-il pas résumé par une formule du premier livre : « Il se faut contenter de la lumière qu'il plait au soleil nous communiquer par ses rayons » (I, 32) ? L'abandon prêché par les dernières lignes de l'*Apologie* est confirmé par le chapitre *Des prières :* « Il n'est rien si aisé, si doux et si favorable que la loy divine ; elle nous appelle à soy, ainsi fautiers et destestables comme nous sommes ; elle nous tend les bras et nous reçoit en son giron, pour vilains, ords et bourbeux que nous soyons... Mais encore, en recompense, la faut-il regarder de bon œil. Encore faut-il recevoir ce pardon avec action de graces... » (I, 56). En s'insurgeant contre la prière du pécheur non repentant, Montaigne dessine à l'avance la ligne qui séparera Pascal de ses adversaires dans les *Provinciales :* c'est le refus de l'*attrition* et l'exigence de la *contrition*. Montaigne serait-il le théologien de la conversion intérieure, et un précurseur de la spiritualité janséniste ?

Nouvelles terres

Les problèmes que pose à l'esprit et au cœur de Montaigne la conquête du Nouveau Monde touchent de fort près aux problèmes politiques et religieux. Déjà le chapitre *Des Cannibales* (I, 31), écrit avant la lecture de l'*Histoire des Indes* de Gomara, recueille des témoignages sur les Indiens du Brésil : « rien de barbare et de sauvage en cette

nation [...] sinon que chacun appelle barbarie ce qui
n'est pas de son usage ». Montaigne hait la guerre ;
mais celle que pratique le peuple brésilien « est
toute noble et genereuse [...] elle n'a d'autre fondement parmy eux que la seule jalousie de la vertu ».
Montaigne enfin reconnaît la beauté de la poésie
amoureuse de ces « primitifs ». « Tout cela ne va pas
trop mal : mais quoy, ils ne portent point de haut de
chausses ! » L'émerveillement de Montaigne ne va
pas sans ambiguïté. Il trouve en cette contemplation
des peuples découverts une joie d'humaniste et voit
en eux comme une résurrection des antiques vertus.
Ne compare-t-il pas l'étonnement des découvreurs
de terres et de peuples d'aujourd'hui à celui de
Pyrrhus en face des « barbares » romains ? Voilà qui
plaide en faveur de la « civilisation » des Indiens de
l'ouest. Mais d'autre part Montaigne parle d'eux
comme d'enfants de la Nature : « Les Loix naturelles leur commandent encore, fort peu abastardies
par les autres. » On pouvait croire que Montaigne
refusait la notion de loi naturelle. Le voici plus
virgilien que lucrétien. Le voici peut-être pressentant, non pas du tout Rousseau, non pas tout à fait
Voltaire, mais l'idéal fénelonien de la vie patriar-
cale. Plus tardif, le chapitre *Des coches* conserve et
approfondit l'ambiguïté du précédent (III, 6). Montaigne y expose les responsabilités de l'Europe, qui a
maltraité et corrompu ce monde en sa prometteuse
enfance. Mais s'agit-il bien d'une enfance ? La
civilisation avancée du Mexique, les monuments et
les usages des peuples du Pérou sont manifestations
d'un état de « développement » analogue à celui des
Romains en leur belle période, quand les peuples
européens d'aujourd'hui donnent plutôt le spectacle
d'une décadence. Le monde est *vieux* pour ceux-ci, il
est *encore jeune* pour les Américains. Tout se passe
comme si, aux yeux de Montaigne, les diverses
civilisations avaient leur histoire et leurs périodes :
après la nature sauvage, une police gardant quelque

chose des exigences de la nature, et enfin une rupture décidée du peuple en décadence avec les valeurs héritées des lointains ancêtres : l'Europe en serait à ce troisième stade, et le Nouveau Monde au second. On conçoit que dans les deux chapitres Montaigne regrette que ces terres et ces hommes n'aient pas été découverts par les anciens Grecs ou Romains, qui eussent reconnu en eux une « générosité », c'est-à-dire une vigueur d'âme et de corps, analogue à la leur. Double leçon : celle du moraliste (humanité et respect), celle du philosophe (relativité).

A l'écoute de soi

Le XVIIe siècle finissant, où théologiens et moralistes reviendront à l'écoute de l'être intérieur, appréciera Montaigne. C'est que lui-même appartient à une génération où l'attention à la vie personnelle l'emporte sur la recherche des synthèses ou sur le culte de l'action militante. Le pas franchi par Montaigne est cependant important : c'est son « être universel » qu'il tente de découvrir, de comprendre et de restituer, et non pas seulement son être « moral ». Il pousse ainsi jusqu'à ses extrêmes conséquences le « connais-toi toi-même » socratique.

Les chapitres I, 8 et I, 39 nous présentent Montaigne attentif à soi, et à soi seul. L'avis *Au lecteur* le confesse : « Je suis moi-même la matière de mon livre » ; et une formule essentielle du premier livre précise : « Je ne vise icy qu'à découvrir moy-mesme, qui seray par adventure autre demain, si nouveau apprentissage me change » (I, 26). L'évocation des moments successifs d'un homme qui change, et qui n'a pas honte de ses changements, on la retrouve en III, 2 : « Je peins le passage. »

Il entend se montrer en ses allures quotidiennes.

Son portrait physique est complaisamment évoqué au chapitre *De la praesumption* (II, 17). Ici nous l'apercevons à cheval (I, 48). Là il nous entretient des odeurs qui persistent dans sa moustache (I, 55). Ailleurs son cheminement vers la vieillesse le retient (I, 57). Ou la description de ses maladies et infirmités (III, 13). Il avoue qu'il est oisif (I, 8) ; que sa mémoire est peu sûre (I, 9 ; II, 17), qu'il connaît à peine la tristesse (I, 2) ou le repentir (III, 2). Ce portrait aux mille facettes traduit un « égotisme » humaniste dont l'ingénuité contrôlée annonce Stendhal et une capacité d'admiration des hautes vertus alliée à un effort de totale sincérité qui annonce André Gide. « Je m'estalle entier », dit une addition de l'exemplaire de Bordeaux (II, 6). Etalage qui ne va pas sans jouissance de soi : « Je me contrerolle, je me gouste » (II, 17).

Mais il affirme aussi que son livre peut « par accident servir à un autre » (II, 6). Dès lors le « dessein farouche et extravagant » de se peindre (II, 8) devient projet de portée universelle. Car « chaque homme porte la forme entière de l'humaine condition » (III, 2). S'il affecte de souhaiter seulement que son livre puisse « vivoter en la moyenne région » (I, 54), c'est qu'il pense déjà, peut-être, ce qu'il affirmera sans mélancolie, dans une addition de l'exemplaire de Bordeaux : « Nulle particulière qualité n'enorgueillira celuy qui mettra quand et quand en compte tant de imparfaittes et foibles qualitez autres qui sont en luy, et au bout, la nihilité de l'humaine condition » (II, 6). Ce pourquoi, précise-t-il aussitôt, Socrate avait acquis « le surnom de Sage ».

Ce double dessein complique la quête, et contraint de voir dans les *Essais* un livre à divers étages.

Le premier, et le plus sensible, c'est celui de Montaigne qui se livre, quasi « tout nu » : il a peint, de l'intérieur, sans jugement ni commentaire, un heureux évanouissement, sorte de mort voluptueusement anticipée : « Il me sembloit que ma vie ne me tenoit plus qu'au bout des levres ; je fermois les yeux pour ayder, ce me sembloit, à la pousser hors, et prenois plaisir à m'alanguir et à me laisser aller » (II, 44). Voilà qui est conforme à ce qu'il écrit ailleurs : « Ce sont icy mes fantasies, par lesquelles je ne tasche point à donner à connaistre les choses, mais moy » (II, 10). Et qui annonce l'étalage des goûts, des manies, des vanités et des insuffisances de l'homme au chapitre *De l'expérience* (III, 13). Il a de même raconté comment la fière bonté de sa physionomie parvint un jour à intimider et convertir des brigands venus pour le surprendre (III, 12).

Mais Montaigne ne se donne pas seulement à voir. Il se présente lui-même en train de se regarder. Ce n'est pas seulement un miroir que les *Essais,* mais un homme devant le miroir. Nous le voyons effrayé de contempler son esprit en proie à de confuses rêveries (I, 8), ou faisant effort pour tirer enseignement de ce regard, pour passer de la vue à la description : « Je me pare sans cesse, car je me descris sans cesse » (II, 6 ; add. de l'exemplaire de Bordeaux). De cette vue, de cet étonnement, de cette discipline de l'écriture naissent un connaître (à toujours rajeunir et remettre en question) et un « donner à connaître » sujet aussi à révision constante (II, 10). Mais, et c'est l'essentiel, cet art ne va point jusqu'à la vaine recherche d'une unité dans le portrait. L'unité réside dans le *sur-moi* de la sagesse, où « chaque piece tient son rang et porte sa marque » (III, 13), non pas dans le *moi* naïvement déployé dans l'analyse. On peut bien souhaiter que l'homme parvienne à conquérir une cohérence morale. On doit constater qu'il n'a pas de cohérence psychologique. En lui se découvre seulement une « infinie variété de visages » (*ibid.*).

Pourtant ce regard complaisant à la complexité immédiate et aux perpétuels changements du moi ne se perd point et ne se dissout point en son objet. De

diverses manières Montaigne se forge des principes :
il se compare, et aux livres et aux hommes qu'il
aime, qu'il admire ou simplement qui l'intéressent.
Des écrits des Anciens il avoue : « Ils m'estonnent et
transissent d'admiration. Je juge de leur beauté ; je
la voy, mais il m'est impossible d'y aspirer » (II, 17) ;
et encore : « Ce que je voy de beau en autruy, je le
loüe et l'estime très volontiers » (*ibid.*). Au rebours,
il s'excuse « à la comparaison d'autres choses pires,
aucquelles je voy qu'on donne credit » (*ibid*). Ce
qu'il confesse de son écriture, il le confesse aussi de
sa vie, « pour m'estre, dit-il, dès mon enfance dressé
à mirer ma vie dans celle d'autruy » (III, 13). Il juge
enfin d'un même mouvement et soi et les autres :
« Reprendre en autruy mes propres fautes ne me
semble non plus incompatible que de reprendre,
comme je fay souvent, celles d'autruy en moy »
(I, 26) ; « Je pense avoir les opinions bonnes et
saines [...] L'une des meilleurs preuves que j'en aye,
c'est le peu d'estime que je fay de moy » (II, 17).
Ceci conduit naturellement à légiférer, en comparant non plus seulement Montaigne et autrui, mais
l'homme réel à l'homme digne de ce nom. Le
chapitre 42 du premier livre invite en effet à juger
l'homme sur ce qu'il est, non sur ses qualités désirées
ou empruntées abusivement. Le chapitre *De mena-
ger sa volonté* (III, 10) précise et approfondit cette
essentielle pensée : la vérité de soi est trahie par la
complaisance au rôle que l'on joue. Accepter de
n'être que soi-même, mais tout entier et en s'efforçant de porter au plus haut ses vertus enfouies ou
mal développées, telle est la règle qu'entend suivre
Montaigne. Il importe à la santé du jugement de ne
pas s'engager. L'aveu du chapitre *De l'expérience*
(III, 13) est significatif : « Cette longue attention
que j'employe à me considérer me dresse à juger
aussi passablement des autres. » Voilà, au bout du
compte, Montaigne directeur de conscience. Ne
nous en étonnons pas : il a bien voulu, et fort tôt,

conseiller telle dame sur l'éducation de ses enfants (I, 26 ; II, 8), telle autre sur ses lectures spirituelles (II, 12), une autre encore sur la médecine (II, 37).

Où situer le confluent de tant de courants et de tant de sollicitations, le cœur qui assure à l'ensemble son unité organique ? C'est, si l'on veut, le jugement, « util à tous subjects » (I, 50) ; et c'est le jugement de Montaigne dont les *Essais* constituent l'*essai*, l'épreuve sans cesse recommencée. Dialogue instantané d'un juge qui se transforme avec un homme qui se métamorphose. Montaigne a dit de ses additions qu'elles trahissaient souvent sa pensée primitive, et qu'il avait peine à comprendre après quelques mois ou quelques années ce qu'il avait écrit d'abord. Il consigne le « passage », mais le sujet qui écrit passe aussi bien que l'objet vivant de son enquête. Le « contrerolle », c'est-à-dire la liste et l'examen des pensées et des sentiments de l'homme, c'est Montaigne qui se « roulle » en soi-même (II, 17) offrant à son lecteur, tout à la fois, la mobilité de son être et le caprice de sa pensée.

Du moins aperçoit-on aisément que le jugement de Montaigne (où interviennent, il le sait, l'intellect et le cœur, l'esprit et le corps, l'individu et les circonstances) oscille entre deux pôles : les hautaines maximes du stoïcisme, les humbles constats du scepticisme. L'entre-deux est le champ des « philosophies », dont Montaigne a dénoncé l'inanité : s'il admire Socrate, le Sage (déjà sénéquien et pyrrhonien, voire lucrétien à la fois), il se méfie de Platon le raisonneur et le bâtisseur de nuées. Le chapitre *Des vaines subtilitez* (I, 54) est une profession de foi anti-philosophique ; et, comme on l'a vu, l'*Apologie* met en évidence les contradictions des systèmes des philosophes du cosmos ou de l'homme. Tel chapitre assimile raison et fortune (I, 47), tel autre fortune et jugement (I, 47). Mais ce n'est pas tant de connaître qu'il s'agit, c'est de vivre, et d'être aussi heureux qu'il peut être accordé à l'homme, c'est-à-dire de pratiquer une morale. L'effort de Montaigne vise à intégrer toutes choses à une plénitude de vie. Y doivent servir aussi bien la bassesse du quotidien et la hauteur de l'effort héroïque. Caton le Jeune, dont l'héroïsme vibre encore dans les vers des poètes, est « un patron que nature choisit pour montrer jusques où l'humaine vertu et fermeté pouvoit atteindre » (I, 37). Montaigne ne se permet, ni dans la première rédaction du chapitre, ni dans les additions postérieures à 1588, de douter de l'authenticité du personnage, dont la vie le soulève jusqu'à l'enthousiasme. Mais une telle grandeur (qu'on retrouve où on ne la chercherait pas, chez un Pyrrhon par exemple) suppose la *constantia*, c'est-à-dire une fermeté continue. Cette fermeté est-elle donnée qu'à des êtres d'exceptions ? Faire de la vertu « son train ordinaire, certes... il est quasi incroyable qu'on le puisse » (II, 29). Montaigne y revient en III, 10 : « N'ataquons pas ces exemples ; nous n'y arriverions poinct. » Le chapitre *De l'expérience* demande qu'en hommage à la vérité et en signe de soumission à notre nature nous acceptions notre être « universel » et ne méprisions aucun de nos goûts et de nos plaisirs : « Quand je dance, je dance ; quand je dors, je dors » (III, 13). L'humanité s'inscrit dans une pyramide ; quelques élus, héros ou saints, se tiennent au sommet, la majorité demeure à la base et beaucoup oscillent entre les deux, à la recherche d'un équilibre de vie qui concilie l'élan généreux et la jouissance de soi et du monde.

Or, ces deux pôles peuvent se rejoindre, paradoxalement. Sénèque a loué Epicure et réclamé de ses disciples qu'ils veuillent bien « consentir à nature » (III, 13). Pascal écrira de même que « qui fait l'ange fait la bête ». En ce milieu, l'exacte connaissance de ce que nous sommes et pouvons, par l'examen quotidien de la conscience, c'est connaissance de l'humaine nature : en sa risible inanité, telle que l'avait vue Démocrite (I, 50), mais aussi en sa grandeur. Cette grandeur elle-même ne consiste-t-elle pas en une juste médiocrité ? Montaigne redit au chapitre *Du repentir* (III, 2) ce qu'il affirmait déjà au chapitre *De la moderation* (I, 30) à partir d'Horace et de saint Paul, et en se souvenant, sans le dire, des leçons de Castiglione, que le point de perfection se situe en un milieu qui est peut-être une ligne de crête. Reconnaître ses propres oscillations entre la grandeur héroïque et le simple désir de jouir, c'est justement se tenir dans la médiocrité.

Cette attitude, par surcroît, revêt une signification religieuse. Car la religion fait concevoir, sans doute, la possibilité de l'héroïsme, au-delà des derniers efforts humains : l'homme « s'eslevera si Dieu luy preste extraordinairement la main » (II, 12). On sait que Montaigne a fait l'éloge de la vie monacale, qui le surprenait (I, 39). Mais la religion fait aussi saisir et accepter l'incapacité de l'homme à comprendre le monde, à agir sinon selon la fortune et la nature, qui sont comme les visages de la Providence, à parler en toute sûreté, comme du siège même de Dieu (I, 32 et I, 56). Socrate a préfiguré la prudence chrétienne, qui nous fait supplier Dieu de nous tenir par la main et de nous empêcher de broncher (III, 10 : « Ne nos inducas in tentationem »). Accepter la soumission à Dieu, se refuser tout droit de regard sur ses Gestes et de régence sur sa Création, c'est la source même de notre liberté. Quand Montaigne s'incline devant la censure ecclésiastique, il accepte du même coup de ne considérer que comme jeu les productions de son esprit : « Je propose des fantaisies informes... non pour établir la vérité, mais pour la chercher » (I, 56). Et encore : « Mon cathedrant, c'est l'autorité de la volonté divine, qui nous reigle sans contredit et qui a son rang au dessus de ces humaines et vaines contestations » (II, 3). Le fidéisme chrétien est le seul point de vue d'où l'entreprise de Montaigne s'ordonne et se justifie. Il constitue, entre l'humanisme et la foi en un Dieu transcendant, un équilibre heureux, que rompra seulement, au siècle suivant, la rivalité du rationalisme humaniste et de la théologie de la grâce. Montaigne annonce à la fois l'humanisme dévot et la rigueur janséniste et parvient à concilier l'optimisme moral du premier et le pessimisme intellectuel du second. On sait au reste qu'il était parfaitement informé des débats contemporains sur la prédestination, qui allaient aboutir à la querelle *de auxiliis*[1]. Il le montre bien au contraire au chapitre *De la vertu* où il emploie un vocabulaire théologique que les écrits de Molina vont bientôt répandre : « Dieu, au registre des causes des advenements qu'il a en sa prescience, y a aussi celles qu'on appelle fortuites, et les volontaires, qui despendent de la liberté qu'il a donnée à nostre arbitrage, et sçait que nous faudrons par ce que nous aurons voulu faillir » (II, 29).

C'est à sa façon d'envisager la mort que peut le mieux se mesurer la liberté de l'homme. Car elle définit sa condition et marque ses limites. Qui en surmonte l'inquiétude, ce peut être par simple et sotte méconnaissance de ce que c'est que l'homme ; ce peut être aussi héroïsme ; et ce peut être sagesse. Au chapitre *Que philosopher c'est apprendre à mourir* (I, 20), Montaigne recueille l'héritage des moralistes de l'antiquité, Cicéron, ou Lucrèce, ou Sénèque. Toutefois, en dépit des austères leçons qu'il emprunte à ses maîtres, Michel Eyquem marque très vite de l'empreinte de sa personnalité une méditation dont on a pu croire qu'elle était surtout néo-stoïcienne. Il est en tout cas séduit par les morts qui demeurent conformes à la plus juste médiocrité, et qui se font « quiètement et sourdement » (I, 19). Il a toujours professé l'idée conforme à la « Saincte

---

1. Querelle sur la grâce ayant opposé dominicains et jésuites et à laquelle le pape Clément VIII a vainement essayé de mettre un terme (1598-1607).

Escriture », entendons au chapitre III de l'*Ecclésiaste*, que l'homme a vocation au bonheur : le premier texte du chapitre I, 20 s'efforce déjà de réinterpréter et d'adapter les philosophies de la mort comme devant être apprentissages du bonheur, en dépit de la tragédie par quoi se termine toute vie.

L'objet est donc resté toujours le même. Les moyens, pas tout à fait. Mais c'est surtout question d'accent. Du début à la fin de sa méditation, en tout cas, Montaigne s'est refusé à considérer comme une fois pour toutes résolue une question que seuls les naïfs ou les sots peuvent trancher d'un mot. Lui, qui s'envisage « tout nud », en ses postures les moins étudiées, s'évertue d'abord au bonheur, non à la façon d'un saint, mais de manière pratique et laïque. Jusqu'à confesser, avec humour, sa frayeur : « En quelque maniere qu'on se puisse mettre à l'abri des coups, fût-ce soubs la peau d'un veau, je ne suis pas homme qui y reculasse » (I, 20). Certes la préparation à la mort n'est-elle jamais envisagée par lui comme pouvant être confondue avec son contraire. La « couardise » n'a plus d'efficacité quand on est au point de partir. Il se faut donc accoutumer. En se *roidissant* et *s'efforçant ?* C'est ce qu'il écrit en I, 20. Et c'est ce sur quoi, peut-être, il a varié. Encore faut-il nuancer. Il se présente au même chapitre méditant sur la mort de tel ou tel proche, doucement et à part « parmy les dames et les jeux ». Inversement, au même lieu, mais dans un ajout postérieur en 1588, il déclare se rappeler sans cesse : « Tout ce qui peut estre faict un autre jour le peut estre aujourd'huy ».

C'est surtout d'apprivoiser la mort qu'il se montre soigneux. Une chute et un évanouissement lui en ont donné un jour comme l'expérience (II, 6). Expérience non pénible, plutôt agréable et douce, dont il tire, dirait-on, au dernier livre, tous les enseignements. L'homme porte en soi sa propre mort. Il en fait quotidiennement, sans y songer, l'expérience.

Particulièrement dans la maladie et dans la vieillesse : « Je sens la mort qui me pince continuellement la gorge ou les reins » (II, 9). Cela est signe de la bonté de Dieu : « Dieu faict grace à ceux à qui il soustrait la vie par le menu ; c'est le seul benefice de la vieillesse » (III, 13). A cette naturelle accoutumance, les humbles savent se soumettre mieux que les savants et les sages. En quoi ils rejoignent Socrate, faisant spontanément confiance en la Nature, comme Socrate faisait aux dieux (III, 12). Mais Michel ? Il peut du moins s'accoutumer à certaines formes de la mort, et rêver pour lui-même une fin modeste, tranquille, et surtout discrète pour autrui : celle qui le pourra surprendre en voyage, dans une auberge étrangère. Il y sera dans sa vérité. L'homme, au moment de partir, est de toute manière seul. Dans l'exil, il échappe à la trompeuse présence de ceux qui appartiennent encore au monde des vivants. Montaigne, s'il eût été notre contemporain, aurait choisi de passer ses dernières heures dans un hôpital (III, 9).

La manière de Montaigne

Tout cela ne pouvait s'écrire « à la ciceroniane ». Cicéron plaît à Montaigne quand il s'abandonne au fil de la plume, dans les lettres familières. Il l'irrite ou l'ennuie dans les discours où tout, à l'avance, est déjà objet de certitude, et où il s'agit seulement de jouer au chat et à la souris avec l'auditeur, de lui faire attendre l'essentiel en des exordes et des narrations infinies, de faire passer la façon de dire avant les choses mêmes. Montaigne a consacré un chapitre (I, 40) à railler cette rhétorique, et un autre (I, 51) à mettre en évidence « la vanité des paroles ». Il a aussi dénoncé la « vanité » qui fait annoncer par avance la « distribution des pieces » de l' « oraison » qu'on sera incapable de respecter ensuite (III, 9). Négativement, il définissait ainsi son « parler » à lui : vocabulaire et style d'une part, structure de l'autre. Montaigne, en revanche, a dit son attachement au parler de Plutarque (II, 17) et son amour de l'expression poétique vigoureuse (II, 10) : naturel et rigueur expressive sont les deux qualités du style qu'il admire et voudrait pratiquer.

« J'ai un dictionnaire tout à part moy », écrit-il au dernier chapitre des *Essais :* il possède en effet ses expressions à lui, une façon personnelle de nommer les choses et de dire ses pensées aussi éloignée de l'euphémisme et de la pointe des mauvais poètes que des langages techniques dont il confesse qu'il ignore tout. Il accuse son langage (I, 40) d'être « trop serré, désordonné, couppé, particulier » pour lui permettre d'être bon épistolier. Mais ce langage ne rejoint-il pas par ses « défauts » les qualités du « gascon des montagnes », « beau, sec, bref, signifiant, et à la vérité un langage masle et militaire plus qu'autre que j'entende » (II, 17), qu'une addition de l'exemplaire de Bordeaux oppose au français « gratieux, délicat et abondant » ? « Montaigne exact et dru », écrira la comtesse de Noailles. Ce qu'il cherche avant tout, en effet, c'est la vigueur et le sentiment de goûter la chose et de la faire goûter quand il l'exprime avec des mots. Il se délecte au parler imagé, quand la figure ne s'interpose pas entre l'objet et l'homme qui le contemple (auteur ou lecteur), mais impose fortement le premier au second. Il trouve la formule, s'il méprise la clausule, et n'hésite pas à répéter les mots ou les sonorités pour se mieux exprimer, et non pour le vain plaisir de pratiquer l'anaphore, l'itération et l'homophonie. Il veut surtout « donner à prendre en la matière ; et, comment que ce soit, mal ou bien, si nul escrivain l'a semée ny guere plus materielle ny au moins plus drue en son papier » (I, 40), Du moins s'interdit-il de rechercher une originalité fondée sur la rareté : « La recherche des frases nouvelles et de mots peu cogneuz vient d'une

ambition puerile et pedantesque » (I, 26). Son
langage est artiste, mais secrètement, et, tout ainsi
que celui de Molière, il garde la saveur et la
spontanéité apparente de la conversation. Langage
de l'instant, de l'immédiat, parfaitement adapté à
l'objet de Montaigne, la quête permanente. De là sa
variété : de la manière de Tacite ou de Plutarque
dans les récits historiques, Montaigne sait passer au
pastiche du style philosophique et théologique dans
telle page de l'*Apologie*. Sa manière « à lui », c'est
dans les moments d'aveux et de gourmande évocation de soi qu'il faut la chercher. Mais il sait faire
accepter le passage apparemment abrupt d'un registre à l'autre. C'est que la structure de ses développements et de ses chapitres est plus rigoureuse qu'il ne
semble d'abord.

Au chapitre *De l'art de conferer,* Montaigne a
cherché à établir, dans la conversation, une discipline qui concilie disponibilité et spontanéité avec un
certain « ordre ». L'aporie eût été dénoncée par
Zénon : mais la vie dissipe ces apparentes contradictions, de même qu'au propre témoignage des sceptiques la nature surmonte les impossibilités définies
par les mêmes philosophes.

Qu'est-ce que cette libre structure dont Montaigne se vante ? En apparence, abandon, négligence, mosaïque hasardeuse : « Ce fagotage de
diverses pieces » (II, 21) paraît ignorer toute loi dans
la succession des thèmes et des idées : « Aille devant
ou après, un' utile sentence, un beau traict est
toujours de saison » (I, 26). Il faut aller plus loin, et
chercher ailleurs les « secrets de fabrication » de
Montaigne. Ayant critiqué les « longueries d'apprets
à la manière de Cicéron, il affirme : « Je veux qu'on
commence par le dernier point ... Je veux des
discours qui donnent la premiere charge dans le plus
fort du doute » (II, 10). On croit entendre Charles
Péguy justifiant le principe de construction des
Tapisseries. Il écrit encore : « Qu'on face, dit

Horace, perdre à son ouvrage toutes ses coustures et
mesures, [...] il ne se démentira point pour cela ; les
pieces mesmes en seront belles » (I, 26) ; et, plus
précisément encore : « Je n'ayme point de tissure où
les liaisons et les coustures paroissent, tout ainsi
qu'en un beau corps, il ne faut qu'on y puisse
compter les os et les veines » (*ibid.*). Il écrit d'autre
part en III, 9 : « Je m'esgare, mais plustot par
licence que par mesgarde. Mes fantasies se suyvent,
mais par fois c'est de loing, et se regardent, mais
d'une veuë oblique. » Tout cela est parfaitement
cohérent. Ce n'est pas tant la spontanéité que
recherche Montaigne, mais le contact ininterrompu
avec l'objet qu'il examine. L'unité de sa démarche
n'est pas assurée, certes, par les garde-fous de la
rhétorique, elle l'est moins qu'il n'y paraît par la
constante présence du sujet qui pense et qui écrit,
elle l'est assurément par la direction du regard qui
couve toujours le même objet, dont les facettes
peuvent bien être multiples. L'intensité est partout
la même, et à travers les couleurs changeantes du
style, les digressions, les brusques passages d'un
thème à l'autre, c'est une seule question qui est
posée, une seule réalité considérée, une seule vérité
recherchée. On rejoint à nouveau Péguy.

Ce que Montaigne avoue de ses emprunts s'accorde avec ces principes de composition : emprunts
si mêlés à ce qui vient de lui qu'on peut « donner une
nazarde à Plutarque » (et à combien d'autres !) sur
son nez (II, 10) ; si assimilés qu'ils sont prêts à
« nouveau service » (III, 12) et si riches d'ailleurs
qu'il n'en suit pas toutes les conséquences, n' « en-
tasse que les testes » et laisse à penser à son lecteur
(I, 40).

Montaigne a affirmé qu'il ne voulait pas « déce-
voir » ce lecteur : les additions à ses *Essais* sont
destinées à lui donner toujours nourriture plus riche,
d'édition en édition ; et d'autre part elles ne se
veulent pas reniement (Montaigne n'oublie pas qu'il

veut peindre son être « universel », dans le temps
comme dans l'espace). Il se corrige quelquefois, par
scrupule de poète. Il accepte toujours d'avoir été
autre qu'il n'est devenu. « Ce ne sont, écrit-il, que
surpoids, qui ne condamnent point la première
forme, mais donnent quelque pris particulier à
chacune des suivantes par une petite subtilité ambitieuse » (III, 9). Ce qu'il faut remarquer, c'est qu'au
moment où il rédige ces additions, l'objet qu'il
considère n'est plus tellement celui qu'il considérait
naguère (et que parfois il retrouve malaisément) que
la manière dont il le considérait. Il lit alors Montaigne comme il lisait son Plutarque, et le reprend et
le commente en le trahissant peut-être, mais « de
bonne foi ». Ainsi le temps de l'écriture ne se
devine-t-il pas seulement au long des pages qui se
suivent. Il peut se résoudre dans l'instant d'une
addition, d'une variation nouvelle qui ne détruit pas
le thème, quand bien même elle semble le considérer d'un œil ironique. C'est l'auteur qui vient se
relire en notre compagnie, et nous propose ses
gloses souriantes. Il tient si peu à nous jeter dans le
doute et la confusion qu'il lui arrive d'introduire ses
additions par ces « coustures » qu'il prétend s'interdire, marquant d'un mot la différence des temps, et
revenant à son propos sur une formule de raccord,
comme il fait ailleurs après une digression.

Le chapitre *Des coches* (III, 6), pittoresque, mais
sobre, nuancé, mais vigoureux, fournit une assez
bonne illustration de la manière de Montaigne. Il
semble être né à l'occasion des remuements d'un
voyage. Aux premières lignes, Montaigne sait où il
veut en venir, c'est-à-dire au thème du « mal de la
route », et à sa suite à une sorte de condamnation
physique des coches, qui annonce et peut-être symbolise leur condamnation sociale, elle-même élargie
à l'examen des dépenses de vanité.

Mais le démon du dialogue est toujours présent en
Montaigne. De la *thèse* rigoureuse il passe à l'*hy-*

pothèse savourée de la séduction exercée par les splendeurs romaines. Et quand l'écrivain aborde, par le biais du thème de l'ignorance humaine, l'exemple du Nouveau Monde, il a déjà en la pensée cette magnificence qu'on y a rencontrée, en laquelle, artistement, en symphoniste et en humoriste, il découvre aux dernières lignes la conciliation du thème de la pompe, du thème des coches, devenus brancards d'or, et de celui de la grandeur humaine.

Le chapitre a bien un centre : le coche, c'est-à-dire toute sorte de voitures attelées. Il se présente comme un musée symbolique des chars, litières et carrosses, où se révèlent les variantes infinies de l'humaine vanité, mais aussi les différences et analogies entre les civilisations, et enfin l'ambiguïté de la grandeur de l'homme.

Mais à partir de ce centre les thèmes et les idées rayonnent en tous sens. Et ce par quoi le chapitre se joint aux autres, c'est l'idée de la singularité de chaque chose ; c'est aussi, du côté de l'écrivain, l'ouverture à toutes les réalités humaines, le refus des jugements tranchés et des condamnations systématiques.

Ces qualités ont fait admirer en Montaigne l'ancêtre de l'honnêteté. Théophile découvrira à sa suite le prix de l'authenticité et de la « franchise ». Descartes apprendra à son école l'héroïque et dangereuse remise en question du dogmatisme. Pascal recherchera après lui ce point exact d'où l'homme peut s'apercevoir tout entier en ses contradictions et l'attitude vraie qui peut lui faire reconnaître la soif de bonheur qui est en lui. Les mondains du XVIIᵉ siècle, de Mlle de Montpensier à Mme de Sévigné, et de Méré à Bussy, ont aimé son refus du pédantisme et l'élégance de sa « naïveté » ; ils ont admiré en lui un nouvel Horace. A travers La Bruyère, qui le cite sans cesse et souvent sans le dire, Montaigne enfin a ouvert les voies à toutes les « reconsidérations » du Siècle des Lumières. C'était là un juste retour : celui du Montaigne que les Anglais avaient adopté dès les *Essais* de Bacon (1597) ou de Cornwallis (1600) ; un Montaigne pragmatiste qui n'a pas cessé depuis de « doubler » le Montaigne « honnête homme » cher aux Français du siècle précédent. Le souple scepticisme des *Essais,* où se concilient le refus d'affirmer et l'élan de l'admiration, n'a-t-il pas cependant été trahi par bien des interprétations ou des imitations ? Chaque grand esprit qu'a retenu sa lecture pouvait trouver en lui quelque chose de soi et l'enrôler sous sa bannière. Voltaire l'a engagé dans sa propre lutte contre « l'infâme ». Sainte-Beuve, dans les *Lundis* et les *Nouveaux Lundis,* s'est miré dans les *Essais* comme pour s'y reconnaître. André Gide a fait de l'ouvrage un traité d'*immoralisme*. C'est peut-être Marcel Proust qui a le mieux senti la multiple ardeur de la curiosité montaigniste et reconnu les mérites d'une écriture dont le laisser-aller apparent n'est que le masque d'une impitoyable exigence.

CHAPITRE IV

MALHERBE

S'IL n'est pas avéré que Malherbe descende, comme il le prétend, d'un compagnon de Guillaume le Conquérant, il est vrai qu'il appartient à l'ancienne noblesse. Il a gardé toute sa vie, malgré de constantes difficultés d'argent, la fierté d'un gentilhomme. Né à Caen, ou aux environs de Caen, probablement en 1555, fils d'un officier de justice qui devait être nommé conseiller du roi au siège du présidial de Caen en 1563, il aurait dû suivre la filière judiciaire et s'apprêter patiemment à prendre la succession de son père. La sympathie de celui-ci pour le protestantisme l'amena à suivre les cours des universités protestantes de Bâle et Heidelberg et à fréquenter à Caen les maîtres les plus proches de la Réforme, dont le professeur J. Rouxel, père d'une jeune poétesse et musicienne tôt disparue, et à laquelle le jeune Malherbe a consacré ses premiers essais poétiques (1575). Mais, aussi peu curieux du protestantisme que désireux d'obtenir une charge judiciaire, Malherbe se brouille avec son père dès 1576 et se retrouve à Aix auprès de Henri d'Angoulême, gouverneur de la Provence. Ce bâtard de Henri II est un bel esprit. Auprès de lui, Malherbe affine sa culture italienne, se lie avec Du Périer, et s'essaie à

rimer les *Larmes de saint Pierre* imitées de Tansillo.
C'est en Provence également qu'il épouse une jeune
veuve de bonne noblesse (1581) qui lui donnera
quatre enfants, dont aucun ne lui a survécu. En
1586, Henri d'Angoulême meurt assassiné. Malherbe regagne la Normandie où, en 1594, il est élu
Gouverneur-échevin et chargé par ses compatriotes
d'une mission auprès du roi de France. Il a écrit aux
environs de 1592 une *Consolation à Cléophon* destinée à devenir après remaniements la *Consolation à
Du Périer* (1598). En 1595 Malherbe se retrouve en
Provence : c'est au début de ce séjour qu'il compose
une *Ode au roi sur la prise de Marseille.* Il ne revient
en Normandie que pour y voir sa fille Jourdaine,
élevée chez un cousin ; celle-ci meurt en 1599 : c'est
le troisième enfant que perd le poète. Revenu
auprès de sa femme à Aix (1599), il s'y lie avec
Guillaume du Vair qui le pousse à traduire les
Epîtres de Sénèque *à Lucilius.* L'ode, écrite par
Malherbe en 1600 à l'occasion du passage de Marie
de Médicis à Aix avant son mariage avec Henri IV,
le fait remarquer des poètes Bertaut et Du Perron.
Cependant c'est en 1605 seulement que Malherbe,
protégé auprès du roi par le fils de Vauquelin de la
Fresnaye, est appelé à la Cour et quitte sa femme et
son fils Marc-Antoine qui demeurent en Provence.
Malherbe a cinquante ans, il est en pleine possession
de ses moyens, plusieurs de ses poèmes ont déjà été
publiés dans des recueils collectifs. Il détrône aisément Desportes, ce que ne lui pardonnera pas
Mathurin Régnier, et rassemble peu à peu autour de
lui une pléiade de jeunes poètes, La Roque, Porchères, Maynard et, surtout, un familier du duc de
Bellegarde, le marquis de Racan. Il rédige son
fameux *Commentaire sur Desportes.* Il fait figure de
poète officiel : il chante les amours du Roi ; il
célèbre ses conquêtes ; il déplore les attentats dirigés
contre lui. En 1609 quinze pièces de Malherbe sont
publiées dans un recueil où il occupe la troisième

place, après Du Perron et Bertaut. L'année suivante Pierre de Deimier publie une *Académie de l'art poétique* qui tient un large compte de la doctrine malherbienne. La mort de Henri IV n'a pas nui à la carrière littéraire et officielle de Malherbe. Il a célébré la régente Marie en des poèmes qui associent la vigueur de Rubens et la précision érudite du jeune Poussin. Dès l'arrivée au pouvoir de Richelieu en 1622, Malherbe célèbre le roi Louis XIII et son puissant ministre sans obtenir cependant la consécration officielle dont il a toujours besoin. Ses dernières années ont été assombries par la mort de son fils Marc-Antoine à l'issue d'un duel (1627) : Malherbe possédé du désir de vengeance devait mourir avant d'être parvenu à faire punir ses meurtriers. Du moins a-t-il eu dans ses dernières années le temps de composer sa fameuse *Paraphrase du psaume 145* et son *Ode pour le Roy allant chastier la rebellion des Rochelois.* En 1627 paraissait chez Du Bray un *Recueil des plus beaux vers...* où 61 poèmes de Malherbe précédaient les œuvres des meilleurs poètes du temps, parmi lesquels ses disciples : Racan, Maynard, Lingendes, d'autres encore. Malherbe est mort le 14 octobre 1628 à Paris, dans une situation financière médiocre, comme en témoignent ses deux testaments et l'inventaire après décès de ses biens.

Évolution de la manière de Malherbe

A la fin du XVIe siècle, la poésie française, héritière des voies diverses où s'était engagée la Pléiade, paraît hésiter entre deux conceptions de l'écriture. L'œuvre d'un Du Bartas, d'un D'Aubigné et de quelques autres donne l'exemple de la profusion enthousiaste. Celle de Desportes, de Bertaut, de Du Perron, celui de la politesse, de la mesure, de la clarté.

Malherbe est tributaire de ces deux tendances, dont l'une correspond aux vertus d'accueil de l'homme post-renaissant et l'autre aux vertus de réserve et de rationalisation qui seront celles de l'écrivain « classique ». Il a aimé les Italiens qui eux-mêmes étaient partagés entre ces deux esthétiques. S'il a lu, dès sa jeunesse, Pétrarque et l'Arioste, et quasiment inauguré sa carrière poétique en imitant Tansillo, il a plus tard réservé son admiration à l'*Aminta* du Tasse, c'est-à-dire au poème pastoral le plus sobre et le plus élégant de l'Italie du xvie siècle.

Ici comme là, ce qu'il a toujours recherché, c'est la vigueur et la plénitude. Du moins les a-t-il d'abord trouvées dans l'exubérance heureuse et le « clin-quant » ingénieux d'un italianisme baroquisant, vivement coloré, amoureux des bizarreries d'inven-tion et d'expression et d'une surabondance orne-mentale qui masquait la pratique des figures les plus traditionnelles. Dans *Les Larmes de saint Pierre* imitées de Tansillo, les comparaisons sont indis-crètes : Pierre devient une cité assiégée où font brèche les regards du Christ (v. 49-54) ; ou un amant infidèle sévèrement toisé par une maîtresse courrou-cée (v. 93 et suiv.). Ces images se trouvent chez Tansillo. Mais ailleurs Malherbe développe une brève indication de son modèle pour donner plu-sieurs dimensions à l'image des lis : un teint blanc relevé, comme celui d'une belle dame, par l' « incar-nate peinture » du sang ; la pureté de l'innocence, la fleur du « printemps éternel » (v. 199-204). Dans le même poème, Malherbe cultive l'antithèse et le paradoxe violent : « d'un même naufrage, Ils se veirent sous l'onde et se veirent au port » (v. 197-198).

Il va plus loin que Tansillo en faisant, par l'hyper-bole, des cris de Pierre un « tonnerre », de ses soupirs des « vents », de ses pleurs un « torrent » (v. 301-306).

Dès la *Consolation à Cléophon* (vers 1592), première esquisse de ce que sera la *Consolation à Du Périer* six années plus tard, une maîtrise nouvelle s'affirme. Malherbe ne recherche plus la force dans la liberté, dans les effets de surprise, dans la recherche de l'expression rare et frappante, mais dans l'austère discipline du lieu commun, clairement reconnu comme tel, de la métaphore rigoureuse mais sans éclat, des comparaisons mythologiques ou historiques tendant à donner au fait divers désolant la redoutable grandeur de l'*exemplum*. Or, à cette date, Malherbe n'a pas encore rencontré Guillaume du Vair qui deviendra son ami et son inspirateur à partir de 1599, et qui le poussera à traduire Sénèque. Il n'a pas encore fixé sa doctrine. Il semble pourtant avoir déjà fait un choix délibéré en faveur d'une poésie difficile, apparemment froide, et pénétrée en tout cas de la majestueuse résignation du stoïcisme chrétien. On sait d'ailleurs que la *Consolation à Cléophon* est aussi une consolation à Malherbe lui-même qui, en 1592, a déjà perdu deux enfants :

> De moy desja deux fois d'une pareille foudre
>   Je me suis vû perclus,
> Et deux fois la raison m'a si bien fait resoudre
>   Qu'il ne m'en souvient plus.

> (v. 69-72)

Le poète le plus impersonnel de notre littérature a peut-être été converti à l'austérité littéraire par l'expérience personnelle : la perte du jeune Henri et du jeune François.

En 1598 Malherbe, assuré de la justesse de ses principes, conseille le jeune Montchrestien sur la versification de sa *Sophonisbe*. « Bref, ainsi que l'affirme R. Lebègue, il apparaît que la doctrine que Brunot a dégagée du Commentaire de Desportes était déjà fixée en 1598-1599. »

Il est vrai cependant que Malherbe devient lui-même et s'installe en sa perfection, comme en témoigne l'éloge que fit de lui Du Perron à Henri IV aussitôt après, avec l'*Ode à la reine sur sa bienvenue en France* (1600). A cette date, Malherbe est devenu l'ami de Guillaume du Vair, dont les leçons ont confirmé les intuitions qui étaient les siennes depuis plusieurs années. Le sujet de cette *Ode* est exemplaire : l'arrivée de Marie de Médicis symbolise la consolidation en France d'un ordre heureux et durable, suggéré déjà par la netteté de l'expression poétique : l'hyperbole, les comparaisons mythologiques, la structure des strophes qui « tombent » « avec art », la limpidité du vocabulaire, tout concourt à évoquer sans inutile éclat une sérénité heureuse, une perfection tranquille. Tel est bien le dessein du poète qui poursuit son œuvre, peut-être quelque mois après une première rédaction, en prophétisant l'achèvement total d'une paix glorieuse.

Après son arrivée à Paris en 1605 et l'éclatant succès de sa *Prière pour le roy allant en Limozin,* Malherbe n'a plus qu'à déployer, dans ses œuvres, dans ses leçons et dans son *Commentaire sur Desportes,* une doctrine dont les principes essentiels sont déjà fixés en son esprit, et qui pousse à leurs extrêmes conséquences les exigences manifestées par les poètes de la clarté et de la sévérité de facture qui le précèdent ou qui l'accompagnent.

La doctrine et le « commentaire »

Pour Malherbe, le poète est un homme de métier, un artisan. La Bruyère s'inscrira dans la ligne de sa pensée quand il écrira : « C'est un métier de faire un livre comme de faire une pendule. » La poésie est une technique précise. Chaque fois que Malherbe parle des exigences de cette technique, il ne prétend pas faire œuvre de novateur. Il prétend parler au nom de la raison et du goût. Et de fait il semble avoir eu conscience de réorganiser les diffus enseignements de la tradition au nom d'une raison et d'un goût éternels. Cette attitude fondamentale se retrouve chez lui partout. C'est celle qui lui permet de juger ce qui n'appartient pas à son temps. Car Malherbe, en matière littéraire, n'a aucunement le sens du relatif. Plus profondément, il y a chez lui un irrépressible besoin de fixer ce qui est fluent en séparant toujours ce qui a vieilli ou ce qui peut vieillir de ce qui dure. Particulièrement, ce maître de la poésie de circonstance a toujours élevé ou tenté d'élever l'événement d'un jour à la dignité de l'exemplaire ; et dans l'expression ce métricien et ce styliste subtil a toujours manifesté une horreur du trompe-l'œil, une exigence de clarté, sinon de limpidité immédiate, qui caractérisent l'ensemble de son œuvre.

Les préceptes de détail découlent naturellement de ces principes : vocabulaire actuel, accessible, univoque, précis, signifiant. Inventions poétiques raisonnables (images cohérentes et convenables à l'objet qu'elles veulent évoquer, précision suffisante mais sans complaisance anecdotique de l'allusion historique, utilisation de la mythologie ou de l'allégorie conforme au consentement universel). Expression à la fois claire et complète de chaque idée. Organisation rigoureuse de la phrase. Solidité de la structure du vers, de la strophe, du poème. Netteté du rythme, assurée à la fois par la sévérité de la rime et la conciliation de la mélodie du vers et de la mélodie de la phrase.

Quelques exemples empruntés au *Commentaire* suffisent pour confirmer la doctrine et faire apparaître son caractère systématique en dépit de ses implications complexes [1]. Malherbe critique souvent

1. Nous renvoyons à l'édition V. Graham des œuvres de Desportes (Droz et Minard).

la langue de Desportes : celui-ci écrivant dans *Les
Amours d'Hippolyte* : « Moy qui ay tant de fois ma
vaillance esprouvée », il commente :

Cette frase estant bien considérée n'est guères
légitime : *j'ay esprouvé* pour *j'ay fait preuve.* On
dit bien passivement : *j'ay esprouvé sa mauvaise
volonté ;* mais activement, *j'ay esprouvé ma mauvaise volonté,* pour dire : *je l'ay fait connoistre,*
cela ne se peut en façon quelconque... (*Hippolyte,*
p. 34.)

A propos d'un vers des *Amours de Diane,* « ... ses
beaux yeux/Dont l'un m'est doux, l'autre plein de
rudesse » (*Diane,* I, p. 64), il affirme qu'il ne peut
imaginer un tel partage. Le verbe *sortir* étant
employé activement dans un autre sonnet à Diane, il
rappelle que cet usage « ne plaist pas à tout le
monde » (*Diane,* I, p. 52). L'expression doit être
claire ; et Malherbe se demande parfois : « Que veut
dire cette conclusion ? » (*Diane,* I, p. 39) ou
reprend, dans *Cléonice,* l'hémistiche « si juste est ma
prière » : « Cette Transpositin de *juste* est mauvaise,
car il veut dire : *si ma prière est juste,* et il semble
qu'il dit : *tant juste ell'est.* » (*Cléonice,* p. 75.)
Elle doit être aussi complète ; et il est reproché à
Desportes de ne pas assez s'expliquer (*Elégies,*
p. 16). En ce nombreux endroits, l'oreille de Malherbe souffre d'une cacophonie que nous ressentons
rarement avec la même intensité que lui : « certaine
en une âme » *(n'en, nu, na)* (*Diane,* I, p. 36),
« tyranne, aux Nerons comparables » *(Tirat nos nez)*
(*Diane,* I, p. 48) ; mais il est sensible à quelques
beaux arrangements de syllabes, et parle de « belle
frase » à propos du vers : « N'ont pu rendre à
m'aimer vostre cœur plus facile »... (*Cléonice,* p. 89)
Sévérité comparable envers la versification de
Desportes. Il critique un poème où « le premier vers
acheve son sens à la moitié du segond ; le segond à la

moitié du troisieme », liberté qu'on retrouve cependant jusque dans les tragédies de Corneille (*Diane*, I, p. 32). Pour que la grâce d'un poème soit entière, il exige que les derniers vers reprennent tous les éléments essentiels des précédents : un sonnet à Cléonice évoque des exemples anciens où l'amour de la liberté l'a emporté sur l'amour de la vie ; les derniers vers éliminent deux de ces exemples sur quatre. « Que sont devenus les Xantiens et l'espouse de Siphax ? », demande malicieusement Malherbe (*Cléonice*, p. 20). La fin d'un poème doit encore « tomber » ingénieusement : c'est pourquoi le *Commentaire* condamne cette fin de sonnet :

j'éleve en divers lieux
Maint trophée immortel pour vous rendre honorée

(*Cléonice*, p. 21)

tandis qu'il loue le dernier vers du sonnet suivant :

Dieu que j'aime ses yeux, et que je hay sa bouche !

(*Cléonice*, p. 22)

Malherbe tient à la netteté de la rime ; et l'on connaît la plupart des interdits qu'il a énoncés : rime entre le simple et le composé, rime entre une longue et une brève, rime assurée grâce à une cheville. Il refuse encore toutes les rimes dont s'amusait la Grande Rhétorique, comme la rime intérieure,

Qui veut fermer l'entrée, aux peu chastes pensées

(*Cléonice*, p. 38)

et la rime batelée,

> Car l'amour et la loy sont sans comparaison
> Amour est un Démon...

(Elégies, p. 44)

Une exigence essentielle est la correspondance du rythme de la phrase et du rythme du vers : « Quand on finit un sens, il le faut à la deuxième rime, et non pas faire que des deux rimes l'une achève un sens et l'autre en commence un autre. » (*Elégies,* p. 42). On sait que les poètes de théâtre ont tiré au contraire de puissants effets des rimes en suspens auxquelles viennent répondre des échos inattendus. Mais Malherbe songe surtout aux exigences de la poésie lyrique. On conçoit que Racan, comme il l'avoue en présentant ses *Bergeries,* ait revendiqué pour l'écriture dramatique une plus grande liberté.

Tout cela n'est pas uniquement négatif. Le *Commentaire* est cohérent et traduit, à travers ses boutades et ses sarcasmes, un idéal authentique. Les historiens du poète ne l'ont pas toujours compris. Malherbe n'était pas homme à apprécier la mollesse élégiaque de Desportes. Il ne se plaisait guère dans les bocages (bien qu'il ait chanté parfois les bergers) ; il leur préférait les palais. Ni sous « l'ardoise fine » ; il lui préférait le « marbre dur ». F. Brunot l'a accusé de commettre des contresens sur le texte de Desportes. Il reprochait seulement au poète de Diane et d'Hippolyte de *prêter* au contresens, c'est-à-dire de n'être pas parfaitement et constamment clair. Ce qu'il réclamait, c'était une œuvre incontestable, c'est-à-dire claire, précise, rigoureuse, au besoin tendue. Pour le reste, antithèses, pointes, finesses d'expression, il était en parfait accord avec la rhétorique de ses devanciers.

Les sujets et les thèmes

Le Recueil des plus beaux vers de Messieurs De Malherbe, Racan, (etc.), publié en 1627, un an avant la mort du poète, présente l'essentiel de son œuvre suivant un ordre hiérarchique précis : poèmes religieux, poèmes consacrés aux rois, aux reines et aux princes, poésies amoureuses, poésies de cour, consolations, épitaphes, etc. On note que les poèmes consacrés à la fragilité de l'homme répondent, à la fin du recueil, aux méditations du début qui célèbrent la permanence de la loi divine. L'œuvre poétique de Malherbe, dans son ensemble, s'inscrit entre ces deux pôles.

Des femmes et de l'amour. Les poèmes XXVI à XXVIII semblent vouloir brouiller les pistes : le premier célèbre la « victoire de la constance » et insiste sur la nécessité des suprêmes récompenses ; œuvre de jeunesse, il s'adresse à une jeune et belle femme de Provence, sans doute Renée de Rieux, qui n'avait pas été farouche aux avances de son amoureux normand. Le second lui est postérieur de dix ans et sa destinataire est sans doute la comtesse de la Roche, à laquelle Malherbe reproche sa cruauté. Le troisième est écrit d'une plume narquoise pour Bellegarde, à propos d'une femme qui le croyait amoureux d'elle. « Jouissance », plainte, raillerie : on dirait que le poète a voulu d'entrée manifester sa maîtrise dans les trois genres essentiels de la poésie galante. Mais avec tout cela un thème s'insinue également dans tous les trois : « Il n'est rien icy bas d'éternelle durée », écrit Malherbe dans la *Victoire ;* mais à l'opposé celle-ci ne couronne-t-elle pas une « foy si durable », et n'inspire-t-elle pas à l'amant le serment de « ne... quitter pas » celle qu'il aime ? Les stances « Le dernier de mes jours... » célèbrent une même constance, à travers les épreuves de la cruauté et de l'absence, et se terminent par le vers célèbre :

Mais quand je l'ay promis j'ayme éternellement.

Quant à Bellegarde, s'il tient à détromper Phylis, c'est parce que Glicere fait ses « destinées » :

> Je ne puis l'oster de mon Ame
> Non plus que vous y recevoir

Les pièces qui suivent font alterner les œuvres de commande, qui célèbrent notamment les amours royales et malheureuses du Vert-Galant, et celles que le poète consacre à Caliste, c'est-à-dire à la vicomtesse d'Auchy, dont il fut l'amoureux en titre entre 1606 et 1608 : les mêmes thèmes, inlassablement, y sont repris : velléités de révolte devant la cruauté féminine, tourments de l'absence, et, pour finir la délibération, serment d'aimer Caliste jusqu'à la mort.

Des rois, des reines et des princes. Dans l'œuvre de Malherbe, la poésie de circonstance destinée aux ballets, carrousels et entrées royales, rejoint en son inspiration la poésie plus élaborée des odes encomiastiques. La première procède à la même héroïsation décidée et annonce prophétiquement la même gloire, la même paix et le même âge d'or que la seconde. Celle-ci, à son tour, s'attarde aux mêmes galanteries et chante les mêmes plaisirs amoureux que celle-là. Toutes deux enfin usent avec la même allégresse de l'affabulation mythologique, cette exemplaire transposition, cette fixation dans l'intemporel des événements contemporains et des héros — et héroïnes — qui en ont été les artisans. Rubens et Poussin ont souvent usé de ce procédé qui leur permettait, comme à l'Elstir de Proust, « d'immortellement arrêter le mouvement des heures » et, inversement, de donner, « en l'instantanéisant, une sorte de réalité vécue au symbole de la fable ».

Le mouvement naturel de la poésie d'éloge comporte trois temps : célébration de la gloire et des victoires du dédicataire ; annonce d'un triomphe futur qui sera du même coup celui de la paix et de la stabilité ; évocation de la poésie, qui fixe pour la postérité la grandeur de l'événement singulier. Marie est chantée en 1600 comme Richelieu en 1628 : si l'une s'attire par sa grandeur les hommages de Neptune, l'autre est assimilé à l'un des vainqueurs des Géants de la Mythologie. Les exploits des héros sont toujours évoqués précisément et allusivement à la fois. C'est qu'il n'en faut rien oublier. C'est qu'il ne faut pas faire comme si ces exploits n'étaient pas déjà connus. C'est enfin qu'il faut en retenir les dimensions essentielles et exemplaires. A propos de l'ode *A la Reine sur sa bienvenue en France,* André Chénier reprochait à Malherbe de n'avoir pas évoqué la famille des Médicis, son histoire glorieuse, etc. Il n'avait pas compris la savante ignorance du poète et son culte de la généralité. Il n'avait pas vu que son dessein était de tirer de toute geste princière ce qui pouvait « durer éternellement », en gommant ce qui n'en était que singulier.

Dans une ode de 1610, le poète compare le tableau qu'il brosse à ceux qu'on admire dans les galeries des palais royaux, affirmant aussitôt la supériorité de la poésie sur la peinture, et de *sa* poésie sur toute autre : car

> [...] trois ou quatre seulement
> Au nombre dequels on me range
> Peuvent donner une louange
> Qui demeure eternellement.

(Ode à la Reine)

Le vers célèbre « Ce que Malherbe escrit dure eternellement » date d'une quinzaine d'années plus tard. A la veille de sa mort encore, Malherbe s'écriait fièrement :

Les puissantes faveurs dont Parnasse m'honore
Non loin de mon berceau commencèrent leur cours :
   Je les possaday jeune ; et les possede encore
A la fin de mes jours.

>   (*Pour le Roy allant*
>   *chastier...* 1628)

De la mort et de l'éternité. A la « plaintive élégie »
Malherbe n'a sacrifié qu'une fois, pour célébrer, à la
manière de la Pléiade, Geneviève Rouxel. Le poète
avait vingt ans.

Dis ans plus tard, dans les stances *Aux ombres de
Damon,* le thème horatien de l'égalité de tous
devant une mort inexorable se fixe déjà en une
forme exemplaire :

Tout ce que la grandeur a de vains équipages,
D'habillements de pourpre, et de suite de pages,
Quand le terme est échu n'alonge point nos jours ;
Il faut aller tous nus où le destin commande...

La cruauté de la mort, symbolisée par l'image du
retour impossible d'Eurydice, s'exprime en termes
analogues dans la *Consolation à Caritée* et dans la
Consolation à Cléophon, qui appartiennent aux
années 90, et dont la seconde trouvera sa forme
parfaite quand Malherbe l'adressera, remaniée, à
Du Périer. Mais dans ces derniers poèmes l'inspiration stoïcienne double et parfois recouvre l'inspiration épicurienne. La mélancolie y fait place à la
gravité, et la fatalité de la mort y apparaît comme
une leçon : il faut tenir, sécher ses larmes, et se
soumettre à l'inévitable comme à « ce que Dieu
veut ». C'est là que s'arrête la sagesse de Malherbe.
Les *Consolations* de son contemporain Théophile
encouragent l'homme aux pleurs, aux cris, à un

dolorisme non dépourvu de volupté et en tout cas conforme à sa nature. Rien de tel ici, mais l'évocation d'une attitude à la fois raisonnable et héroïque. Et l'une des dernières *Consolations* de Malherbe, celle qu'il adressa au Président Nicolas de Verdun, se termine par le pressant rappel du devoir d'état.

Malherbe s'est exercé à la paraphrase des psaumes à partir de 1605. On retrouve dans ces poésies religieuses les mêmes idées-forces que présentaient les *Consolations :* faiblesse de l'homme, dont les « affections » sont « passageres », dont les « infirmitez » passent toute « foiblesse », dont toute la grandeur se résout enfin en poussière. Puissance et souveraine majesté de Dieu, dont l' « affection » « se conserve éternellement » :

> Que ta magnificence estonne tout le monde,
> Et que le Ciel est bas au prix de ta hauteur!

Malherbe célèbre « ses mains qui peuvent tout », sa « largesse », sa « providence liberalle », et conclut, comme on sait :

> C'est Dieu qui nous faict vivre
> C'est Dieu qu'il faut aimer.

Rien que de simple et de dépouillé dans ces cinq imitations de la poésie biblique. Du texte inspiré Malherbe ne garde que les lignes essentielles, supprime, sauf exception (« N'est-ce pas luy qui fait aux ondes..., etc. »), tout pittoresque, et réduit ainsi l'inspiration du psalmiste à l'antithèse qui lui est chère de ce qui est caduc et de ce qui demeure. Mais l'émotion passe quand le poète s'émerveille de l'incompréhensible amour de Dieu pour sa créature et quand vigueur biblique et foi humaniste s'unissent pour affirmer :

Nous te sommes si chers, qu'entre tes Creatures,
Si l'Ange est le premier, l'Homme a le second lieu.

D'autre part, dans le contexte historique de l'époque, ces poèmes s'inscrivent, malgré l'apparence, comme des pièces de l'apologie royale. C'est l'autorité du roi en effet qui met fin aux « funestes complots » des « meschans », et c'est le roi qui est le véritable « Lieutenant » de Dieu sur la terre. Mais enfin le vieux poète a reconnu l'ingratitude de ces « maistres de la terre »; au déclin de sa vie, dans l'*Imitation du Pseaume Lauda anima mea Dominum,* il recouvre l'indépendance en les faisant voir « dans ces grands tombeaux » où « ils sont mangez des vers ». La beauté de ces quatre strophes, dont l'écho retentit dans *Polyeucte* et dans *Esther,* est la digne image de la beauté du Dieu souverain qu'elle veut célébrer.

Parmi tant de poèmes qui ont célébré le changement, Malherbe se distingue comme le poète de la permanence. Aucun mouvement n'a de prix à ses yeux que dans la mesure où il annonce un *repos.* Ses poèmes d'amour s'arrêtaient à l'éloge de la constance, même s'il en était incapable. Ses *Consolations* refusent le désordre de la douleur et enseignent le calme de la résignation.

Ses poèmes politiques assimilent la gloire du roi à la conquête du « repos » de son pays et font de la régence de Marie l'accession de la France au « siècle doré ». Montaigne peignait le « passage », non sans rêver d'une perfection immobile, celle du sage ou du saint. Malherbe, nourri à peu près des mêmes lectures, formé par la même expérience de l'instabilité et du désordre, célèbre l'avènement d'un ordre nouveau qu'il veut croire définitif, analogie politique de l'épanouissement du cœur dans l'amour récompensé (et il lui arrive de mêler les deux thèmes, en ses épithalames princiers), de la calme hauteur de l'âme dans l'ataraxie stoïcienne, et de la sérénité conquise dans la contemplation de la permanence divine. Dès 1596, évoquant l'ordre restauré en Provence par Henri de Navarre, Malherbe assimilait le désordre politique à la « course entresuivie » des biens et des maux de cette terre et le rétablissement de la légalité à la mise en évidence d'un ordre providentiel des choses. Thème sénéquien, qu'exprime encore l'inscription *Pour une fontaine* :

> Vois-tu, Passant, couler ceste onde,
> Et s'escouler incontinent.
> Ainsi fuit la gloire du monde :
> Et rien que Dieu n'est permanent.

Le métier de Malherbe

Ferdinant Brunot reprochait à Malherbe d'être essentiellement un *rhéteur*. Il le présentait comme « l'homme qui allait tuer chez nous le lyrisme pour deux cents ans » (*La Doctrine de Malherbe,* p. 590). Il s'étonnait particulièrement de l'importance de l'antithèse dans la poésie malherbienne : l'antithèse « n'est-elle pas la grande ressource de l'éloquence et parfois de la rhétorique ? » Le *Commentaire* lui apparaissait comme le « code d'une école essentiellement oratoire ». Il lui plaisait que Chapelain ait pu écrire : « Ses vers estoient de fort belle prose rimée » (*Lettres,* I, 637).

De ces reproches on pourrait tirer des éloges. Aux temps de la jeunesse de Malherbe, la rhétorique était une science toute neuve, ou du moins tout récemment renouvelée ou redécouverte. Cette science du bien dire, ainsi que l'avaient affirmé Aristote et Cicéron, était en droit universelle, et comprenait aussi bien l'art d'écrire en vers (ou certaines pièces essentielles de cet art) que l'art d'écrire en prose. Un poète « rhéteur », c'était tout simplement, au début du XVIIᵉ siècle, un poète qui voulait se faire entendre et au besoin persuader son public.

Cependant Malherbe entend qu'on distingue les lois qui régissent sa poésie de celles qui s'appliquent à la prose. Car si la rhétorique impose sa discipline à l'une comme à l'autre, elle n'enseigne pas exactement le même code au poète et à l'orateur. Son règne aussi universel que la lumière du soleil suppose toute sorte de distinctions, et une séparation nette des « genres ». La « belle raison » inspiratrice de toute belle écriture oblige à se soumettre à de mêmes exigences de rigueur, de clarté et d'harmonie. Mais les moyens qu'elle découvre varient selon le type d'écriture adopté. On n'écrit pas une ode comme on écrit un discours. Du moins ici et là doit-on se soumettre à la règle. C'est dans cet esprit que Malherbe a composé son œuvre poétique. Il a procédé, pour reprendre une expression de Paul Valéry, à « la réorganisation méditée des moyens d'expression », utilisant les ressources de *la* rhétorique, en inventant de nouvelles pour se donner *sa* propre rhétorique de poète, et tentant ainsi de rassembler les « conditions de la jouissance intellectuelle *sans mélange* ».

A qui lit Malherbe la langue française paraît fixée, comme la langue latine à qui lit Virgile. C'est que, plus encore que le poète d'Auguste, il évite tout mot ambigu, tout vocable d'acception incertaine, toute expression qui ne soit pas admise d'un universel consentement. Le vieux Hardy est son exact contemporain, que son style archaïque n'a pas permis d'imiter. Tous les poètes, de Voiture à Guillaume Apollinaire et à Francis Ponge, ont à un moment de leur carrière, été tentés d'imiter Malherbe.

Au « degré zéro », le langage de Malherbe n'ajoute au mouvement et à la matière de la prose que la vigueur du rythme poétique :

N'est-ce pas luy qui fait aux ondes
Germer les semences fecondes
D'un nombre infiny de poissons...

(*Stances spirituelles,* 1618-1620)

Vocabulaire simple, discrètement poétique (*onde*), mettant pourtant en évidence le mot qui « colle » le mieux à la réalité concrète (*poissons*), n'utilisant l'adjectif que dans la mesure où il exprime précisément l'idée (et *infiny* apparaît pour le sens comme un écho de *fecondes*). Scansion subtile malgré l'apparence de facilité : les deux vers qui riment se contrarient pour l'accent $(4 + 4, 2 + 6)$; les deux derniers, qui ne riment point et qui n'ont point la même structure syntaxique, ont exactement les mêmes accents. Correspondance de la respiration de la phrase et de la respiration des vers. En somme, une exacte (et pourtant complexe) harmonie, mais sans éclat, sans invention brillante.

Dans la *Prière pour le Roy allant en Limozin,* Malherbe s'adresse à Dieu en ces termes :

Comme eschaperons-nous en des nuits si profondes,
Parmy tant de rochers que luy cachent les ondes,
Si ton entendement ne gouverne le sien ?

L'image de la navigation est, au moins depuis les *Discours* de Ronsard, traditionnelle, quand il s'agit d'évoquer les difficultés du gouvernement d'un royaume. Malherbe ne prétend pas la renouveler par des enrichissements imaginaires. Il la réduit au contraire à ses éléments essentiels : la nuit, les rochers, les ondes qui les cachent, et le verbe « gouverner », qui est ici à triple sens. La structure de la phrase est parfaitement logique, et sans poétisme. Les mots subordonnants sont placés aux lieux privilégiés du vers comme si Malherbe avait voulu non seulement ne pas contrarier le rythme naturel de la phrase, mais l'accentuer par celui des vers.

Malherbe tire de l'antithèse toutes sortes d'effets. Il suffit, pour s'en convaincre, de citer quelques exemples :

Et que le Ciel est *bas* au prix de ta *hauteur*.

(Paraphr. sur le Pseaume VIII)

Et dans ces grands tombeaux où leurs ames *hautaines*
                    Font encore les *vaines*.
                    Ils sont *mangez des vers*.

(Imit. du Pseaume Lauda anima mea...)

Les ouvrages communs vivent *quelques annees* :
Ce que Malherbe escrit dure *eternellement*.

(Au Roy, sonnet)

La *nuict* est des-ja proche à qui passe *midy*

(Sur le mariage du Roy et de la Royne)

On voit que l'antithèse malherbienne sait être subtile : opposant un adjectif à un nom (premier exemple), trois adjectifs évoquant l'orgueil à une image réaliste (deuxième exemple), un adverbe à une expression temporelle (troisième exemple), un nom évoquant une durée à l'indication d'une heure (quatrième exemple). Les termes s'opposent parallèlement d'hémistiche à hémistiche (premier exemple), ou de vers à vers (troisième exemple) ; ou encadrent un vers (quatrième exemple) ; ou opposent l'ensemble d'une strophe à sa chute (deuxième exemple). Partout l'antithèse souligne la pensée et impose un rythme.

Malherbe cultive également la comparaison. Bien qu'elle s'affaiblisse le plus souvent en métaphore,

elle est parfois, solennellement, développée pour
elle-même. Nous en donnerons deux exemples,
empruntés à deux odes de facture analogue, et fort
voisines par leurs dates : *Sur le voyage de Sedan*
(1606) et *A Monseigneur le Duc de Bellegarde*
(1608). Dans la première, aux strophes V et VI,
Malherbe compare Henri à un fleuve qui emporte
tout sur son passage ; le second terme (le fleuve) est
d'abord présenté en quatre vers, puis développé en
six vers descriptifs, et cet ensemble constitue une
strophe ; le premier terme (Henri) est présenté
également en quatre vers, suivis d'un sizain descrip-
tif (le *front,* les *yeux*) donnant lieu à son tour à deux
comparaisons nouvelles (Mars, le tonnerre). Les
strophes V et VI de l'ode à Bellegarde comparent le
poète hésitant dans sa louange entre les diverses
qualités du dédicataire à un promeneur choisissant
les fleurs d'un bouquet. L'organisation de cette
comparaison est aussi rigoureuse que celle de la
précédente : présentation du second terme (4 vers),
justification de l'embarras de l'amateur de fleurs en
un sizain dont les trois derniers vers constituent une
consécutive, présentation, laissée en suspens, du
premier terme, aux quatre premiers vers de la
strophe suivante, affirmation, en un ultime sizain, de
l'hésitation du poète. Mais de plus, en cet exemple,
alors que les quatrains sont fort différents de structure, les sizains sont analogues l'un à l'autre (« tant
de rares qualitez » répond à « Tant de fleurs de tant
de costez » et « Que plus je m'arreste... Moins je
sçay... » à « Qu'il tient suspendu son desir... ».
Deux comparaisons naturelles de type virgilien, mais
utilisées par Malherbe pour donner à la strophe sa
plénitude et sa rigueur plus que pour s'égarer dans
les montagnes ou dans les jardins.

   Plus constante est la transposition mythologique.
Ferdinand Brunot a excellemment défini les conditions de son emploi aux yeux de Malherbe : ni
allégorie déguisée, ni invention ; les légendes anti-

ques sont fixées à jamais et ne peuvent constituer que de solides points de référence : « La fable est morte, et comme telle immuable. » L'embellissement mythologique est pratiqué par Malherbe de deux manières différentes. Il arrive que les créatures de la Fable peuplent un paysage et rehaussent par leur présence le cadre des exploits royaux : jeu de l'imagination, dont les ballets de cour et la peinture officielle de l'époque offrent maint exemple. Neptune est amoureux de Marie quand ses flots la portent aux rivages de France. Dans l'*Ode sur l'attentat* (1605), le Dieu de Seine et ses Nymphes se cachent au fond des eaux pour ne point assister au crime.

Mais il est plus dans la manière de Malherbe de développer l'allusion à une légende à l'intérieur d'une comparaison. Il proclame ainsi l'exacte similitude d'une action ou d'une situation actuelle à la situation ou l'action des personnages de la mythologie. Il ne s'agit plus alors de parler à l'imagination ou de procéder à des embellissements d'allure picturale, mais d'imposer à l'esprit une interprétation univoque de l'événement. Les rebelles qui en 1606 s'enferment dans Sedan bravent l'autorité royale. Malherbe, en les comparant aux géants révoltés contre Jupiter, présente leur chute comme inévitable :

> Comme la rebellion
> Dont la fameuse folie
> Fit voir à la Thessalie
> Olympe sur Pelion.

Dans l'ode *Pour la Reine mère du Roy pendant sa régence,* Malherbe reprend l'image traditionnelle du navire de l'Etat qui a besoin d'un bon pilote et place la reine Marie au gouvernail. Il la compare aux pilotes de Jason :

Ainsi quand la Grece partie
D'où le mol Anaure couloit,
Traversa les mers de Scithie
En la navire qui parloit,
Pour avoir sceu des Cyanées
Tromper les vagues forcenées,
Les pilotes du fils d'Eson,
Dont le nom jamais ne s'efface,
Ont gaigné la première place
En la fable de la Toison.

C'est le triomphe de la précision dans l'expression indirecte ; à travers les figures entrelacées de la comparaison, de l'allusion et de la périphrase, un sens apparaît au lecteur attentif : dans l'expédition des Argonautes, l'exploit des navigateurs est d'avoir su éviter les rochers qui barraient le Pont-Euxin. Autrement dit, l'extrême mérite d'un prince consiste à vaincre l'extrême difficulté.

Ces extrêmes artifices de l'imagination poétique savent pourtant s'allier à une certaine fraîcheur. Les nymphes de l'ode *Sur l'attentat* sont présentées à la manière d'aimables bergères. Discrète, mais précise, l'inspiration pastorale est présente chez Malherbe dans la mesure où les divertissements de cour l'imposent ou l'autorisent, et surtout où sa valeur métaphorique est directement discernable. Malherbe ouvre ainsi le *Récit d'un berger, au balet de Madame* :

Houlete de Louys, houlete de Marie,
Dont le fatal appuy met nostre Bergerie
Hors du pouvoir des loups...

Et la chanson « Sus, debout... » présente des vers tels que ceux-ci :

C'est chez eux [*les bergers*] qu'amour est à son aise
Il y saute, il y dance, il y baise [...]

Ces diverses transpositions d'expression manifestent une entente parfaite de la convention poétique, au bon sens du mot. L'imagination personnelle y a sans doute peu de part. Mais ce n'était pas l'objet de ce poète. Rien chez lui qui en son temps ne parût *aller de soi,* qui ne fût apparemment *facile.* Il n'a voulu que donner à cette bienheureuse facilité toute la rigueur dont elle était susceptible.

« Je connais, écrivait Baudelaire dans son article nécrologique sur Delacroix, un poète, d'une nature toujours orageuse et vibrante, qu'un vers de Malherbe, symétrique et carré de mélodie, jette dans de longues extases. » La versification malherbienne, si prudente et simple en apparence, est en réalité complexe et difficile. Elle résulte en effet de victoires successives sur un certain nombre d'obstacles et d'actes de soumission à de redoutables exigences.

Un grand nombre de poésies ont été composées par Malherbe, soit pour être mises en musique par Boësset ou Guédron, soit sur une musique préexistante, sur ce qu'on appelle un *timbre.* Dans les deux cas, il était tenu, non seulement à garder d'un bout à l'autre le même jeu des rimes masculines et féminines, et les mêmes repos strophiques, mais aussi même schéma de détail, les vers qui se correspondent d'une strophe à l'autre devant comporter sensiblement la même structure, les mêmes coupes et les mêmes accents. Nous avons dit que Malherbe était attaché à la plus exacte correspondance possible entre le rythme du vers et le rythme de la phrase. Dans les chansons, trois rythmes doivent se répondre en une sorte de contrepoint : phrase, vers, mélodie. C'est dans la chanson également que Malherbe utilise ces vers rares dont Verlaine s'enchantera, ceux de cinq, neuf et onze syllabes, et c'est la seule occasion où ce maître de l'alexandrin, de l'octosyllabe et de l'heptasyllabe, utilise le « vers

commun » cher aux poètes du siècle précédent,
c'est-à-dire le décasyllabe.

Comme l'écrit Mme Maurice-Amour, « Malherbe
a soumis la mélodie à ses vers plutôt qu'il ne s'est
soumis à elle. » Ce qui est certain, c'est que la
technique de Malherbe n'a pu que s'enrichir et se
diversifier par la pratique du genre de la chanson.
On le constatera en examinant des poèmes non
destinés à la musique, mais où se retrouvent des
effets mélodiques analogues à ceux que nous venons
d'évoquer.

S'il a pratiqué tous les types de vers français, celui
que Malherbe a contribué à fixer demeure l'alexandrin, éventuellement accompagné du vers de six
syllabes, qui apparaît dans son œuvre comme un
prolongement du précédent, comme un hémistiche
d'alexandrin redoublant l'hémistiche final de
l'alexandrin précédent. Ce vers a fait la célébrité du
poète. Il est en effet, comme Baudelaire le remar-
quait, un vers « carré ». La césure y est toujours
sensible, voire appuyée, comme dans l'*Imitation du
Pseaume Lauda anima mea Dominum* :

> N'esperons plus mon ame, / aux promesses du
> monde...
> Ce qu'ils peuvent n'est rien : / ils sont comme
> nous sommes...
> Comme ils n'ont plus de Sceptre / ils n'ont plus de
> flatteurs...

Mais l'alexandrin malherbien suppose toujours
deux accents seconds, qui parfois déterminent un
partage égal :

> Ce n'est point qu'en effet vous n'ayez des appas...

ou font varier indéfiniment les groupes 2 + 4 et
4 + 2, avec des effets de parallélisme

> Ramènent à nos yeux / le triste souvenir...

ou de symétrie :

De me laisser resoudre / à ceste départie...

L'harmonie du vers de Malherbe tient à trois éléments : la netteté de la rime, dont nous avons déjà évoqué les exigences ; la précision, évitant toute confusion, dont l'exclusion de l'hiatus n'est que le moindre précepte ; et les effets de moelleux, qui tiennent à l'importance des syllabes féminines dans le vers, notamment après un accent. Nul doute que cette dernière exigence ne s'explique en partie par l'expérience de la chanson qui était celle de notre poète. Elle donne à la modulation de certains vers une particulière délicatesse : devant une voyelle elle favorise une liaison heureuse ; devant une consonne elle fait retomber un instant le tempo pour lui donner ensuite une énergie nouvelle.

L'essentiel de l'art de Malherbe consiste en une modulation variée mais discrète, excluant en tout cas tout choc surprenant de sonorités, sur le rythme fondamental du tétramètre à forte césure.

La strophe est l'unité fondamentale de la poésie de Malherbe, au tempérament duquel la poésie lyrique s'accordait mieux que la succession des alexandrins à rimes plates de l'élégie. Malherbe a fixé les règles de la strophe, et particulièrement de son ou de ses repos, au troisième vers pour le sizain, au quatrième pour le huitain, au quatrième et au septième pour le dizain. Mais surtout, la force de ses vers vient d'un équilibre exact entre l'éclat de la strophe et la valeur expressive de la phrase. Toutes deux mutuellement se servent et s'amplifient au lieu de se combattre. Cela exclut le frémissement de l'hésitation ou de la recherche. Mais cela suppose du moins la sérénité de la trouvaille. Cette technique comporte des renoncements et des sacrifices. Elle est certainement en rapport avec le refus de l'anec-dote, sinon à travers l'allusion, et de l'individuel, sinon à travers l'exemplaire. C'est que Malherbe croit à l'art (voire en sa gratuité) et pense qu'il ne saurait être, sans se trahir, autre chose qu'une plus parfaite nature. C'est le pari du poète laborieux, comme le cogito cartésien est le pari du philosophe discursif.

Telle est cette poésie austère, mais non parfois sans fraîcheur, rigoureuse, mais non dépourvue de ces accents prophétiques inattendus où sont comme préfigurés un Verlaine, un Valéry ou un Guillaume Apollinaire, attentive à fixer le fugitif, ou plutôt à ne garder de l'instant que ce qui mérite d'en demeurer. Malherbe a pleinement joué un certain jeu, qui est apparu aux générations suivantes comme celui du *classicisme*. Sans lui que seraient les stances de *Polyeucte* ou les vers sacrés de Racine ? Sans doute La Fontaine n'aurait pu sans son exemple allier dans ses vers la rigueur et le « je ne sais quoi ». Sans évoquer ici quelques réussites incontestables de Boileau ou de Jean-Baptiste Rousseau, il faut rappeler le soin avec lequel Chénier a commenté le vieux poète. Or, à travers Chénier, le meilleur de la doctrine classique s'est transmis au XIXe siècle : non seulement à Leconte de Lisle, mais avant lui à Hugo et Lamartine, en même temps que lui et après lui à Baudelaire, Verlaine, Apollinaire, Valéry et à certains de nos contemporains immédiats, parmi les plus audacieux. Non, Malherbe n'a pas fait fuir la poésie. Il l'a seulement astreinte à une discipline intellectuelle et technique dont les fruits peuvent encore se cueillir.

HONORÉ D'URFÉ

L'EXISTENCE d'Honoré d'Urfé a été partagée entre le royaume de France et le duché de Savoie. Sa mère appartient à une branche légitimée de la maison de Savoie. Son père est conseiller d'Etat, chambellan du roi, bailli et lieutenant général au gouvernement du Forez. Trois de leurs douze enfants ont laissé un nom : Anne d'Urfé, l'aîné, et le premier époux de Diane de Chateaumorand ; Antoine, prieur de Montverdun et théoricien de l'amour pur, et notre poète.

Baptisé en février 1567 à Marseille, le futur auteur de *L'Astrée* a passé son enfance dans le Forez, au château de la Bastie-Urfé, sur les heureux bords du Lignon. Après des études chez les jésuites de Tournon, il a combattu sous la bannière de la Ligue dès 1590. Plusieurs fois arrêté, et enfin libéré en 1596, il se retire dans le Bugey, qui appartient au duc de Savoie Charles-Emmanuel, gendre de Philippe II. Il combattra encore pour le duc de Savoie contre le maréchal de Lesdiguières. C'est le traité de Vervins (1598) qui mettra fin, provisoirement, à sa carrière militaire.

En 1574 ou 1575, au lendemain de la mort de son père, Anne avait épousé Diane de Chateaumorand, dont la résidence est située sur le territoire de l'actuelle commune de Saint-Martin d'Estréaux

(Loire). Ce mariage est annulé en 1599 pour raison d'impuissance. Anne, entré dans les ordres, sera à son tour prieur de Montverdun et mourra en 1621. Honoré s'était épris de sa belle-sœur au sortir du collège. Il se fait relever de ses vœux, acquiert sa part d'héritage et épouse Diane en 1600 à Chateaumorand. En 1602, Honoré est près d'être arrêté au moment du procès du maréchal de Biron. Il se justifie et peu après est nommé gentilhomme ordinaire de la Chambre. De cette époque date l'amitié d'Honoré pour François de Sales. Avec leur commun ami Antoine Favre il s'est intéressé à la fondation de l'Académie Florimontane à Annecy.

C'est en 1608, au moment de la publication de la première partie de *L'Astrée*, que le poète s'installe à Paris. Il y rencontre Malherbe, Racan et le vieil Etienne Pasquier. Il fréquente chez Marguerite de Valois revenue à Paris en 1605 après son exil d'Usson en Auvergne. Mais il est également « bien auprès du Maître » et, après son assassinat, auprès de la reine Marie : ainsi se voit-il confier une mission en Savoie dès 1610 et se trouve-t-il élevé au marquisat en 1612.

L'existence du poète devait pourtant être bouleversée peu après. En 1614, il se sépare de Diane, épouse apparemment difficile, bizarre, imprudente en affaires. D'autre part, le projet de mariage d'Elisabeth de France, sœur de Louis XIII, avec le prince de Piémont est abandonné : Elisabeth épouse en 1615 le roi d'Espagne Philippe IV. Honoré d'Urfé prend parti pour le duc de Savoie, dont il appuie également les prétentions sur le Montferrat, que lui dispute le cardinal Ferdinand de Gonzague, soutenu par l'Espagne.

En 1619, la France et la Savoie se réconcilient en concluant le mariage du prince héritier Victor-Amédée avec Christine, la seconde sœur de Louis XIII. L'année suivante, Honoré se réconcilie avec Diane, et accomplit plusieurs séjours à Chateaumorand. Cependant l'Espagne, en mettant la main sur la Valteline, s'est ouvert à travers les Alpes un couloir dangereux pour la France comme pour la Savoie. En 1625, Honoré d'Urfé accepte une commission royale pour lever régiment. C'est au cours des combats qu'il livrait auprès du duc contre les Espagnols que le poète tombe malade et meurt. Diane ne devait lui survivre qu'un an.

Urfé et les siens étaient gens cultivés. Le château de La Bastie était riche en ouvrages de toutes sortes. Le gentilhomme-poète était dès son enfance lié à la brillante famille du juge Jean Papon, lieutenant-général au bailliage du Forez. Il a été l'ami de J.-P. Camus. A Paris, il s'est lié avec tout ce qui comptait dans le royaume de la pensée et des lettres.

Dès 1595, Honoré d'Urfé s'était attaché à la rédaction d'*Epistres morales* qu'il publia à partir de 1598. L'ouvrage est à la fois témoignage de vie et bilan de culture. Le gentilhomme « engagé » y développe les thèmes sénéquiens de la quête de la vocation à travers les épreuves, et de l'intrépidité de l'âme au milieu des vicissitudes de la fortune. Mais, comme il était fréquent à cette époque, il soutient l'espérance de son lecteur en faisant appel au néo-platonisme chrétien. La leçon dernière qui se dégage de l'ouvrage ressemble à celle du *Soulier de satin* : pour lui comme pour Claudel, tout peut servir au salut, « *etiam peccata* », car toutes les passions humaines, particulièrement l'ambition et l'amour, sont image et signe de l'unique besoin de l'homme, qui est le Royaume de Dieu. En 1696, s'inspirant de la *Diane* de Montemayor, Urfé achevait la rédaction d'un poème pastoral en octosyllabes, le *Sireine,* évoquant les malheurs du berger Sireine et de la bergère Diane, obligés de se séparer, l'un pour garder les troupeaux de son maître au bord de l'Eridan, l'autre pour épouser le riche propriétaire qu'on lui destine. Urfé fixait un des thèmes fondamentaux de la pastorale, que reprendront Hardy et Lingendes. En 1599, le poète entreprenait la rédaction d'un poème épique, *La Savoysiade*, destiné à la glorification du duc de Savoie Charles-Emmanuel, et dont un fragment sera imprimé en 1609. Mais la grandeur d'Honoré d'Urfé réside presque entière dans la composition de L'*Astrée*. Ses autres ouvrages paraissent avoir été écrits en marge de ce grand roman qui par sa seule existence a changé le cours de notre histoire littéraire. Et sa dernière œuvre, la pastorale de *Sylvanire* (1627), « vêtue » à l'italienne pour complaire au désir de la reine Marie, dramatise un épisode parmi les plus beaux et les plus exemplaires de son roman.

« L'Astrée » : *le dessein*

L'*Astrée* répondait à une exigence. Depuis la redécouverte de la sagesse antique, de Platon à Epictète et Sénèque, et depuis la crise de la Réforme, l'Europe et la France étaient en quête d'un art de vivre à la portée des « honnêtes gens » et susceptible de concilier les valeurs apparemment contradictoires qui les attiraient également. On leur avait offert, soit des manuels destinés à faciliter la parfaite adaptation à la vie de société comme le *Courtisan* de Castiglione, soit des méditations permettant de prendre recul et de bâtir une sagesse indépendante, comme les *Essais* de Montaigne. On les avait enfin entretenus dans le rêve chevaleresque ou pastoral à travers des traductions comme celles de l'*Amadis* ou de la *Diane*. Dans son œuvre romanesque, Urfé a tenté une sorte de synthèse optimiste des courants divers que représentaient ces livres également aimés en son temps.

Comme étaient les *Epistres morales*, et comme devait l'être l'*Agatonphile* de J.-P. Camus (« où se découvre l'art de bien aymer pour antidotte des deshonnestes affections ») (1621), *l'Astrée*, qui « par plusieurs histoires et sous personnes de bergers et d'autres » entend évoquer les « divers effects de l'honneste amytié », est un livre d'édification ; ce que sera, près d'un siècle plus tard, le *Télémaque* de Fénelon. Honoré d'Urfé entend y apporter son témoignage et proposer ses solutions à propos des différents problèmes posés par la passion amoureuse.

Dans la *Dédicace* au roi, il se situe dans la tradition pastorale selon laquelle le berger est un personnage noble ; et il évoque « ces grands Roys dont l'antiquité se vante le plus », et qui « ont esté Pasteurs qui ont porté la houlette et le Sceptre d'une mesme main ». Croyance alors vivace : dès 1585, Nicolas de Montreux, l'adaptateur de la *Diane* de Montemayor, présentait au premier livre des *Bergeries de Juliette* un héros-pasteur qui semblait digne « de gouverner un empire ».

Cependant, Astrée et ses compagnes ont choisi leur mode de vie. Elles n'ont pris cet habit que pour « vivre plus doucement et sans contrainte » (I, *l'Auteur à la Bergère Astrée*). Les héros de *L'Astrée* ont conscience d'être passés du monde de la ville à celui de la campagne, des préoccupations de la politique aux simples soucis des champs.

Car il ne s'agit point ici seulement d'une transposition littéraire. Dans l'adresse de l'auteur *A la Bergère Astrée*, Honoré d'Urfé affirme que la politesse de langage de ses héros ne les fait pas « sortir de la bienséance des Bergers ». On doit reconnaître en eux une certaine *vérité pastorale*. La bergerie correspond à une réalité (celle de la « retraite ») et à une exigence (celle de la vérité du cœur et de la connaissance de soi). Alcippe, père de Céladon, a fui la Cour, lieu de l' « ambition » et de la dispersion des vains désirs, de ce qu'on appelle ici la « pluralité des affaires » pour trouver un « repos » dont on saisit d'emblée les dimensions spirituelles (I, 2). En tête de la IIIe partie, Honoré d'Urfé a fait, dans une page adressée à la rivière de Lignon, l'apologie de la passion amoureuse et la critique de la passion ambitieuse. Le texte paraît banal à qui a lu Rousseau, George Sand, voire Jean Giono. Il l'était sans doute aussi, mais pour des raisons différentes, aux yeux des contemporains d'Honoré d'Urfé : celui-ci ne se contentait-il pas de rappeler ainsi que son roman appartenait à la branche pastorale et non à la branche héroïque du genre ? Ne l'opposait-il pas à celle-ci comme Le Tasse pouvait opposer son *Aminte* à sa *Jérusalem* ? Il y avait plus cependant. Honoré d'Urfé vivait et produisait en un temps où commençait à s'imposer en France l'idée de la hiérarchie des genres et de la hiérarchie des thèmes. L'ambition, passion noble, était propre aux grands genres, héroïque et tragique. L'amour, passion, comme le reconnaîtra Corneille, « chargée de trop de faiblesse », était propre à la comédie ou à la pastorale ou à l'élégie. En faisant l'éloge de la passion amoureuse, Honoré d'Urfé entendait apporter à son ouvrage une dignité singulière, dans la tradition de la littérature néo-platonicienne. En même temps il préparait le triomphe d'une poésie mondaine qui, de Voiture à La Fontaine, devait s'éloigner progressivement des fadeurs de la poésie courtisane dont s'était gaussé Du Bellay.

Mais la forêt, la rivière et les prairies, et, en leur centre, la Fontaine de Vérité d'Amour, offrent en réalité un point de vue privilégié sur le monde en sa totalité. Elles permettent d'apprivoiser ce monde, soit en faisant des princesses les nymphes que respectent les bergères, soit en suscitant le passage de telle ou telle fille de la cour (comme Léonide, la nièce d'Adamas) des palais d'Isoure ou de Marcilly aux chaumières de la bergerie, soit en autorisant des passages inverses : les eaux de Lignon, comme d'elles-mêmes, portent Céladon évanoui aux rivages d'Isoure, la « campagne » de Galathée, intermé-

diaire entre les heureux bocages et Marcilly, où
règnent les intrigues et tromperies de cour. Le
séjour du berger au milieu des nymphes correspond
à une sorte de descente aux enfers allégorisée en
même temps qu'à l'épreuve de la tentation mondaine. Descente et épreuve qui permettent au berger
de mesurer ses forces avant de se retirer dans son
« désert » bocager, cette retraite individuelle au
milieu de la retraite collective. De façon inverse,
l'arrivée de Céladon et d'Astrée sous les murs de
Marcilly représentera la conquête par l'esprit pastoral, généreux et tendre, des lieux hantés jusque-là
par la brutalité, la rudesse et les faux-semblants.

Mais à travers la différence des « conditions »,
c'est une seule « condition humaine » qui se manifeste car

> la fortune ne se plaist pas seulement à troubler
> les monarchies et les grands Estats, mais encore
> passe son temps à monstrer sa puissance sur les
> personnes privées, afin [...] de donner cognois-
> sance à chacun qu'il n'y a rien sous le Ciel sur
> quoy son pouvoir ne s'estende.
>
> (III, 7)

Le roman se déroule en un lieu géographiquement
bien situé. « Nous devons cela au lieu de nostre
naissance et de nostre demeure, écrit le poète au
début de la première partie du roman, de le rendre
le plus honoré et renommé qu'il nous est possible. »
Mais on ne peut se situer en un lieu non mythique
sans évoquer autour de lui tout un espace de réalité,
et sans dater les actions qui s'y déroulent.

Cette double précision est ici apportée et justifiée.
Le Forez du ve siècle a échappé aux légions
romaines. Il échappe aujourd'hui aux flots des
invasions, dont il ne ressent que des échos étouffés.
Mais cette double pression spatiale et temporelle
demeure perceptible dans l'œuvre. Elle permet de

multiples jeux de comparaisons et d'oppositions entre une antique civilisation, simple et raffinée à la fois (celle des Valois ? celle de la cour de Savoie ?), et le brutal assaut d'une soldatesque romaine (symbole, peut-être, des conflits religieux du temps) ou barbare (signe possible d'indépendance à l'égard des nouveaux maîtres, le Béarnais et les siens).

Ce qu'Honoré d'Urfé a voulu présenter à son lecteur, c'est en tout cas l'image d'une civilisation selon son cœur et ses nostalgies, accueillante, certes, à tout ce qui n'est pas elle, attentive au récit de ce qui vient d'ailleurs, mais peu curieuse d'aller vers cet « ailleurs » et soucieuse bien plutôt de l'expliquer, de l'assimiler, de le convertir à soi. Ainsi peuvent se justifier les *épisodes,* où de glorieux voyageurs et de belles visiteuses racontent leurs histoires amoureuses et mélancoliques et sollicitent des sages un avis et de la Fontaine un oracle. Cette dernière, un jour, est devenue inaccessible. Ses oracles seront à nouveau entendus moyennant un sacrifice libérateur grâce auquel s'opérera la rédemption et se découvrira la vocation des bergers et des princes. Le Forez apparaît ainsi comme une sorte de Terre Sainte, et de lieu de Salut.

La composition de « L'Astrée »[1]

L'Astrée est un livre complexe, en raison de la multiplicité des récits qu'il comporte, de la variété de l'invention romanesque qui s'y trouve mise en œuvre et de la diversité des modes d'insertion des épisodes secondaires.

Le fil principal, c'est-à-dire les aventures amou-

1. On supposera, pour la commodité de l'exposé, que la Cinquième Partie de Baro, dont beaucoup d'éléments sont impérieusement exigés par le donné des quatre premières, répond aux intentions d'Honoré d'Urfé.

reuses d'Astrée et Céladon, est constamment interrompu. L'ensemble des histoires secondes est plus
important, du moins en volume, que l'intrigue
première. On peut y distinguer des intrigues en
entrelacs, concernant les proches compagnons du
couple principal (Diane et Sylvandre, Hylas et ses
maîtresses, etc.); des intrigues en *alternance,*
comprenant les événements situés aux palais
d'Isoure et de Marcilly; des intrigues en *insertion,*
rassemblant tous les récits au second degré et
touchant soit au passé des héros ou de leurs parents
ou de personnages qu'ils ont rencontrés, soit à la vie
de personnages épisodiques, tels que les « consultants » des sages et de la Fontaine de Vérité
d'Amour. Entre ces diverses catégories d'histoires
Honoré d'Urfé a ménagé des *passerelles :* des récits
seconds peuvent intéresser les héros principaux
(Céladon, Hylas, Sylvandre, etc.); des personnages
appartenant à des intrigues insérées peuvent passer à
l'action, comme Célidée; certains personnages sont
amenés à quitter les champs pour la Cour, comme
Céladon, ou à faire, comme Léonide, le parcours
inverse. Enfin, certains moments de l'œuvre correspondent à des rassemblements et à des synthèses :
ainsi les visites au druide Adamas, dans la troisième
partie, les combats autour de Marcilly, dans la
quatrième, et les scènes de la Fontaine et du Temple
d'Amour, dans la cinquième.

Les intrigues de cour

Le prince Clidaman, fils de la reine Amasis, a été
donné par tirage au sort à l'altière Sylvie, qui est
aimée d'autre part de Ligdamon. Parallèlement, la
princesse Galathée a reçu comme « serviteur » le
beau Lindamor. Mais le bouillant guerrier Polémas,
amoureux de Galathée, abusant d'une confidence de
son rival, persuade sa maîtresse de l'indignité de

Lindamor, qui est banni. Revenu à la cour sous l'habit de chevalier, il engage avec Polémas un combat qui n'a ni vainqueur ni vaincu ; Polémas tente de le tuer par surprise ; ses projets sont découverts, et il doit reconnaître ses successives tromperies. Du moins, parvient-il à faire passer son rival pour mort et, soudoyant Climante, un faux druide, lui fait-il prononcer, certain matin, un oracle selon lequel la première personne qu'elle rencontrera ce jour-là sera son époux. Cette personne doit être Polémas lui-même. Mais le hasard veut que Galathée rencontre en sa place un beau berger, Céladon, que les eaux du Lignon ont rejeté aux rives d'Isoure. Galathée s'éprend donc de Céladon et, secrètement, sa compagne Léonide, nièce du druide Adamas, tombe amoureuse du même berger. Ironie du récit : la même Léonide a été naguère la rivale de Galathée auprès de Polémas (alors que le même sort dont il a été question plus haut lui a donné pour « serviteur » le valeureux Agis). La jalousie rend Léonide inventive ; elle persuade son oncle Adamas de procurer à Céladon des habits féminins, qui permettent en effet au berger de quitter le palais d'Isoure et de se réfugier en ses chères forêts. (Première partie.)

Cependant Polémas n'a renoncé, ni à son amour pour Galathée ni à son ambition politique, à laquelle porte ombrage la faveur dont jouit à la cour le druide Adamas. Avec l'appui du roi des Burgondes, il se révolte et met le siège devant Marcilly. A ce stade du récit, Céladon, toujours travesti en fille, passe pour Alexis, fille druide née d'Adamas. Or, à la suite d'un échange de vêtements, Astrée est prise pour Alexis par les hommes de Polémas. On l'arrête. Céladon survenant révèle que la prisonnière n'est pas celle qu'on croit. Dans le doute, Polémas les garde toutes deux, et les pousse enchaînées à la tête de son armée. Mais le chef du détachement qui les garde est Sémire, l'ancien rival de Céladon

auprès d'Astrée. Il libère les prisonnières et combat à leur côté. Grièvement blessé, il meurt auprès de sa maîtresse dont il a obtenu le pardon.
(Quatrième partie.)

La guerre se termine par un combat singulier entre Polémas et Lindamor : celui-ci tue Polémas. Il épousera Galathée.
(Cinquième partie, suite de Baro.)
Les bergers rentrent chez eux.

L'intrigue pastorale

Alcippe, père de Céladon, a violé le serment de ses ancêtres en fréquentant les cours. De Byzance à Londres, il n'a rencontré que tribulations. Il a surtout souffert, dans son amour pour Amarillis, de la rivalité d'Alcé, dont les effets n'ont point cessé quand celui-ci a épousé Hyppolite. De ce mariage est née Astrée. Comme Pyrame et Thisbé, comme Roméo et Juliette, Astrée et Céladon se sont aimés dès l'enfance. Mais l'hostilité mutuelle de leurs familles les a douloureusement séparés. On a essayé de briser leur amour en imposant un lointain voyage à Céladon. Rien n'y a fait. La première partie du roman raconte comment Céladon a embrassé Astrée par surprise ; comment, sous un travesti, il l'a contemplée nue aux fêtes de Vénus ; comment elle s'est laissée embrasser par lui en feignant de dormir.

Or, Alcippe et Amarillis viennent à mourir. Les malheurs de Céladon ne sont pourtant pas terminés. Un de ses rivaux, Sémire, éveille la jalousie d'Astrée en lui faisant entendre (et mal interpréter) une conversation de Céladon avec la bergère Aminthe. Astrée bannit Céladon de sa présence. Les bras croisés, en signe de soumission parfaite, le berger se jette dans le Lignon que le dégel a rendu fort impétueux. Saisie d'effroi à son tour, Astrée s'évanouit et, revenue à elle, se précipite dans la rivière à la suite de son amant. Elle est heureusement sauvée des eaux par d'autres bergers, tandis que Céladon est porté par les flots sur l'autre bord du Lignon. Le père et la mère d'Astrée, ayant eu connaissance de sa mort prétendue, en sont tellement saisis qu'ils en mourront peu après. (Première partie.)

Après s'être échappé du palais d'Isoure, Céladon, dans la solitude de la forêt, élève un temple à Astrée, la bergère et aussi la déesse de la justice. Le druide Adamas, à qui un oracle a fait savoir que le bonheur de sa vieillesse dépendait de l'union de Céladon et d'Astrée, imagine de prendre le jeune homme auprès de lui, en le faisant passer pour sa fille Alexis, actuellement pensionnaire au couvent des druides. Sous ce travesti, le berger pourra impunément paraître devant Astrée. Céladon se prête à cette feinte.

Cependant, Astrée et ses compagnes ont découvert le temple élevé par Céladon. D'autre part, Astrée aperçoit son amant dans un demi-sommeil et lit une lettre qu'il a déposée auprès d'elle en la voyant endormie. Persuadée que l'âme errante de son berger réclame sépulture, elle lui construit un cénotaphe avec l'aide des autres bergers de la contrée. (Deuxième partie.)

Informés du retour prétendu d'Alexis, les bergers et bergères, guidés par Paris, fils d'Adamas, vont lui rendre visite. Le volage Hylas est à l'avance amoureux de la belle druide, et son amour se confirme à la première vue. Alexis retrouve Astrée avec émotion, et celle-ci est aussitôt frappée de sa ressemblance avec Céladon.

Adamas et sa nièce Léonide persuadent Alexis de vivre auprès d'Astrée. Le berger éprouve bien des joies et des tourments en cette intimité de tous les instants. (Troisième partie.)

Grâce à une mise en scène ingénieuse d'Adamas et de Léonide, qui a renoncé à Céladon, Astrée apprend la véritable identité de la prétendue Alexis.

Elle lui ordonne de mourir, en se promettant de ne pas lui survivre. De fait les deux amants se rendent séparément à la Fontaine de Vérité d'Amour pour s'y faire dévorer par les fauves qui en gardent l'entrée. Mais leur présence fait cesser les enchantements qui la rendaient inabordable, et tous deux sont enfin unis par l'oracle d'Amour. (Cinquième partie, suite de Baro.)

Sylvandre et Diane : Diane est fille de Célion et Bellinde. Ceux-ci ont fait serment de donner leur fille au fils de leur voisin Phormion. Ils ont eu d'autre part un fils qui s'est perdu au moment de l'invasion des Goths et des Ostrogoths. Célion mort, Bellinde s'est retirée chez les Vestales. Phormion prend Diane chez lui, mais meurt à son tour ; son fils Filidas est un réalité une fille travestie qui, à la mort de son père, prétend continuer à cacher son sexe. Cependant le prétendu Filidas est amoureux de Filandre, frère de la belle Callirée, et Filandre est lui-même amoureux de Diane. Pour conquérir l'amitié de la jeune fille, Filandre a échangé son identité avec celle de sa sœur et s'est insinué doucement dans l'intimité de Diane. Les déguisements prennent fin ; mais Filidas et Filandre meurent en défendant Diane contre un Arabe qui a voulu abuser d'elle. Diane promet d' « aimer jusqu'au cercueil son cher Filandre ».

Sylvandre ne sait qui sont ses père et mère. Enlevé autrefois par des Bourguignons, puis recueilli par un bon Helvète, il a étudié à l'Université de Marseille. A la suite de diverses aventures et sur les conseils de Bellinde, maîtresse des Vestales à Evian, il est arrivé en Forez pour consulter la Fontaine de Vérité d'Amour. C'est là qu'il s'éprend de Diane. Celle-ci condamne le berger, ainsi que la bergère Phillis (cousine d'Astrée et maîtresse de Lycidas, frère de Céladon) à la servir durant trois lunes, après quoi Diane jugera qui l'a mieux servie, du berger ou de la bergère. Paris, fils d'Adamas, est lui aussi amoureux de Diane. (Première partie.)

Diane accepte le service de Sylvandre qui désormais ne quittera guère les bergères. C'est près de Sylvandre endormi que Céladon déposera sa première lettre à Astrée après son retour d'Isoure. C'est Sylvandre qui pénétrera le premier dans le temple d'Astrée. C'est encore lui qui rédigera l'épitaphe du « vain tombeau » de Céladon. Il sera aussi l'interlocuteur privilégié d'Hylas dans de riches discussions sur l'amour et le conseiller le plus écouté des amants malheureux, auprès de la sage Léonide et de son oncle. (Deuxième partie et *passim*.)

A la fin du roman, le druide Adamas reconnaît en Sylvandre son véritable fils Paris, le prétendu Paris n'étant tel que par adoption. Le vrai Paris, autrement dit Sylvandre, épousera Diane, tandis que le prétendu fils d'Adamas épousera Léonide. (Cinquième partie, suite de Baro.)

Hylas l'inconstant. Né en Camargue, il a vite révélé son inclination à l'inconstance et les premières accusations portées contre lui l'ont amené à voyager. Il est remonté jusqu'à Lyon et durant le voyage en bateau s'est encore épris de plusieurs jeunes personnes. Au pays de Forez, il continuera à poursuivre plusieurs intrigues, successives ou simultanées, notamment auprès de Phillis et auprès d'Alexis. Il falsifiera plaisamment les Tables des commandements d'Amour rédigées par Céladon au temple d'Astrée. Cependant, le dénouement du roman, imaginé par Baro, l'obligera à épouser la bergère Stelle.

Sylvanire. Quand cette jeune bergère a neuf ou dix ans et le berger Aglante douze ou treize, ils s'éprennent l'un de l'autre. Mais en grandissant Sylvanire se persuade qu'elle ne doit aimer que sur le commandement de ses parents. Elle affecte donc la froideur. Son père a fait dessein de la donner à Théante, riche et sage berger. Cependant un autre berger, Tirinte, épris de Sylvanire, lui présente un miroir enchanté qui doit la rendre amoureuse de sa personne. Ce miroir, en fait, provoque la mort apparente de Sylvanire, ainsi livrée aux brutales volontés de Tirinte. Aglante passant au moment où Tirinte veut faire violence à Sylvanire se saisit de lui et le traîne auprès du tribunal de Cloridamanthe. Avant de mourir, Sylvanire avait obtenu d'épouser Aglante. Maintenant qu'elle est bien vivante, son père refuse de le lui accorder. Sur une plaidoirie de Sylvandre, Aglante et Sylvanire seront pourtant déclarés unis à jamais. (Quatrième partie.)

Tircis et Laonice. Laonice, dès six ans, aime Tircis qui en a dix et qui lui-même aime Cléon, qui en a neuf et répond à son amour. Mais Tircis feint d'aimer Laonice, auprès de laquelle il feint de feindre l'amour pour Cléon. La mère de Cléon et Cléon elle-même tombent malades. Tircis les soigne, mais ne peut les empêcher de mourir. A la suite d'un oracle, Tircis et Laonice sont venus trouver Sylvandre. Celui-ci ordonne que Tircis aime toujours sa Cléon, « et que des deux amours qui peuvent estre en nous, l'une suive le corps de Cléon au tombeau, et l'autre l'esprit dans les cieux ». (Première partie.)

Les divers épisodes de *L'Astrée* sont toujours précisément intrigués. Leur progression manifeste un sens du temps, un temps qui détruit et qui reconstruit, mais surtout ce temps de la jeunesse qui fait passer l'homme de l'enfance à l'adolescence et à l'âge adulte. Au temps de la spontanéité pure succède celui des combats intérieurs, des rivalités, des révoltes ou des soumissions envers les parents, jusqu'à ce que les héros trouvent leur équilibre dans le mariage et l'acceptation des responsabilités. L'œuvre comprend ainsi en germe plusieurs romans d'éducation. En tout cas, la vie des personnages est toujours riche en cheminements fructueux et suppose une série de découvertes et d'approfondissements, que soulignent volontiers des procédés apparemment tout extérieurs. Il arrive que des explications décisives soient apportées longtemps après l'événement, et le temps apparaît ainsi comme redécouverte et réinterprétation du passé : c'est dans la troisième partie seulement qu'Astrée avoue à la fausse Alexis qu'elle s'est jetée elle aussi dans le Lignon pour sauver ou pour suivre son amant, et que la fausse nouvelle de sa mort a hâté celle de ses parents ; et dans la quatrième qu'elle lui dévoile les véritables raisons du bannissement de Céladon. Urfé a également le sens du mince détail qui bloque l'intrigue ou l'oblige à se dérouler de manière inattendue. Dans la seconde partie, il veut que la seule personne à découvrir Céladon soit Léonide, c'est-à-dire une jeune fille amoureuse du berger : sa jalousie la dissuadera de rien dire à Astrée de cette découverte, et même d'en informer le druide son oncle qu'en ultime recours.

Mais le romancier sait aussi distinguer le temps de la narration et le temps de la fiction. Celui-ci se trouve morcelé, voire bouleversé, dans celui-là. Certes, l'insertion de récits explicatifs ou de considérations généalogiques entraînant des retours en arrière constants est monnaie courante dans les œuvres narratives de l'époque. Mais d'autres jeux sont présents dans le roman. De nombreuses histoires sont interrompues et reprises sous de nouvelles perspectives.

Ainsi dans la seconde partie, l'histoire romaine de Placidie et Eudoxe est évoquée par divers personnages, sous des prétextes différents, et avec des intentions variées. Céladon parle d'abord de la rencontre qu'il a faite autrefois en Italie, pendant son voyage-épreuve, d'Ursace pleurant l'enlèvement d'Eudoxe (II, 10). Faisant visiter sa maison, Adamas

montre à ses hôtes les portraits de Placidie, fille de
Théodose et mère de Valentinian, et de la bru de
cette même Placidie, Eudoxe, épouse de Valentinian. Il raconte la vie exemplaire de Placidie (II, 11).
Au livre suivant, Sylvandre conte l'histoire d'Eudoxe : il en a eu connaissance par son amant Ursace,
qu'il a sauvé de la noyade au large de Marseille.
Cette histoire est interrompue au moment où
un astrologue annonce à Ursace de meilleurs
jours : elle ne se dénouera que dans la Suite de
Baro, c'est-à-dire dans la cinquième partie de
l'œuvre.

Ces jeux divers sur le temps sont autorisés par la
liberté de structure du roman. Ils donnent l'impression de voir véritablement se dérouler l'histoire d'un
ensemble de groupes de personnages unis entre eux
par des liens multiples et variés. Ils ménagent, avec
les effets de suspension et de surprise, de ralentisse-
ment et d'accélération, la progression d'un ensemble
complexe mais ordonné, un peu comme fera l'auteur
de *Guerre et Paix*. Ils contribuent plus que tout autre
élément à donner à *L'Astrée* l'allure d'un roman
résolument moderne.

« L'Astrée » et l'espace pastoral

D'autres procédés d'Honoré d'Urfé sollicitent
l'imagination visuelle. Ils offrent un espace limité,
des accessoires et des personnages aux attitudes
précises, et font ainsi songer au théâtre. Selon Baro,
le romancier imaginait en effet l'ensemble de son
œuvre comme une « tragi-comédie pastorale », et
les cinq parties qu'il avait prévues correspondaient
aux cinq actes d'une pièce de théâtre. Il est certain
que l'auteur de *L'Astrée* pense très souvent en
concepts dramatiques. Dès les premières pages du
livre, il justifie l'élégance de ses bergers en rappelant

la beauté des costumes des héros de pastorales. Fréquemment les intrigues secondes, avec leurs chaînes amoureuses, leurs symétries et leurs parallélismes, font songer à des intrigues de théâtre.

On ne compte point les effets de théâtre présents dans *L'Astrée,* et qui se retrouveront dans tant de comédies, de tragi-comédies et de pastorales de la première moitié du siècle : travestis et déguisements divers pouvant aller jusqu'au second degré (Céladon, sous ses habits de fille druide, est connu sous le nom d'Alexis, mais Alexis ayant passé les vêtements d'Astrée est arrêtée à sa place par les hommes de Polémas) ; conversations croisées, dont rendent compte les anciens illustrateurs de l'ouvrage en présentant sur la même planche plusieurs groupes de personnages aux entretiens simultanés ; personnages cachés écoutant un dialogue ou un monologue qui les intéresse (avec des erreurs d'interprétation possibles, comme celle de Calidon écoutant, caché sous le lit, les propos apparemment tendres de Célidée et de son rival (II, 11) ; tableaux brillants et tels qu'on les aime au dénouement des œuvres comiques. La tâche était toute préparée pour les dramaturges désireux de porter à la scène les histoires racontées par Honoré d'Urfé, de Rayssiguier à Scudéry et de Baro à Rotrou.

Genres intérieurs

On pressent dès lors que l'œuvre se veut à plusieurs dimensions. Honoré d'Urfé aborde en effet d'autres genres que le romanesque et le dramatique. C'est un de nos premiers grands épistoliers classiques. Les nombreuses lettres d'amour du roman sont remarquables de précision et de sobriété. Elles ne se contentent pas de laisser libre cours aux épanchements du cœur : elles analysent, elles argumentent, elles plaident. Les nombreux sonnets, stances, billets, chansons ou villanelles que le poète a introduits dans son œuvre rappellent tantôt la molle élégance de Desportes et tantôt l'ingéniosité de Marot. Ils préludent tout à la fois aux poésies mondaines des Voiture et des Sarasin et aux monologues lyriques du théâtre des années 1630-1640. Une « villanelle d'Amidor reprochant une légèreté » se présente ainsi :

> A la fin celuy l'aura
> Qui dernier la servira.
> De ce cœur cent fois volage,
> Plus que le vent animé,
> Qui peut croire d'estre aimé
> Ne doit pas estre creu sage :
> Car enfin celuy l'aura
> Qui dernier la servira.

Suivent des comparaisons à la girouette, au chasseur non satisfait de sa prise, au clou qui chasse l'autre (I, 6). On rejoint précisément le théâtre dans les joutes poétiques autorisées ici comme ailleurs par la tradition virgilienne du berger-poète, comme celle de Palémon et de Doris, le berger amoureux et la bergère coquette, dont voici les dernières répliques :

> Palémon
> Quand il *(le ciel)* veut qu'on vous aime, il est juste en ce point,
> Mais injuste en ostant à l'amour l'espérance.

> Doris
> S'il veut que vous aimiez, et que je n'aime point,
> Il venge mon amour et punit vostre offence
>   (II, 8)

Tout au long du siècle, on ne cessera de lire *L'Astrée*. On peut se demander si Honoré d'Urfé n'a pas eu sur la veine galante du siècle, ingénieuse, volontiers concettiste, inspirée par de constants, efficaces et faciles parallèles entre cœur sévère et dureté des arbres et rochers, cœur volage et inconstance des eaux, une influence plus décisive que Malherbe. Il y a plus encore. Si notre romancier emprunte aux Espagnols et à l'auteur des *Bergeries de Juliette* le principe du mélange des vers et de la prose, on le lui réempruntera. Sa technique a peut-être inspiré celle de Sarasin dans le *Tombeau de Voiture* que louera Pellisson comme représentant un sommet de la manière galante et mondaine, et sans lequel le *Songe de Vaux* et la *Psyché* de La Fontaine ne seraient sans doute pas ce qu'ils ont été

Tant d'exercices en divers registres ont imposé à Honoré d'Urfé une rhétorique variée, l'ont obligé à un vocabulaire nombreux et précis (touchant parfois à l'érudition archéologique), et lui ont surtout permis de découvrir une phrase propre à l'analyse, riche en causales et en concessives, perpétuellement à la recherche des nuances. Certes, sa prose est lente, sinueuse, comme désireuse de s'attarder en certains lieux, ceux de sa complaisance. Mais ce n'est pas seulement le souci de la pompe ou de l'abondance verbale qui le guide. C'est plutôt le goût du *loisir*, qui donne temps aux amants solitaires de méditer voluptueusement ou tristement pendant des heures, voire des nuits et des jours, et aux devisants de parler librement, longuement, sans qu'aucune occasion que la faim, la fatigue ou le sommeil, ou encore l'arrivée inopinée de « consultants », daigne les interrompre.

L'amour et la religion

C'est d'amour avant tout qu'il est question dans le roman d'Honoré d'Urfé, et les intrigues de palais, les conquêtes et les batailles intéressent d'abord parce qu'elles sont inextricablement mêlées aux conflits du cœur. D'autre part, si l'œuvre entend exposer les linéaments d'une doctrine de « l'honneste amitié », elle se veut aussi un témoignage. L'amour s'y trouve décrit avant d'être codifié.

La déraison amoureuse. Au départ, l'amour apparaît comme un sentiment ou un désir, totalement irrationnel. Mais il y a bien des degrés et des nuances dans cette déraison. A plusieurs reprises nous sont présentés des personnages pas toujours méprisables, qui n'entendent l'amour qu'à la manière d'un désir violent, irrépressible, et brutalement assouvi. Ces emportements menacent les héros les plus retenus du roman, et singulièrement Céladon. On nous conte le subterfuge qu'il a imaginé pour se mêler à une cérémonie réservée aux jeunes filles et apercevoir ainsi Astrée dans sa nudité (I, 3). Dans l'ensemble de la troisième partie, nombreuses sont les scènes où l'intimité de la fausse Alexis avec Astrée permet au berger d'admirer le sein de sa bergère : « Jamais pomme ne se vit plus belle dans les vergers d'amour », écrit Honoré d'Urfé ; et encore : « [...] le côté droit de son sein, sur lequel quelques rayons du soleil sembloient, comme amoureux, se jouer en le baisant. » Au même registre voluptueux appartiennent les scènes où Alexis, revêtue des habits d'Astrée, connaît d'inexprimables transports et les curieux dialogues où Astrée appelle Alexis sa « maîtresse », celle-ci l'appelant son « serviteur ».

Il y a une précise correspondance entre ces emportements physiques et les emportements de l'âme dans l'amour religieux conçu par Sylvandre et par Céladon lui-même. Il ne fait guère de doute que dans la pensée du romancier, néo-platonicienne et figurative, l'amour physique est image de l'amour spirituel, qui lui-même représente l'amour de Dieu.

Le « je ne sais quoi » qui fait naître l'amour est un mystère, mais un mystère riche en signification. Sylvandre se souvient de la doctrine platonicienne de l'androgyne quand, à la suite des poètes qui au siècle précédent chantaient la pierre d'aimant ou calamite, il explique la mutuelle attraction des amants par un mystérieux magnétisme qui tout au long du siècle sera désigné sous le nom de *sympathie*. Au début d'une des « histoires » contées dans la quatrième partie, le héros, Alcandre, s'exprime ainsi :

> Quelques-uns soutiennent que l'amour ne vient pas de sympathie, ny de destin, mais de dessein, et de volonté, et que la naissance de cette affection ne se doit qu'à la violence avec laquelle la beauté tyrannise les puissances de nostre ame ; mais ceux-là n'ont pas fait la preuve qu'Amilcar et moy, et ceux desquels j'ay à vous parler, avons faite à nos despens, car ils seroient contraints de changer d'opinion, et de dire avec nous que chacun en naissant est donné à celle qu'il doit aimer et servir.

> (IV, 9)

Dès que l'amour est installé au cœur de l'homme, le temps et l'espace s'organisent comme d'eux-mêmes autour de ce sentiment brillant, et constituent le champ magnétique où s'exerce cette attraction, l'univers dont les mille réalités reflètent la ferveur de l'amant, et comme l'instrument poétique dont chaque élément entre en résonance au chant mélancolique et tendre qui s'échappe de ses lèvres. La terre, le ciel, les eaux, dans leur présence ou dans leur histoire, célèbrent sans fin la Gloire de l'Aimée.

Les voies de la discipline amoureuse. Ce chaleureux irrationalisme reçoit pourtant bien des limitations. Les éléments de discipline objective sont ici aussi contraignants que la doctrine de l'élan est affirmée. Du moins sont-ils de diverses natures.

Le personnage de *L'Astrée* dont la conception de l'amour est à la fois la plus libre et la plus étroitement codifiée est sans doute Hylas. Dans leur principe, les sentiments de ce berger sont ce que l'instant exige d'eux. Il se laisse prendre aux différentes beautés que la fortune place sur sa route, et rien ne peut l'empêcher de s'attacher à elles. Mais ces successifs abandons ne sont possibles que moyennant une discipline, ou une sagesse. En face de Sylvandre, théoricien de l'amour absolu, Hylas développe la sage théorie de la *médiocrité*. Ce que recherche l'amant, c'est être aimé de celle qu'il aime. Mais la conquête de la réciprocité suppose une maîtrise de soi et une habileté tactique qui exclut toute soumission à la passion. Pour plaire, d'autre part, il faut être joyeux, et séduire par son esprit, sa bonne mine, ses saillies plaisantes. Tout cela, l'amoureux transi, ou le beau ténébreux à la façon d'Amadis, en est incapable. Enfin, qui veut être libre et heureux en amour doit savoir se retirer à temps d'une aventure qui pourrait aboutir au mariage : c'est à quoi parvient en effet Hylas dans son aventure avec Florice, contée dans la seconde partie. Ce recul du personnage par rapport à ses propres aventures lui permet d'en découvrir et d'en exprimer les bizarreries et les finesses. Hylas dit toujours : « Et voyez ce que c'est que l'Amour [...]. Et considérez la finesse de l'Amour... » Le sentiment amoureux est pour lui source d'attitudes psychologiques inattendues, paradoxales, dont le catalogue est par lui dressé avec l'enthousiasme d'un gourmet éclectique.

Curieusement, Céladon lui aussi, dans les conversations avec Adamas que lui prête la première partie du roman, se fait le défenseur de la médiocrité : « Toutes choses, dit-il, doivent se contenir dans les termes où la nature les a mises [...]. Celui [...] qui espère de s'élever plus haut, ou pour mieux dire de changer de nature, et se rendre autre chose que ce qu'il était, perd en vain et le temps et la peine. » Mais, on le voit bien, cette médiocrité est d'un ordre tout différent de celle dont Hylas se fait le champion. A l'exaltation de l'individu totalement libre, Hylas faisait correspondre la médiocrité contrôlée des sentiments dont il s'offre le luxe. Céladon, lui, oppose à l'absolu du sentiment le sens de la place exacte de l'individu dans le monde et la société. Seulement tous deux expriment ainsi deux exigences analogues : le refus de l'aveuglement et de l'abandon total.

Croire que l'amour seul puisse guider toute une existence, c'est se tromper lourdement, c'est même, d'une certaine manière, trahir cet amour lui-même. « Soyez une autre fois, écrit la malheureuse Cryséide à Arimant, qui a manqué de discrétion dans ses visites, non pas avec moins d'amour, mais avec plus de prudence » (III, 7). Cette prudence, c'est le sens du secret, cher aux théoriciens de l'amour courtois ; c'est aussi la maîtrise de soi, nécessaire à qui veut garder les rênes de sa conduite ; c'est généralement la considération des justes limitations qu'imposent les devoirs sociaux à l'élan du cœur. Sylvanire a aimé son berger dès l'enfance. Elle s'est rendu compte trop tard de ses devoirs envers ses parents. Et l'amour « avoit jeté de trop profondes racines dans son âme pour en pouvoir entre arrachées sans de trop grands ressentiments de douleur » (IV, 3). Scrupule analogue chez Astrée, après l'aveu du travesti et la reconnaissance de Céladon. Ayant accepté de vivre dans l'intimité de la fausse Alexis, elle s'imagine qu'elle va devenir « la fable de tout le monde ». La revendication de la liberté du cœur et la conscience de l'obligation sociale entraînent donc une tension qui peut amener les jeunes gens de *L'Astrée* au bord de la tragédie. Beaucoup d'entre eux se trouvent dans la situation de Pauline, déchirés entre une belle passion et une solide « raison » de caractère social. Du moins s'efforcent-ils de frayer entre ces deux exigences la voie de la conciliation.

Le sens religieux de l'amour. Inspirée en particulier par les *Antiquitez* du président Fauchet (publiées à partir de 1579), la doctrine religieuse professée dans *L'Astrée* rassemble en fait, au-delà d'un syncrétisme gallo-romain très appuyé, la doctrine chrétienne de l'amour divin et le néo-platonisme sentimental de la Renaissance. On adore Dieu sous trois noms : Hésus, dieu de la guerre, dieu fort, dont Adamas précise dans la deuxième partie qu'il est le Père, Belenus, dieu de l'amour, dieu-homme, qui est le Fils, Tharamis, dieux « repurgeant » et dieu de la prophétie, qui est « l'Amour de tous les deux », c'est-à-dire l'Esprit. La vocation de l'homme est de rejoindre cette trinité et de se perdre en son amour. Quand Céladon aime Astrée, ce n'est pas une « première divinité » qu'il adore, mais un « tresparfait ouvrage de ceste divinité ». Si Astrée est parfaite au niveau des « formes », elle ne peut l'être au niveau des « raisons », moins encore des « idées » : elle n'est que l'image des unes et des autres. Cette doctrine des ordres justifie tout le reste : car l'élan initial et incontrôlable de l'amour s'y explique par sa correspondance implicite avec l'amour de la perfection absolue ; mais la discipline dans l'amour doit être respectée, et son caractère relatif reconnu, sous peine de le faire dévier de son vrai chemin, qui doit mener à Dieu, et à Dieu seul.

Postérité de « L'Astrée »

Conçue dans le désordre des guerres civiles, quand se retrouvait mis en question l'ensemble des valeurs dont avait vécu l'homme de la Renaissance, et singulièrement l'entourage des derniers Valois, *L'Astrée* accomplissait ce miracle de préserver la sérénité dans un monde d'inquiétude, d'imposer des analyses rigoureuses et nuancées à un milieu de cour esclave de sa brutalité et qui avait vu s'effondrer l'harmonieux univers de la pensée humaniste. A travers l'œuvre d'Honoré d'Urfé, c'était le meileur de la sensibilité et de la pensée du XVIe siècle qui se perpétuait en s'adaptant aux exigences nouvelles. De là la prodigieuse fortune de l'ouvrage.

Le moindre témoignage de son succès, c'est l'ensemble des adaptations dramatiques qui en ont été proposées au long du siècle. Plus frappante, et plus efficace, a été la fidélité des romanciers de l'époque de Louis XIII, comme les Scudéry, et des auteurs de nouvelles du règne suivant, comme Segrais, à l'œuvre d'Honoré d'Urfé. *L'Astrée* a nourri les conversations des cercles les plus brillants, de Mme de Rambouillet à Mlle de Montpensier. A travers eux, elle a marqué durablement toute la littérature mondaine, poétique, épistolaire ou narrative. Sans elle la marquise de Sévigné, la comtesse de La Fayette, le La Fontaine de Vaux-le-Vicomte n'auraient pas été ce qu'ils furent.

L'image de l'homme que proposait Honoré d'Urfé était positive et rassurante. L'idéalisme optimiste qu'il professait lui permettait d'accueillir aussi bien les morales de la maîtrise de soi et de l'énergie que les éthiques où la passion était réhabilitée comme figure de l'appétit de Dieu. Ce dialogue du néo-stoïcisme et du néo-platonisme qu'il avait mis à la portée des honnêtes gens ne devait pas être perdu. On le discerne dans l'œuvre de Corneille, dans les

élégies des amants « innocents » de Racine, et
jusque dans le *Télémaque* de Fénelon. Perpétués par
telle tapisserie d'Aubusson, par telle faïence de
Nevers, par tel abrégé de la première moitié du
XVIIIe siècle, les épisodes essentiels de *L'Astrée* ont
nourri l'imagination et la sensibilité des premiers
romantiques. L'hésitation de Saint-Preux entre
l'élan charnel et la retenue stoïcienne, les dialogues
de Jean-Jacques ou de Senancour avec les êtres de la
nature, voire le confus mélange de l'histoire et du
roman illustré par *Les Martyrs,* tout cela procède en
partie du roman d'Honoré d'Urfé.

Inversement, la pensée et la sensibilité du roman-
cier-poète devaient constituer un des éléments de cet
« humanisme dévot » contre lequel s'élevèrent les
Jacques Esprit, les La Rochefoucauld, et les Bossuet. Encore n'a-t-on pas toujours voulu l'accabler.
Selon le P. Rapin, Port-Royal le jugeait avec indulgence. C'est qu'il se trouvait dans son œuvre des
exigences de rectitude aussi marquées que les
maximes accueillantes, voire « laxistes » qui échap-
paient ailleurs à sa plume. C'est surtout que les unes
et les autres procédaient de la même authenticité
d'âme et de la même générosité de cœur. L'auteur
de *L'Astrée* croyait en l'homme. Il le replaçait au
centre du monde, comme le roi de la Création. Il lui
permettait de donner leurs noms aux êtres de l'Eden
sentimental où il l'avait conduit, et même aux
serpents qui pouvaient s'y cacher dans l'herbe. Il
fallait bien que le lecteur de bonne foi lui en
manifestât sa reconnaissance.

Chapitre VI

CORNEILLE

Pierre Corneille est né le 6 juin 1606 dans la maison familiale de la rue de la Pie à Rouen où il habitera jusqu'en 1662. Son père, maître des Eaux-et-Forêts en la vicomté de Rouen, est l'époux de Marthe Le Pesant, elle-même fille d'un avocat de la ville. Pierre est l'aîné d'une famille de six enfants, parmi lesquels Thomas, né en 1625, et Marthe, la mère de Fontenelle. Il a fait ses études au collège des jésuites de sa ville natale entre 1615 et 1622, a été reçu avocat stagiaire à l'audience civile du parlement en 1624 et titulaire, dès 1628, d'un double office d'avocat du roi au siège des Eaux-et-Forêts et à l'Amirauté de France. Ces offices, relativement modestes, et dont Corneille s'est acquitté pendant au moins vingt ans, n'ont pas nui à l'éveil de sa vocation théâtrale. Dès l'hiver 1629-1630 la troupe de Montdory et de Charles Lenoir, avec laquelle le jeune poète a pris contact au cours d'un de ses passages à Rouen, crée la première comédie de Corneille, *Mélite,* au Jeu de paume Berthault, le futur théâtre du Marais ; le « succès surprenant » de cette comédie encourage Corneille à poursuivre, parallèlement à sa carrière d'homme de robe, une carrière d'auteur dramatique qui ne s'interrompra que trente-cinq ans plus tard. Après le succès du *Cid,* en 1637, le père de Corneille reçoit des lettres d'anoblissement qui récompensent en fait le travail du poète et couronnent une œuvre déjà importante.

En 1643 Corneille épouse la fille du lieutenant particulier des Andelys, Marie de Lampérière, dont il aura sept enfants entre 1642 et 1656. Il est candidat dès 1644 à l'Académie française ; il n'y est élu cependant qu'en 1647, ce qui le conduit à vivre une partie de l'année à Paris. En 1658 il est présenté au surintendant des Finances Nicolas Foucquet, qui lui accorde une gratification et l'encourage à écrire une tragédie d'*Œdipe.* Installé à Paris ainsi que son frère Thomas Corneille en 1662, où il est protégé par le duc de Guise, Corneille est régulièrement pensionné par le roi à partir de 1663. En 1675, peut-être en raison du médiocre succès de ses dernières œuvres, il est rayé de la liste des écrivains gratifiés. Sa pension ne sera rétablie qu'en 1683, quelques mois avant sa mort (octobre 1684). En janvier 1685 son jeune frère Thomas Corneille lui succède à l'Académie française. Le discours de réception est prononcé par Racine : c'est l'occasion pour l'auteur de *Phèdre* de faire l'éloge de son aîné et de son rival.

L'existence de Corneille a été celle d'un bourgeois aisé mais dont les ressources ont été limitées à des offices assez peu rentables, des « droits d'auteur » âprement disputés, et des gratifications parfois contestées. Cependant, la réussite sociale du poète, anobli grâce à sa plume et qui, à partir de 1660, a pu consacrer son temps à la seule littérature, présente en son siècle un caractère exemplaire.

Les étapes de la carrière

De « Mélite » à « L'Illusion comique »

Les premières œuvres de Corneille ont été écrites

à partir d'une réflexion critique, non tant sur des doctrines encore hésitantes, que sur les genres « modernes » de la pastorale et de la tragi-comédie. *Mélite* transpose déjà, dans le cadre de la société distinguée de l'époque, l'esthétique et les thèmes des aventures amoureuses dont Racan et Mairet avaient donné les modèles. *Clitandre,* sa première tragi-comédie, créée en 1631, s'inspire à la fois du théâtre d'allure romanesque des premières décennies du siècle, de la tragédie à la manière du *Pyrame* de Théophile, et de l'actualité politique et sociale. *La Veuve* (1631-1632), *La Galerie du palais* et *La Suivante* (1632-1633), et *La Place royale* (1633-1634), en affinant la technique cornélienne de la comédie, complètent un groupe d'œuvres cohérent, où le poète pose et résout des « questions d'amour » de plus en plus délicates, voire extraordinaires, touchant à l'évocation du dépit amoureux (*Galerie du palais*), de la jalousie (*Suivante*) et de « l'amour volontaire » (*Place royale*). Le poète s'efforce de resserrer son intrigue dans l'espace et dans le temps ; l'exemple le plus parfait étant sans doute *La Suivante,* dont le déroulement n'exige qu'un lieu unique et une durée de quelques heures.

Les années 1633-1635 voient renaître en France, avec *Hercule mourant* de Rotrou et *Sophonisbe* de Mairet, la tragédie régulière, conforme au modèle sénéquien, mais animée par le mouvement et l'élégance poétique de la pastorale. *Médée,* représentée en 1635 par la troupe de Montdory, s'inscrit dans un ensemble d'œuvres à la fois respectueux de l'antique et nettement « moderniste ». Cette pièce voit pour la première fois, comme le reconnaîtra la dédicace de 1639, s'affirmer « l'immoralisme » cornélien, c'est-à-dire la création de personnages admirables, aussi bien dans le crime que dans l'exploit héroïque.

Au cours de la saison 1635-1636 Corneille donne *l'Illusion comique ;* cette création est consciemment paradoxale : à l'intérieur d'une comédie formellement régulière le poète, par le biais des opérations magiques, multiplie les lieux, étire les temps, et se livre à des variations étourdissantes dans l'esprit du théâtre « baroque » des premières années du siècle. Cependant il parvient à concilier tout cela avec un certain réalisme et, surtout, il présente cette comédie comme une apologie du théâtre, de ses créateurs et de ses interprètes, à un moment où l'opinion hésite encore à reconnaître la dignité des premiers et surtout des seconds.

Au cours de ces six années, Corneille a inauguré sa carrière avec une série d'expériences très variées, où sa maîtrise s'est imposée, non seulement comme celle d'un bon artisan, parfaitement informé des exigences de la dramaturgie de son époque, mais aussi comme celle d'un poète sachant affirmer, à travers imitations et transpositions, une irréductible originalité. On comprend qu'un homme de goût, passionné de théâtre, et pressentant l'importance de cet art dans la propagande monarchiste, comme l'était Richelieu, ait appelé Corneille à collaborer à l'entreprise collective dite des « cinq auteurs ».

Les œuvres de la maturité (1636-1651)

Quand *Le Cid* est créé au cours de la saison 1636-1637, Corneille est déjà un écrivain célèbre et jalousé. Cette tragi-comédie correspond il est vrai à une sorte de défi. Le poète, qui se veut fidèle à son modèle espagnol, y prend ses libertés par rapport aux exigences de régularité, voire de bienséance, que tentent d'imposer les doctes. De là cette querelle, à laquelle participent Mairet et Scudéry, en attendant l'arbitrage de l'Académie française, qui a permis du moins de préciser les positions des théoriciens et des praticiens du théâtre sur quelques importants points de doctrine. Quelles qu'en aient été les motivations, elle a donné à Corneille, dans divers textes publiés entre 1637 et 1639, l'occasion de s'expliquer sur les principes essentiels de son esthétique. Avec *Horace* (1640), *Cinna* (1642), *Polyeucte* (1642-1643), *La Mort de Pompée* (1643-1644) et *Rodogune* (1644-1645), Corneille s'est décidément affirmé comme le dramaturge de l'histoire et de la politique. Ce que ces œuvres possèdent en commun en effet, c'est la confrontation, présentée sans aucun compromis, d'un héros exceptionnel et du souverain et juge auquel il doit rendre compte de ses actes ; ou bien, comme dans *la Mort de Pompée* ou dans *Rodogune,* celle de princes qui s'efforcent d'imposer une légitimité contestée.

Mais ces tragédies manifestent aussi un sens aigu du devenir historique et de la portée qu'y peuvent prendre les actes individuels, aussi bien que les décisions souveraines. Cette portée prend, dans *Cinna* et dans *Polyeucte,* une dimension spirituelle ; mais dans l'ensemble de la production tragique de Corneille, on peut discerner dès cette époque, et jusqu'à *Pulchérie* au moins, la présence, secrète mais efficace, de la Providence divine.

Corneille n'entendait point se restreindre au genre tragique. *Le Menteur* et sa *Suite* attestent, dans les années 1643-1645, le charme que pouvait exercer sur lui la plaisante et complexe comédie à l'espagnole. *Théodore* retrouve, en 1645-1646, l'inspiration des tragédies de saints à l'italienne.

Au cours de la saison suivante *Héraclius* inaugure une série de drames politiques d'intrigues complexes, qui se prolongera jusqu'à la fin de la carrière du poète. En 1649-1650, Corneille invente la comédie héroïque avec *Don Sanche d'Aragon,* et parfait la formule de la tragédie à machines avec *Andromède.* Enfin, en 1651, *Nicomède,* œuvre directement inspirée par les événements de la Fronde, s'intègre, comme avait fait le *Cosroès* de Rotrou, à l'ensemble des œuvres ambiguës, où les héros de romans ou de pièces de théâtre de l'époque hésitent entre le défi et la soumission. *Pertharite* marque la fin d'une grande période dans la carrière de Corneille : à la suite de l'échec de cette œuvre, Corneille a cru devoir renoncer au théâtre. Comme le faisaient volontiers ses contemporains, il « termine » sa carrière en achevant une traduction de l'*Imitation de Jésus-Christ,* qui sera publiée dans son intégralité en 1656.

D'« Œdipe à « Suréna »

Si Corneille n'a rien produit pour le théâtre entre 1651 et 1659, ce n'est pas qu'il ait renoncé à un art dont ses maîtres jésuites lui avaient enseigné les vertus, c'est plutôt parce que cet auteur vieillissant sentait qu'il n'était plus à la mode. C'est le sens de l'*Avis au lecteur* de *Pertharite* où il écrit : « Il vaut mieux que je prenne congé de moi-même que d'attendre qu'on me le donne tout à fait, et il est juste qu'après 20 années de travail je commence à m'apercevoir que je deviens trop vieux pour être encore à la mode. » Dans les années qui suivent la Fronde le théâtre de l' « extraordinaire », qu'il s'agisse du caractère des personnages ou des caprices de l'intrigue, intéresse moins le public que la divagation romanesque ou la fantaisie comique.

Cette retraite ne correspond pas en tout cas à quelque reniement que ce soit. Corneille entretient une correspondance assidue avec un fin connaisseur des choses du théâtre, l'abbé De Pure. Il prépare, au moins à partir de 1656, l'édition complète de son théâtre, en rédigeant les *Discours* qui ouvriront chacun de ses trois volumes et les *Examens* qui remplaceront les *Avis au lecteur* ou les *Préfaces* des premières éditions. D'autre part la publication par l'abbé d'Aubignac de sa *Pratique du Théâtre* (1657) l'encourage, par son subtil mélange d'éloges et de critiques, à s'expliquer plus précisément sur son art et à en projeter de nouvelles illustrations. En 1658, trente ans après la rencontre avec Mondory, Corneille fait la connaissance de Molière et de sa troupe qui viennent d'arriver à Rouen. C'est à cette occasion que le poète, sensible au charme de la Du Parc, lui adresse le célèbre poème : « Marquise si mon visage... ».

Mais c'est à la sollicitation de deux mécènes que Corneille est revenu au théâtre. Pour Foucquet, le surintendant, il écrit sa tragédie d'*Œdipe,* conforme au goût de son commanditaire, volontiers maniéré et précieux, mais également symbolique d'un retour décidé à la tradition grecque de la tragédie à reconnaissance, et à la tradition sénéquienne de la difficile victoire du héros sur le destin. Pour le marquis de Sourdéac, seigneur de Neubourg, Corneille, dès juillet 1656, entreprend la réaction de sa seconde tragédie à machines, *La Toison d'or,* qui sera représentée en 1660 et constituera un des divertissements offerts au roi et à la jeune reine Marie-Thérèse.

Corneille revient à la tragédie romaine avec *Sertorius* (1662), représentée au Marais avec succès, et *Sophonisbe,* réécriture de la tragédie de Mairet, jouée à l'Hôtel de Bourgogne en 1663 et suivie d'une querelle avec l'abbé D'Aubignac et des railleries de Molière dans *l'Impromptu de Versailles,* où sont d'ailleurs visés les acteurs de l'Hôtel plutôt que les poèmes de Corneille.

Pensionné régulièrement, Corneille considère le roi comme son protecteur officiel. Les œuvres dramatiques qu'il publie à partir de 1664 constituent une série « royale » où alternent les leçons politiques et les éloges de la personne de Louis XIV. *Othon* triomphe en 1664, l'année même où échoue la première tragédie de Racine, *La Thébaïde. Agésilas,* en revanche, malgré l'élégance de son écriture et la « galanterie » de ses thèmes, n'obtient qu'un succès d'estime, au moment même où triomphe *Le Misanthrope* de Molière (1666). C'est d'ailleurs à Molière que, l'année suivante, Corneille confie *Attila :* œuvre violente, contemporaine des entreprises les plus hasardeuses de Louis XIV, mais aussi

poème à la gloire du monarque, évoqué indirectement sous le nom de Mérovée ; *Attila* n'a pourtant
pas obtenu le succès que son auteur pouvait en
souhaiter. Cependant Racine triomphe avec *Andromaque* (1667) et avec *Britannicus* (1669). Molière
peut jouer librement son *Tartuffe* (1669). Les corné-
liens, et particulièrement Saint-Evremond, ne peuvent empêcher les jeunes rivaux de Corneille de
l'emporter décidément, dans l'estime du public, sur
le vieux poète.

En témoignent, en 1670, le succès de la *Bérénice*
de Racine et l'échec de la « comédie héroïque » de
Tite et Bérénice au Palais-Royal. Le dernier grand
succès de Corneille est *Psyché,* œuvre collective
pour laquelle Molière, à la demande du roi, a
sollicité sa collaboration ainsi que celle de Quinault,
et qui est aussi le premier opéra de Lulli (1671).
L'année suivante une nouvelle « comédie héroïque », *Pulchérie,* est représentée par les comédiens
du Marais ; elle se trouve en concurrence avec
Mithridate. Dans l'une et l'autre pièce les poètes
chantaient les amours mélancoliques d'un vieillard ;
mais celui de « notre vieil ami Corneille » (Mme de
Sévigné) plaît moins que celui du jeune Racine.

La dernière tragédie de Corneille, *Suréna,* représentée à l'Hôtel de Bourgogne en concurrence avec
Iphigénie, et que la postérité a reconnue comme un
des chefs-d'œuvre du poète, n'a pas su toucher le
public des contemporains.

Les œuvres de la vieillesse de Corneille n'ont été
que très récemment appréciées à leur juste valeur.
Boileau, La Fontaine, voire Saint-Evremond, n'ont
guère admiré que les pièces antérieures à 1651.
Corneille, jusqu'aux derniers mois de sa vie, n'a
cessé d'adresser au roi des vers de grande qualité sur
les victoires du monarque et sur ses œuvres de paix.
En 1676, à l'occasion de représentations à Versailles
des œuvres de sa maturité, le poète adressait encore
au souverain une émouvante prière en faveur de ses

derniers poèmes. Ces malheureux, « étouffés au berceau », méritaient en effet une fortune plus heureuse.

La carrière de Corneille a été particulièrement longue. Elle est celle d'un spécialiste de la littérature théâtrale. Elle s'est conformée tour à tour aux exigences changeantes du métier d'auteur dramatique. Corneille a été, au fil des ans, soutenu par une troupe de comédiens, par le cardinal-ministre Richelieu, le surintendant Foucquet, le fastueux duc de Guise, et le roi lui-même. Il a donc connu les diverses formes du mécénat et ses caprices et vicissitudes. Au cours de cette carrière, il a reçu le double honneur de l'anoblissement et de l'élection à l'Académie. Si mélancoliques qu'en aient été les dernières années, elle correspond donc à une incontestable réussite. Ce qui caractérise encore la carrière de Corneille c'est, en son domaine, une exceptionnelle variété. Le poète a pratiqué tous les genres dramatiques. Il a inventé la comédie moderne à la française. Il a imposé le genre de la comédie héroïque. Il a donné au théâtre à machines ses meilleures illustrations. Il a, surtout, porté à une forme de perfection le genre de la tragédie à fin heureuse. L'œuvre de Corneille est enfin, comme le sentait Péguy, d'une grande diversité dans les sujets et les sources d'inspiration.

La grande majorité de ses pièces, qu'elles touchent à la mythologie, à l'histoire, ou à l'actualité, n'a pas de précédents avérés dans l'histoire du théâtre occidental. Cette particularité s'est affirmée toujours davantage au cours des années. Corneille emprunte volontiers à des historiens peu connus, ou à des épisodes obscurs de l'histoire antique, des sujets et des personnages qui lui laissent la plus grande liberté possible dans l'organisation et dans l'écriture de ses tragédies. C'est cette variété même

qui fait la difficulté de toute étude de la dramaturgie
cornélienne.

La dramaturgie de Corneille

Les idées de Corneille sur le théâtre sont présentées, pour l'essentiel, dans trois groupes de textes :
ceux que Corneille publie en tête de ses œuvres,
préfaces ou dédicaces, au moment de la première
édition ; ceux qu'il rédige, pour les éditions collectives, à partir de 1644 ; enfin les *Discours,* publiés en
tête de chacun des volumes de l'édition de 1660, et
les *Examens* qui, dans cette même édition, prennent
la place des premières préfaces. Ces deux derniers
groupes de textes constituent à la fois une défense de
l'esthétique du poète contre ses détracteurs et un
ensemble de réflexions plus sereines sur l'art dramatique en général et sur la poétique cornélienne en
particulier.

Tous ces textes affirment le goût de l'indépendance et la recherche de la nouveauté qui caractérisent l'œuvre de Corneille. A propos de ses premières
œuvres, il se présente comme un jeune poète
provincial, ignorant toutes les exigences des savants
de son époque, et sensible surtout à l'efficacité du
travail poétique. Il a lu Alexandre Hardy et la
plupart de ses contemporains. Il connaît sans doute
Aristote et surtout Horace. Mais les théoriciens qui
marqueront le siècle : Chapelain, La Mesnardière,
Sarasin, l'abbé d'Aubignac, ont peu, ou n'ont pas
encore, publié. Les règles font l'objet de querelles et
ne commencent à s'imposer que dans le genre
pastoral. Corneille s'attache, pour ce qui le
concerne, à des règles non écrites liées aux conditions concrètes de la représentation, au goût supposé
d'un public en mutation et à la méditation sur
l'héritage recueilli. De plus Corneille tient à inventer
une poétique qui lui appartienne en propre : ses

premières comédies sont éloignées de la comédie à l'italienne de la Renaissance ; sa première tragi-comédie, *Clitandre,* si elle s'inspire des divers genres antérieurement pratiqués, prend déjà l'aspect de la tragédie politique, concentrée dans le temps et dans l'espace, qu'illustreront les œuvres de la maturité. Dans la dédicace de *La Suivante* encore, publiée en 1637 pendant la querelle du *Cid,* Corneille se vante tout à la fois de « savoir les règles » et de connaître l'art de « plaire à la Cour et au peuple ». La première tragédie de Corneille, *Médée* (1635), exploite certes la vogue du *sénéquisme,* mais elle se veut surtout, en présentant « le crime en son char de triomphe », l'exemple extrême d'une esthétique paradoxale, où l'horreur des actions présentées ne nuit pas à l'admiration qu'inspire un personnage de trempe exceptionnelle. La volonté d'étonner, en refusant de frayer des chemins battus, ne quittera jamais l'esprit du poète. Dix ans après *Médée, Rodogune* transpose le thème, difficilement suppor-table aux hommes du xviie siècle, de l'*Electre* de Sophocle, en épargnant toutefois à son héros la tache du parricide direct. Les Examens de *La Place royale* et du *Cid* soulignent un même désir de présenter des personnages paradoxaux.

La présentation de *L'Illusion comique* en 1639, l'*Avis au lecteur* d'*Œdipe* en 1659, l'Examen d'*Héra-clius* et celui d'*Andromède,* avouent l' « extrava-gance », au moins apparente, de l'invention, ou l'audace des déformations imposées au modèle, mais expriment aussi la fierté d'un génie créateur qui a su, à chaque moment de sa carrière, imposer des formules originales. L'expression la plus achevée de la doctrine de Corneille est présente dans les *Dis-cours* de 1660 où le poète, réfléchissant sur son œuvre passée, prend acte de sa variété, tout en voulant y voir à l'œuvre une idée du théâtre constamment fidèle à elle-même.

La doctrine de Corneille

Corneille qui se dit « mauvais courtisan » et décidément « provincial » (Avis au lecteur de 1644), a su parfois se soumettre au jugement des savants, par exemple à propos d'*Horace*, mais également se défendre avec vivacité contre les attaques dont il était l'objet. Il a toujours affirmé et défendu la liberté de la création poétique. L'Avis au lecteur de l'édition de 1648 marque fermement sa position par rapport aux règles héritées, dont il affirme que leur autorité n'est que relative. Dans les textes publiés entre 1662 et 1675, Corneille se justifiera encore devant le respect de la tradition, au nom de l'exigence de nouveauté (*Agésilas*), devant celui de l'histoire, au nom des « nécessités » propres à l'art dramatique (*Sertorius, Othon, Attila*), mais aussi devant celui de la mode, au nom du sérieux de la tragédie politique opposé aux agréments de la tragédie romanesque (*Sertorius*).

Les discours ont été publiés à un moment où amis et adversaires du *Cid* sont apparemment réconciliés. Dans la *Pratique du Théâtre* (1657), l'abbé d'Aubignac a couvert le poète d'éloges, mêlés il est vrai de réserves, qui se feront un peu plus tard virulentes critiques. Mais pour l'instant Corneille entend seulement présenter sa vision du théâtre, avec le désir de s'expliquer plutôt que de se défendre.

Quelques principes essentiels sont affirmés dans les *Discours*. A la doctrine communément admise, Corneille oppose la conviction que, selon Aristote lui-même, les grands sujets « doivent toujours aller au-delà du vraisemblable » et que, dans la manière même de les traiter, le poète doit encore lui préférer les nécessités propres au théâtre et qui imposent la continuité de l'action, la sublimité propre aux grands genres et le respect, même relatif, des unités de jour et de lieu.

Dans le *Discours de la tragédie,* Corneille opère une révolution en définissant les ressorts du plaisir tragique. A la *pitié* et à la *crainte,* dont il ne voit pas qu'elles guérissent de quelque *passion* que ce soit, il subtitue la notion d'admiration, en laissant à ce mot l'ambiguïté qui était la sienne au xviiᵉ siècle. L'admiration pour Rodrigue ou pour Nicodème est un sentiment positif, l'admiration pour Cléopâtre ou pour Médée est un « étonnement » horrifié. Mais, ici et là, le spectateur et le lecteur sont invités à une même conscience de la grandeur héroïque. Dans la définition du sujet tragique, Corneille emprunte à la doctrine d'Aristote l'idée du personnage poursuivi par un proche qui doit, au nom du devoir, ou qui veut, au nom de la passion, le faire périr, contre tous sentiments naturels. Mais, aux diverses formules de la *Poétique,* Corneille préfère celle qu'Aristote refuse, où le personnage connaît son ennemi, mais renonce à achever son entreprise meurtrière, ou s'en trouve empêché par les circonstances. Cette formule peut certes rappeler celle de la tragi-comédie. De fait, Corneille se réfère ici au *Cid.* Mais il rappelle également que des tragédies telles que *Cinna, Rodogune* ou *Nicomède* la mettent également en application, qu'il s'agisse de la conversion du « poursuivant » à la générosité ou, comme dans *Rodogune,* de l'intervention d'un événement providentiel. Dans tous les cas, le ressort mis en œuvre est, comme dans l'invention des personnages, celui de l'admiration.

Corneille prend acte, dans les *Discours,* de l'exigence moderne de faire aimer les principaux personnages de la tragédie. Plus généralement, il entend s'adresser au moins autant à l'affectivité et à l'imagination spontanée qu'à l'intelligence abstraite. Le trop grand scrupule des théoriciens peut rendre une œuvre froide et un poème « contraint », particulièrement quand il s'agit des « unités ». Celles-ci, selon Corneille, ne doivent pas être entendues comme préceptes qu'on devrait appliquer à la lettre, mais comme principes qu'on doit pratiquer selon l'esprit.

L'unité d'action est avant tout unité dynamique, d'obstacle ou de péril; l'unité de jour doit être souplement pratiquée et laisser son libre jeu à l'imagination de l'auditeur; l'unité de lieu s'accommode de conventions tacites, que le spectateur réel admet spontanément. On voit bien la cohérence des principes affirmés dans les *Discours*.

L'œuvre théâtrale, selon l'idéal cornélien, ressortit à l'esthétique de la véhémence persuasive, en dépit des paradoxes qu'elle met en œuvre. Le poème y est envisagé dans un devenir où le spectateur, entraîné par son affectivité, s'attache à des pesonnages, à des événements et à un langage qui échappent à la raison commune, surprennent par l'extraordinaire, ou enlèvent par la « sublimité ».

Les genres dramatiques selon Corneille

Corneille a été plus marqué par son siècle que l'aristotélisme qu'il affecte de professer dans les *Discours* ne le laisse imaginer. Les formules qu'il a adoptées sont toutes tributaires des genres modernes, la pastorale et la tragi-comédie. Tous deux ont en commun une heureuse issue, à ceci près que la pastorale fait intervenir un heureux dénouement par ce que la Préface de *Clitandre* appelle la « déduction » d'un sujet simple (le premier modèle cornélien est ici *Mélite*) alors que la tragi-comédie procède par la « réduction » d'un sujet complexe (ce que le poète a tenté avec sa première tragi-comédie). Dans le premier cas, Corneille est conduit à retarder le dénouement par les épisodes annexes, l'invention de personnages seconds, les développements poétiques dont le premier exemple est celui de la folie d'Eraste. Dans le second, il est amené au contraire à présenter en parallèle les fils d'un intrigue complexe, à les contraindre à se rencontrer et à se dénouer rapidement. Mais ici et là il s'agit toujours de résoudre une tension qui oppose la forme contraignante de l'œuvre dramatique en cinq actes et une matière qui tantôt est réduite au minimum et tantôt élargie aux dimensions d'un roman ou d'un poème épique. De tels exercices se sont toujours accompagnés dans la carrière de Corneille de la conscience de multiplier les variations à partir de formules héritées. *La Suivante* et *La Place royale* sont bâties sur le modèle de pastorales dont l'achèvement serait plus sombre que ne le demande le genre. *L'Illusion comique* sur celui d'une aventureuse tragi-comédie constamment menacée par une issue mortelle et finalement dénouée dans la liesse.

Dans cette perspective, Corneille a réalisé une œuvre sans doute sévère, mais hantée par la double exigence de la dignité des sujets et des personnages et de l'optimisme dans le déploiement des premiers et du destin des seconds. Cette exigence éclate dans des « comédies héroïques » telles que *Don Sanche* ou *Tite et Bérénice*. Elle est présente dans presque toutes les tragédies, celle de *Suréna* exceptée : le salut accordé à Rodrigue, à Horace et à Cinna, les conversions qui marquent le dénouement de *Polyeucte* ou celui de *Nicomède*, les scènes de conciliation qui viennent clore les tragédies à machines ou l'ultime « comédie héroïque » de *Pulchérie* en témoignent également à l'évidence. Dans *Œdipe* même, la note ultime est celle de l'accord réalisé entre les hommes et les dieux. Héritier de la tragi-comédie, artisan du théâtre mythologique à machines, Corneille a deviné (et, avec *Psyché*, contribué à définir) la merveille de l'opéra lulliste.

Un des buts de Corneille est en effet d'étonner. Il y parvient en bâtissant des intrigues où un sujet simple est doublé par une histoire seconde, comme dans *Médée* ou dans *Tite et Bérénice*, à moins qu'il ne choisisse dès le départ des sujets de soi aussi embrouillés que ceux d'*Héraclius* et de *Pertharite*.

L'étonnement se mue en « admiration » heureuse ou horrifiée quand le poète introduit dans ses œuvres des âmes aux attitudes paradoxales, telles que Médée, Horace ou Polyeucte ; ou oppose, comme il le fait volontiers après 1640, des monstres tels que Cléopâtre, Marcelle ou Grimoald à des êtres forts de leur seule pureté comme Séleucus, ou Théodore. Corneille anime ces intrigues et ces personnages en leur prêtant ce « feu » poétique dont il affirme déjà dans l'*Excuse à Ariste* qu'il ne peut s'en départir :

> Il veut pour se produire avoir la clef des champs.
> C'est lors qu'il court d'haleine, et qu'en
> pleine carrière
> Quittant souvent la terre en quittant la barrière,
> Puis, d'un vol élevé se cachant dans les cieux,
> Il rit du désespoir de tous ses envieux. (1634)

Le langage cornélien atteint le « sublime » que lui reconnaît Boileau, soit dans la simplicité d'une formule abrupte, soit dans l'outrance des imprécations, soit encore dans le chant modulé en stances ou en dialogues lyriques. Mais son objet est d'abord la vive affirmation de soi à travers la brutalité ou l'ironie : dans ce registre, Suréna ne saurait renier Polyeucte, ni Eurydice Pauline.

Le goût cornélien de l'extraordinaire dans l'invention, de l'exceptionnel dans les personnages et du paradoxe dans l'expression s'explique sans doute par la fascination qu'exercent sur lui les valeurs aristocratiques volontiers confondues dans son théâtre avec les valeurs héroïques. Evoquer de grands destins, et des êtres qui s'appliquent à s'y conformer, au risque de créer un apparent désordre, ou de courir un mortel danger, c'était répondre, sous Richelieu comme sous Mazarin, à l'attente d'un public noble amoureux de la gloire. Mais le refus de la compromission, et le renoncement à soi qu'il peut impliquer, tout cela qu'on trouve chez Médée, dans son action criminelle, et chez Suréna, dans sa mélancolique démission, répondait à l'attente d'une autre gloire, plus secrète : celle qui couronne les saints et les martyrs. Il est arrivé à Corneille de confondre l'une et l'autre, et Nicole, dans son *Traité de la comédie* (1667) le lui a vivement reproché. C'est pourtant dans cette respiration entre l'héroïsme et la sainteté que réside peut-être le principe du drame cornélien.

Corneille metteur en scène

Corneille, quelque discret qu'il se soit montré sur ce point, était soucieux des exigences et des habitudes de son public. Il s'est accommodé des servitudes matérielles qui pesaient sur la représentation théâtrale à son époque. Il voyait en elles des instruments dont il fallait jouer, peut-être faute de mieux. Mais il savait aussi que les spectateurs recherchaient au théâtre un plaisir sensible autant qu'intellectuel. Si les *Discours* le montrent attentif à se conformer aux habitudes françaises concernant les unités et les conventions de jeu et d'écriture qu'elles entraînaient, et qui visaient à convaincre l'esprit, il a surtout cherché à toucher la sensibilité et à emporter l'adhésion par la progression dans la construction de l'œuvre et par le dynamisme de l'écriture. Il a pour ce faire appliqué quelques principes qui sont demeurés à peu près inchangés au long de sa carrière. Le plus important et le plus évident est la primauté du texte théâtral. C'est le dialogue, avec ses liaisons et ses ruptures, qui fait vivre l'espace scénique et qui impose au temps ses ralentis et des accélérations. La continuité de l'action suppose, au XVIIᵉ siècle, que les scènes d'un même acte soient liées. Quand Corneille a contrevenu à ce précepte, c'est toujours pour des raisons précises : dans les premières comédies, comme *Mélite,* pour marquer le passage d'un lieu à un autre

lieu censément éloigné du premier ; plus tard,
comme à l'acte IV de *Cinna,* pour assurer l'immédiate succession (et peut-être la simultanéité) entre
un dialogue entre Auguste et Livie et de mutuelles
confidences d'Emilie et Fulvie. Il s'agit là de la
bonne entente de l'usage du décor simultané, ici
d'un effet d'asyndète scénique ayant signification
psychologique. Un autre principe mis en œuvre par
Corneille est la suggestion du lieu et du temps selon
la présence ou l'absence de tel ou tel protagoniste :
dans *Cinna,* dans *Rodogune,* et encore dans *Serto-*
rius et *Attila,* un même lieu évoque successivement,
comme ce sera le cas dans *Bérénice* de Racine, les
appartements des adversaires ou des partenaires qui
représentent les deux « pôles » du drame. Un dernier principe, en étroit rapport avec les deux premiers, est celui de l'élargissement final de l'espace
imaginaire : au cinquième acte, les scènes ultimes
font converger en un lieu unique, mais qui résume
tous les autres, personnages, intérêts et passions.
C'est Rome entière dans *Cinna,* l'ensemble du palais
de Viriate dans *Sertorius,* tout le camp du roi des
Huns, dans *Attila,* qui paraît servir de cadre à un
dénouement dont s'affirme ainsi le caractère public
et exemplaire.

L'écriture dramatique de Corneille

Le théâtre de la Renaissance laissait une grande
place aux ornements proprement poétiques. Dans la
tragédie en particulier, si les scènes dialoguées et les
monologues de délibération s'appuyaient sur une
rhétorique proche de celle de la prose, récits,
méditations et chants choraux s'inspiraient dans leur
forme de la manière de l'élégie ou de celle de l'ode.
Quand, vers 1625-1629, la vocation de Corneille
s'éveille, la littérature dramatique sérieuse, tragédie, pastorale et tragi-comédie, se plaît aux genres
intérieurs, poèmes, chansons et stances, qui impliquent une disposition strophique et une ornementa-

tion d'allure malherbienne ; l'alexandrin des monologues tend lui-même à s'assimiler au vers orné du discours ou de l'élégie.

Dans ses premières œuvres, rédigeant des comédies en alexandrins, Corneille a trouvé sans doute un plaisir sensible et intellectuel à jouer des divers registres dont jouaient, dix ans auparavant, le Racan des *Bergeries* et le Théophile de *Pyrame*. Il a emprunté également à l'écriture du Marino de l'*Adone* (1623) des pointes ingénieuses et les différentes formes du paradoxe verbal. Il a enfin, comme ses prédécesseurs immédiats, trouvé un modèle, au moins pour *Médée,* dans l'éclat insolite et la couleur excessive de la poésie sénéquienne. Mais, au cours de la même période, il parvenait aussi à dépasser ces diverses tentations. Quelquefois en apportant à sa manière un accent pré-burlesque : le poignard de Pyrame, dans *Clitandre,* devenait prétexte à des jeux de mots inoffensifs ; le langage du Matamore de *L'Illusion* mimait en le caricaturant le style hyperbolique des héros de Hardy. Ailleurs en apportant à l'affirmation de soi une vigueur et, comme dira Boileau, une « sublimité » nouvelles : celles des grandes déclarations de Médée, qui annoncent les discours emportés d'Emilie et de Cléopâtre. Souvent enfin en imposant à ses personnages une parole théâtrale efficace et limpide, permettant une compréhension en profondeur des sentiments et des projets : c'est cette dimension qui apparaît dans les dialogues de *La Place royale.* Quelques mois avant *Le Cid,* l'« étrange monstre » de *L'Illusion comique* présentait un échantillonnage à peu près complet des divers registres pratiqués par le poète.

Dans l'Avis au lecteur de *La Veuve* (1634), Corneille affirmait déjà que la « pompe » et l'« éclat des vers » n'étaient justifiés dans une œuvre théâtrale que si le sujet le requérait. Il écrivait encore : « Ce n'est qu'aux ouvrages où le poète parle qu'il faut parler en poète : Plaute n'a pas écrit

comme Virgile, et ne laisse pas d'avoir bien écrit. »
Présentant, près de vingt ans plus tard, la tragédie de
Sertorius (1662), il souligne encore que son sujet
exclut les « descriptions pompeuses » et les « narrations pathétiques », réaffirmant ainsi la nécessaire
adaptation du style au thème abordé. *Pompée* réclamait une belle emphase digne de Lucain ; les tragédies politiques postérieures à 1660 demanderont
plutôt la sobre rigueur de l'exposé historique et du
débat d'idées. Mais ces poèmes si diversement écrits
ont tous en commun, au moins dans l'intention du
poète, une rhétorique adaptée aux exigences propres du théâtre : « Le langage doit être net, les
figures placées à propos et diversifiées, et la versification aisée et élevée au-dessus de la prose, mais
non pas jusqu'à l'enflure du poème épique, puisque
ceux que le poète fait parler ne sont pas des poètes »
(*Premier Discours* de 1660).

Il reste que Corneille ne s'est jamais privé d'écrire
« en poète » quand il le désirait ou que le genre
abordé le lui permettait. Bien qu'il affirme, dans
l'Examen d'*Andromède,* que les vers inégaux des
tragédies à machines sont plus proches encore de la
prose parlée que les alexandrins, et qu'en effet
certains échanges de répliques, dans *Agésilas,* soient
aussi proches de la conversation courante que tel ou
tel dialogue d'*Amphitryon,* il est vrai aussi que le
Corneille de *Psyché* s'élève souvent au lyrisme pur et
que celui de *La Toison d'or* fait chanter Orphée ou
les sirènes sur un mode très proche de l'ode traditionnelle. En dehors même des stances et des
dialogues lyriques au sens strict (qui font une des
beautés du *Cid* ou de *Polyeucte*), le simple alexandrin, dans les œuvres de la maturité ou de la
vieillesse, atteint souvent à une qualité musicale
dont la délicatesse peut ralentir un instant la progression tragique (ainsi le « Toujours aimer, toujours souffrir, toujours mourir » d'Eurydice dans
Suréna) ; et les effusions du sentiment, l'évocation

du passé heureux et révolu, ou le chant du désespoir, tels qu'on les rencontre du *Cid* à *Pulchérie,* gardent volontiers l'allure de la « plaintive élégie ».

Ainsi, tout au long de sa carrière, Corneille paraît avoir fondé sa poétique sur deux convictions complémentaires : le théâtre est un genre qui a ses formes propres d'expression, tributaires de la double nécessité de la clarté dans l'exposé et de l'efficacité dans la représentation de l'action ; mais le théâtre est aussi un univers aux multiples dimensions qui peut inclure, dans ses rythmes, dans son verbe et dans les suggestions sensibles qu'il propose, les formes réservées en principe aux autres genres littéraires, de la narration épique à la plainte élégiaque en passant par la célébration lyrique.

Sens de l'œuvre

Corneille apparaît ordinairement comme le champion de la liberté humaine. Gustave Lanson, analysant son théâtre à la lumière de la morale cartésienne, y voyait l'heureux triomphe de la volonté, éclairée par l'entendement, sur les passions. En réalité, les choses sont plus complexes. La liberté dont il s'agit, et que déjà le héros de *La Place royale* revendique hautement (« Je veux la liberté dans le milieu des fers »), peut à l'époque de Corneille prendre des visages différents. Souveraine domination de l'être sur les désordres intérieurs, elle peut bien se présenter en effet comme la parfaite adéquation de l'acte volontaire à la double connaissance de la situation présente et du *moi* qui doit s'y adapter : c'est ce genre de liberté supérieure que paraissent conquérir Rodrigue comme Horace, Auguste comme Nicomède. Une telle conception de l'acte libre autorise les commentateurs à parler du néostoïcisme de Corneille. Mais elle évacue tout ce qui, dans l'éthique cornélienne, privilégie la hautaine affirmation de l'individu dans l'obéissance aux grandes passions qui l'habitent : ambition d'Horace, emportement vengeur de Cléopâtre dans *Rodogune,* passion amoureuse noble chez Pauline, quête d'une gloire « immortelle » chez Polyeucte, ou chez Théodore. Elle tend aussi à oublier que les personnages de ce théâtre sont tous « embarqués » dans un monde et dans une histoire qui les dépassent et où ils ont un rôle limité mais décisif à jouer. Le véritable stoïcisme consiste d'ailleurs à s'engager en pleine conscience intellectuelle, mais en même temps dans l'élan des intuitions passionnées, dans une vocation où l'être s'épanouit au moment même où il se soumet. Les diverses conceptions de la liberté qui viennent d'être évoquées sont également présentes dans le sujet d'*Œdipe,* tel que Corneille l'a traité en revenant à la scène en 1659. Elles étaient déjà à l'œuvre dans les tragédies antérieures, où leur confrontation engendrait le conflit tragique.

Conflit, cependant, qui permettait à son issue autre chose qu'une paix armée ou que l'impitoyable victoire de l'une des parties. Les survivants de *La Mort de Pompée* reconnaissaient ensemble la grandeur du héros disparu et acceptaient de n'avoir pas tous choisi la même voie pour accéder à une « maîtrise » authentique. Sévère pouvait regretter la mort de Polyeucte et renoncer à Pauline. Auguste et Livie s'imposer à l'admiration des conjurés et reconnaître, au-delà de leurs fautes, la générosité qu'ils portaient en eux, c'est-à-dire la conscience de leur propre noblesse et le respect de celle de leurs partenaires. Les personnages positifs de ces tragédies, ceux aussi que ces premiers parvenaient à « convertir », et ceux-là même qui laissaient derrière eux le souvenir horrifié d'admirables crimes, composaient un univers ordonné et signifiant, comme si tous ensemble résumaient l'âme humaine, conquise tour à tour par les « vertus cardinales » ou séduite par leurs images perverties. Le jeune Corneille avait certainement été imprégné, chez ses maîtres jésuites de Rouen, de la doctrine des quatre vertus, dont l'union paradoxale définit l'homme parfait. L'opposition de la *force* d'Horace à la *prudence* de Curiace, l'hésitation d'Auguste entre une *justice* qui pourrait aller jusqu'à la rigueur et une clémence qui est forme de la vertu de *tempérance,* mais qui ne peut se déclarer que lorsqu'on la sait exempte de faiblesse, attestent en tout cas que les œuvres du poète en sa maturité peuvent s'interpréter comme des moralités modernes, où d'heureux dénouements sont proposés aux combats intérieurs de l'homme, ou aux malentendus qui déchirent la cité.

A cette confrontation des valeurs répond en contrepoint le jeu ambigu des passions, dont les moralistes du XVIIe siècle, de Descartes au père Senault, savent à la fois dénoncer les dangers et reconnaître la vitale nécessité. Dans leur excès elles peuvent troubler le jugement, pervertir l'esprit et réduire la volonté à l'impuissance. Justement réglées, elles se confondent avec le dynamisme intérieur qui permet à l'homme de mieux se connaître, de mesurer ses forces et d'agir avec vigueur. La comédie est nourrie des passions ennemies de l'amour et de l'avarice et assure le triomphe du premier sur la seconde, à ceci près que certains personnages de *La Suivante* ne cèdent à la tendresse qu'en raison des avantages matériels que peut leur apporter un « bon » mariage, et que dans *La Place royale,* pressentant la discipline que s'imposeront les héros de tragédie, Alidor refuse ou prétend refuser une passion qui tyranniserait la volonté. Dans les drames sérieux en effet l'amour reste soumis aux passions plus nobles de l'ambition et de la vengeance, dont l'obstination est toujours « admirable » en ses effets vertueux ou criminels. Les commentaires de Corneille sur ses propres œuvres font apparaître son dessein : assurer la domination de la volonté sur les passions sans les détruire, respecter la hiérarchie des passions sans sacrifier celle d'entre elles qui semble la « plus chargée de faiblesse ». Ces principes lui inspirent des formules très diverses, mais cohérentes : Chimène « dompte » les passions de l'amour et de la vengeance « sans les affaiblir » et « Rodrigue suit son devoir sans rien relâcher de sa passion » (Examen du Cid, 1660). Si Nicomède et Sertorius n'empruntent pas leurs ressorts à la « tendresse » et aux « passions », Corneille reconnaît à propos de la première tragédie qu' « elles doivent être l'âme des tragédies » (Avis au Lecteur, 1651), et à propos de la seconde qu'il a dû y introduire deux femmes, qui sont en fait deux amoureuses rivales (1662). Dans le premier Discours, il définit la hiérarchie entre les passions en ces termes : « Il est à propos d'y mêler l'amour, parce qu'il a toujours beaucoup d'agrément et peut servir de fondement à ces intérêts (les intérêts d'État) et à ces autres passions (ambition et vengeance). » Cléopâtre (dans La Mort de Pompée) est « amoureuse par ambition, en sorte qu'elle semble n'avoir point d'amour qu'en tant qu'il peut servir à sa grandeur » (Examen, 1660). De même, Sophonisbe n'a de l'amour « qu'autant qu'il peut servir » aux passions plus élevées « qui règnent sur elle » (1663). Cette organisation des « mouvements » et des « ressorts » de l'être, avec ses effets d'équilibre, ses glissements internes, mais aussi avec le souci du poète de ne rien sacrifier de ce qui fait vivre l'homme, traduit le refus des mutilations prônées par l' « indiscret stoïcien » de La Fontaine. Elle correspond à un optimisme décidé touchant à l'ordre du monde et à la paradoxale harmonie de l'homme-microcosme.

Les tragédies postérieures à Œdipe, comme si elles subissaient les contrecoups de l'échec de la Fronde et l'influence du pessimisme janséniste, sont loin de présenter un ordre aussi harmonieux. Certes, on y trouve encore, pleinement affirmé déjà par Thésée (*Œdipe*, III, 5), le refus de tout fatalisme ; et c'est ce refus qui fonde la liberté des héros d'*Othon, Agésilas* ou *Attila* dans les intrigues politiques qu'ils échafaudent. Certes, les rois et les chefs de guerre, de Sertorius à Attila, continuent à professer une confiance pleine et entière en la force de leur volonté. La connaissance de leur être intime et le sentiment de leur « gloire » personnelle inspirent à Viriate ou à Pulchérie d'aussi belles formules qu'à Pauline ou à Emilie sur leur heureuse et totale liberté intérieure. Mais la puissance de la fortune ou du destin paraît rendre dérisoire cette revendication d'indépendance. *La Toison d'or* soumet les dieux mêmes aux « arrêts du destin ». Un hasard malheureux décide de la mort d'Attila ; des événements humains incontrôlables, comme l'insurrection populaire dans *Othon,* déjouent les calculs des héros. En amour la passion violente l'emporte souvent sur la retenue volontaire ou le souci de la gloire et un personnage tel que Suréna est brisé par le même sentiment que ses prédécesseurs savaient dominer ou accorder à leur « gloire ». Prisonnier, comme le sera le Ferrante de *La Reine morte,* d'un rôle social ou d'un destin historique qu'il voudrait refuser, le personnage tend à disparaître ou à se défaire pour n'être plus que le lieu où l'exigence politique, la force de la passion et la brutalité des coups du sort le déchirent sans lui garder l'espoir de retrouver son intégrité. La « morale » des dernières tragédies de Corneille paraît être celle du renoncement mélancolique, de la fidélité désespérée d'une Eurydice à un amour impossible, et parfois, comme dans *Pulchérie,* de l'abandon dans la nuit à ce que peuvent apporter les « belles destinées ». Le tragique de ces ultimes poèmes tient dans cette distance qui sépare l'individu du rôle qu'il doit assumer. Le héros s'y résume dans les tensions qui opposent son être profond au masque posé sur son visage. C'est en cela que consiste son austère grandeur.

Un théâtre « moral » ?

De même que l'*Imitation de Jésus-Christ* constitue un traité des devoirs du chrétien, la tragédie de Corneille peut apparaître comme un traité des devoirs du citoyen. On a souvent, de fait, assimilé l'éthique du poète à l'idéal du renoncement à soi au profit d'une communauté. Cette vision n'est pas entièrement dénuée de fondement, mais elle est incomplète.

Il est certain que, dès les comédies et tragi-comédies de sa jeunesse, Corneille a présenté des personnages étroitement intégrés à des groupes sociaux et tenus d'en respecter le code. Une œuvre comme *La Suivante* oblige ses protagonistes à se soumettre à des réalités aussi diverses mais aussi actuelles que l'autorité parentale, la hiérarchie sociale fondée sur le rang et l'argent, et les règles de l'honneur qui peuvent conduire au combat singulier. L'ensemble de l'œuvre tragique ne renie rien de cette première esquisse. C'est même une de ses constantes que l'évocation des obligations du héros envers les siens, à l'égard de sa caste, devant l'autorité politique, et, au moins dans le secret de son cœur, devant l'autorité de la loi religieuse. Mais il s'en faut de beaucoup que ces diverses obligations soient toujours compatibles. Leurs contradictions éclatent dans les tragédies de la vieillesse, mais, quand bien même le dénouement parvient à les surmonter, elles sont évidemment ou sourdement présentes dans les tout premiers drames. Une hantise du poète est celle de la mise en accusation et du procès. Clitandre déjà, mais aussi Médée, Rodrigue, Horace, Cinna, Polyeucte et beaucoup plus tard Sertorius et Suréna doivent défendre leurs convictions morales, leur vision de la politique ou leur foi auprès d'une autorité qui les conteste. Cela ne va pas sans ambiguïté, et Corneille est en effet un authentique auteur dramatique en laissant s'exprimer Sévère en face de Polyeucte, Flaminius en face de Nicomède, et Pacorus en face de Suréna. Les débats introduits dans *Cinna,* dans *Pompée* et dans *Sertorius* ne sont pas, dans cette perspective, de simples exercices d'école. Ils conduisent à la confrontation de valeurs d'ordres divers : Etat républicain contre Etat monarchique, prudence ou générosité dans le gouvernement, révolte contre une autorité abusive ou soumission au souverain placé par la providence à la tête de la cité. La hiérarchie que le dénouement paraît imposer quand le héros généreux triomphe ou quand sa défaite le rend aux yeux du spectateur plus admirable encore n'est pas toujours assimilable à une hiérarchie morale. Elle impose certes l'admiration pour un personnage de stature exceptionnelle, mais l'exception, précisément, n'est pas l'exemplaire. On n'imite pas Horace en sa « chaleur dangereuse », même si on admire ce « héros trop magnanime ». Nicomède provoquant le Romain Flaminius, ou Sertorius proclamant : « Rome n'est plus dans Rome, elle est toute où je suis », ne sauraient constituer des modèles au siècle de la Fronde ; ils n'en constituaient pas davantage sous la troisième République où l'on s'est efforcé de rendre Corneille « mobilisable ». Ce théâtre montre jusqu'où peut aller une âme éprise d'absolu et soucieuse de s'affirmer, et c'est en quoi il parvient à étonner. Il développe aussi l'éventail des options possibles dans une situation donnée, et c'est en quoi il parvient à instruire. Mais la leçon qu'il apporte est rarement univoque. Elle laisse au spectateur et au lecteur le soin de conclure, elle leur accorde le droit de choisir. Le théâtre de Corneille n'est ni conformiste, ni systématiquement contestataire. Ses plus

admirables personnages sont des héros de l'excès.
Leur conduite, et Nicole l'avait bien compris, n'instruit pas directement. Elle est plutôt une mise en
garde. Opposant, dans *L'Imitation,* les rigueurs de
l'ascétisme et la complaisance aux choses du monde,
le poète écrivait :

> Entre ces deux extrémités,
> De leur juste milieu daigne si bien m'instruire,
> Que les excès qui peuvent nuire
> Soient de part et d'autre évités

(III, 26).

Ultime paradoxe de cet écrivain déconcertant : sa
véritable morale consiste peut-être, comme celle de
tant de ses contemporains, en la recherche aristotélicienne du juste milieu. Mais il ne lui était pas
possible, non plus qu'à eux, de définir exactement ce
parfait point d'équilibre. Il se situe quelque part au
cœur de son œuvre. Il revient à chacun de ses
lecteurs de l'y trouver, s'il le peut, de l'y choisir s'il
l'ose, en tout cas de l'y chercher. La morale de
Corneille est une morale ouverte. C'est pour cette
raison que son théâtre, qui a déjà autorisé bien des
interprétations différentes, promet et permet à ses
commentateurs à venir des « lectures » d'une infinie
variété.

Chapitre VII

BLAISE PASCAL

B LAISE Pascal est né en 1623 à Clermont. Sa famille appartient à la bourgeoisie provinciale éclairée ; Etienne, son père, président de la cour des Aides à Montferrand, a épousé Antoinette Begon en 1617. Blaise a une sœur aînée, Gilberte, qui épousera son cousin Florin Périer et aura de lui cinq enfants, dont Etienne, préfacier de la Première édition des *Pensées,* et Marguerite, l'héroïne du « miracle de la sainte Epine » (1656). En 1625 naîtra Jacqueline Pascal, la future religieuse de Port-Royal. Les trois enfants d'Etienne ont été orphelins de mère en 1626 et leur père s'est consacré seul à leur éducation. En 1631 la famille d'Etienne Pascal se transporte à Paris où Blaise rencontre les savants amis de son père, parmi lesquels le Père Mersenne, et se lie avec des mondains comme les Roannez, dont le futur auteur des *Pensées* se fera le directeur de conscience. En 1640, après une courte période de disgrâce due à une protestation d'Etienne contre les retranchements des rentes sur l'Hôtel de Ville, la famille accompagne celui-ci à Rouen où il est nommé commissaire du roi pour l'impôt. C'est pour aider son père dans les devoirs de sa fonction que Pascal invente et met au point la *machine arithmétique* (1642-1645). Pendant ce séjour à

Rouen, Blaise inaugure sa carrière scientifique avec la rédaction d'un *Essai sur les coniques* (1640) et les premières expériences sur le vide (1646) ; mais les rencontres rouennaises et la lecture de l'abbé de Saint-Cyran entraînent ce qu'on appelle la « première conversion ».

A partir de 1647 Pascal, souffrant, fait de fréquents séjours à Paris où il s'installe définitivement en 1648 ; s'ouvre alors la période dite « mondaine » de son existence. Cette période est marquée par des rencontres ou des échanges de lettres avec des savants et des philosophes tels que Descartes, Roberval et Fermat, et par la rédaction de traités touchant aux sciences physiques et mathématiques. En 1648 sont rédigées les pages les plus importantes du futur *Traité du vide* inspiré par la « grande expérience » que son cousin et beau-frère Florin Périer a réalisée au Puy de Dôme sur ses indications. C'est encore au cours de ces années, et notamment après la mort de son père en 1651, que Pascal se lie avec Méré, le théoricien de l'honnêteté intellectuelle et sensible, et Mitton, le libertin honnête homme, qu'il interpellera dans les *Pensées*.

En 1654 intervient, peut-être à la suite d'un accident, la « seconde conversion » de Pascal. Il rédige cette année-là un écrit sur la *Conversion du pécheur* et le célèbre *Mémorial* du 23 novembre, qu'on retrouvera dans son habit après sa mort. En 1655 Pascal fait une première retraite chez les « Messieurs » de Port-Royal : c'est l'année du *Mystère de Jésus* et de l'*Entretien avec Mr de Saci*. L'année suivante, en 1656, au cours d'une autre retraite à Port-Royal, pour défendre Antoine Arnauld, il rédige les premières *Provinciales*. Jusqu'à sa mort, et malgré la grave maladie qui le frappe en 1659, Pascal poursuivra ses travaux scientifiques mais, sur la lancée des *Provinciales,* rédigera également des textes d'inspiration religieuse ; les uns à orientation polémique, les autres constituant les pièces d'une Apologie de la religion chrétienne : dès 1658 en effet, Pascal a présenté aux « Messieurs » de Port-Royal les grandes lignes de cette entreprise à laquelle il n'a jamais cessé complètement de travailler jusqu'à sa mort (19 août 1662).

Trois certitudes se dégagent de l'étude de la biographie de Pascal : sa fidélité aux sciences mathématiques et physiques, qu'il a pratiquées jusqu'en 1659 au moins ; la constance de ses préoccupations religieuses au cours même de sa « période mondaine », et dont les « conversions » ne sont que des étapes privilégiées ; l'indépendance de l'homme à l'égard même des « Messieurs » de Port-Royal, dont il a été pourtant le défenseur et l'ami.

Pascal savant

La machine arithmétique de Pascal, qu'il n'a cessé de perfectionner jusqu'en 1652, a été pour lui l'occasion de rédiger deux textes où se discernent quelques traits essentiels de ses préoccupations et de sa méthode : l'*Avis* destiné à l'utilisateur (1645) et la *Lettre* accompagnant en 1652 l'envoi d'un des exemplaires à la reine Christine de Suède. Pascal y manifeste son sens de la science appliquée et y apparaît comme l'un des premiers « ingénieurs » modernes, soucieux de la qualité du « matériau », attentif aux servitudes techniques, mais aussi guidé par les intuitions du géomètre et du philosophe. Cette machine, complexe dans sa réalisation, mais simple dans son fonctionneent, lui apparaît comme l'image de la perfection de l'univers créé. L'image seulement : Pascal sait déjà que le principe unificateur du cosmos est en Dieu seul, et que l'homme n'en peut connaître que les « parties » qui ont « proportion » à lui-même. Le mécanisme de Descartes tente parfois Pascal mais ne le convainc jamais totalement.

La *Lettre* à la reine Christine comporte une esquisse de la Doctrine des ordres que les *Pensées* porteront à sa perfection : avec quelque insolence juvénile, Pascal y présente la grandeur royale comme simple image de sa grandeur à lui : la grandeur de l'esprit. L'orgueil de Pascal éclate également dans l'*Avis* où sont renvoyés dos à dos ceux qui ne comprennent pas la machine parce qu'ils ne sont que « géomètres », et ceux qui ne la comprennent pas davantage parce qu'ils ne sont qu'artisans.

Les réflexions qu'ont inspirées à Pascal ses travaux de physicien, telles qu'elles apparaissent dans un projet de préface au *Traité du vide* (1651), font apparaître en lui le sens de la distinction entre les disciplines intellectuelles que redéfiniront plus tard les *Provinciales* et les *Pensées*.

L'autorité des écrits antiques, profanes ou inspirés, ne peut s'appliquer qu'aux sciences historiques et théologiques ; le fondement des sciences mathématiques ne peut être que le raisonnement ; celui des sciences physiques l'expérience associée à la raison.

Dans l'œuvre du mathématicien enfin, de l'*Essai sur les coniques* aux *Etudes sur la cycloïde* (1657-1658), les mêmes principes et les mêmes méthodes se sont constamment affirmés. L'univers des nombres et des « grandeurs continues » présente une variété aussi étonnante que l'univers de la physique ou que le monde des hommes. Les formes de la géométrie et les diverses séries numériques offrent une variété indéfinie ; les objets mathématiques sont aussi différents les uns des autres que les races animales. Et pourtant la pratique de ces sciences conduit à admirer, comme l'écrit Pascal dans la *Sommation des puissances numériques*, « La liaison toujours admirable que la nature, éprise d'unité, établit entre les choses les plus éloignées en apparence. » C'est que des propriétés analogues se retrouvent, en géométrie entre la ligne, le plan et le

volume ou entre le cercle, la parabole et l'hyper-
bole ; en arithmétique, entre les puissances numériques et les degrés d'infinitude ; voire entre la géométrie et l'arithmétique dans leur ensemble. Toutes les
réalités qu'étudie la science mathématique, tous
ces *ordres* sont *figures* les uns des autres, même
quand il n'y a pas interférence des uns avec les
autres. Pascal concilie ainsi, en savant, les notions
d'*un* et de *multiple* dont l'opposition tourmentait
Montaigne comme elle avait tourmenté ses maîtres
antiques.

La méthode pascalienne d'autre part, qu'a développée l'opuscule de *De l'esprit géométrique,*
dépasse la simple déduction. L'essentiel en est
l'analyse d'un objet précis (le triangle arithmétique,
l'hyperbole, etc.) permettant de proposer des
hypothèses dont on fera la critique en utilisant le
raisonnement par l'absurde ou le raisonnement par
récurrence ou le passage à la limite, outils que
Pascal, sans en être l'inventeur, manie avec une
audace et un sens de la généralisation qui lui
permettront de les transposer dans d'autres
domaines. De la même façon les *Lettres* à Fermat
(1654) sur la *Règle des partis,* en systématisant la
mise en équation de l'incertain, prélude aux pages
de l'*Apologie* où un raisonnement analogue justifiera le « pari » de la foi.

Les Provinciales

Les *Lettres écrites à un provincial* composent une
œuvre engagée dans l'actualité immédiate et se
conforment à cette actualité. Cependant cette œuvre
reste vivante et présente une structure temporelle et
une structure profonde qui font d'elle, pour le
lecteur d'aujourd'hui, un ensemble achevé et immédiatement lisible.

Une œuvre vécue

Les trois premières lettres, datées de janvier et février 1656, forment un premier ensemble. Il s'agit de mettre en évidence l'indignité et le ridicule du procès intenté par la Sorbonne contre Antoine Arnauld, à la suite de sa *Seconde lettre à un duc et pair*. Arnauld a été condamné sur la question de fait (la présence dans l'*Augustinus* de Jansenius de cinq propositions « condamnables ».) Reste à statuer sur la question de droit : la thèse selon laquelle la grâce a manqué à Pierre au moment où il a renié le Christ serait conforme à la première proposition tirée de Jansenius, et d'inspiration calviniste. Les deux premières lettres sont rédigées entre ces deux dates (14 et 29 janvier). Se débarrassant rapidement de la question de fait, que tout homme sensé, courageux et non prévenu, peut résoudre, Pascal prétend ne s'intéresser qu'à la question de droit, qui suppose que le profane s'éclaire en recourant à des autorités ecclésiastiques. En fait, il ne présente le problème que sous le biais de la polémique, en entreprenant de démontrer que les ennemis d'Arnauld ne s'entendent que sur des mots (*pouvoir prochain* et *grâce suffisante*), et non sur leur signification. Dans la troisième lettre au contraire, publiée après la condamnation, Pascal défendant Arnauld sur le fond, affirme que la proposition condamnée se trouve chez les pères de l'Eglise, et que la condamnation de son ami n'est pas celle d'une doctrine mais celle d'une personne, ressortissant ainsi à la politique et non à la théologie.

Les lettres IV à X, n'évoquant les controverses sur la grâce que pour leur substituer une polémique à l'adresse des jésuites, dénoncent la morale de la compagnie, comme le faisait déjà la *Théologie morale des jésuites* publiée par Arnauld en 1643 : pour assurer leur domination universelle, les disciples d'Ignace de Loyola ont inventé la doctrine des

« opinions probables » qui permet de respecter apparemment l'Ecriture, les papes et les conciles, tout en se soumettant aux désirs des diverses catégories humaines. Pascal insiste particulièrement sur les scandales des gens d'Eglise, le faux honneur des nobles et la malhonnêté des gens d'affaires. Ces attaques correspondent à la conviction que les amis de Pascal sont les seuls gardiens de la morale évangélique et à l'inquiétude de voir l'Eglise entièrement pervertie par les doctrines aberrantes des « nouveaux docteurs ».

Cette double interprétation semble confirmée par les événements : dispersion des Solitaires de Port-Royal et de leurs écoliers (19 mars 1656), mais aussi miracle de la Sainte Epine (24 mars) et succès éclatant des Lettres dans les milieux les plus proches de la cour. Cependant les pamphlets anti-jansénistes se multiplient, sous la plume du père Nouet et du père Annat, le propre confesseur de Louis XIV.

Dans les lettres XI à XVI, datées du 18 août au 4 décembre 1656, Pascal renonce à la fiction des bons pères naïfs et satisfaits qui étaient jusqu'alors ses interlocuteurs : il s'adresse directement aux jésuites et répond aux accusations dont ils ont voulu l'accabler : ce qu'il a tourné en ridicule, ce ne sont pas les choses saintes mais les erreurs répandues à leur sujet (XI) ; il n'a rien « imposé » aux auteurs de la compagnie et peut confirmer par des citations ce qu'il a écrit sur le duel et sur l'homicide permis (XII à XIV) ; loin d'avoir calomnié, l'auteur des Provinciales est lui-même victime de l'esprit systématique de calomnie dont les jésuites font profession (XV-XVI).

Les lettres XVII et XVIII, datées du 23 janvier et du 24 mars 1657, sont adressées au père Annat et font réponse à deux textes publiés par celui-ci en janvier et mars. Revenant à l'apologie de ses amis jansénistes, au problème des « cinq propositions » et à la distinction entre le fait et le droit, Pascal conclut qu'il n'y a d'hérésie dans l'Eglise que parce qu'on veut qu'il y en ait une.

Ce brillant ensemble polémique a été inefficace : au cours de l'été 1656 l'Assemblée du clergé prescrivait la signature d'un formulaire condamnant l'*Augustinus*. En octobre le pape Alexandre VII publiait la bulle *Ad Sacram* qui approuvait la condamnation sur le fait et sur le droit.

L'œuvre achevée

Les *Provinciales* ont d'abord été publiées séparément en minces plaquettes in-quarto, rassemblées en 1657 en recueil factice où apparaît le pseudonyme de Louis de Montalte. Elles ont été, à la fin de la même année, publiées avec corrections, et traduites en latin par Nicole en 1658. En 1659 enfin, paraît une nouvelle édition, fruit d'un travail collectif qui correspondait d'ailleurs à l'esprit de la rédaction première : Pascal a toujours rédigé ses lettres avec la collaboration des « Messieurs » de Port-Royal. Aussi bien les contemporains les désignaient-ils comme les « lettres des Jansénistes ».

A partir de cette édition de 1659 le texte des *Provinciales* se présente comme un ensemble cohérent et ordonné et non comme une suite de pamphlets rédigés au fil des jours. C'est que leur auteur s'est interrogé au fur et à mesure des événements et selon la pente de son esprit, sur ce qu'il appelle ailleurs la « raison des effets », ce qui l'a amené, sans perdre le contact avec l'actualité immédiate, à élever le débat et à composer une œuvre de portée plus vaste. En second lieu l'adaptation des lettres au public mondain amenait leur rédacteur à utiliser à divers niveaux les genres littéraires le plus capables de plaire : le genre épistolaire certes, mais à l'intérieur des lettres le dialogue de comédie ; à l'intérieur de ce dialogue des morceaux achevés (paraboles, invectives, mouvements prophétiques). Enfin, à une progression du plus apparent au plus essentiel, correspond, dans le mouvement général des *Provinciales,* le passage de la fiction littéraire à l'attaque directe et du dialogue avec un personnage fictif ou avec un groupe indéterminé à l'apostrophe véhémente adressée au père Annat, le supérieur provincial des jésuites.

Pascal et ses amis ont dès le départ affecté de prendre leurs distances par rapport à la querelle. En témoigne le choix du personnage du rédacteur des lettres, qui est au départ un esprit neuf, voire naïf, passionné certes de dialogues, mais non personnellement intéressé dans les affaires qu'il évoque. C'est d'ailleurs pourquoi, jusqu'à ce qu'il se sente parfaitement instruit et capable de s'engager dans la querelle, Montalte a besoin de la présence à ses côtés d'un « fidèle janséniste ». L'objet apparent des premières lettres est de dépassionner par le comique et l'ironie un conflit qu'on croyait « d'une extrême conséquence pour la religion » en le resituant sur un plan nouveau, celui d'une querelle personnelle entre théologiens. Mais cette querelle elle-même n'est que la mise en évidence d'un drame beaucoup plus général dont l'origine est une entreprise de subversion de l'Eglise et de domination sur le monde, ressortissant à ce que nous appellerions aujourd'hui le « cléricalisme ». Ce qui apparaît de plus en plus nettement à partir de la IVe lettre c'est que les jésuites ne professent une doctrine contraire aux faits, à l'Ecriture et même à Aristote, que pour rassurer un public dont ils attendent une entière soumission. Paradoxalement cette complaisance au monde et ce laxisme intéressé s'accompagnent, comme entendent le montrer les dernières lettres, d'une pratique systématique de la calomnie. La persécution contre Arnauld n'est qu'un exemple de cette pratique, pièce maîtresse de la stratégie jésuitique. Il est donc aisé, non seulement de réfuter, mais encore d'expliquer les jugements portés contre lui. C'est ce que fait l'auteur dans les dernières lettres. Il

revient alors aux origines du débat d'abord exposé
pour montrer qu'il était en effet sans fondement et
que « nous étions bien abusés », mais pour des
raisons autrement graves et profondes qu'il n'apparaissait dans les trois premières lettres.

La lettre XVIII se termine sur le mot de « tran-
quillité », qui est à sa date d'une ironie terrible : la
paix de l'Eglise dont Montalte a feint de croire
qu'elle n'était troublée que par des mouvements de
surface, ne peut plus apparaître que comme une
exigence largement contredite par les faits. Pascal et
ses amis ont été bien inspirés de ne pas publier la
XIXe lettre qu'ils avaient en chantier.

Telles qu'elles se présentent les Provinciales sont
aussi parfaitement construites et se déroulent selon
une ligne aussi implacable que les futures tragédies
de Racine.

L'art de plaire dans les « Provinciales »

Dans la Lettre aux deux apologistes de l'auteur des
hérésies imaginaires (1666), Racine écrivait : « et
vous semble-t-il que les Lettres provinciales soient
autre chose que des comédies ? ». Voltaire dans Le
Siècle de Louis XIV (édition de 1756) écrit encore :
« Les meilleures comédies de Molière n'ont pas plus
de sel que les premières Lettres provinciales. » Et
Villemain encore, préfaçant en 1829 une édition de
l'œuvre : « J'admirerais moins les Lettres provinciales si elles n'étaient pas écrites avant Molière.
Pascal a deviné la bonne comédie. »

Assurément les Provinciales ne sont pas des
comédies au sens strict du mot. Mais les dialogues
inclus dans les dix premières lettres ont un statut
comparable à celui du dialogue comique.

Toute comédie suppose l'invention de personnages « caractérisés ». Dans les Provinciales Montalte joue auprès des personnages qu'il consulte un
rôle de naïf qui n'est pas totalement celui de l'auteur

fictif des Lettres et qui l'est de moins en moins au fur et à mesure que se déroule « l'instruction » du procès à laquelle il se livre. A la fin de la lettre X le correspondant du provincial renonce décidément à la fiction du dialogue, ce qui met fin à la comédie des premières lettres.

Les interlocuteurs du héros sont, dans la première lettre, au nombre de cinq : trois d'entre eux représentent les ennemis des jansénistes, les deux autres étant, l'un proche du parti d'Arnauld et l'autre directement engagé dans sa cause. Dans la seconde lettre, trois interlocuteurs, dont un « ami grand janséniste » qui reparaîtra dans la IVe et la Ve lettre. Dans la IIIe lettre, un seul interlocuteur, représentant des « non engagés » ; dans la IVe, aux côtés de l'ami jansémiste, un premier Jésuite « des plus habiles » ; dans la Ve, le même ami janséniste avec un nouveau Jésuite « bon casuiste de la société » ; les lettres VI à X ne conservent à Montalte qu'un interlocuteur, le même casuiste qu'à la lettre V.

Ces divers personnages sont engagés dans des dialogues dont la mise en scène, encore que discrète, est toutefois assez précisément indiquée pour que le lecteur ait l'illusion d'accompagner le narrateur, de passer du domicile d'un personnage à celui d'un autre, ou à un couvent de Dominicains. Les gestes, les mouvements de tête, les propos à voix basse, les échanges de regards, les entrées et les sorties, composent des jeux de scène qui soulignent la vie du dialogue. Celui-ci est généralement caractérisé par la sobriété et la limpidité. Mais une certaine couleur le relève, soit dans la bouche de Montalte, mondain faussement naïf qui, d'instinct, sait trouver l'image juste, soit dans celle du janséniste, tantôt éloquent, tantôt lyrique, soit chez les bons pères dont l'onction fait place quelquefois à une jubilation caricaturale.

Tous peuvent cependant avoir des réactions brutales : « Vous n'y entendez rien » (lettre I), « Comment, indifférents ! » (lettre II), « Comment !

il n'en faut pas railler... » (lettre IV). Montalte lui-même s'abandonne parfois à des éclats passionnés : « Quoi, mes Pères, c'est se jouer des paroles de dire que vous êtes d'accord, à cause des termes communs dont vous usez, quand vous êtes contraires dans le sens » (lettre I) : « Vous reculez..., vous reculez mon Père... » (lettre IV) ; « Oh mon Père... ! il n'y a point de patience que vous me mettiez à bout... » (lettre X).

Mais ce qui fait véritablement progresser ces dialogues, c'est la maïeutique appliquée par le nouveau Socrate : il s'agit de quêter une approbation, soit avec perfidie, pour que le « oui » de l'interlocuteur mette en évidence l'idée-force contestable de sa doctrine, soit avec malice, afin de mettre l'adversaire en contradiction avec lui-même, soit en se donnant l'air d'attendre un « non » pour obtenir un « oui », contraire à la raison ou à la morale. Ces divers agréments comiques ne constituent en réalité que la mise en œuvre littéraire de la figure fondamentale des *Provinciales*, qui est l'ironie. Au-delà du procédé stylistique qui exprime apparemment une pensée pour laisser entendre la pensée contraire, au-delà du jeu du déguisement qui permet à Montalte de jouer un personnage très différent de ce qu'il est en réalité, l'ironie est ici une forme de l'argumentation polémique, qui se développe particulièrement à partir de la lettre XII : s'adressant aux jésuites dans une formule où l'antiphrase a quelque chose de cinglant et de désespéré, Pascal écrit : « vos maximes ont je ne sais quoi de divertissant qui réjouit toujours le monde ». Quand l'ironie n'est plus l'arme plaisante de l'assurance qui veut assurer la victoire du bon sens contre les feux raisonnements, elle se fait, dans les toutes dernières lettres, référence directe à la loi de Dieu dont les pères représentent la subversion. Pascal et ses amis reprennent alors la manière des Prophètes qui savent qu'ils ne seront entendus que par ceux qui n'ont pas vraiment besoin d'eux. Les autres, c'est-à-dire ceux qu'on voudrait convertir, n'entendent ni les raisons ni les cris. Le rythme apaisé des dernières phrases des *Provinciales* traduit une ironie plus profonde que toute autre : la victoire de la vérité et la paix dans l'Eglise n'y sont évoquées qu'à contre-temps.

Le charme de la lecture des « petites lettres » a conduit les adversaires de Pascal, de Fénelon à Voltaire et à Joseph de Maistre, à ne voir en lui qu'un écrivain « bel esprit » dont les voies de persuasion seraient trompeuses. Cette vision ne correspond pas à la doctrine de Pascal pour qui l' « agréable » doit être « lui-même pris du vrai » (*Pensées,* édit. Lafuma 667). Le père Bouhours, qui ne devait guère aimer Pascal, définissait le « vrai bel esprit » comme « le bon sens qui brille ». On pourrait dire que l'agrément des *Provinciales* n'est qu'une des dimensioins des « vérités » qu'elles veulent enseigner. Il ne s'agit pas d'ornements surajoutés destinés à faire admettre des idées austères : ils sont en relation directe avec la nature même de ces idées. Le langage « mondain » est ici indispensable parce que la religion n'est pas affaire de spécialistes mais intéresse en droit l'humanité entière ; parce que la « nature » étant image de la Grâce, et la cité des hommes image de la Cité de Dieu, le bon sens n'est pas contraire à la Révélation ni l'honnêteté à la foi : or, c'est le dialogue mondain qui les véhicule l'une et l'autre. D'autre part l'agrément des « petites lettres » naît en grande partie de la simple transposition du ridicule des écrits et des propos des jésuites et de leurs amis. Enfin le prophétisme de l'intention justifie les variations stylistiques où l'écrivain semble se jouer, alors qu'il se modèle sur la manière de la Bible et des pères de l'Eglise. Ici, comme dans les œuvres collectives des Messieurs de Port-Royal, c'est une pensée d'édification et une logique supérieure qui justifient les détours de la grammaire et de la rhétorique. La variété apparemment futile des

procédés littéraires utilisés dans les *Provinciales,*
comme ils le seront dans l'*Apologie,* est la mise en
évidence sensible d'un désordre apparent et de
contrariétés qui servent en fait de tremplin à
l'exposé d'une doctrine unique.

Une apologie indirecte de la religion chrétienne

Le prodigieux succès des *Provinciales,* et une
lectrice attentive comme Mme de Sévigné pourrait le
confirmer, tient pour une bonne part à leur dimension apologétique. Pascal y est parvenu en effet à
intéresser les honnêtes gens de son siècle aux
problèmes de la théologie morale la plus exigeante.
Surpassant les jésuites sur leur propre terrain il l'a
faite entrer dans l'univers du mondain, naturellement, comme si elle constituait une des dimensions
de cet univers. C'est que Pascal y satisfaisait
l'homme de bon sens et de bonne foi en mettant en
discussion l'argument d'autorité invoqué par la Sorbonne et par les jésuites. L'entreprise était donc une
entreprise libératrice. Limitant l'autorité dans son
champ d'exercice et dans ses sources, et montrant
que l'apparente complaisance des « nouveaux docteurs » était en réalité le masque d'un pouvoir
usurpé, les *Lettres* permettaient à l'homme du XVIIᵉ
siècle d'examiner les simples faits avec les yeux de la
chair et les êtres de raison avec ceux de l'intellect.
Ainsi la religion, s'insérant dans le monde le plus
concret, et donnant leur juste place aux diverses
facultés humaines, invitait le lecteur à se conduire en
adulte responsable : dans son dialogue avec Dieu le
croyant recouvrait une liberté et un dynamisme
spirituel que lui contestaient ceux qui prétendaient
faire de lui un mineur perpétuel. Selon les *Provinciales* les jésuites s'efforçaient de séduire l'homme
moderne en lui parlant son langage, en fait ils se
contentaient de prendre acte de son éloignement par

rapport à Dieu, et leur humanisme indulgent n'était que résignation méprisante. Partant des mêmes constatations qu'eux sur l'état de l'homme, Pascal lui rendait confiance à travers l'inquiétude elle-même, en faisant de sa misère le signe de son besoin de Dieu, en lui donnant l'initiative dans les domaines de son ressort, en lui enseignant la dynamique de la charité.

Les *Provinciales* sont dans leur esprit le terrain de rencontre des réalités d'une époque et des principes éternels de la religion. Il y a là la source de toute une réflexion apologétique fondée sur l'événement vécu. Celui-ci, comme plus généralement le déroulement de l'histoire humaine, participe d'une révélation incessamment continuée. Dans les *Lettres* les jansénistes sont en quelque sorte l'allégorie du « petit troupeau » qui est chargé par Dieu de témoigner de son amour pour les hommes. Vision inséparable d'une certaine qualité spirituelle qui devait séduire les contemporains de Pascal : son radicalisme était sans doute pour eux plus immédiatement attirant que le relativisme des Jésuites, d'où la transcendance semblait être évacuée.

Les « Pensées »

« Qu'on ne dise pas que je n'ai rien dit de nouveau, la disposition des matières est nouvelle. » (P. 696) [1]

Cette formule des *Pensées* a valeur de programme. Ce qui caractérise le projet de Pascal c'est la découverte et l'exploitation des apories du discours épidictique et de son ordonnance. Il y a une distance entre la conviction, qui est la sienne, que « la nature a mis toutes ses vérités chacune en soi-

---

1. Nous renvoyons à l'édition de Louis Lafuma (Seuil, « L'intégrale », 1963).

même », et la nécessité où se trouve le pédagogue, le polémiste ou l'apologiste, de les présenter selon une certaine suite, qui fait qu'elles paraissent se déduire les unes des autres.

Mais l'affirmation de cette distance entraîne de lourdes conséquences (qu'entrevoyait déjà Montaigne) dans la conception même de la vérité (les essences remontent décidément de la terre au ciel), de l'homme (les bases philosophiques de l'humanisme sont ébranlées au point de faire éclater l' « idée » même de l' « homo sapiens ») et de la communication (comment faire accepter des idées toutes diverses à un public lui-même tout divers ?).

Pour que se fonde, dans ces conditions, un discours acceptable, il faut opérer une révolution dans les principes de la recherche et de l'énonciation des vérités qu'on veut enseigner et défendre, des erreurs qu'on veut dénicher et combattre. Il faut renoncer en tout cas à l'austère confort de l'érudition et à l'illusoire sécurité des déductions cartésiennes sans s'endormir pour autant sur le « mol oreiller » du doute pyrrhonien et montaigniste.

Le malheur (ou le bonheur) a voulu que Pascal n'ait pu achever son *Apologie,* qu'un doute subsiste sur le caractère occasionnel ou décisif de l'ordre des liasses préparées pour une conférence à Port-Royal (1658), et que les fragments précédés de la mention « ordre » soient eux-mêmes dominés par le doute, voire le découragement : « Pourquoi prendrai-je plutôt à diviser ma morale en quatre qu'en six ? » (P. 683). Ainsi ne disposons-nous ni d'une vraie table, ni d'une vraie introduction, ni d'une vraie conclusion, pour apprécier précisément un modernisme qui s'affirme *a priori* mais qui n'a pas eu le temps, ou qui n'était pas, par nature, capable de dérouler l'écheveau ou de déployer l'éventail de ses implications.

Belle occasion pour les lecteurs successifs de Pascal, qui tous ont senti la nouveauté de son projet, de l'attirer dans leur camp, quel qu'il soit, de bonne ou de mauvaise foi. Car il suffit, pour infléchir le sens du texte, de lui imposer un ordre, d'en achever les pages incertaines, d'en supprimer les fragments gênants (comme on a pu faire pour le Pari), de l'accompagner de textes naïfs, comme celui de Gilberte Périer, ou de préfaces et de commentaires abusifs. Au long de leur histoire, les *Pensées* n'ont ainsi jamais cessé de paraître actuelles (et c'est un bien), mais on n'a jamais cessé non plus de les habiller de vêtements dont on pouvait douter qu'ils leur convinssent. L'œuvre a ressemblé à ces « rivières » qui « sont des chemins qui marchent, et qui portent où l'on veut aller » (P. 717).

L'objet et la méthode

En épigraphe de l'édition dite de Port-Royal (1670) figure une courte citation de l'*Énéide* : « *Pendent opera interrupta...* ». Il est vrai que l'œuvre de Pascal reste inachevée. Il est tentant pour les modernes de considérer cet inachèvement même comme inhérent à la nature de l'entreprise. Pascal est lecteur de Montaigne : il paraît avoir autant de dédain que l'auteur des *Essais* et que la plupart des écrivains mondains que celui-ci a inspirés, pour la composition méthodique où se devine la marque d'un « métier » au sens péjoratif du terme. Le chevalier de Méré, ami de Pascal et maître en distinction littéraire, rédige « à la cavalière ». Pourtant les premiers éditeurs de Pascal n'avaient pas tort de présenter son livre comme inachevé. Ces *Pensées* ne sont en effet que ce qui subsiste du projet d'une *Apologie* véritablement composée.

Divers fragments donnent une idée de la structure générale du livre : distribution en deux grandes parties, « misère de l'homme sans Dieu, félicité de l'homme avec Dieu (P. 6) » ; projets de préfaces pour la première partie (P. 780) ou pour la seconde (P. 190, 780) ; prolégomènes critiques pour la partie proprement apologétique (P. 428, 781).

L'ordonnance des liasses préparées pour la conférence de 1658 répond aux mêmes principes : elles présentent l'*Apologie* comme devant comporter une « introduction méthodologique », deux grandes suites de chapitres séparés par une « transition », et une « conclusion » soulignant d'ailleurs la relative vanité de toute apologie : car « il y a une opposition invincible entre Dieu et nous » et « sans un médiateur il ne peut y avoir de commerce » (P. 378). Cet ordre général n'exclut certes pas un ordre d'autre nature tenant compte de la nécessité de plaire au public des honnêtes gens, libertins ou tièdes, auquel Pascal entend s'adresser. Il prévoit en effet une succession de chapitres conciliant la rédaction suivie et la variété de la présentation (P. 2 et suiv.). Ce souci, qui ressortit à l'art d'agréer, correspond aussi à une préoccupation intellectuelle : refusant l'organisation artificielle qui procède de l'énumération, aussi bien que l'ordre mathématique et déductif qui ne peut intéresser l'homme (P. 694), Pascal tente d'inventer un ordre nouveau conciliant la variété des objets étudiés, l'unité de la méthode géométrique et un constant souci de la sensibilité du lecteur qu'on veut toucher. Cette conciliation doit s'opérer à chaque moment, toute observation de l'homme et toute réflexion sur l'homme devant fait apparaître sa nature et sa fin. La structure de chacune des *Pensées* de Pascal est comme un microcosme où se reflète la composition générale de son œuvre. A la base, un certain nombre de constatations sur les diverses catégories morales et sociales de l'humanité ; à partir de cette enquête, la mise en évidence, par une réflexion inductive, de notions générales telles que l'imagination, l'amour-propre, le divertissement, d'où l'on peut tirer des conclusions contraires, voire contradictoires, sur la faiblesse de l'homme, que les maîtres antiques de Montaigne ont mise en évidence, et sur sa grandeur, dont témoignent les stoïciens. La philosophie des premiers est liée à la trace du péché originel, celle des seconds à la recherche d'une grandeur première. L'ultime explication de ces contradictions est à rechercher dans une histoire de l'homme, créé bon, corrompu par le péché, et racheté par le sacrifice du Christ. L'ordre pascalien, dans son projet général comme dans ses pensées singulières, est mouvement de la multiplicité du réel vers l'unité de la métaphysique chrétienne qui l'explique et la dépasse sans l'abolir, mais en lui donnant une signification nouvelle.

L' « existentialisme » dans les « Pensées »

L'Apologie s'adresse aux honnêtes gens, sceptiques, épicuriens, et souvent exigeants, que son auteur a rencontrés et estimés : des aristocrates comme le duc de Roannez, esprit fort peu religieux que cependant il est parvenu à convertir ; un brillant théoricien de l'honnêteté comme le chevalier de Méré, l'homme du naturel, de la finesse et du « je ne sais quoi » ; des hommes du monde apparemment indifférents et en réalité inquiets, comme Damien Mitton. Pascal distingue ces incroyants de bonne volonté de ceux qui se refusent à toute recherche ou affectent d'être heureux dans « l'ignorance de ce qu'ils sont » (P. 428) ; de plus il reconnaît dans les vertus sociales que professent ses amis une image, trompeuse certes, mais signifiante de la charité chrétienne.

C'est à eux que Pascal prête les aveux mélancoliques de la Pensée 429 : « Voyant trop pour nier et trop peu pour m'assurer, je suis dans un état à plaindre. » Si l'Apologie doit pouvoir confirmer les chrétiens dans leur foi, si elle peut offrir à la Grâce une occasion de se manifester avec éclat à l'esprit des libertins déclarés, elle veut surtout venir en aide à ceux qui cherchent déjà et sont donc dignes de trouver. C'est pourquoi les *Pensées* n'ont pas pour objet de multiplier les arguments intellectuels mais de conduire à la conversion en partant de la condition concrète de l'homme et de ses exigences spontanées.

Le fragment du *Pari* (P. 418) peut apparaître à cet égard comme un audacieux raccourci de la démarche d'ensemble de l'œuvre. Le choix existentiel qu'il propose s'y montre conforme à l'élan de la volonté humaine vers le bonheur sans pour autant y contredire les exigences de la raison. Le thème du jeu de hasard n'y est, au reste, qu'une analogie ou une image, et nombreux sont les fragments des *Pensées* qui reprennent, sous diverses formes, l'idée de la nécessité et du bien-fondé de l'engagement métaphysique.

La condition humaine est inconfortable, voire tragique. Les pages sur les deux infinis (P. 199) n'ont d'autre sens que d'exposer un des aspects, le plus irritant, de ce tragique. Dans les nouveaux cadres de pensée que permettaient les découvertes du siècle touchant à l'infiniment grand et à l'infiniment petit (Galilée a réalisé sa lunette en 1609 et le microscope est apparu entre 1590 et 1610), et les hypothèses de Gassendi et de Képler sur les dimensions et l'ordonnance de l'univers, Pascal y présente l'homme comme incapable d'accéder au bonheur en raison de son incapacité à se situer dans le « milieu vaste » où il est condamné à errer, et incapable de connaître, ni le monde qui échappe à ses prises, ni sa propre nature. Cet ensemble sur les deux infinis est également symbolique de ce que Pascal écrit ailleurs sur la double nature de l'homme, à la fois grand et petit, aussi bien dans le domaine intellectuel et dans le domaine moral que par ses limites spatiales et temporelles. Mais si Pascal est ainsi amené à décrire les « contrariétés » de la nature humaine, il sait aussi que l'action, dans le quotidien même, impose de faire comme si ces contrariétés n'existaient pas. Les pyrrhoniens ont certes raison de mettre en doute toute certitude, mais la simple nature les empêche eux-mêmes de mettre en application leur doctrine de l'incertitude. Les « dogmatistes », et particulièrement les stoïciens, ont raison d'affirmer que nous ne pouvons douter des « principes naturels », mais leur assurance est contredite par les constantes hésitations de l'homme sur ce qu'il doit et sur ce qu'il peut faire (P. 131). « Incapable d'ignorer absolument et de savoir certainement », l'homme, tel que le voit Pascal, s'engage cependant dans l'action concrète où il trouve du moins le faux bonheur du divertissement (P. 136). Ne pouvant renoncer à la recherche du bonheur et de la certitude et ne pouvant les trouver en soi-même, il affecte de vouloir rechercher dans l'action une plénitude qu'il ne trouvera jamais (c'est en quoi le divertissement est inséparable de l'imagination (P. 44)) ; si, par un effort de lucidité, il parvient à découvrir la vanité du divertissement, il se consolera du moins par la considération d'un divertissement au second degré : celui qui consiste à faire admirer aux autres les exploits inutiles qu'il a accomplis (ce en quoi le divertissement ramène à l'amour-propre (P. 978)).

Cette évocation de la condition humaine et la critique de la connaissance qu'elle implique impose une mutation dans les méthodes d'investigation de soi. Car à demeurer au niveau des catégories traditionnelles de l'esprit ou se heurte aux difficultés déjà rencontrées par les sceptiques, mais présentées par Pascal comme expériences concrètes de la vie quotidienne. Qu'un prédicateur soit mal rasé et que sa voix s'enroue suffit à empêcher le libre exercice du jugement chez l'auditeur le plus sérieux (P. 44). Un léger effort suffit pour s'apercevoir que les convictions politiques et sociales sont fondées sur l'habitude, les traditions ou, au contraire, le goût de la nouveauté pour elle-même : « Les Suisses s'offensent d'être dits gentilshommes » (P. 50, « La mode fait la justice » (P. 61), « La commodité immédiate et la simplicité d'usage confèrent à la loi toute son autorité » (P. 711). Ainsi n'est-il en l'homme aucune conviction dont le premier examen critique ne manifeste la fragilité.

Certes Pascal aurait pu en demeurer là et s'attarder, comme Montaigne, à l'étonnement devant la diversité infinie des choses de la nature. Mais il ne peut se contenter de reconnaître que tous les œufs de poule se ressemblent et que tous sont différents. Appliquant son esprit à surmonter cette diversité, il s'efforce d'y retrouver, paradoxalement, le fondement d'une unité d'un type nouveau. Contrairement à Descartes qui, croyant en la méthode, imagine une science supérieure qui puisse englober toutes les autres et rendre compte de toutes les diversités, Pascal est d'abord l'homme d'une attitude et d'une attention : attitude de disponibilité à l'objet présent, attention à tout ce qui est particulier. Cela implique la mobilité d'esprit : c'est ce que Pascal veut dire quand il écrit : « Il faut savoir peu de tout » (P. 195). Appliquée à l'homme cette maxime devient loi de l'honnêteté c'est-à-dire de l'adaptation à l'interlocuteur dans la conversation et à l'objet d'étude dans la réflexion. Elle permet de découvrir qu'il y a beaucoup « d'originaux » parmi les hommes (P. 510) et que, par conséquent, toute science humaine passe par la reconnaissance de l'individualité. Les hommes sont « des orgues, à la vérité, mais bizarres, changeantes, variables [...]. Il faut savoir où sont les touches » (P. 55). Aussi, à ne demeurer qu'au niveau des relations individuelles, les constatations de Pascal engagent-elles un programme, en droit infini, mais qui devient réalisable à qui se contente de regarder, d'écouter et de ne répondre, comme le Montaigne de l'*Art de conférer*, que lorsqu'il est sûr d'être entendu. Comme saint Paul recommandant de pleurer avec ceux qui pleurent et de se réjouir avec ceux qui sont dans la joie, l'auteur des *Pensées* découvre l'efficacité de la complaisance envers l'autre. C'est cette disponibilité, au reste, qui entraîne la variété des formes littéraires utilisées dans l'œuvre : dialogues, maximes, prosopopées, etc. On dirait à chaque fois que l'écrivain se tourne vers l'un ou vers l'autre de ses lecteurs souhaités.

Ce qui est vrai pour la connaissance des hommes l'est également pour la connaissance des groupes humains. Pascal est, comme l'était Montaigne, et comme l'est encore son contemporain Hobbes, curieux de la variété des institutions politiques. Il n'entend pas, dans ce domaine, rédiger quelque traité en forme que ce soit, même s'il est l'auteur de trois *Discours sur la condition des grands*. Il a écrit de Platon et Aristote : « S'ils ont écrit de politique, c'était comme pour régler un hôpital de fous. » Mais il a écrit également : « Les vrais chrétiens obéissent aux folies » (P. 14), c'est-à-dire à des règlements politiques et sociaux intellectuellement absurdes, moralement révoltants et injustifiables pour un chrétien et cependant autorisés par la nécessité, par un certain sens de la justice, et par des « effets » où peut se discerner la présence d'un ordre supérieur.

A partir de ses réflexions sur les paradoxes de l'ordre social et politique, Pascal a proposé une nouvelle hiérarchie dans la société, où le « peuple », les « habiles » et les « chrétiens » se rejoignent dans le respect de l'ordre établi (que les « demi-habiles » et les simples « dévots » méprisent), le premier parce qu'il le croit juste, les seconds parce que, tout en le sachant perverti, ils en reconnaissent l'efficacité, les derniers parce qu'ils y voient l'image de la charité (P. 90).

Dans l'univers fugace et relatif qu'il décrit, qu'il s'agisse de connaissance, d'engagement éthique ou de choix politique, tout homme et tout groupe humain « a raison », pour reprendre une expression

utilisée par Montherlant à propos de *La Reine
morte,* mais chacun se trompe quand il prétend
posséder *la* vérité au lieu de reconnaître qu'il ne dit
qu'*une* vérité, celle qui traduit la relation particulière qu'il entretient avec le monde et avec les autres
hommes.

Mais chacun peut être encore justifié sans en avoir
conscience parce que ses affirmations ou ses choix
figurent, au simple plan humain, une réalité proprement spirituelle.

L'herméneutique pascalienne

Tout a signification, dans le monde même de
l'incertitude et de la contradiction que décrit Pascal.
Tout a sens, mais rien de soi ne révèle le sens. Les
propositions de l'Apologétique ne se déduisent pas
d'une réflexion sur la réalité sensible, elles suggèrent
un point de vue à partir duquel ces réalités deviennent autant de signes de la vocation humaine. Dans
cette perspective, l'interprétation du texte biblique
et de la tradition théologique rejoint le déchiffre-
ment des données de ce monde. Ces principes
inspirent toute l'argumentation de la seconde partie
de l'*Apologie,* celle où les données de l'Ecriture
permettent de dépasser les apories de la nature.
L'effort accompli par la tradition pour « accorder »
les passages divers de l'Ecriture et montrer que
Jésus-Christ les concilie en accomplissant la Loi et
les Prophètes se complète chez Pascal, comme chez
son maître saint Augustin, par un projet comparable : celui de la conciliation des données diverses
de la nature et de l'histoire dans la même christolo-
gie. Mais ce qui est particulier à Pascal c'est la
systématisation que lui inspire son expérience de
savant, et qui s'exprime dans le célèbre fragment dit
des *trois Ordres* (P. 308). Cette page exprime moins
une correspondance entre les trois domaines de la

chair, de l'esprit et de la charité, qu'une analogie entre l'opposition chair/esprit et l'opposition humain/divin. De même que la hiérarchie intellectuelle est seulement figurée par la hiérarchie sociale, de même l'une et l'autre sont images de la hiérarchie de l'ordre de la charité. L'ordre humain est ainsi image de l'ordre divin sans pourtant être capable de le connaître. La nature est donc bien « image de la grâce » (P. 503), mais c'est la grâce seule qui peut enseigner à l'homme une telle vérité.

Les *Pensées* ne se contentent pas cependant de l'affirmation brillante de ces correspondances, elles veulent aussi, suivant l'inspiration du *Mémorial* de 1654, orienter l'ensemble de leurs réflexions sur la nature et l'Ecriture autour de la personne du Christ. Dans les papiers classés par Pascal, la personne du Christ apparaît dans les textes de transition entre l'évocation des philosophies humaines et les liasses consacrées aux textes bibliques et à la théologie. Jésus-Christ y est présenté comme apportant l'unique réponse possible aux questions posées par la condition humaine. Il permet en effet la connaissance conjointe des « misères » de l'homme et du Dieu qui peut les réparer (P. 189 à 192). Mais les pages consacrées à l'Ancien Testament, sous les titres généraux de « Fondements », « Loi figurative », « Rabbinage », « Perpétuité », « Preuves » et « Prophéties », correspondent à une herméneutique comparable à celle qui touche à la nature de l'homme. Ici et là une histoire unique est figurée, celle qu'enseigne la « vraie religion », commune aux juifs et aux chrétiens ; cette histoire est marquée par quatre événements : la Création, le Péché, la Rédemption par un Messie, et le Salut apporté à la fin des temps dans la Parousie. Dans cette histoire le Christ est présenté comme l'objet de l'attente des juifs « spirituels », comme la réponse aux besoins de l'homme d'aujourd'hui, comme la fin de l'histoire collective de l'humanité.

Pascal fut un homme de foi. Et la foi est au cœur de toutes ses démarches de savant comme d'apologiste. Mais les distinctions qu'il a établies, contre les indiscrétions du dogmatisme, entre les divers ordres de réalité et les différentes branches de la connaissance permettent à chacun de ses lecteurs de se retrouver dans l'une ou l'autre des pages qu'il a laissées. Ces distinctions interdisent, en revanche, une systématisation qui, à partir de fragments choisis, prétendrait reconstituer un ensemble orienté. Les héritiers de l'écrivain n'ont pas toujours su garder, dans leurs éditions et leurs commentaires, la mesure qu'on était en droit d'attendre d'eux. L'édition de 1670 des *Pensées* est un manuel de piété proche des *Essais de morale* de Nicole. Celle de Condorcet, en 1776, tire Pascal vers la « philosophie ». Le subjectivisme romantique a inspiré une vision de l'œuvre où domine « l'effroi » devant les « espaces infinis ». La tentation du xxᵉ siècle a été un temps de réduire Pascal à l'existentialisme. Ceux qui ont été le mieux inspirés se sont contentés d'éclairer dans l'œuvre cela, et cela seul, qui répondant aux catégories de pensée de leur époque, pouvait leur donner l'occasion de justes commentaires. Mais ceux-là même qui ont parfois mutilé l'œuvre ou l'ont déformée ont su ailleurs en utiliser certains enseignements : Voltaire avait raison, dans ses *Lettres anglaises,* de s'inspirer de la critique pascalienne des fausses certitudes. Baudelaire sentait bien la puissance affective des images de l'angoisse humaine véhiculées par les *Pensées*. Nos contemporains ont raison de fonder leurs commentaires sur la vision éclatée de l'homme et du monde qui était celle du Pascal des *deux Infinis*. Pascal est demeuré depuis trois siècles un maître d'inquiétude.

CHRONOLOGIE

1570 Les guerres de religion continuent, ponctuées de
     « paix ». Fondation de l'Académie de musique et
     de poésie (A. de Baïf).

1571 Bataille de Lépante. Entrée de Coligny au Conseil.

1572 Massacre de la Saint-Barthélemy. Jean de la
     Taille : *Art de la tragédie*. Jacques Yver : *Le
     Printemps*.

1573 Robert Garnier : *Hippolyte*. Desportes : Premières
     Œuvres. Le Tasse : *Aminta*.

1574 Mort de Charles IX. Exécution de Geoffroy Vallée.
     Robert Garnier : *Cornélie*.

1576 Débuts de la Ligue. Etats généraux de Blois. Louis
     le Jars : *Lucelle*. La Boétie : *Contr'Un*. Bodin :
     République.

1578 Création de l'ordre du Saint-Esprit. Robert Gar-
     nier : *Marc Antoine*. Ronsard : *Sonnets pour
     Hélène*. Du Bartas : *Première Semaine*. N. Collin :
     tr. de *Diane* de Montemayor.

1579 Formation des Provinces-Unies. Robert Garnier :
     La Troade. Larivey : *Premier Recueil des Comé-
     dies*.

1580 Robert Garnier : *Antigone*. Montaigne : *Les Essais*.

1581 *Ballet comique de la Reine*. Guarini : *Pastor Fido*.

1582 Montaigne, maire de Bordeaux. Robert Garnier : *Bradamante*.

1583 Robert Garnier : *Les Juives*. Juste Lipse : *De Constantia*.

1584 François d'Amboise : *Les Neapolitaines*. Odet de Turnèbe : *Les Contens*.

1585 Montaigne réélu maire de Bordeaux. Mort de Ronsard. Du Vair : *Philosophie morale des stoïques*.

1586 Ronsard : *Dernières Poésies*. Robert Garnier : *Elégie sur le trépas de Ronsard*. Kyd : *Tragédie espagnole*.

1587 Exécution de Marie Stuart. La Noue : *Discours politiques et militaires*.

1588 Assassinat du duc de Guise. Défaite de l' « Invincible Armada ». Montaigne : *Les Essais* (3 livres).

1589 Mort de Catherine de Médicis. Assassinat de Henri III.

1590 Mort de Robert Garnier. Du Vair : *Traité de la Constance*.

1591 Desportes : *Psaumes*.

1592 Malherbe : *Consolation à Cléophon*.

1594 Sacre de Henri IV. Chassignet : *Mépris de la Vie*. *Satyre Ménippée*.

1595 Attentat de Jean Chastel. Edition posthume des *Essais*. Shakespeare : *Roméo et Juliette*.

1596 Montchrestien : *Sophonisbe*.

1597 Sponde : *Poésies*.

1598 Paix de Vervins. Edit de Nantes. Mort de Philippe II. Débuts d'Alexandre Hardy. Urfé : *Epistres morales*. Delaudun d'Aigaliers : *Art poétique*.

1600 Mariage de Henri IV et de Marie de Médicis. Malherbe : *Ode à Marie de Médicis*. Charron : *La Sagesse*. Olivier de Serres : *Théâtre d'Agriculture*. Shakespeare : *Hamlet*.

1601 Montchrestien : *Les Bergeries, l'Ecossaise*.

1603 Voyage de Champlain au Canada. Construction du Pont-Neuf. Barclay : *Euphormio* (roman en latin).

1604 De Thou : début de la réaction de *Historia mei temporis*.

1605 Construction de la Place Royale. Vauquelin : *Art poétique*. Malherbe : *Commentaires sur Desportes*. Cervantès : *Don Quichotte*.

1608 Fondation de Québec. Jean de Schelandre : *Tyr et Sidon* (tragédie).

1609 Formulation des lois de Képler. François de Sales : *Introduction à la vie dévote*. Lope de Vega : *Nouvel Art dramatique*.

1610 Assassinat de Henri IV. Pierre de Deimier : *Art poétique*. Claude Billard : *Henri le Grand*.

1611 Heinsius : *Poétique*. Larivey : *Comédies* (second recueil). *Le Temple d'Apollon* (recueil collectif).

1613 Introduction de l'ordre de l'Oratoire en France par Bérulle. Chrestien des Croix : *Les Amantes*. Góngora : *Poèmes*. Cervantès : *Nouvelles exemplaires*.

1614 Réunion deᶜ Etats généraux. Traduction de *Don Quichotte*. Rosset : *Histoires tragiques*. Lope de Vega : *Découverte du Nouveau Monde*.

1615 Mariage de Louis XIII et Anne d'Autriche. Découverte de la circulation du sang par Harvey. Début de la construction du palais du Luxembourg. François de Sales : *Traité de l'Amour de Dieu*.

1616 Richelieu, secrétaire d'Etat. Aubigné : *Tragiques; Histoire Universelle*. Vanini : *De admirandis*.

1617 Assassinat de Concini.

1618 Débuts de la Guerre de Trente Ans. Ouverture du salon de Mme de Rambouillet. *Cabinet satyrique* (recueil collectif). Traduction de Cervantès : *Nouvelles exemplaires*.

1619 Exécution de Vanini. Gomberville : *Polexandre* (Première version).

1620 Arrivée du May Flower sur la côte américaine. Racan : *Les Bergeries*.

1621 Mort du duc de Luynes. Exécution de Fontanier. Rubens : premiers tableaux de la *Vie de Marie de Médicis* pour le Luxembourg. Théophile le Viau : *Pyrame et Thisbé; Poésies* (premier recueil). Barclay : *Argenis* (roman en latin). Camus : *Agathonphile*.

1622 Exécution de Claude Le Petit. *Les Ramonneurs* (comédie anonyme). *Parnasse satyrique* (recueil collectif). *Les Caquets de l'accouchée*. Théophile : *Fragments d'une histoire comique*.

1623 Condamnation de Théophile de Viau. Théophile : *Poésies* (2ᵉ recueil). Hardy : *Théagène et Chariclée* (tragi-comédie inspirée par Héliodore). Chapelain : *Préface à l'Adone de Marino*. P. Garasse : *La Doctrine curieuse des beaux esprits de ce temps*. Sorel : *Francion*.

1624 Arrivée au pouvoir de Richelieu. Hardy : *Œuvres* (premier recueil) Balzac : *Lettres.*

1626 Mort de Théophile. Mairet : *Sylvie.*

1627 Siège de La Rochelle. Malherbe *et alii : Recueil des plus beaux vers.* Faret : *Recueil de lettres nouvelles.* Sorel : *Le Berger extravagant.*

1628 Mort de Malherbe. Jean de Schelandre : *Tyr et Sidon* (tragi-comédie préfacée par Ogier). Hardy : *Œuvres* (dernier volume).

1629 Début de la construction de la chapelle de la Sorbonne. Création de *Mélite* par Montdory.

1630 Journée des Dupes. Début de la période brillante de l'Hôtel de Rambouillet. Mairet : *Silvanire.* Faret : *L'Honnête Homme.* Lope de Vega : *Aimer sans savoir qui.* Tirso de Molina : *El burlador de Sevilla* (Don Juan).

1631 Construction du château de Richelieu. Début de la *Gazette* de Renaudot. Corneille : *Clitandre.* Balzac : *Le Prince.*

1632 Mairet : *Les Galanteries du duc d'Ossone.*

1633 Début des *Misères* de Jacques Callot. *Les Nouvelles Muses* (recueil poétique). Godeau : *Œuvres chrétiennes.*

1634 Création de l'Académie française. *La Guirlande de Julie.* Rotrou : *Hercule mourant.* Mairet : *Sophonisbe.* Beys : *L'Hôpital des Fous.*

1635 Déclaration de guerre de la France à l'Espagne. Corneille : *Médée.* Tristan : *Mariane.* Scudéry : *La Mort de César.*

1636 Corneille : *L'Illusion comique.* Du Ryer : *Lucrèce.*

1637 Corneille : *Le Cid.* Descartes : *Discours de la Méthode.*

1638   Tristan : *Les Amours*. Mareschal : *Le Railleur*.

1639   La Ménardière : *Poétique*. Naudé, *Considérations politiques sur les coups d'Etat*.

1640   L'*Augustinus* de Jansenius est publié à Louvain. Traduction des comédies de Calderón. Corneille : *Horace*. Rotrou : *Iphigénie*.

1641   Scudéry : *Ibrahim* (roman). Tristan : *La Lyre*.

1642   Conspiration de Cinq-Mars. Mort de Richelieu. Mazarin va lui succéder. Arnauld : *Théologie morale des Jésuites*. Corneille : *Cinna; Polyeucte*. Tristan : *Le Page disgracié*. D'Ouville : *L'Esprit follet* (d'après Calderón).

1643   Bataille de Rocroi. Mort de Louis XIII ; Anne d'Autriche régente. Corneille : *Le Menteur*. Scarron : *Vers burlesques*.

1644   Invention de la machine à calculer par Pascal et du baromètre par Torricelli. Corneille : *Rodogune*. Tristan : *La Mort de Sénèque*.

1645   *Vie de saint Bruno* par Eugène le Sueur. Scarron : *Jodelet ou le maître-valet*. Rotrou : *Saint Genest*.

1646   Fondation de l'Illustre Théâtre. Brosse : *Les Songes des hommes éveillés*. La Calprenède : *Cléopâtre* (tome I).

1647   Vaugelas : *Remarques sur la langue française*. Rotrou : *Venceslas*.

1648   Traité de Westphalie. Débuts de la Fronde. Fondation de l'Académie de peinture. Scarron : *Virgile travesti (I)*. Rotrou : *Cosroès*.

1649   Fuite de la régente et du jeune roi. Traduction des œuvres de Hobbes. Corneille : *Don Sanche*. Descartes : *Traité des passions*. Madeleine de Scudéry : *Artamène ou le Grand Cyrus* (I).

1650 Arrestation de Condé. D'Assoucy : *Ovide en belle humeur*. Corneille : *Nicomède*.

1651 Libération de Condé. Fuite de Mazarin. Scarron : *Le Roman comique* (I).

1652 Retour du roi à Paris. Pellisson : *Histoire de l'Académie française*. Balzac : *Socrate chrétien*.

1653 Retour de Mazarin à Paris. Condamnation des « Cinq propositions » par Rome. Début des Samedis de Mlle de Scudéry. Saint-Amant : *Moïse sauvé*. Brébeuf : *La Pharsale*. Thomas Corneille : *Le Berger extravagant*.

1654 Madeleine de Scudéry : *Clélie* (I). Cyrano : *Œuvres diverses* (notamment *Le Pédant joué*).

1655 Chapelain : *La Pucelle*. Scarron : *Nouvelles tragi-comiques*.

1656 Brébeuf : *Le Lucain travesti*. Thomas Corneille : *Timocrate*. Pascal : *Provinciales* (1656-1657). Molière : représentations de diverses comédies en province.

1657 Abbé d'Aubignac : *Pratique du théâtre*. Cyrano : *Etats et Empires de la lune* (posth.).

1658 Fondation de l'Académie des sciences. Début de la rédaction de l'*Apologie* de Pascal.

1659 Paix des Pyrénées. Mariage de Louis XIV et de Marie-Thérèse. Mlle de Montpensier : *Galerie des portraits*. Somaize : *Dictionnaire des Précieuses*. Corneille : *Œdipe*. Molière : *Les Précieuses ridicules* (retour de Molière à Paris).

1660 Brébeuf : *Entretiens solitaires*. Corneille : *La Toison d'or ;* édition du *Théâtre* avec les *Discours et Examens*.

BIBLIOGRAPHIE

Bibliographies rétrospectives
G. LANSON, *Manuel [...]*, Hachette, 1931 (rééd.)*. —
J. GIRAUD, *Manuel [...]*, Vrin et Nizet, 1939-1970. —
D.-C. CABEEN, *A Critical Bibliography of French Literature*,
II, XVIᵉ s., Syracuse University Press, 1956, III, XVIIᵉ s.,
ibid., 1961, III, A, Suppl. par H. G. HALL, 1983. —
A. CIORANESCO, *Bibliographie [...]*, XVIᵉ s., Klincksieck,
1959, XVIIᵉ s., C.N.R.S., 1965. — R. ARBOUR, *L'Ere
baroque en France*, Genève, Droz, 1977 et suiv. — J.-P. de
BEAUMARCHAIS *et al.*, *Dictionnaire des littératures de langue
française*, Bordas, 1994.

Bibliographies courantes
R. RANCŒUR, *Revue d'histoire littéraire de la France*,
A. Colin, depuis 1948. — Fr. W. GRAVIT *et al.* P.M.L.A.,
depuis 1953. — O. KLAPP, Francfort, Klostermann, depuis
1956.

Revues comportant comptes rendus et notes bibliogra-
phiques.
*L'Information littéraire. — Revue d'histoire littéraire de la
France. — Revue de littérature comparée. — Revue des sciences
humaines*, Lille. — *Cahiers de l'Association internationale des
études françaises. — Cahiers de littérature du XVIIᵉ siècle*, Toulouse. — *Humanisme et Renaissance*, Genève. — *XVIIᵉ siècle.
Baroque*, Montauban. — *Œuvres et critiques. — L'Esprit créateur*, Lawrence, Kansas, E.U. — *Studi Francesi*, Turin. —

*N. B. Paris, lieu d'édition, n'est pas mentionné.

Papers of French Seventeen Century Literature, Seattle et Tübingen.

Langue francaise
F. BRUNOT, *Histoire de la langue française*, t. II et III, A. Colin, 1930, rééd. 1966. — E. HUGUET, *Dictionnaire de la langue française du XVIᵉ s.*— DUBOIS et LAGANE, *Dictionnaire de la langue française classique*.

UN SIÈCLE DE MUTATIONS

LES GRANDS ÉVÉNEMENTS

R. MOUSNIER, *XVIᵉ et XVIIᵉ siècles*, P.U.F., 1953. — R. MANDROU, *La France aux XVIIᵉ et XVIIIᵉ siècles*, P.U.F., 1970. — J. CORNETTE, *De la Ligue à la Fronde*, t. II de la *Chronique de la France moderne*, S.E.D.E.S., 1995.

LA VIE DE SOCIÉTÉ

J. DELUMEAU, *La Civilisation de la Renaissance*, Arthaud, 1967. — P. CHAUNU, *La Civilisation de l'Europe classique*, Arthaud, 1966. — Dans la collection « Vie quotidienne », les ouvrages d'A. LEFRANC sur la Renaissance (1938), de Ph. ERLANGER sur l'époque de Henri IV (1958), d'E. MAGNE sur l'époque de Louis XIII (1942), Hachette. — R. MUCHEMBLED, *Société et mentalités dans la France moderne*, A. Colin, 1990. — N. ELIAS, *La Société de cour*, Flammarion, 1985. — J. MEUVRET, *Études d'histoire économique*, A. Colin, 1971.

V.-L. TAPIÉ, *Le Baroque*, P.U.F., 1959. — A. CHÂTELET et J. THUILLIER, *La Peinture française*, I et II, Skira, 1963-1964. — A. BLUNT, *Art et architecture en France, 1500-1700*, 1983. — Fr. SIGURET, *L'Œil surpris*, 1985.

N. DUFOURCQ, *La Musique française*, Larousse, 1949 — *New Oxford History of Music*, IV, 1968. — L. REBATET, *Une histoire de la musique*, Laffont, 1969.

G. KERNODLE, *From Art to Theatre*, Chicago, 1944. — *Les Fêtes de la Renaissance*, C.N.R.S., 1956-1960. — M. Mac GOWAN, *L'Art du ballet de cour en France (1581-1643)*, C.N.R.S., 1963.

HÉSITATIONS ET CONFLITS DANS LA PENSÉE

P. GOUBERT, *L'Ancien Régime*, 1969-1973. — E. THUAU, *Raison d'Etat et pensée politique à l'époque de Richelieu*, Athènes, 1966. — R. MANDROU, *L'Europe absolutiste*, Fayard, 1977. — Y.-M. BERCÉ, *La Naissance dramatique de l'absolutisme* (1598-1661), Le Seuil, 1992. — Chr. JOUHAUD, *Mazarinades : La Fronde des mots*, Aubier, 1985. — A. COUPRIE, *De Corneille à La Bruyère ; images de la cour*, Lille, 1984.

E. BRÉHIER, *Histoire de la philosophie*, v. 2, Alcan, 1947. — J. EYMARD d'ANGERS, *Pascal et ses précurseurs*, Nouvelles Editions Latines, 1954. — R. LENOBLE, *Mersenne ou la naissance du mécanisme*, Vrin, 1943. — J. CHEVALIER, *Histoire de la pensée*, v. 3, Flammarion, 1961. — M. FOUCAULT, *Les Mots et les Choses*, Gallimard, 1966. — H. GOUHIER, *Cartésianisme et augustinisme au XVIIe s.*, Vrin, 1978.

J. LE GOFF et R. RÉMOND (dir.), *Histoire religieuse de la France*, t. III, Le Seuil, 1988. — H. BREMOND, *Histoire littéraire du sentiment religieux en France*, t. I-III, Bloud et Gay, 1916 et suiv. H. BUSSON, *La Pensée religieuse française de Charron à Pascal*, Vrin, 1933. — F.-G. LÉONARD, *Histoire générale du protestantisme*, P.U.F., 1961. — *Histoire spirituelle de la France* (ouvr. coll.), 1964.

A. ADAM, *Les Libertins au XVIIe s.*, Buchet-Chastel, 1965. — R. PINTARD, *Le Libertinage érudit dans la première moitiè du XVIIe s.*, Boivin, 1943 ; reprint. Slatkine, 1983. — J. S. SPINK, *La Libre Pensée française de Gassendi à Voltaire*, Editions sociales, 1966 (éd. en anglais, Londres, 1960). — *Le Libertinage*, no spécial de *XVIIe siècle*, no 127, 1980.

E. GILSON, *La Liberté chez Descartes*, Alcan, 1913. — M. GUÉROULT, *Descartes selon l'ordre des raisons*, Aubier, 1953. — F. ALQUIÉ, *Descartes*, Hatier, 1955. — S. SILVESTRE DE SACY, *Descartes par lui-même*, Le Seuil, « Écrivains de toujours », 1956. — G. RODIS-LEWIS, *L'Œuvre de Descartes*, Vrin, 1971. — J.-L. MARION, *Sur la théologie blanche de Descartes*, P.U.F., 1981.

L'ÉVOLUTION
DES GENRES LITTÉRAIRES

LES CONDITIONS DE LA VIE LITTÉRAIRE

G. MONGRÉDIEN, *La Vie littéraire au XVIIe s.*, Tallandier, 1947. — A. ADAM, *Histoire de la littérature française au*

XVIIᵉ s., t. I et II, Domat, 1948-1951. — J. ROHOU, *Histoire de la littérature française au XVIIᵉ siècle*, Nathan, 1989. — R. ZUBER *et al.*, *Littérature française du XVIᵉ siècle*, P.U.F., 1992. — J.-P. LANDRY et I. MORLIN, *La Littérature française du XVIIᵉ siècle*, A. Colin, 1993. — H.-J. MARTIN, *Livre, pouvoirs et société à Paris au XVIIᵉ s.*, Genève, Droz, 1962. — A. VIALA, *Naissance de l'écrivain*, Ed. de Minuit, 1985.

DOCTRINES ET CRÉATIONS POÉTIQUES

M. RAYMOND, *L'Influence de Ronsard sur la poésie française*, Champion, 1927. — R. LEBÈGUE, *La Poésie française de 1560 à 1630*, S.E.D.E.S., 1951. — J. ROUSSET, *La Littérature de l'âge baroque en France*, J. Corti, 1953. — P. LEBLANC, *Les Paraphrases des Psaumes (1610-1660)*, P.U.F., 1961. — Y. FUKUI, *Raffinement précieux dans la poésie française du XVIIᵉ s.*, Nizet, 1964. — R. LATHUILLERE, *La Préciosité*, Genève, Droz, 1966. — G. MATHIEU, *Les Thèmes amoureux dans la poésie française (1570-1600)*, Klincksieck, 1975. — H. LAFAY, *La Poésie du premier XVIIᵉ s.*, Nizet, 1975.

ÉVOLUTION DE LA PROSE FRANÇAISE

G. LANSON, *L'Art de la Prose*, Librairie des Annales, 1909. — *La Rhétorique au XVIIᵉ s.*, n° spécial de *XVIIᵉ siècle*, n° 80-81, 1968. — A. KIBEDI-VARGA, *Rhétorique et Littérature*, Didier, 1970. — M. FUMAROLI, *L'Age de l'éloquence*, Genève, Droz, 1981. — R. ZUBER, *Les Belles Infidèles*, Presses du Palais-Royal, 1968.

M. MAGENDIE, *Le Roman français au XVIIᵉ s.*, Genève, Droz, 1932. — H. COULET, *Le Roman jusqu'à la Révolution*, A. Colin, 1967-1968. — Fr. BAR, *Le Genre burlesque en France*, d'Artrey, 1960. — M. LEVER, *La Fiction narrative en prose au XVIIᵉ s.* (répertoire), C.N.R.S., 1976. — M. LEVER, *Le Roman français au XVIIᵉ s.*, P.U.F., 1981.

A. NIDERST, *Madeleine de Scudéry*, P.U.F., 1976. — J. M. PELOUS, *Amour précieux, amour galant*, Klincksieck, 1980. — R. GODENNE, *Les Romans de Mlle de Scudéry*, Genève, Droz, 1983.

A. ADAM, éd. du *Roman comique* dans « Romanciers du XVIIᵉ s. », Gallimard, Bibl. de la Pléiade, 1958. — J.-E. DEJEAN, *Scarron's Roman comique*, Berne, Lang, 1977. — J. PRÉVOST, *Cyrano de B. romancier*, Belin, 1977.

LA RÉVOLUTION THÉÂTRALE

H.-C. LANCASTER, *A History of French Dramatic Litera-ture in the Seventeenth Century*, Baltimore et Paris, 1929 *sqq*. — R. BRAY, *La Formation de la doctrine classique*, Hachette, 1927 (rééd. Nizet, 1961). — J. SCHERER, *La Dramaturgie classique*, Nizet, 1950 (rééd. 1959).

G. LANSON, *Esquisse d'une histoire de la tragédie française*, Champion, 1927 (rééditions). — J. MOREL, *La Tragédie*, A. Colin, 1964. — E. FORSYTH, *La Tragédie française de Jodelle à Corneille, le thème de la vengeance*, Nizet, 1962. — J. TRUCHET, *La Tragédie classique en France*, P.U.F., 1975. — Ch. DELMAS, *La Tragédie de l'âge classique*, Le Seuil, 1994.

P. VOLTZ, *La Comédie*, A. Colin, 1964. — R. GUICHE-MERRE, *La Comédie avant Molière (1640-1660)*, Lille, 1972. — M. LAZARD, *La Comédie humaniste au XVIᵉ s.*, P.U.F., 1978. — G. CONESA, *La Comédie de l'âge classique*, P.U.F., 1995.

J. MARSAN, *La Pastorale dramatique en France*, Hachette, 1905. — D. DALLA VALLE, *Pastorale baroca*, Ravenne, Longo, 1973. — H. C. LANCASTER, *The French Tragi-Comedy*, Baltimore, 1907. — R. GUICHEMERRE, *La Tragi-comédie*, P.U.F., 1981. — Chr. DELMAS, *Mythologie et Mythes dans le théâtre français*, Genève, Droz, 1985. — G. FORESTIER, *Le Théâtre dans le théâtre*, Genève, Droz, 1981.

PRINCIPAUX ÉCRIVAINS ÉTUDIÉS DANS CETTE PARTIE ÉDITIONS ET TRAVAUX

BALZAC (Jean-Louis Guez de)
Bibliographie : B. BEUGNOT, Université de Montréal, 1967 et 1969, suppl. : université de Saint-Etienne, 1979.
Editions : *Premières Lettres*, par H. BIBAS et K. T. BUTLER, Genève, Droz, 1933-1934. *Entretiens*, par B. BEUGNOT, S.T.F.M., Didier, 1972.
Etudes : F. E. SUTCLIFFE, *Guez de Balzac et son temps*, Nizet, 1959. — J. JEHASSE, *Guez de Balzac et le génie romain*, université de Saint-Etienne, 1977.

CAMUS (Jean-Pierre)
Bibliographie : J. DESCRAINS, *Bibliographie des œuvres de J.-P. C.*, Publication de la Société d'Etudes du XVIIᵉ s., 1971.

Edition : *Homélies des Etats généraux*, par J. DESCRAINS, Genève, Droz et Minard, 1970.
Etude : J. DESCRAINS, *J.-P. Camus et ses « Diversités »*, Nizet, 1985.

CHAPELAIN (Jean)
Edition : *Opuscules critiques*, par A. C. HUNTER, Genève, Droz, 1936.
Etude : E. B. BORGERHOFF, *The Freedom of French Classicism*, Princeton, University Press, 1950.

CHASSIGNET (Jean-Baptiste)
Edition : *Le Mespris de la vie*, par H. LOPE, Genève, Droz et Minard, 1967.
Etude : Fr. RUCHON, *J.-B. Chassignet*, Bibliothèque d'Humanisme et Renaissance, 1953. — R. ORTALI, *Un poète de la mort*, Genève, Droz, 1968.

DESPORTES (Philippe)
Edition : *Œuvres poétiques*, par V. E. GRAHAM, Genève, Droz, 1958.
Etude : J. LAVAUD, *Un poète de cour au temps des Valois*, Genève, Droz, 1936.

DU BARTAS (Guillaume de Salluste, seigneur du)
Editions : *Œuvres*, par U. T. HOLMES, Chapel Hill (E.U.), 1935-1940. — *La Semaine*, par Yvonne Bellenger, S.T.F.M., Nizet, 1981.
Etudes : A. M. SCHMIDT, *La Poésie scientifique au XVIe s.*, Albin Michel, 1938. — J. CÉARD, *La Nature et les Prodiges*, Genève, Droz, 1977.

FRANÇOIS DE SALES
Editions : *Œuvres*, par R. DEVOS et A. RAVIER, Gallimard, Bibl. de la Pléiade, 1969. — *Introduction à la vie dévote*, par Ch. FLORISOONE, Roches, 1930.
Etudes : H. LEMAIRE, *Les Images chez saint François de Sales*, Nizet, 1962. — R. BADY, *François de Sales*, Desclée, 1970.

HARDY (Alexandre)
Editions : E. M. STENGEL, Marburg, Elwert, 1884. — *La Force du sang*, par J. H. DAVIS, University of Georgia Press, 1972. — *Coriolan*, par T. ALLOTT, University of Exeter, 1978. — *La Belle Egyptienne*, par B. BEAREZ CARAVAGGI, Bari, Schena, Nizet, 1983.
Etude : S. W. DEIERKAUF-HOLSBOER, *Vie d'Alexandre Hardy*, Nizet, 1972 (1re éd. : 1947).

LA CEPPÈDE (Jean de)
Edition : *Théorèmes*, par J. ROUSSET, Genève, Droz, 1966.
Etudes : Fr. RUCHON, *Essai sur la vie et l'œuvre de J. de La Ceppède*, Genève, Droz, 1953. — L. K. DONALDSON-EVANS, *Poésie et méditation chez J. de L. C.*, Genève, Droz, 1969. — P. A. CHILTON, *The Poetry of J. de L. C.*, London, Oxford, University Press, 1978.

MAIRET (Jean)
Edition : *Les Galanteries du duc d'Ossonne*, par G. Dotoli, Nizet, 1972.
Etude : G. DOTOLI, *J. Mairet*, Bari, Adriatica, 1974.

MONTCHRESTIEN (Antoine)
Editions : DAVID, par L. E. DABNEY, Austin, Texas, 1963. — *Hector, la Reine d'Ecosse*, par C. N. SMITH, London, Athlone Press, 1972.
Etudes : R. GRIFFITHS, *The Dramatic Technique of A. de M.*, Oxford, 1970. — Fr. CHARPENTIER, *Les Débuts de la tragédie héroïque*, Lille, 1981.

RACAN (Honorat de Bueil, marquis de R.)
Edition : *Œuvres*, par L. ARNOULD, S.T.F.M., Genève, Droz, 1930-1937.
Etude : L. ARNOULD, *Racan*, A. Colin, 1896.

RÉGNIER (Mathurin)
Edition : *Œuvres*, par G. RAIBAUD, Didier, 1958.
Etudes : J. VIANEY, *Mathurin Régnier*, Hachette, 1896, H. GILLOT, *Les Images chez M. R.*, Faculté des lettres de Toulouse, 1953. — R. AULOTTE, *Les Satires de M. R.*, S.E.D.E.S., 1983.

ROTROU (Jean)
Editions : *Cosroès*, par J. SCHERER, S.T.F.M., Didier, 1950. — *Venceslas*, par W. LEINER, Sarrebruck, 1956. — *Saint Genest*, par E. T. DUBOIS, Genève, Droz et Minard, 1972. — *Les Sosies*, par D. CHARRON, Droz et Minard, 1980. — *Cosroès*, par D. WATTS, University of Exeter, 1983.
Etudes : Fr. ORLANDO, *Rotrou*, Turin, 1963. — J. VAN BAELEN, *Rotrou*, Nizet, 1965. — J. MOREL, *J. Rotrou dramaturge de l'ambiguïté*, A. Colin, 1968. — R. J. NELSON, *Immanence and Transcendance*, Columbus (Ohio), 1969. — J. MORELLO, *Rotrou*, Boston, Twayne, 1980.

SAINT-AMANT (Antoine Girard, sieur de)
Edition : *Œuvres*, par J. BAILBÉ et J. LAGNY, Didier, 1967-1971.
Etudes : J. LAGNY, *Le Poète Saint-Amant*, Nizet, 1964. — G. GENETTE, *Figures* I et II, Le Seuil, 1966 et 1969. — J. D. LYONS, *The Listening Voice*, Lexington, Ky (E.U.), 1982.

SOREL (Charles)
Edition : A. ADAM, *Romanciers français du XVIIe s.*, Gallimard, Bibl. de la Pléiade, 1958.
Etudes : E. ROY, *La Vie et les œuvres de Sorel*, Hachette, 1891. — F. E. SUTCLIFFE, *Le Réalisme de Ch. S.*, Nizet, 1965. — J. SERROY, *Roman et réalité*, Minard, 1980.

SPONDE (Jean de)
Edition : *Poésies*, par A. BOASE et Fr. RUCHON, Genève, Droz, 1949.
Etudes : T. CAVE, *Devotional Poetry in France*, Cambridge, 1969. — A. BOASE, *Vie de Jean de Sponde*, Genève, Droz, 1977.

TRISTAN L'HERMITE (François)
Editions : *Les Plaintes d'Acante et autres œuvres*, par J. MADELAINE, Cornély, 1909. — *La Lyre*, par J.-P. CHAUVEAU, Genève, Droz, 1977. — *Théâtre*, par Cl. ABRAHAM et autres, University of Alabama Press (E.U.), 1975. — *Le Page disgracié*, par J. Serroy, Université de Grenoble, 1980.
Etudes : A. CARRIAT, *Tristan ou l'éloge d'un poète*, Limoges, Rougerie, 1955. — D. DALLA VALLE, *Il Teatro di T.*, Turin, Giappichelli, 1964. — Cl. ABRAHAM, *Tristan L'Hermite*, Boston, Twayne (E.U.), 1980.
La société des Amis de Tristan (président : J. MOREL) publie annuellement un *Cahier* consacré à l'œuvre du poète (1979 et suiv.).

VIAU (Théophile de)
Editions : *Poésies*, par J. STREICHER, Genève, Droz, 1958. — *Œuvres*, par G. SABA, Nizet et Rime, Ed. dell'Ateneo, 1978-1984.
Etude : A. ADAM, *Théophile de Viau et la libre-pensée française*, Genève, Droz, 1936.

VOITURE (Vincent)
Edition : *Poésies*, par H. LAFAY, S.T.F.M., Didier, 1971.
Etude : E. MAGNE, *Voiture et l'Hôtel de Rambouillet*, Emile-Paul, 1929-1930.

LE BAROQUE LITTÉRAIRE

Voir les numéros spéciaux des revues suivantes :
C.A.I.E.F., n° 1, 1951. — *Revue des sciences humaines*,
n° 55-56, 1949. — *XVIIe s.*, n° 20, 1953. — *Baroque*, Montauban, 1965 et suiv.

Anthologies
A. BLANCHARD, *Baroques et Classiques*, Lyon, I.A.C.,
1947. — A.-M. SCHMIDT, *L'Amour noir*, Monaco, 1959. —
J. ROUSSET, *Anthologie de la poésie baroque française*, nouvelle édition, A. Colin, 1968. — A. BLANCHARD, *Trésor de
la poésie baroque et précieuse*, Seghers, 1969.
— G. MATHIEU-CASTELLANI, *Eros baroque*, U.G.E.,
coll. 10/18, 1979.

Recueils touchant au théâtre baroque
J. SCHERER, *Théâtre du XVIIe s.*, Gallimard, Bibl. de la
Pléiade, 1975. — G. FORESTIER, *Théâtre dans le théâtre*,
université de Toulouse, 1986. — Chr. DELMAS, *Le Théâtre
à machines*, université de Toulouse, 1985. — Voir également les pièces éditées par l'université d'Exeter (Grande-Bretagne).

Ouvrages
J. ROUSSET, *La Littérature de l'âge baroque*, J. Corti,
1953. — M. RAYMOND, *Baroque et Renaissance poétiques*,
J. Corti, 1955. — I. BUFFUM, *Studies on the Baroque, from
Montaigne to Rotrou*, Newhaven (E.U.), 1957.
— J. ROUSSET, *L'Intérieur et l'Extérieur*, J. Corti, 1968. —
Fr. SIMONE, *Umanesimo, Rinascimento, Barocco in France*,
Milan, Mursia, 1968. — D. DALLA VALLE, *Barocco et Classicismo*, Ravenne, Longo, 1976 (textes critiques de
R. LEBÈGUE, J. TORTEL, J. ROUSSET, J. MOREL, M. RAYMOND). — Cl.-G. DUBOIS, *Le Baroque, profondeurs de
l'apparence*, Larousse, 1973. — A. BAÏCHE, *La Naissance du
baroque français*, université de Toulouse, 1976.
— J. F. MAILLARD, *Essai sur l'esprit du héros baroque*, Nizet,
1973. — J. PEDERSEN, *Images et figures dans la poésie française de l'âge baroque*, thèse, Copenhague, 1974. —
L. DÄLLENBACH, *Le Récit spéculaire, essai sur la mise en
abyme*, Le Seuil, 1977. — A. COMPAGNON, *La Seconde
Main*, Le Seuil, 1979. — G. MOLINIÉ, *Du Roman grec au
roman baroque*, université de Toulouse-le-Mirail,
1982. — Fr. SIGURET, *L'Œil surpris*, P.F.S.C.L., Seattle,
Tübigen, 1985.

LES GRANDS AUTEURS

ROBERT GARNIER

Edition : Raymond LEBÈGUE, *Belles Lettres*, 1949-1973.

Etudes : M.-M. MOUFLARD, *Robert Garnier*, La Ferté-Bernard et La Roche-sur-Yon, 1961-1963. — M. GRAS, *R. Garnier*, Genève, Droz, 1965.

AGRIPPA D'AUBIGNÉ

Editions : H. WEBER, J. BAILBÉ et M. SOULIÉ, Gallimard, Bibl. de la Pléiade, 1960. — Extraits des *Tragiques*, par Cl.-G. DUBOIS, Nizet, 1975.

Etudes : A. GARNIER, *Agrippa d'Aubigné et le parti protestant*, Fichbacher, 1928. — J. PLATTARD — J. BAILBÉ, *Agrippa d'Aubigné poète des Tragiques*, Caen, 1968. — M. SOULIÉ, *L'Inspiration biblique dans la poésie religieuse d'Agrippa d'Aubigné*, Klincksieck, 1977. — M.-M. FRAGONARD, *La Pensée religieuse d'Agrippa d'Aubigné*, Didier Erudition, 1986. — Fr. CHARPENTIER *et al.*, *Les Tragiques*, *Cahiers Textuels*, n° 9, 1991.

MONTAIGNE

Editions : P. VILLEY, *Les Essais*, Plon, 1912 (rééd. par V.-L. SAULNIER, P.U.F., 1965). — Ch. DÉDÉYAN, *Le Journal de voyage*, Belles Lettres, 1946.

Etudes : P. MOREAU, *Montaigne, L'Homme et l'œuvre*, Hatier, 1939 (rééd. 1961). — A. MICHA, *Le Singulier Montaigne*, Nizet, 1964. — H. FRIEDRICH, *Montaigne*, traduction française de Rovini, Gallimard, 1968. — M. DREANO, *La Religion de Montaigne*, Nizet, 1969. — P. MICHEL, *Montaigne*, Bordeaux, Ducros, 1970. — J. BRODY, *Lectures de Montaigne*, Lexington, Kentucky (E.U.), 1982. — G. NAKAM, *Montaigne et son temps*, Nizet, 1982. — Fr. CHARPENTIER *et al.*, *Montaigne, les derniers Essais*, *Cahiers Textuels*, n° 33-34, 1986. — G. MATHIEU-CASTELLANI, *Montaigne, l'écriture de l'Essai*, P.U.F., 1988. — M. LAZARD, *Monsieur de Montaigne*, Fayard, 1992.

La Société des Amis de Montaigne publie un très utile *Bulletin*. Voir aussi les *Etudes montaignistes*, 1987 et suiv.

MALHERBE

Editions : *Œuvres*, par A. ADAM, Gallimard, 1971. — *Poésies*, par R. FROMILHAGUE et R. LEBÈGUE, Belles Lettres, 1968.

Etudes : F. BRUNOT, *La Doctrine de Malherbe*, Masson, 1891 (rééd. A. Colin, 1969). — R. FROMILHAGUE, *Malherbe*, A. Colin, 1954. — Fr. PONGE, *Pour un Malherbe*, Gallimard, 1965. — Cl. ABRAHAM, *Enfin Malherbe*, Lexington (E.U.), 1971.

HONORÉ D'URFÉ

Editions : J. VAGANAY, Strasbourg, 1921 et Lyon, 1925-1928.

Extraits : M. MAGENDIE, Perrin, 1928 et Larousse, 1935. — G. GENETTE, coll. 10/18, 1964. — J. LAFOND, Gallimard, 1984.

Etudes : M. MAGENDIE, *L'Astrée d'Honoré d'Urfé*, Malfère, 1929. — J. EHRMANN, *Un paradis désespéré*, P.U.F., 1963. — R. BADY, *L'Homme et son « Institution » de Montaigne à Bérulle*, Belles Lettres, 1964. — B. YON, *Une autre fin de L'Astrée*, thèse, Lyon, 1972. — Cl. LONGEON, *Les Ecrivains foréziens du XVIe s.*, Saint-Etienne, 1975. — M. GAUME, *Les Inspirations et les sources de l'œuvre d'Honoré d'Urfé*, Saint-Etienne, 1977.

CORNEILLE

Editions : *Œuvres*, Marty-Laveaux, Hachette, 1862-1868. — G. COUTON, Gallimard, Bibl. de la Pléiade, 1980 et suiv. — *Théâtre*, A. Niderst, Rouen, 1984-1986.

Etudes : G. LANSON, *Corneille*, Hachette, 1928. — O. NADAL, *Le sentiment de l'amour dans l'œuvre de Corneille*, Gallimard, 1948. — G. COUTON, *Corneille*, Hatier, 1958. — A. STEGMANN, *L'Héroïsme cornélien*, A. Colin, 1968. — S. DOUBROVSKY, *Corneille et la dialectique du héros*, Gallimard, 1963. — G. MONGRÉDIEN, *Recueil des textes et documents du XVIIe s. relatifs à Corneille*, C.N.R.S., 1972. — M.-O. SWEETSER, *La Dramaturgie de Corneille*, Genève, Droz, 1977. — G. POIRIER, *Corneille et la vertu de Prudence*, Genève, Droz, 1984. — A. NIDERST *et al.*, *Pierre Corneille*, actes du colloque de Rouen (1984), P.U.F., 1985. — M. PRIGENT, *Le Héros et l'Etat dans la tragédie de Pierre Corneille*, P.U.F., 1986. — G. CONESCA, *Pierre Corneille et la naissance du genre comique*, S.E.D.E.S., 1989. — M. FUMAROLI, *Héros et orateurs : rhétorique et dramaturgie cornélienne*, Genève, Droz, 1990.

PASCAL

Editions : *Œuvres*, L. BRUNSCHVICG *et al.*, Hachette, 1904-1914. — L. LAFUMA, Le Seuil, 1963. — *Les Pensées*, Ph. SELLIER, Bordas, 1991.

Etudes : L. BRUNSCHVICG, *Descartes et Pascal lecteurs de Montaigne*, Neuchâtel, 1945. — J. MESNARD, *Pascal, l'Homme et l'Œuvre*, Hatier, 1956. — L. GOLDMANN, *Le Dieu caché*, 1955. — M. LE GUERN, *L'Image dans l'œuvre de Pascal*, A. Colin, 1969. — Ph. SELLIER, *Pascal et saint Augustin*, A. Colin, 1970. — B. CROQUETTE, *Pascal et Montaigne*, 1970. — J. MESNARD *et al.*, *Méthodes chez Pascal*, P.U.F., 1979. — L.-M. HELLER et I.-M. RICHMOND, *Thématique des Pensées*, Vrin, 1988. — Th. GOYET *et al.*, *Pascal, Port-Royal*, Klincksieck, 1991.

TABLE DES MATIÈRES

DEUXIÈME PARTIE

L'ÉVOLUTION DES GENRES LITTÉRAIRES

TROISIÈME PARTIE

LES GRANDS AUTEURS

GF - DOSSIER

GF Flammarion

01/12/90990-XII-2001 – Impr. MAURY Eurolivres, 45300 Manchecourt.
N° d'édition FG095921. – Septembre 1997. – Printed in France.